LERNBUCH
NAMIBIA
Ein Lese- und Arbeitsbuch

Helgard Patemann

Das Lernbuch Namibia wurde im Rahmen eines Kooperationsprojektes zwischen der Universität Bremen und dem Institut der Vereinten Nationen für Namibia, Fachbereich Soziales und Erziehung, Lusaka, Sambia, verfaßt.
Das Projekt wurde finanziell unterstützt durch terre des hommes Deutschland e.V., das Landesamt für Entwicklungszusammenarbeit beim Senator für Wirtschaft und Außenhandel, Bremen und die Universität Bremen.

Ein terre des hommes-Buch
Peter Hammer Verlag, Wuppertal

Mitglieder der Projektgruppe

Prof. Dr. Manfred O. Hinz (Projektleiter)
Universität Bremen

Billy Modise (Projektleiter)
Assistenzdirektor und Leiter des Fachbereiches
Soziales und Erziehung am Institut der Vereinten
Nationen für Namibia, Lusaka, Sambia

Nangolo Mbumba
Schulleiter im Erziehungs- und Gesundheitszentrum der
South West Africa People's Organisation (SWAPO) of
Namibia, Cuanza Sul, Angola

Dr. Henning Melber
Gesamthochschule Kassel

Helgard Patemann
Universität Bremen

Traugott Schöfthaler
Max-Planck-Institut für Bildungsforschung,
Berlin (West)

Dorothea Litzba (Stud. Hilfskraft)
Universität Bremen

Berater

Dr. Mose Tjitendero
Fachbereich Soziales und Erziehung am
Institut der Vereinten Nationen für
Namibia, Lusaka, Sambia

Nghidimondjila Shoombe
Repräsentant der South West Africa People's
Organisation (SWAPO) of Namibia in der
Bundesrepublik Deutschland und der
Republik Österreich, Bonn

Shikongo Akwenye
Stellvertretender Leiter des Berufsausbildungs-
zentrums der Vereinten Nationen für Namibia, Sumbe,
Angola

Schutzumschlag und alle mit "Wells" gezeichneten
Illustrationen von Clifford Wells

2. Auflage 1985
© Peter Hammer Verlag, Wuppertal 1984
   Alle Rechte vorbehalten
Druck und Verarbeitung: RGG Druck, Braunschweig

CIP-Kurztitelaufnahme der Deutschen Bibliothek

Patemann, Helgard: Lernbuch Namibia: e. Lese u. Arbeitsbuch;
d. Lernbuch Namibia wurde im Rahmen e. Kooperationsprojektes zwischen
d. Univ. Bremen u. d. Inst. d. Vereinten Nationen für Namibia,
Fachbereich Soziales u. Erziehung, Lusaka, Sambia, verf./
Helgard Patemann. [Projekt Polit. Landeskunde Nambias an
d. Univ. Bremen]. – 2., korrigierte Aufl. – Wuppertal: Hammer 1985

(Ein Terre-des-Hommes-Buch)
ISBN 3-87294-254-9

Wie dieses Buch entstanden ist:
Voneinander lernen

Eigentlich sollte nur ein Buch für namibische Schülerinnen und Schüler entstehen. Als die Planung für das Projekt "Politische Landeskunde Namibias" erforderte auszuformulieren, was die genaue Aufgabe des Projektes sein sollte, tauchte im Rahmen einer der vielen Gesprächsrunden zwischen den verschiedenen am Projekt interessierten Personen der eher spontane Gedanke auf, Namibia auch als ein deutsches Thema zu nehmen — also ein Lernbuch zu schreiben, das im Rahmen der Lehrplanmöglichkeiten in unseren Schulen hier eingesetzt werden sollte. Die Vorstellung des deutschen "Lernbuches Namibia" konkretisierte sich schon bald, ja, im Zuge ihrer Konkretisierung zeigte sich, daß hinter dem scheinbaren Zufall, der die Idee eines deutschen Lernbuches Namibia zutage gebracht hatte, etwas Wichtiges verborgen war, das für die Arbeit des gesamten Projektes entscheidend wurde. Wieso?

Die Antwort hierauf führt zurück auf die Ausgangsfrage, die am Beginn unseres Nambiaprojektes stand, die Frage nämlich, woher eigentlich für uns die Berechtigung komme, ein Buch für namibische Schüler zu schreiben. In der Entgegnung auf diese Frage hatten wir bisher immer auf unsere "Solidarität" hingewiesen, hatten darauf verwiesen, daß wir keineswegs als "Bildungsimperialisten" von außen an die namibische Realität heranträten, sondern dies in Zusammenarbeit mit namibischen Freunden, Kollegen und Wissenschaftlern täten. Kooperation war für uns das entscheidende Stichwort, das unsere Arbeit legitimierte. Als sich die Vorstellung eines für den bundesdeutschen Gebrauch ausgerichteten Lernbuches Namibia konkretisierte, veränderte sich der Blickwinkel. Kooperation wurde zu einem Wechselverhältnis, in dem jede Seite nicht nur der anderen half, sondern sie geradezu herausforderte.

Im Lernen voneinander kristallisierte sich das Verständnis heraus, daß diejenigen, die das Erbe der Kolonisierten zu tragen haben, unter einer Hypothek leiden, die nur um Akzente von der verschieden ist, die das Erbe der ehemals Kolonisierenden (also uns) bestimmt. F. Fanon, A. Cabral, J. P. Satre u.a. haben in diese Richtung gedacht; in unseren Bemühungen hierzu haben wir herausgearbeitet, was es bedeutet, von der "Aktualität des kolonialen Verhältnisses" zu sprechen, haben wir für unsere Projektarbeit die Notwendigkeit einer "doppelten Entkolonialisierung" betont.* Damit wollten wir natürlich nicht hinwegreden, was heute die Brutalität des südafrikanischen Rassismus in Namibia und in Südafrika ausmacht; unser Bestreben war es, eine Orientierung zu finden, die die Arbeit mit unseren namibischen Partnern dem Ziel näher bringen würde, am Ende der Arbeit auch wirklich nachweisbar voneinander gelernt zu haben.

Als wir auf der Mitte des Weges, etwa nach einem Jahr angestrengter Arbeit, an diesem Ansatz selbst zu zweifeln begannen, war es gerade der für das Projekt Mitverantwortliche auf der anderen Seite der Kooperation, Billy Modise vom Namibia-Institut der Vereinten Nationen in Lusaka, der für das bis damals Erreichte und die Notwendigkeit der Fortsetzung aus seiner Sicht plädierte.

---

*) Siehe hierzu den vom Projekt herausgebrachten Band Nr. 6 "Diskurs" der Universität Bremen:
Namibia: Die Aktualität des kolonialen Verhältnisses, Bremen 1982

*Das Lernbuch Namibia wird provozieren. Es will dies und soll dies auch!
Die Geschichte der Unterdrückung und Ausbeutung der Völker der Dritten Welt,
die Geschichte des Kolonialismus und insbesondere der deutsche Anteil
an dieser ist immer noch ein verdrängtes Kapitel unserer Realität. Es ist
umsomehr verdrängt, je mehr es die Bereiche berührt, in denen das "koloniale
Verhältnis" noch aktuell ist. Sei es, wenn man "nur" an die zahlreichen
ehrenvollen Erwähnungen unserer sogenannten Kolonialpioniere kritisch erinnert
(Lüderitz- und andere Straßen, Denkmäler, Schulen, Kasernen u.a.m.), sei es,
wenn, einen weiteren Schritt gehend, versucht wird, die Brücke zu schlagen
zwischen dem, was (deutscher) Kolonialismus angerichtet hat, und was heute
in den ehemaligen Kolonien geschieht. Wer hier jemals ein offenes Wort
gewagt hat, weiß, daß Provokation nottut. Dabei ist es weniger von Bedeutung,
daß sicherlich der "südwestafrikanische" Farmer in seiner Idylle, die immer
noch um "Kolonie und Heimat" rankt, gestört wird, wichtiger ist es, durch
Provokation die Schranken dort zu brechen, wo Nichtwissen besteht oder die
Verdrängung noch nicht unberührbar gemacht hat.*

*Eine besondere Qualität des Lernbuches Namibia ist es allerdings, daß
dieses es denjenigen, die sich provoziert fühlen, nicht leicht machen wird:
ungeachtet der durchgängigen Anteilnahme für das Leiden des namibischen
Volkes und seiner Entscheidung, die Geschichte in die eigenen Hände zu
nehmen, bemüht es sich in jedem Abschnitt, konkret zu sein. Es bemüht sich
um den Nama, den Herero, den Siedler, den Pfarrer. Es bemüht sich allerdings
auch und gerade um den Namibier, der irgendwann und irgendwo nicht mehr
anders kann, als mit der Waffe in der Hand gegen die Unterdrücker zu
kämpfen.*

*Zu diesem Eingehen auf die jeweiligen konkreten Menschen, diesem Zugehen
auf diese, hat auch gehört, daß alle am Projekt Beteiligten, sofern sie nicht
selbst aus Namibia stammen, das Land aufgesucht, mit den Menschen
dort gesprochen, sich selbst ein Bild gemacht haben. Die Liebe zum Land,
die Solidarität mit den Unterdrückten, die Anteilnahme für diejenigen, die
Angst haben vor der Zukunft, die auf jeden Fall anders sein wird als die
jeweilige Gegenwart, die Achtung vor denjenigen, die, sich um ihre eigene
Position mühend, auch bereit sind, mit ihrer Mitschuld am Rassismus fertigzuwerden — all diese Dinge sind in das Ergebnis des Projektes eingeflossen.*

*Vielen gebührt Dank dafür, daß sie mithalfen, dieses Buch möglich zu machen:
an erster Stelle unserem Freund Nahas Angula, der die Abteilung für Erziehung
und Kultur der SWAPO leitet, den Freunden und Kollegen am Namibia-Institut
der Vereinten Nationen in Lusaka, Lehrern und Schülern in den Erziehungs-
und Gesundheitszentren der SWAPO in Nyango (Sambia) und Cuanza Sul
(Angola), Lehrern und Schülern in der Bundesrepublik, Politikern, Kirchenleuten,
Mitgliedern der Solidaritätsbewegung und anderen.*

*Ein besonderer Dank gilt den Institutionen, die durch ihre finanzielle Unter-
stützung zum Projekt beigetragen haben, dem Landesamt für Entwicklungszusammenarbeit beim Senator für Wirtschaft und Außenhandel in Bremen
und seinem Leiter, Senatsrat Gunther Hilliges sowie der Kinderhilfsorganisation
terre des hommes Deutschland e.V., seinem Afrika-Referenten Dr. Günter
Rusch und den Mitarbeitern von terre des hommes, die dieses Buch betreuten.
Gunther Hilliges und Günter Rusch waren dabei nicht nur "Geldgeber"
im engeren Sinne, sondern trugen auch ihr Teil dazu bei, die inhaltliche
Diskussion des Projektes voranzutreiben. Gunther Hilliges fiel sehr oft der
keineswegs einfache Part zu, den gewählten Ansatz, der eben auch zu
diesem Lernbuch Namibia geführt hat, auf der politischen Ebene zu vermitteln.*

Manfred O. Hinz

Bremen, im Februar 1984

Warum dieses Buch so und nicht anders geschrieben wurde

Wir wollten Namibia wieder näher an uns heranrücken: denn Vorurteile, Unkenntnis und Desinteresse prägen weitgehend unser heutiges Verhältnis zu Namibia. Hier ein- und anzusetzen, begriffen wir als ein besonderes Anliegen des deutschen Lernbuches. Aber wie sollten wir vorgehen? In einem waren wir uns zumindest sicher: Ein Buch über Namibia für Schüler in der Bundesrepublik konnte nicht die Übersetzung des englischen Lernbuches für namibische Schüler ins Deutsche sein. Es hätte den Anteil deutscher Verbundenheit mit dem namibischen Schicksal nicht in die Nähe bundesdeutschen Alltags zu rücken vermocht, die uns wünschenswert schien. Wir haben einen Ansatz gewählt, der von früh an deutsche und namibische Geschichte aufeinander bezieht: Sei es mittels der Sichtweise eines deutschen Forschers, der später nach Namibia eingewanderte Nama vor der Kolonisierung erlebte und seine Eindrücke und Beobachtungen niederschrieb; sei es durch Abschnitte und Kapitel, in denen wir uns mit dem antikolonialen Widerstand dort wie hier beschäftigen; sei es über Einstellungen von Deutsch-Namibiern gestern und heute, die das Schicksal schwarzer Namibier mitbestimmt haben und die sich immer noch mit einer Entwicklung in Namibia ohne Rassismus schwer tun.

Wir, die Deutschen, spielen in diesem Buch durchaus nicht immer eine rühmliche Rolle in der Geschichte und Gegenwart Namibias, wie auch gesellschaftliche Prozesse hier in ihrer Unzulänglichkeit, demokratische Rechte und Freiheiten zu verwirklichen, benannt werden. Gleichwohl haben wir uns bemüht, die Kritik an unserem Anteil an der namibischen Unterdrückungsgeschichte in den zeitlichen Zusammenhang zu stellen, aus dem heraus sie verständlich wird. An dem fortdauernden Leid, das für die Mehrheit der namibischen Bevölkerung alltäglich ist, kann dies jedoch nichts ändern. Und dort ist auch unsere Betroffenheit, zu der wir uns bekennen und die man parteiisch nennen mag. Verbunden fühlen wir uns in unserem Versuch darzustellen, was in Namibia geschah und geschieht, unseren namibischen Freunden in ihrem Wunsch nach mehr Verständnis für den namibischen Freiheitskampf, insbesondere bei den in Namibia und in der Bundesrepublik leben Deutschen, wie auch ihrer Hoffnung auf ein Ende der rassistischen Herrschaft in Namibia, das der Mitarbeit der Deutschen dort wie hier bedarf.

Auseinanderzusetzen hatten wir uns mit der Kritik hier, daß wir schwarze namibische Geschichte "verherrlichten", und die Geschichte der Deutschen in Namibia und hier "einseitig" darstellten. Wir wollen diese Kritik gern im Raum stehen lassen, jedoch unser Motiv, das uns dazu bewogen haben könnte, nennen: Namibische Geschichte aus der Sicht der Kolonisatoren und ehemaligen Kolinisatoren wurde und wird zahlreich geschrieben. Von schwarzen Namibierinnen und Namibiern gibt es nicht viele Publikationen. Wer herrscht, verfügt eben auch zuallererst über die Mittel, zu forschen und zu publizieren. Ein gleichberechtigter Zugang zum gesellschaftlich erwirtschafteten Reichtum ist bis heute für Schwarze in Namibia keine Wirklichkeit: Hier setzte die Zusammenarbeit mit unseren namibischen Partner an. Wir meinen, daß es nicht unsere Sache sein kann, wiedereinmal zu zensieren und es besser wissen zu wollen als diejenigen, die über sich selbst sprechen und sich um ihre Geschichte bemühen. Wo andererseits deutsches Wirken in Namibia positive Züge hatte und hat — auch dies sollte einmal nicht von uns verkündet werden. Darüber haben wir genug gehört und gelesen — wie also sehen es die anderen und wie haben sich unsere Einstellungen in der Kooperation mit unseren Projektpartnern verdeutlicht?

Mag uns auch deutsche Geschichte vielleicht "einseitig" geraten sein. Uns ging es in erster Linie darum, Vorurteile abbauen zu helfen, die Kultur und Zivilisation ausschließlich hier ansiedeln. Sollte eine eurozentrische Sichtweise zumindest fragwürdig geworden sein, dann würden wir darin wenigstens eine Hoffnung, die wir mit diesem Buch verbinden, erfüllt sehen.

Daß dieses Forschungsprojekt, das zu diesem Buch führte, mit rassistisch Unterdrückten und Verfolgten mit Mitteln bundesdeutscher Organisationen und Institutionen durchgeführt wurde, spricht für sich, und zwar im Negativen wie im Positiven. Es war gerade nicht das Besatzungsregime in Namibia, das Mittel bereitstellte; es waren Geldgeber hier, die die Notwendigkeit erkannten, ihren Beitrag für eine unabhängige Entwicklung in Namibia zu leisten. Dazu gehört auch das Wiederentdecken der schwarzen Geschichte, die Selbstfindung, die bis heute andauernde Fremdherrschaft zu verhindern versucht hat.

H. P.

Hinweise zum Gebrauch

Dieses Buch wurde als Lese- und Arbeitsbuch konzipiert. Als Lesebuch sollte es durchgängig gelesen werden können. Als Arbeitsbuch sollte es im Unterricht der Sekundarstufe I, Fachbereich Gesellschaft/Politik, Verwendung finden können.

Um seine Verwendung als Arbeitsbuch zu erleichtern, wurde das Thema Namibia in zahlreiche Kapitel aufgegliedert, die sowohl eine Grundlage für die Planung einzelner Unterrichtsstunden und mehrstündiger fächerübergreifender Unterrichtseinheiten, wie auch den Einsatz des Buches selbst im Unterricht möglich machen sollten. Diesem beabsichtigen Zweck wurde auch durch Arbeitsvorschläge Rechnung zu tragen versucht, die zum Teil in die Kapitel eingearbeitet wurden und sich zum Teil am Ende der Kapitel befinden.

Die einzelnen Kapitel wurden im Hinblick auf unterschiedliche Altersstufen geschrieben und gestaltet. Das 1. Kapitel könnte ggf. auch für einen Unterricht in der Orientierungsstufe von Interesse sein.

Wer das Lernbuch Namibia von Anfang bis Ende durchliest, wird auf Wiederholungen stoßen. Sie sind beabsichtigt, weil die einzelnen Kapitel auch ohne Kenntnis des gesamten Buches für Unterrichtszwecke brauchbar sein sollten.

Wir haben uns entschieden, "Namibia" auch für die Zeit zu verwenden, als die offizielle Bezeichnung "Deutsch-Südwestafrika" bzw. "Südwestafrika" lautete. In einigen Büchern und Atlanten findet sich auch die Lesart "SWA/Namibia". In bestimmten Zusammenhängen sprechen wir jedoch auch von "Deutsch-Südwestafrika".

Das Buch wurde umfangreicher als geplant. Zu kurz kam trotzdem einiges, wie etwa der geographische Anteil im engeren Sinne. In der Fortsetzung dieses Projektes, die die Erstellung eines Buches über Namibia für die Sekundarstufe II und den Bereich der Erwachsenenbildung zum Ziel hat, wird unter anderem auch dies zu beachten sein.

Nach den Lehrplänen für bremische Schulen der Sekundarstufe I, Fachbereich Gesellschaft/Politik, kann das Thema Namibia unter verschiedenen Aspekten in den Unterricht einbezogen werden. Die nachstehende Zuordnung nach Fächern, Schularten und Klassenstufen ist als Anregung zu verstehen.

Welt und Umwelt, Hauptschule, Klasse 8
Thema: "Imperialismus und 1.Weltkrieg"
Kapitel: 5, 6, 7, 8, 9, 10

Welt und Umwelt/Gemeinschaftskunde, Hauptschule, Klasse 9
Thema: "Grund- und Menschenrechte"
Kapitel: 14, 15, 16, 17
Thema: "Verhältnis Dritte Welt/Industrieländer"
Kapitel: 17, 21
Thema: "Friedenssicherung und Wettrüsten"
Kapitel: 21

Welt und Umwelt/Erdkunde, Hauptschule, Klasse 9
Thema: "Erschließung"
Kapitel: 7, 8, 9

Gemeinschaftskunde, Realschule/Gymnasium, Klasse 9/10
Lernfeldbezogene Stichwörter/Begriffe: "Spannungsfelder", "Friedenssicherung"
Kapitel: 17, 18, 19, 20, 21

Geschichte, Realschule/Gymnasiun, Klasse 9
Thema: "Europa und die Welt um 1900: Imperialismus und Nationalismus"
Kapitel: 5, 6, 7, 8, 9, 10, 11
Thema: "Vom Kolonialismus zur Dekolonisierung der Gegenwart"
Kapitel: 2, 3, 7, 8, 9, 10, 13, 17, 19, 20, 21

Geschichte, Realschule/Gymnasium, Klasse 10
Thema: "Deutschland zwischen den Weltkriegen"
Kapitel: 12
Thema: "Geschichte eines Landes der Dritten Welt": Beispiel Namibia

Erdkunde, Realschule/Gymnasium, Klasse 7
Thema: "Die wirtschaftliche Erschließung von Räumen"
Kapitel: 1, 2, 3

Biblische Geschichte/Religionskunde, Hauptschule/Realschule/Gymnasium, Klasse 10
Zusatzthema: "Krieg und Frieden"
Kapitel: 2, 17, 21

LERNBUCH NAMIBIA

Deutsche Kolonie 1884–1915

Inhalt

Seite

Vorwort
Wie dieses Buch entstanden ist: Voneinander lernen
Manfred O. Hinz,

Zur Einführung
Warum dieses Buch so und nicht anders geschrieben wurde

Hinweise zum Gebrauch

Teil I
Namibia vor der Kolonisierung

1. Kapitel
Ein Deutscher erforscht etwas anderes, als er soll. Über das Leben der Nama ("Hottentotten"), bevor die Deutschen ihre Kolonialherren wurden   17

Wie die Menschen im Deutschland jener Zeit leben, aus dem Peter Kolb kommt

Peter Kolb wird mit einem Forschungsauftrag nach Südafrika geschickt

Peter Kolb schreibt auf, wie er die Nama sieht und erlebt

Rückkehr nach Deutschland

2. Kapitel
Die ersten Weißen dringen in Namibia ein   29

Von Händlern, Jägern, Forschungsreisenden, Alkohol und reicher Beute

Deutsche Missionare beeinflussen und erziehen die Afrikaner

3. Kapitel
Namibische Stämme kämpfen ums Überleben und Einigkeit   43

Der Lebensraum der Afrikaner wird bedrohlich eng

Anfänge europäischer Ausbeutung namibischer Bodenschätze und anderer natürlicher Reichtümer

Namibische Häuptlinge schließen einen wichtigen Vertrag

Teil II
In Deutschland beginnen verschiedene Gruppen, sich für eigene Kolonien stark zu machen. Die organisierte Arbeiterschaft ist gegen Kolonien

Seite

4. Kapitel
Die Deutschen kämpfen gegen ihre Gewaltherrscher um demokratische Freiheiten und ein vereinigtes Deutschland   53

Über den gescheiterten Kampf um nationale Einheit und Demokratie der Deutschen: Was wünschte sich das Volk?

Was wollten Fabrikanten, Kaufleute, Bankiers?

5. Kapitel
Deutschland entwickelt sich zu einer Industrienation mit handfesten Interessen bestimmter Gruppen an der Ausbeutung eigener Kolonien   59

Andere europäische Nationen haben die meisten Länder der Erde bereits für sich beschlagnahmt

Wirtschaftliche Entwicklung in Deutschland

Erste Forderungen nach eigenen Kolonien

6. Kapitel
Die Arbeiterbewegung ist gegen Kolonien   67

Teil III
Deutsche Kolonialgewalt und namibischer Widerstand

7. Kapitel
Über Landgeschäfte eines Deutschen in Namibia und den Beginn deutscher "Schutz"herrschaft   73

Ein deutscher Kaufmann läßt mit zwielichtigen Methoden Landgeschäfte in Namibia tätigen

Lüderitz und die Ehrungen – und immer noch kein Ende

Das Deutsche Reich erklärt seine "Schutz"herrschaft über Namibia

8. Kapitel
Wie die Deutschen ihre "Schutz"-herrschaft ausbauen. Hinter dem deutschen Adler erscheint der Totenkopf   87

Das Deutsche Reich beginnt, seine politische und militärische Macht in Namibia zu festigen

Hendrik Witbooi

Widerstand in Nordnamibia: Häuptling Kambonde

Wirtschaftliche Entwicklung

Seite

9. Kapitel
Die großen afrikanischen Aufstände — 101

Vor der Mauer eines undurchdringlichen Schweigens

Der große Aufstand der Herero

Der Völkermord an den Herero: Vom Rassenhaß zum systematischen Mord

Marengo

Der Aufstand der Nama

10. Kapitel
Vom Nutzen des Völkermordes für die deutsche Kolonialmacht — 125

"Prüfen wir, welches Geschäft wir gemacht haben..."

"Die Afrikaner sind in genügender Zahl als willige Arbeiter zu halten..."

Die Kolonie macht sich heraus

11. Kapitel
Vom deutschen Siedlerleben in der Kolonie "Deutsch-Südwest-Afrika" — 137

Die Siedlersfrau: "...hat veredelnd auf die Sitten einzuwirken"

Der Siedler und Farmer: "...ist gefährdet, zu verkaffern"

Die Schutztruppler: "...für gemischtrassige Kinder nicht verantwortlich"

Teil IV
Vom Weiterleben deutschen kolonialistischen Gedankengutes

12. Kapitel
Die deutsche Kolonialherrschaft wird militärisch und rechtlich beendet, ohne als Wahn zu verschwinden — 151

Das Ende der deutschen Kolonialherrschaft

Namibia wird englisches Mandat und Südafrika Nutznießer

In der Weimarer Republik werden von neuem koloniale Gedanken gehegt und gepflegt

Nationalsozialistischen Zwecken dienstbar gemacht: Die Begeisterung der Jugend für "Helden"

13. Kapitel
Deutsche in Namibia heute — 163

Einige Informationen, Eindrücke, Bilder

Zur Angst der Deutsch-Namibier vor einer Zukunft ohne Bevorteilung der Weißen...

...und zur Hoffnung schwarzer Namibier auf eine gemeinsame freiheitliche Zukunft

Teil V
Unter südafrikanischer Herrschaft.
Der Befreiungskampf beginnt

Seite

14. Kapitel
Jeder "Bevölkerungsgruppe" ihr "Heimatland" — 175

Zehn und ein "Heimatland"

Wie es zu den "Heimatländern" kam

Überleben im "Heimatland"

Wem nutzen die "Heimatländer"?

15. Kapitel
Verurteilt zu Wanderarbeit und Arbeitskontrakt — 187

16. Kapitel
Schwarze Frauen in Namibia — 193

Schwarze Frauen sind mehrfach diskriminiert

Frauen in den Reservaten

Frauen am Rande der weißen Städte

Schwarze Frauen im Widerstand

17. Kapitel
"Unser Kampf wurde inmitten von Unterdrückung und Ausbeutung geboren". — 203
Der lange Weg in den bewaffneten Widerstand und von Verhandlungen ohne Ende

Die Zukunft Namibias steht auf der Tagesordnung der Vereinten Nationen

Bittschriften an die Vereinten Nationen bleiben wirkungslos

"Es ist Zeit, zu den Waffen zu greifen"

Zahlreiche UN-Resolutionen zu Namibia, südafrikanische Winkelzüge und das Vertrauen der Vereinten Nationen in den gerechten Kampf der SWAPO

18. Kapitel
Wirtschaftliche Ausbeutung Namibias in der politischen Rechnung Südafrikas. — 215
Das Beispiel Rössing-Mine

Namibia – Gegenstand internationaler Ausbeutung

Das Beispiel Rössing

Teil VI
Krieg in Namibia und
der Weg in Freiheit und Selbstbestimmung

19. Kapitel
Der Krieg ohne Kriegserklärung — 227

Südafrikanische Militärgewalt und alltäglicher Terror

	Seite
Schwarze Gegengewalt	
Die Frontstaaten – Exilländer namibischer Flüchtlinge	

20. Kapitel
Leben im Exil — 237

Flucht, Exil und neue Heimat auf Zeit

Im Erziehungs- und Gesundheitszentrum der SWAPO in Nyango, Sambia

Das Institut der Vereinten Nationen für Namibia in Lusaka, Sambia

Das Berufsbildungszentrum der Vereinten Nationen für Namibia in Sumbe, Angola

Teil VII
Namibia und wir in der Bundesrepublik

21. Kapitel
Namibia und wir — 253

Wir – die Menschen in der Bundesrepublik

Wir – die Christen

Wir – die wir uns mit Namibia beschäftigen

Anmerkungen
Literatur
Filme, Diaserien, Schallplatten, Postkarten

Teil I

Namibia vor der Kolonisierung

1. Kapitel

Ein Deutscher erforscht etwas anderes, als er soll

Über das Leben der Nama („Hottentotten"), bevor die Deutschen ihre Kolonialherren wurden

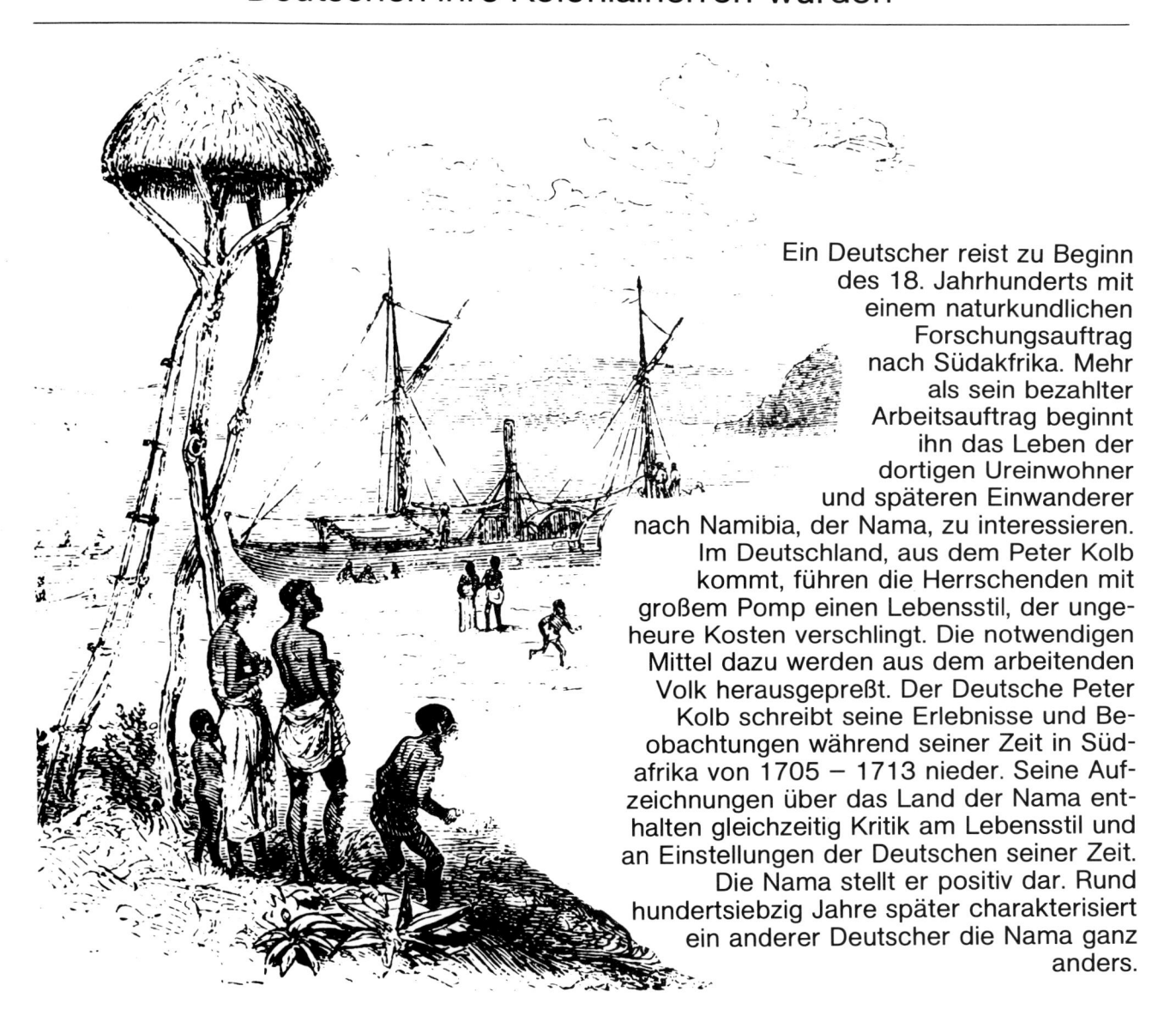

Ein Deutscher reist zu Beginn des 18. Jahrhunderts mit einem naturkundlichen Forschungsauftrag nach Südafrika. Mehr als sein bezahlter Arbeitsauftrag beginnt ihn das Leben der dortigen Ureinwohner und späteren Einwanderer nach Namibia, der Nama, zu interessieren. Im Deutschland, aus dem Peter Kolb kommt, führen die Herrschenden mit großem Pomp einen Lebensstil, der ungeheure Kosten verschlingt. Die notwendigen Mittel dazu werden aus dem arbeitenden Volk herausgepreßt. Der Deutsche Peter Kolb schreibt seine Erlebnisse und Beobachtungen während seiner Zeit in Südafrika von 1705 – 1713 nieder. Seine Aufzeichnungen über das Land der Nama enthalten gleichzeitig Kritik am Lebensstil und an Einstellungen der Deutschen seiner Zeit. Die Nama stellt er positiv dar. Rund hundertsiebzig Jahre später charakterisiert ein anderer Deutscher die Nama ganz anders.

Absichten:
- Wir fragen zuerst nach den Lebensverhältnissen in Deutschland zu Beginn des 18. Jahrhunderts. Wir stellen fest, daß die Mehrheit der deutschen Bevölkerung von Grundherren und Landesfürsten unterdrückt und ausgebeutet wurde.
- Wir geben Auszüge aus den Aufzeichnungen des Deutschen Peter Kolb über das Leben der Nama um 1710 wieder. Wir stellen die Frage, ob ein Überlegenheitsgefühl der Deutschen gegenüber den Nama bezüglich ihrer Kultur gerechtfertigt ist.
- Eine Beurteilung der Nama viele Jahre später soll deutlich machen, wie ein Urteil über Menschen durch persönliche Interessen beeinflußt werden kann.

WIR befinden uns in der Zeit um 1710... 1710! Warum das!! Ganz einfach: Zwischen 1705 und 1713 hielt sich der deutsche Forscher Peter Kolb unter Nama an der Südspitze Afrikas auf. Was Peter Kolb während dieser Zeit erlebte und beobachtete, schrieb er auf. Sein Bericht ist einer der frühesten Berichte eines Weißen über die Ureinwohner Südafrikas, die aus ihrem angestammten Land von Weißen vertrieben wurden und nach Namibia einwanderten.

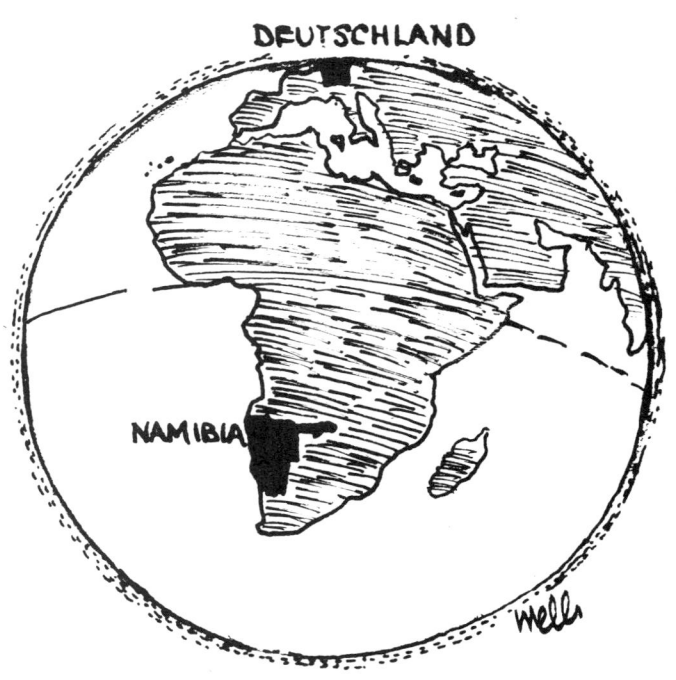

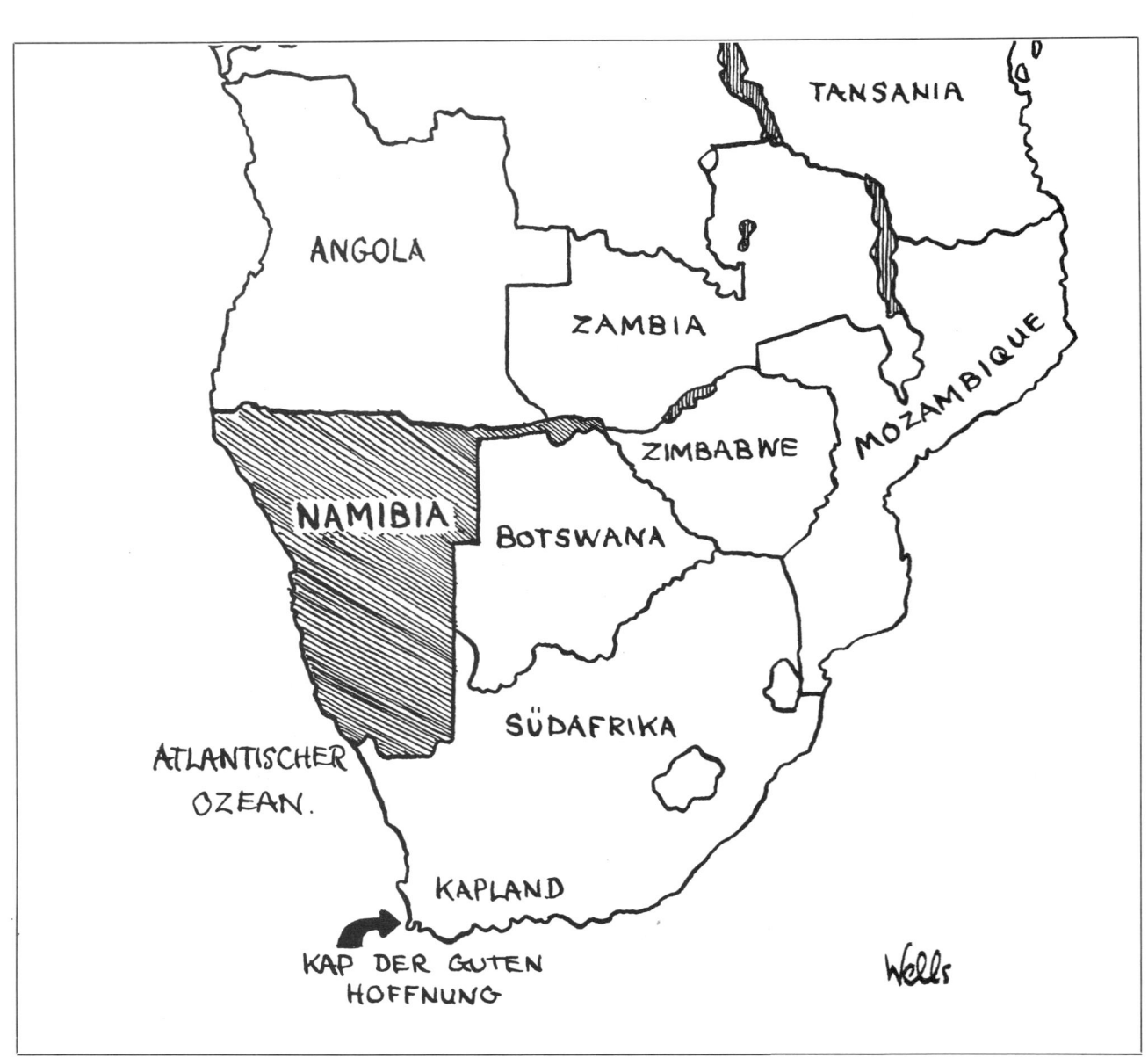

WIE DIE MENSCHEN IM DEUTSCHLAND JENER ZEIT LEBEN, AUS DEM PETER KOLB KOMMT

Deutschland ist ein zersplittertes Land. Nach dem Dreißigjährigen Krieg zählt es 1648 weit über siebenhundert Länder und Ländchen, Reichsstädte und Reichsdörfer, die von selbständigen Landesherren regiert werden. Manche dieser Zwergstaaten sind nicht größer als ein mittleres Dorf. Jeder dieser Klein- und Kleinststaaten regelt seine Angelegenheiten nach Gutdünken und Ermessen des jeweiligen Landesherren. In den deutschen Staaten gelten verschiedene Gesetze, Zölle, Steuern und Abgaberegelungen, die unterschiedlichsten Maße, Gewichte, Währungen. Schon im nächsten Nachbarländchen können die Untertanen des Landesherren einer anderen christlichen Glaubensrichtung angehören. Und wechselt einmal der Landesherr, sei es durch Tod, Geburt, Heirat, Erbschaft, Tausch, Verkauf oder Eroberung, dann kommt es schon vor, daß mit ihm auch die Landeskinder geschlossen die Glaubensrichtung ändern müssen, römisch-katholisch statt lutherisch oder umgekehrt, lutherisch statt calvinistisch und umgekehrt, lutherisch statt katholisch und so weiter, je nachdem: die Landesherren herrschen mit absoluter persönlicher Willkür.

Wie lebt die Masse der Menschen in Deutschland?

Die meisten Menschen führen ein armseliges Leben. Sie schuften täglich zwischen 14 und 16 Stunden, ohne auch nur das Lebensnotwendige zu verdienen. Die Löhne reichen kaum aus, um eine Familie zu unterhalten, geschweige denn, etwas für Notsituationen zurückzulegen. Die Menschen leben sprichwörtlich von der Hand in den Mund. Krankheit, Arbeitsunfähigkeit und Alter sind eine soziale Katastrophe und zwingen die Familienangehörigen, betteln zu gehen. Daß die Menschen trotz härtester Arbeit zu nichts kommen, hat seine Gründe. Sie liegen in der unbeschränkten Herrschaft der Landesherren, die jene nutzen, um aus ihrem Volk das Äußerste an unentgeltlichen Dienstleistungen, Abgaben und Steuern herauszupressen. Die Einnahmen dienen sogleich dazu, die Prunksucht der Herren zu befriedigen, mittels Schlösser, Lustpavillions und -gärten, riesiger Parkanlagen, üppigster Feste, übertriebenem Luxus. Die Herrschenden umgeben sich mit einem Staat von Höflingen, Schmeichlern und Speicheleckern, die ihrem Herrn in Demut ergeben sind und dafür am höfischen Leben schmarotzen dürfen. Zu den Millionenschulden, die auf den Ländern ruhen, tragen habgierige Mätressen (Geliebte) der Landesherren, deren Dienste sich die Fürsten etwas kosten lassen, das Ihre bei. Das Volk darf für alles die Zeche zahlen – und als Zaungast die großartige Kultur seiner Ausbeuter bewundern und bejubeln.

Kinderarbeit im Bergwerk

> "Wenn die Gendarmen ins Dorf kamen und die Bauernjungen, die der Herzog oder Graf als Soldaten verwenden wollte, aus den Häusern holten, gab es für die ihren einzigen Sohn festhaltende Witwe keine heuchlerischen Trostworte, sondern einen Fußtritt, daß sie in eine Ecke flog, und für den verzweifelten jungen Ehemann, der Frau und Kinder nicht verlassen wollte, keine bloßen Ermahnungen, sich ins nun einmal Unabänderliche zu fügen, sondern Handschellen, die ins Fleisch schnitten, und einen Strick um den Leib, der am Sattelknauf des berittenen Ordnungshüters befestigt wurde, damit der Unglückliche auf dem Weg zur nächsten Sammelstelle nicht davonlaufen konnte.
>
> Sie erwartete Fürchterliches, denn ihnen wurde durch eine besondere, von mitleidlosen Sadisten erdachte Behandlung auch der letzte Funke von eigenem Willen genommen.
>
> Wer aufmuckte, wurde 'krummgeschlossen', das heißt: mit den Handgelenken an die Fußgelenke gefesselt und in ein dunkles, stinkendes Verlies eingesperrt, bis sein Widerstand für immer gebrochen war; wer zu desertieren versuchte, mußte... 'Spießruten laufen', bis er elend verreckte."[2]

Verschiedene Hinrichtungsarten des militärischen Strafvollzugs im 18. Jahrhundert

Im ständigen Wetteifer um den prächtigsten und kultiviertesten Lebensstil ist den Landesherren eine besonders einträgliche Einkommensquelle eingefallen: der Menschenhandel mit ihren Untertanen. Sogenannte Anwerber schwärmen im Auftrag ihres Fürsten in die armen Dörfer aus, um dort junge Burschen einzufangen...

Sinn und Zweck dieser Menschenjagden ist das Geschäft, das sich damit machen läßt. Die eingefangenen Männer werden zu Truppen zusammengestellt und an einen Fürsten verkauft, der – zum Beispiel – gerade eine günstige Gelegenheit sieht, gegen einen anderen Fürsten einen Eroberungskrieg zu führen. Die Untertanen am Hof zittern oft vor Seiner Majestät und deren Launen. Wer nicht bereit ist, seinem Herrn nach dem Mund zu reden, dem kann es übel ergehen. Die Foltermethoden, mit denen widerspenstigen Untertanen der Widerspruch ausgetrieben wird, sind noch voll im Einsatz.

Eine allgemeine Schulpflicht gibt es noch nicht. Wenn ein reicher Gönner einem Kind armer Eltern eine Schulstelle bezahlt, ist das ein großes Glück. Erst 1717 machen einzelne Landesherren bescheidene Schritte, den Kindern des Volkes etwas Bildung zukommen zu lassen. Laut einer Anordnung aus dieser Zeit sollen die fünf- bis zwölfjährigen Kinder im Winter täglich und im Sommer wenigstens ein- oder zweimal wöchentlich zur Schule gehen. Aber wie sieht tatsächlich der Unterricht auf dem Land noch hundert Jahre später aus! Aus einer Dorfchronik: „Bis zum Jahre 1816... bestand hier eine sogenannte Wander- oder Winterschule. Der Unterricht fand von Martini (11. November) bis Gründonnerstag statt. Es wurde neben Religion, als die Hauptsache, noch Lesen und Schreiben gelehrt und für die Knaben auch Rechnen betrieben."[1] In diesem Deutschland können nur wenige aus den armen Bevölkerungsschichten auf Bildung und damit auf ein besseres Leben hoffen.

Peter Kolb hat Glück: Als Sohn eines Schmieds im oberfränkischen Dörflas 1675 geboren, erhält er eine Schulfreistelle und kann anschließend studieren. Er ist eine der wenigen Ausnahmen.

Arbeitsvorschlag:
— Wer hatte in Deutschland Kultur?
  Auf wessen Kosten ging diese Kultur?
— Wie dürfte die Kultur der arbeitenden Menschen ausgesehen haben?

Vorschlag für eine Diskussionsrunde:
— Die Herrschenden preisen ihre Kultur als die des ganzen Volkes, damit es von seinem eigenen Elend abgelenkt wird.
— Wer selbst unterdrückt und ausgebeutet wird, ist bereitwilliger, Menschen fremder Kulturen als minderwertig anzusehen, damit er sich noch jemandem überlegen fühlen kann.

PETER KOLB WIRD MIT EINEM FORSCHUNGSAUFTRAG NACH SÜDAFRIKA GESCHICKT

Am 8. Januar 1705 läuft von Texel/Holland das Schiff "Union" nach Südafrika aus. Peter Kolb ist an Bord. Er hat den Auftrag eines preußischen Barons, astronomische (Astronomie = Sternenkunde) und metereologische (Metereologie = Wetterkunde) Studien am Kap der Guten Hoffnung durchzuführen. Welches persönliche Interesse jener preußische Baron mit dem Geld verbindet, das er für die Ausrüstung an technischen Geräten, die Reise und den Aufenthalt von Peter Kolb in Südafrika ausgibt, wissen wir nicht. Man kann aber davon ausgehen, daß die ungeheuren Summen, die Europäer zur "Erforschung der Welt" ausgaben, nicht ohne Hoffnung auf Eigennutz investiert wurden.

Nach stürmischer Fahrt erreicht die "Union" mit Peter Kolb am 12 Juni die Tafelbai am Kap der Guten Hoffnung.

Peter Kolb ist nicht der einzige Weiße am Kap der Guten Hoffnung. Rund 50 Jahre vor ihm (1652) haben dort Holländer für ihre Handelsschiffe auf der Route nach Hinterindien einen Versorgungsstützpunkt errichtet. Peter Kolb findet in der Tafelbai ein Fort vor. In der Kapkolonie leben gut eineinhalbtausend Weiße, größtenteils Siedler.

Das Land haben sie sich mit recht unsauberen Methoden von der ansässigen Urbevölkerung verschafft. So wurde beispielsweise einem Stammesführer versprochen, im Austausch gegen Land Waren im Wert von 800 Pfund zu liefern. Geliefert wurden tatsächlich Waren im Wert von 6 Pfund, 12 Schilling und 4 Pence: Mit dieser und ähnlichen Methoden, häufig auch mit überlegener Waffengewalt, wurden Urbevölkerungen in aller Welt um ihr Land betrogen.

Mehr und mehr Weiße wanderten im Laufe der Jahre nach dem Kapland ein und ließen sich als Bauern nieder. Für Arbeitsdienste bevorzugten die weißen

Herren Sklaven aus anderen Ländern, die geländeunkundig waren und eine Flucht nur selten riskierten, da ihr Leben von den wilden Tieren und der Wasserarmut im Hinterland bedroht wurde. Die Nama als ansässige Bevölkerung dienten als Zeitarbeiter und Handelspartner.

Die Holländische Festung auf dem Vorgebirge der Guten Hoffnung: 1 Buren 2 Leerdamm 3 Oranien 4 Katzenellenbogen 5 Nassau 6 Capitains Haus; mit Häusern und Wohnungen des Gouverneurs und dessen Stellvertreter, verschiedener Leute, Gewölbtem Thor und Schmidt's Winckel[4])

Vorstellung eines Rhinoceros, Fig. 1 pag. 160. und Elephanten. Fig. 2. pag. 148. [5)]

PETER KOLB SCHREIBT AUF, WIE ER DIE NAMA SIEHT UND ERLEBT

Mich interessieren die Menschen...

Peter Kolb verliert offenbar bald das Interesse, Bewegungen am Himmel zu beobachten. Ihn interessieren vielmehr die afrikanischen Stammesgruppen, die im Kapland leben. Kolb nennt die Nama, wie es unter Weißen üblich war und zum Teil heute noch ist, "Hottentotten". Im Unterschied zu vielen Europäern meint er es jedoch nicht diskriminierend. Er hat wohl auch keinen erkennbaren Grund dazu. Denn im Vergleich zu anderen Weißen, die in Südafrika Land und Reichtum zu schachern versuchen, fehlen bei Peter Kolb vergleichbare Interessen. Das lassen seine Aufzeichnungen erkennen: er verteidigt die Nama gegen die Herabwürdigung der Europäer, die in den Ureinwohnern ein Hindernis für ihre eigenen kolonialen Pläne sehen, nicht aber Menschen mit eigener jahrhundertealter Kultur.

Handwerke der Nama

Die Nama beherrschten eine Anzahl von Handwerken: Fell- und Lederbearbeitung, Kürschner- und Riemenschneiderhandwerk, Töpferei, Eisengewinnung und -verarbeitung.

"Ich mache den Anfang mit dem Kürschner-Handwerk, welches sie ganz vollkommen verstehen. Sie können die Schaf- und andere Felle wenigstens ebenso gut bereiten, sich diese so nett und zierlich zusammennähen und ihnen die richtige Form geben, wie es ein Kürschner in Deutschland oder anderswo in Europa machen kann. Es geschieht aber beides auf eine Art, die einem Kürschner fremd vorkommen dürfte."[6]

"Sie nehmen ein Stück Eisen und suchen einen Stein, der sehr fest und hart ist. Auf diesen legen sie das Eisen und schlagen es so lange mit einem anderen Stein, der ihnen anstatt eines Hammers dienen muß, bis sie es in die ihnen beliebige Form gebracht haben. Sodann schleifen sie es an einem Stein und polieren es so schön, daß man meinen möchte, es habe ein rechter deutscher Waffenschmied verfertigt."[9]

Eisenschmiede[8]

Wie die Hottentotten ihre Felle bereiten. A. Beschmieren sie deswegen mit Fett. B. Desgleichen mit Kühe Mist. C. Klopfen sie hernach aus. D. Wie sie die Riemen schneiden. E. Wie sie die Felle zusammen nähen[7]

Viehhaltung und Vieheigentum
"Bei jedem Kral oder Dorf gibt es eine Herde von Großvieh wie Ochsen, Kühe und Kälber, die aber nicht einem allein, wie etwa dem Capitan oder sonst einem Reichen, gehört, sondern jeder, der in dem Kral wohnt, hat seinen Anteil daran.
Da jeder Vieh hat, der im Kral wohnt, ist es nur vernünftig, daß sie keinen besonderen Viehhirten haben, sondern treiben das Vieh gemeinsam auf die Weide. Nicht etwa, daß täglich alle demselben folgen und es auf die Weide treiben... Sie schicken dagegen täglich einen, zwei oder auch drei, je nachdem, ob die Herde groß oder klein ist, mit ihr hinaus. Dieses Viehhüten geht im ganzen Kral um, und niemand ist davon befreit, mag er sein, wer er will." [10]

Tugenden der Nama
Peter Kolb lobt die hohe Vertrauenswürdigkeit, Bescheidenheit, Fröhlichkeit, Zufriedenheit, Hilfsbereitschaft und Freiheitsliebe der Nama. Er macht keinen Hehl daraus, daß ihn die Selbstgerechtigkeit und Überheblichkeit der "Christenmenschen" in seinem eigenen Land ärgern: "Ich bin schon im voraus davon überzeugt, daß viele Christen in ihrem Gewissen gerührt werden, wenn sie die Vollkommenheit eines ehrbaren Tugendwandels nicht an sich spüren oder wahrnehmen, den man jedoch an den Hottentotten täglich erblicken kann, wenigstens dem äußeren Ansehen und dem Schein nach. Sie müßten daher schamrot vor ihnen stehen und sich für Knechte erklären..." [11]

"Die Hottentotten sind guttätig und hilfreich, haben nichts für sich. Schenkt man ihnen etwas, so teilbar ist, geben sie dem ersten ihrer Kameraden, der zu ihnen kommt, etwas davon, ja sie suchen ihn deswegen auf und behalten von dem, was sie haben, das kleinste Stück für sich." [12]

Kinder auf Ochsen reitend – wie sie es vor 300 Jahren getan haben könnten

"Wenn nun einer mit einem genügenden Vorrat von solchen Waren zu ihnen kommt, kann er dies alles ihnen ebenso sicher anvertrauen und in Bewahrung geben als ob er es in seinem eigenen Hause und unter seiner Aufsicht verschlossen hielte. Der Bewahrer, der die Güter angenommen hat, würde sich viel eher töten lassen als daß er nur das Geringste davon entwendete." [13]

"Ein Kaufmann oder anderer Reisender, der einige Zeit bei ihnen zu verweilen gedenkt, muß ferner noch mit einem guten Gewehr und dem dazu gehörenden Pulver und Blei versehen sein. Denn dies ist ihm, nicht wegen der Hottentotten, sondern vielmehr wegen der wilden Tiere nötig." [14]

"Dieses ist der Brauch bei den Hottentotten: Ich mag nicht allein essen, sondern dieser muß auch etwas davon haben und versuchen. Denn wenn ich einmal zu ihm komme, so gibt er wieder mir von demjenigen, was er bekommt." [15]

"Ich kann mich erinnern, daß sie mir ins Gesicht gesagt haben, daß sie auch deswegen keine Christen werden möchten, weil keiner mit seinem Leben zufrieden ist, sondern es allezeit noch besser haben wolle. Jeder könne tausendmal vergnügter sein, wenn nicht die leidige Bauchsorge und der Appetit nach mehr Reichtum ihr Herz so eingenommen hätte, daß sie sich Tag und Nacht damit plagen, so schrecklich danach wühlen und bis ins finstere Grab ängstigen müssen."[16]

Arbeitsvorschlag:
– Welche Kritikpunkte entnimmst du den Aufzeichnungen von Peter Kolb?

Gewiß, Peter Kolb hat auch ihm absonderlich vorkommende Sitten und Bräuche der Nama geschildert. Wir werden diese Schilderung aber hier nicht wiedergeben, weil Weiße sie nur allzugern dazu benutzen, ihre Sensationsgier und ihr Bedürfnis nach Überlegenheit zu befriedigen. Das ist eine bittere Erfahrung vieler Afrikaner. Und: Auch afrikanische Gesellschaften waren vor der Fremdherrschaft durch die Weißen keine irdischen Paradiese menschlicher Vollkommenheit! Dieses Phantasiebild vorkolonialer Gesellschaften überzuspülen ist genauso falsch, wie die Augen vor Verletzungen und Verbrechen an Menschen im eigenen Land und in fremden Ländern zu verschließen.

Über die Landschaften und Lebensbedingungen verschiedener Stammesgruppen
Peter Kolb beschreibt auch die Landschaften und Lebensbedingungen von Stammesgruppen, die in der Kapregion ansässig sind. Einige Stammesgruppen stehen mit den Weißen erst in lockerem Tauschhandel, andere haben bereits die Folgen europäischen Eindringens in vollem Ausmaß erfahren.

Die Hessaquas, berichtet Peter Kolb, "sind sehr reich und besitzen große Herden an Schafen und Großvieh, die oft ein ganzes Feld bedecken und doch dick genug werden. Auch an Tragochsen besitzen sie mehr als manche andere Nation. Sie kommen sehr oft zum Vorgebirge und tauschen Vieh gegen andere Waren wie Tabak, Perlen und ähnliches. Dies würden sie sicherlich nicht tun, wenn sie nicht genügend Vieh hätten."[17]

Die Koopmanns "bewohnen ein großes und ausgedehntes Gebiet, in dem sich bereits die Europäer niederzulassen beginnen und das Land bebauen. Gegen das Meer hin ist es zwar nicht sehr breit, zum Innern hin breitet es sich aber weit aus. Obwohl sich viele Berge darin befinden, ist das Land doch sehr fruchtbar; es gibt auch keinen Mangel an Süßwasser. Außerdem gibt es genügend Wild für einen Jäger."[18]

Die Kochaquas besitzen "zwar noch das meiste ihres Landes, dennoch haben sich die Europäer auch hier schon eingenistet. In diesem Gebiet sind die besten Salzpfannen anzutreffen, und die Einwohner holen das benötigte Salz dort. Deswegen hat die Compagnie eine Wache aufgestellt, die das Salz bewachen und auf Schiffe, die dorthin kommen, achten soll. Sicherlich würden sich mehr Europäer dort niederlassen, wenn es nicht überall an Süßwasser mangelte."[19]

Die Gunjemann, berichtet Peter Kolb, haben ihr Land am Kap den Holländern verkauft. Als ihnen klar wurde, daß sie dort nunmehr nur noch durch die Holländer geduldet waren, verbündeten sich mit einem anderen Stamm und kämpften gegen die Holländer um ihre alten Rechte. Der Verlust vieler ihrer Leute und die überlegenen Waffen der Holländer zwangen sie schließlich zur Unterwerfung.

Arbeitsvorschlag:
- Die Weißen behaupten gerne, sie hätten (fast) menschenleeres Land besiedelt und die Afrikaner nicht in ihrem Lebensraum beschnitten. Welche Informationen von Kolb widersprechen dieser Behauptung?
- Welches Interesse haben die Weißen am Land?

DIE MENSCHEN LEBTEN IN VOLLKOMMENER FREIHEIT, VON EINER GEGEND IN EINE ANDERE INNERHALB IHRES NUTZUNGSGEBIETES ZU ZIEHEN, AUF DER SUCHE NACH WEIDEN FÜR IHRE HERDEN, NACH WILD, SEINEN WANDERUNGEN FOLGEND, AUF DER SUCHE NACH WILDEN PFLANZEN UND DEM KOSTBAREN WASSER.[20]

Über die Arbeitseinstellung der Nama
Als ihnen noch das Land gehörte...

Um 1710 leben die meisten Nama noch auf ihrem traditionell angestammten Land und in sozialen Gemeinschaften nach ihren eigenen Gesetzen. Noch sind sie mehr oder weniger die Herren ihres Landes und stolz auf ihre Freiheit. Peter Kolb schreibt: "Ein Hottentotte rühmt sich, und das mit größtem Recht, seiner natürlichen Freiheit. Er ist niemand gerne untertänig, leidet lieber Armut und Dürftigkeit, als daß er sich verkaufen würde. Wenn ihn aber die höchste Not treibt, Dienst bei einem andern für eine gewisse Zeit aufzunehmen, so geschieht das doch immer mit der Bedingung, daß seine Freiheit dadurch keinen Schaden erleiden dürfe."[21]

...und hundertzweiundsiebzig Jahre später

Die Nama sind inzwischen immer stärker von holländischen und englischen Siedlern am Kapland abgedrängt worden und auf ihrer Suche nach Land in den Norden, in das heutige Namibia, gezogen.
Dort beginnen sich um 1882 Deutsche für Land zu interessieren und es zu "kaufen".
Ein Deutscher, der in entsprechendem Auftrag des Bremer Kaufmanns Adolf Lüderitz arbeitet, zeichnet ein völlig anderes Bild von den Nama als Peter Kolb.

"Der Hottentotte ist das faulste, unverschämteste und frechste Subjekt, das man sich denken kann, und es sieht wirklich so aus, als ob Gott Land und Leute im Zorn erschaffen hat. Das Volk verhungert lieber, ehe es sich zur ernstlichen Arbeit entschließt, und mir sagte neulich ein Missionar, daß man beim besten Willen das Fluchen nicht lassen könne, wenn man mit diesem Pack zu arbeiten hat."[22]

Die ersten drei Angestellten der Firma F. A. E. Lüderitz in Lüderitzbucht (von links) Vogelsang, Francke, Wagner

Arbeitsvorschlag:
– Welchen Grund könnte diese Charakterisierung der Nama haben?

RÜCKKEHR NACH DEUTSCHLAND

Man kann sich vorstellen, daß Peter Kolb, als er 1713 nach Deutschland zurückkehrte, eine Menge über die Nama zu erzählen hatte und erzählen wollte. Wie man seine Berichte wohl aufnahm? Vielleicht...

...ungläubig (weil man seine Meinung schon hatte)

...hauptsächlich interessiert am "Nervenkitzel" (um sich vom eigenen elenden Leben abzulenken und auf Kosten eines fremden Volkes als "höherstehend" fühlen zu können)

...seitens der "Gebildeten" besserwisserisch (weil man den "Ungebildeten" einhämmern wollte, die Deutschen hätten eine höhere Kultur, sie seien zivilisierter als jene "primitiven Wilden")

...oder?

So weit als Kolbes Geist ihn in die Länder treibt,
so stark ihm die Kunst und Fleiß den Himmel macht gewogen,
so wahr hat dieses Buch, das er gelehrt beschreibt,
ihn der Vergeßlichkeit mit großem Ruhm entzogen.
(Lobspruch eines Freundes für Peter Kolb und sein Buch "Unter Hottentotten")[23]

2. Kapitel

Die ersten Weißen dringen in Namibia ein

Namibia schützt lange Zeit eine stürmische See und die Wüste Namib vor Weißen, die Landeroberungsabsichten haben. In der ersten Hälfte des 19. Jahrhunderts nehmen nur wenige Forschungsreisende, Händler, Jäger und Missionare die Mühsal auf sich, von Südafrika her oder über den namibischen Hafen Walfischbai ins Innere Namibias vorzustoßen. Das Wirken dieser Weißen hat tiefgreifende Folgen für das Leben der Afrikaner und die Zukunft des Landes.

Absichten:

– Wir fragen nach den Interessen der ersten Weißen, die nach Namibia eindringen. Wir stellen fest, daß besonders der Handel mit Alkohol, die Jagd auf einheimische Tiere und die Berichte der Forscher für die Namibier langfristig schlimme Auswirkungen hatten.
– Wir stellen fest, daß durch die Arbeit der Missionare eine wichtige Voraussetzung für die spätere koloniale Besitzergreifung des Landes durch die Deutschen geschaffen wurde.

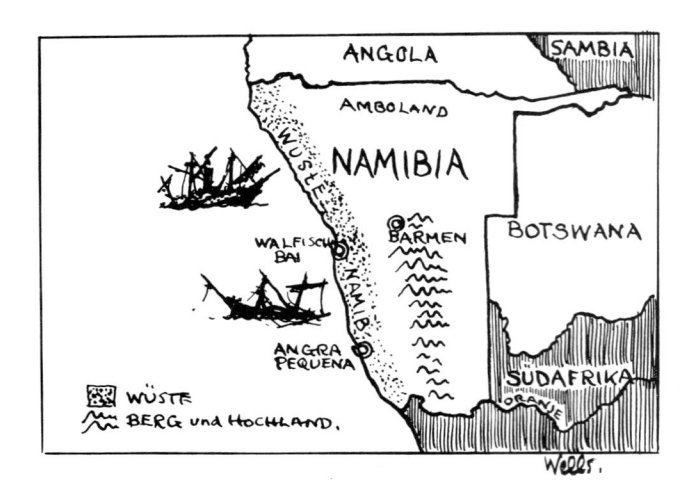

NAMIBIA bleibt lange Zeit von Abenteurern und Landeroberern verschont. Die rauhe, stürmische und an natürlichen Häfen arme Küste macht Landungen zu einem riskanten Unternehmen. Die hundertfünfzig Kilometer breite Wüste Namib, die sich zwischen dem Atlantik und dem Zentralen Hochland erstreckt, scheint ein unüberwindbares Hindernis. Kaum jemand glaubt, daß hinter der Wüste ein Land liegt, das außergewöhnliche Anstrengungen lohnen würde.

1760 und 1791 starten erstmals Kapholländer Expeditionen nach Namibia, die neben Daten über dort lebende Stämme und deren Siedlungsgebiete auch Kenntnisse über Kupferlager liefern. Die Hoffnungen auf Goldfunde zerschlagen sich jedoch. 1805 gründet die Londoner Missionsgesellschaft im Süden die Station Warmbad. Aber erst ab den dreißiger Jahren des 19. Jahrhunderts verstärken Europäer ihre Anstrengungen, den langen Treck in das weitgehend unerschlossene Land zu unternehmen. Sie kommen vom südlichen Kapland und stoßen über den Oranjefluß nach Namibia vor. Auch Walfischbai, einziger natürlicher Tiefseehafen Namibias, ist Ausgangspunkt für Expeditionen ins Land. Die Weißen, die die Reisestrapazen auf sich nehmen, sind Händler, Jäger, Kaufleute, Forschungsreisende und Missionare. Die Expeditionen sind sehr beschwerlich. Die Wege sind schlecht und die mitgeführten Ochsengespanne arbeiten sich nur langsam vorwärts. In der Trockenzeit brütet staubige Hitze über dem Land und verwandelt das Grüne des Busches in ein fahles Gelb. In der Regenzeit lösen sich die Wege in Schlammfurchen auf und sind kaum passierbar. Achsenbrüche der Transportwagen bringen die Trecker zum Fluchen und ins Schwitzen. Verzicht auf persönlichen Komfort und Entbehrungen müssen in Kauf genommen werden. Doch diese Plackerei wird durch die Hoffnung auf gute Geschäfte, reiche Jagdbeute, interessante Forschungsergebnisse oder dem Missionsanliegen freundlich gesinnter Afrikaner, je nach Absicht der Reise, gemildert.

Treck über den Oranje, den südlichen Grenzfluß Namibias

VON HÄNDLERN, JÄGERN, FORSCHUNGSREISENDEN, ALKOHOL UND REICHER BEUTE

Der englische Forschungsreisende Francis Galton schreibt 1853: "Von Europäern haben die Länder zwischen den Breiten von Angra Pequena und Barmen besucht: etwa zehn Missionärs, ebensoviele Händler, fünf bis sechs davongelaufene Matrosen, die bei diesen Diener waren, und außer meiner, zwei Gesellschaften von Reisenden."[1])

Ochsentreck

Händler

Die Händler sind auf der Suche nach afrikanischen Tauschpartnern, die den Wert ihrer Ware aus Unkenntnis überschätzen. Auf ihren Ochsenkarren führen sie allerlei Tand mit sich wie Glasperlen und Knöpfe, aber auch Töpfe, Kleider, Eisenwaren, Pulver, Blei, Tabak und Branntwein: der verspricht ein besonders florierendes Geschäft, denn er verbraucht sich schnell und schafft Abhängigkeit. Und damit wieder Nachfrage nach neuem Fusel, was für den Händler das sichere Folgegeschäft bedeutet. Das Geschäft interessiert — moralische Skrupel wären nur hinderlich.

Getauscht werden europäische Waren vorzugsweise gegen Straußenfedern und Elfenbein, gelegentlich gegen Schafe und Rinder. Der Transport von Vieh ist schwierig und risikoreich. Wenn der Rückweg ohne größere Störungen verläuft, der vollgepackte Wagen weder geplündert wird noch in Bruch geht, noch gar der Händler die Reisestrapazen nicht übersteht und ein früher Tod ihm das Geschäft durchkreuzt, wird die Beute in der Kapprovinz zu Geld gemacht. Handelsgesellschaften schiffen die Ware nach Europa ein. Ein mit Überlegung und Taktik betriebener Handel mit den Afrikanern kann für den Händler den finanziellen Grundstock für ein eigenes Handelsunternehmen und ein weniger mühsames Leben bedeuten.

"Wohin wir uns wenden, überall finden wir preußischen Sprit... Kartoffelsprit ist für Preußen das, was Eisen und Baumwollwaren für England sind, der Artikel, der es auf dem Weltmarkt repräsentiert."

Friedrich Engels[2])

Die preußischen Landjunker produzieren auf ihren Ländereien in erheblichen Mengen Kartoffelschnaps und zeigen an Absatzmärkten in Übersee großes Interesse. Friedrich Engels, einer der führenden Denker der deutschen Arbeiterbewegung, ist scharfer Kritiker einer Warenproduktion, an der sich wenige auf Kosten vieler bereichern.

Feldhandel mit Hereros

Jäger

Beuteobjekte der Jäger sind in Europa gefragte Felle aller Art: die Felle der Wildkatzen, der Spring- und Buschböcke, der Robben und Zebras. Elefanten und Strauße werden systematisch gejagt. Die Ausrottung in Namibia heimischen Wildes nimmt um diese Zeit ihren Anfang.

Bereits um 1880 ist der Strauß in Namibia vom Aussterben bedroht. Der deutsche Missionar Heinrich Vedder stellt für das Jahr 1880 fest: "Die Strauße sind durch das unvernünftigste, ja unmenschliche Jagen der letzten Jahre fast ausgerottet worden, oder doch so schwer zu erreichen, daß es nur noch selten gelingt, einen zu erlegen. Unternehmende englische und schwedische Händler ziehen bis jenseits des Ambolandes und an den Okavango. Dort erhalten sie durch Handel und eigene Jagd immer noch eine ordentliche Menge Elfenbein und Federn, freilich auf eine Weise, die nicht jedermanns Sache ist."[3] Was nicht jedermanns Sache ist: die großen Vögel werden zu Tode gehetzt, damit man ihnen die Federn unbeschädigt herausreißen kann.

Der Jäger, Händler und Forscher Andersson schießt aus seinem Versteck auf einen Elefanten

Jäger auf dem Kunene, dem nördlichen Grenzfluß Namibias

Wie eine scheinbar harmlose Modeallüre der feinen europäischen Gesellschaft dem Strauß zum Verhängnis wurde...

Ein Auszug aus dem Roman "Morenga" von Uwe Timm

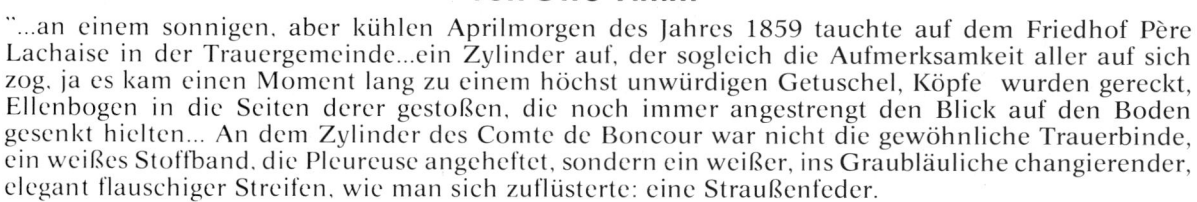

"...an einem sonnigen, aber kühlen Aprilmorgen des Jahres 1859 tauchte auf dem Friedhof Père Lachaise in der Trauergemeinde...ein Zylinder auf, der sogleich die Aufmerksamkeit aller auf sich zog, ja es kam einen Moment lang zu einem höchst unwürdigen Getuschel, Köpfe wurden gereckt, Ellenbogen in die Seiten derer gestoßen, die noch immer angestrengt den Blick auf den Boden gesenkt hielten... An dem Zylinder des Comte de Boncour war nicht die gewöhnliche Trauerbinde, ein weißes Stoffband, die Pleureuse angeheftet, sondern ein weißer, ins Graubläuliche changierender, elegant flauschiger Streifen, wie man sich zuflüsterte: eine Straußenfeder.

Schon zwei Tage später konnte man anläßlich der Beerdigung eines Mitglieds der Acadèmie Francaise, eines Romanciers und Astronomen, zwei ähnlich geschmückte Zylinder bewundern, und knapp nach sieben Wochen verrenkten sich Passanten in Berlin Unter den Linden die Hälse nach einem Zylinder, der aus einer Droschke stieg und mit einer Straußenfeder geschmückt war, während solche Zylinder in Paris schon zum alltäglichen Straßenbild gehörten..."4)

Forscher

Auch die Forscher waren durchaus nicht immer uneigennützige Menschen, die für die "Allgemeinheit" etwa eine fremde Kultur erforschen wollten. Oft gingen sie neben ihren Forschungsarbeiten einem Geschäft nach, wie eine unten stehende Liste deutlich machen soll, die europäische Forscher in den Jahren 1840 – 1862 mit Namen und Tätigkeiten aufführt.
Man kann sicherlich schließen, daß Forschungsreisende, die mit vielerlei Interessen unterwegs sind, ein Land nach dem Nutzen zu beurteilen geneigt sind, den es für sie hat. Es besteht daher in der Regel wenig Bereitschaft, die Menschen in einer ganz anderen klimatischen Umwelt im Zusammenhang mit ihren besonderen, dieser Umwelt angepaßten Lebensformen zu begreifen. "Ihre Häuser gefallen mir nicht", schreibt zum Beispiel der englische Forscher Galton über die Häuser in Nordnamibia, "sie sind so albern und klein; sie sind kreisrund, fünf und einen halben Fuß in die Quere und drei Fuß hoch, und ganz mit Schindeln bedeckt."5) Trotz aller subjektiven Einfärbung sind die umfangreichen Aufzeichnungen europäischer Forscher über Wohnformen und Hausrat, Arbeitsmittel, über Landschaften, Pflanzen und Klima oft recht genau und vermitteln interessante Informationen. Es ist gerade diese Mischung aus Bericht und persönlicher Sichtweise, die folgenreich ist: sie verstärkt einerseits Vorurteile der Europäer gegenüber den Afrikanern, Meinungen, die heute noch vorurteilsloses Denken erschweren. Die veröffentlichten Berichte stellen aber auch viele Informationen zur Verfügung, die je nach Interesse genutzt werden konnten und genutzt wurden: Von Geschäftsleuten, die auf der Suche nach neuen, profitablen Absatzmärkten waren und nach einer Marktlücke für ihre Waren suchten. Die frühen Berichte der Forschungsreisenden in Namibia wurden darüberhinaus zu einer wichtigen Informationsquelle, als das Interesse der Deutschen an kolonialen Eroberungen im zweiten Drittel des 19. Jahrhunderts reger wurde. Und

Ein mit Packochsen Reisender

diese Berichte wurden noch einmal wichtig, als sich die Deutschen wenig später mit Eroberungsplänen und militärischen Planspielen beschäftigten.

Arbeitsvorschlag:
— Nenne Tätigkeiten, die erste Europäer in Namibia ausübten.
— Überlege Dir zu jeder dieser Tätigkeiten, welche Vorteile und welche Nachteile diese Tätigkeiten a) für die Europäer, b) für die Afrikaner hatten.
— Wir haben die Ansicht vertreten, daß das Wirken der ersten Europäer für die Namibier nachteilige Folgen hatte. Wie siehst Du das?

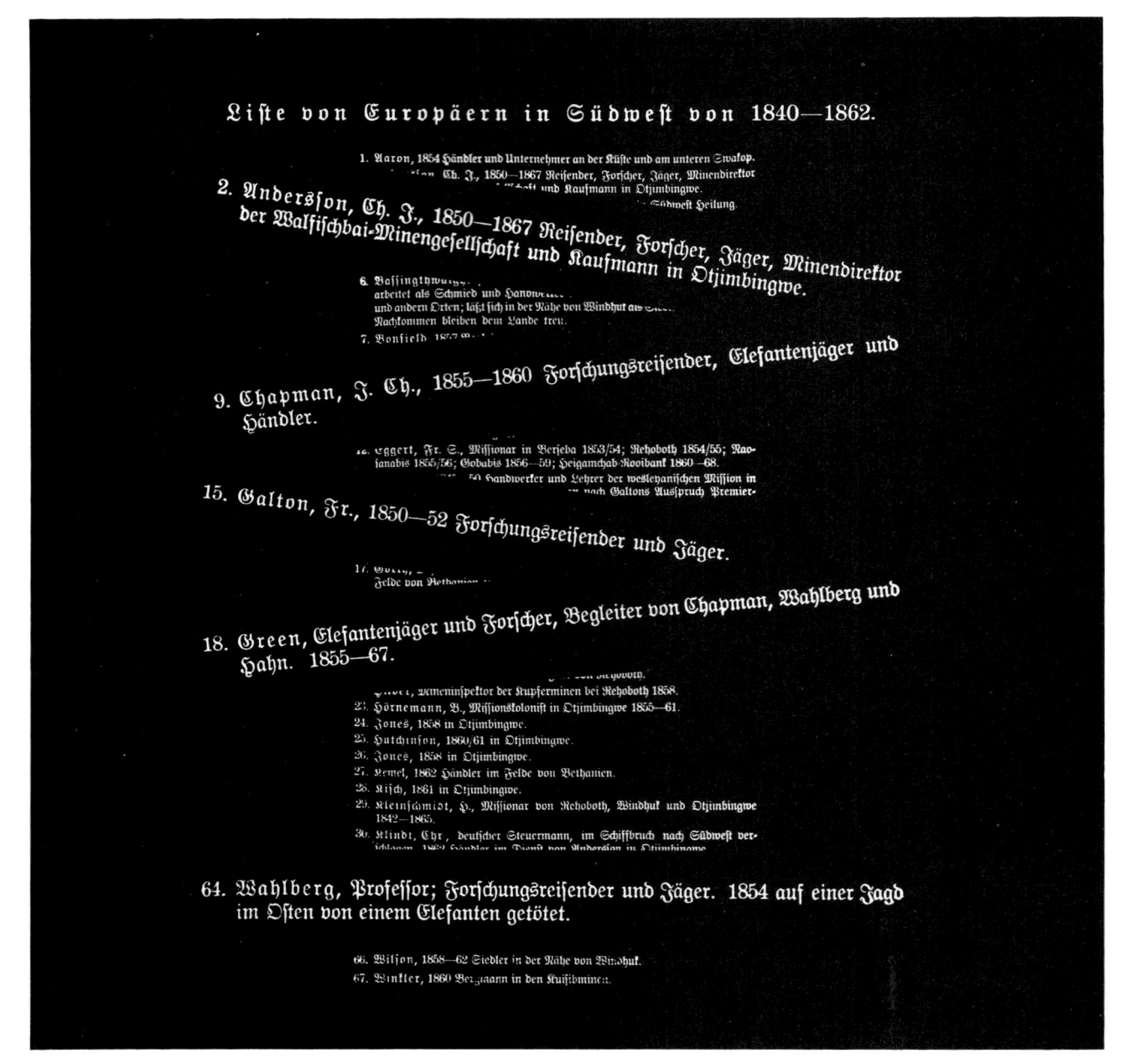

Liste von Europäern in Südwest von 1840—1862.

1. Aaron, 1854 Händler und Unternehmer an der Küste und am unteren Swakop.
2. Anderßon, Ch. J., 1850—1867 Reisender, Forscher, Jäger, Minendirektor der Walfischbai-Minengesellschaft und Kaufmann in Otjimbingwe.
   — Südwest Heitung.
6. Baffingthwu... arbeitet als Schmied und Handwe... und andern Orten; läßt sich in der Nähe von Windhut a... Nachkommen bleiben dem Lande treu.
7. Bonfield 18...
9. Chapman, J. Ch., 1855—1860 Forschungsreisender, Elefantenjäger und Händler.
   ... Eggert, Fr. S., Missionar in Berseba 1853/54; Rehoboth 1854/55; Naojanabis 1855/56; Gobabis 1856—59; Heigamchab-Rooibank 1860—68.
   ... 50 Handwerker und Lehrer der wesleyanischen Mission in ... nach Galtons Ausspruch Premier-
15. Galton, Fr., 1850—52 Forschungsreisender und Jäger.
17. G... Felde von Bethanien...
18. Green, Elefantenjäger und Forscher, Begleiter von Chapman, Wahlberg und Hahn. 1855—67.
   ... Mineninspektor der Kupferminen bei Rehoboth 1858.
23. Hörnemann, B., Missionskolonist in Otjimbingwe 1855—61.
24. Jones, 1858 in Otjimbingwe.
25. Hutchinson, 1860/61 in Otjimbingwe.
26. Jones, 1858 in Otjimbingwe.
27. Kemel, 1862 Händler im Felde von Bethanien.
28. Kisch, 1861 in Otjimbingwe.
29. Kleinschmidt, H., Missionar von Rehoboth, Windhut und Otjimbingwe 1842—1865.
30. Klindt, Chr., deutscher Steuermann, im Schiffbruch nach Südwest ver... 18... Händler im Dienst von Anderßon in Otjimbingwe.

64. Wahlberg, Professor; Forschungsreisender und Jäger. 1854 auf einer Jagd im Osten von einem Elefanten getötet.

66. Wilson, 1858—62 Siedler in der Nähe von Windhut.
67. Winkler, 1860 Bergmann in den Kuisibminen.

Der deutsche Missionar Heinrich Vedder gibt in seinem Buch "Das alte Südwestafrika" die Zahl von Europäern, deren Aufenthalt in Namibia zwischen den Jahren 1840 und 1862 bekannt geworden ist, mit 67 Personen an. Vier der genannten Europäer weist er als Forscher aus. Alle vier Forscher üben weitere Tätigkeiten aus. (S. 342 ff.)

Zeichnung eines Europäers, der um die Mitte des 19. Jahrhunderts nach Nordnamibia vordrang

Bevor die Weißen kamen

Bevor die Weißen kamen
Lebte mein Volk in Glück und Frieden.
Schau ich zurück
Seh ich die Menschen bei der Arbeit
Hand in Hand.
Sie essen von einem Tisch
Schwestern und Brüder,
Kinder einer Mutter.

Die Erde liebte die Menschen
Und diese dankten ihr
Für alles
Was sie im Überfluß gab.

Verteidigt Euer Land
Und seinen Reichtum.
Greift zu den Waffen, um
Eure Kinder zu schützen.
Seid stark
Um den Frieden zu wahren.

Bevor mein Volk gerüstet war
Für das Land der Väter zu kämpfen
Kamen die Weißen.
Sie waren mächtiger als unsere Eltern.
Die Eltern taten, was sie konnten
Doch unterlagen sie
Der Gewalt.

Die Weißen zerstörten das Glück und
Brachten Krieg.
Mein Volk kämpfte und kämpft bis heute
Es opfert sein Blut
Für Glück und Frieden, die es hatte
Bevor die Weißen kamen.

Shirute Shanumbundu[7])

DEUTSCHE MISSIONARE BEEINFLUSSEN UND ERZIEHEN DIE AFRIKANER

1842 kommen die ersten deutschen Missionare nach Namibia. Sie gehören zur Rheinischen Mission. Als überzeugte Christen halten sie ihren Glauben für den einzig richtigen und haben wenig Verständnis für die afrikanischen Religionen, die aus den Umwelt- und Lebensbedingungen des schwarzen Kontinents gewachsen sind. Für die Missionare sind diese Religionen "Aberglaube" und "Teufelswerk".

Es ist keine leichte Aufgabe, die Afrikaner zur Abkehr von ihrem traditionellen Glauben zu bewegen und zum Christentum zu bekehren. Die Verkündung der christlichen Botschaft allein genügt nicht: Ein Übertritt zum Christentum muß den Afrikanern auch als sinnvoll und notwendig vermittelt werden. Diese Überzeugungsarbeit kann nur langfristig zum Erfolg führen und die Missionare siedeln sich deshalb im Land an. Christliche Missionsstationen sind die ersten Niederlassungen Weißer in Namibia auf unbestimmte Dauer.

Die missionarische Arbeit erweist sich insbesondere bei afrikanischen Stammesgruppen als schwierig, die bisher noch wenig mit Weißen in Berührung gekommen sind. Bei teilweise christianisierten Stämmen, die, aus Südafrika vertrieben, in Namibia eingewandert sind, gestaltet sich die Arbeit etwas leichter.

In Namibia ist es um jene Zeit unruhig. Von den Konflikten, die zwischen eingewanderten und ansässigen namibischen Stämmen um Land ausgetragen

Die erste Landkarte Namibias

Missionsstation der Rheinischen Mission in Otjikango oder Groß-Barmen

werden, sind auch Missionsstationen betroffen. Niederlassungen müssen aufgegeben werden, neue werden gegründet. Um ihre Arbeit im Land abzusichern, greifen die Missionare zu verschiedenen Mitteln.

Handel mit Waren

Mit Unterstützung ihrer heimatlichen Missionsgesellschaft steigen Missionare bald in den Warenhandel ein. Missionsstationen entwickeln sich zu örtlichen Zentren für den Umschlag von Waren, wo Afrikaner einheimische gegen europäische Produkte tauschen können. Das Warenmonopol bleibt über einige Jahre hinweg in den Händen der Missionare. Die das Land bereisenden Händler stören es nur zeitweise. Einmal geweckte Bedürfnisse nach europäischen Waren sichern den Missionaren eine gewisse Attraktivität bei den Afrikanern. Zeitweise wird auch über einzelne Missionsstationen ein reger Handel mit Waffen und Munition abgewickelt. Besonders mit dieser "heißen Ware" gelingt es den Missionaren, auch in größerem Umfang afrikanische Christengemeinden um sich zu scharen, denn – Auge um Auge, Zahn um Zahn – wer Waffen will, muß auch den Missionaren entgegenkommen. Durchaus gezielt haben dadurch Vertreter des Christentums in die Auseinandersetzungen namibischer Stämme jener Zeit eingegriffen und durchaus nicht immer zugunsten eines "Friedens unter den Menschen", den sie predigten.

1870 wird die Missions-Handels-Gesellschaft gegründet. Die Statuten dieser Gesellschaft enthalten folgenden Paragraphen: "Der Zweck des Unternehmens ist, durch Ankauf und Verkauf von Waren, Ankauf und Bewirtschaftung von Grundeigentum, sowie durch Betrieb damit in Verbindung stehender Gewerbe, die Arbeiten der zu Barmen etablierten Rheinischen Missionsgesellschaft auf den verschiedenen Gebieten ihrer Tätigkeit im Sinne der Zivilisation und christlichen Kultur zu fördern."9) Was hier ausschließliches Anliegen einer dem "unterentwickelten" Afrikaner zugeneigten Geste von Fürsorge dargestellt wird, erscheint fragwürdig, wenn man die mit den Handelsaktivitäten der Missionare verbundenen Absichten und deren Folgen berücksichtigt. Kritik an den Missionaren bezieht sich insbesondere auf die Person des sehr rührigen Inspektors der Rheinischen Missionsgesellschaft, Friedrich Fabri – zugleich ständiges Mitglied im Aufsichtsrat der Missions-Handels-Gesellschaft –, der sich für eine Verknüpfung von Mission, Handel und staatlichem Schutz stark machte.

Produktionswerkstätten

1864 verwirklicht der Missionar Carl Hugo Hahn ein lange geplantes Projekt, das Afrikaner unter der Zuständigkeit der Missionsstation in praktischer Arbeit nach europäischem Vorbild erziehen soll. Ein deutscher Kollege von Hahn, der Missionar Vedder, schreibt über dieses Projekt: "Im Vordergrund (der Bemühungen um Arbeitswerkstätten) steht ein weitausschauender Plan H. Hahns, in Otjimbingwe eine europäische Kolonie unter der Führung der Mission für Handwerk und Handel anzulegen. In einer christlichen Kolonie sollten die

1857 unternimmt der Missionar Carl Hugo Hahn eine Erkundungsreise ins Ovamboland. Hier: Der Missionar auf einem Ochsen reitend

37

Herero christliches Gemeindeleben sehen; an christlich gesinnten Arbeitern den Segen der Arbeit kennenlernen und von ihnen angeleitet werden. Ein Handelsunternehmen, der Kolonie angeschlossen, sollte für die ganze Missionsarbeit in Südwest die finanziellen Sorgen der heimatlichen Gesellschaften tragen helfen."10) Erste deutsche Kolonialisten, die Hahn mitgebracht hat, arbeiten am Bau der Werkstätten mit. In Otjimbingwe in Hereroland werden eine Schmiede, eine Wagenmacherei, ein Warenhaus, ein Schlachthaus und mehrere kleine Wohnhäuser erstellt. Doch das Projekt scheitert. Die Afrikaner zeigen wenig Bereitschaft, europäische Arbeitsformen zu übernehmen. Auch die ungünstigen geschäftlichen Aussichten tragen zum Scheitern bei, denn die skrupellose Jagd auf Wild hat die Tauschobjekte der afrikanischen Hauptkundschaft spürbar vermindert. "Die Straußenfedern wurden weniger", schreibt Vedder. "Das Elfenbein verschwand aus dem Handel. Die große Jagdzeit war vorüber."11)

Gesuche um militärischen Schutz
Ende der sechziger Jahre bemühen sich Missionare bei der Preußischen Regierung um Schutz für ihre Missionsstationen. Bittschreiben bleiben jedoch folgenlos. 1880 fordert Friedrich Fabri offen eine deutsche Intervention im Land. Auch dieser Versuch führt nicht dazu, deutsche Truppen zum Schutz der Deutschen in Namibia in Gang zu setzen. Er zeigt jedoch, daß mit den Anfängen missionarischer Arbeit in Namibia Bereitschaft und Aktivitäten verbunden waren, die Afrikaner notfalls mit deutscher Waffengewalt dem Missionsanliegen gefügig zu machen.

Carl Hugo Hahn mit seiner Familie

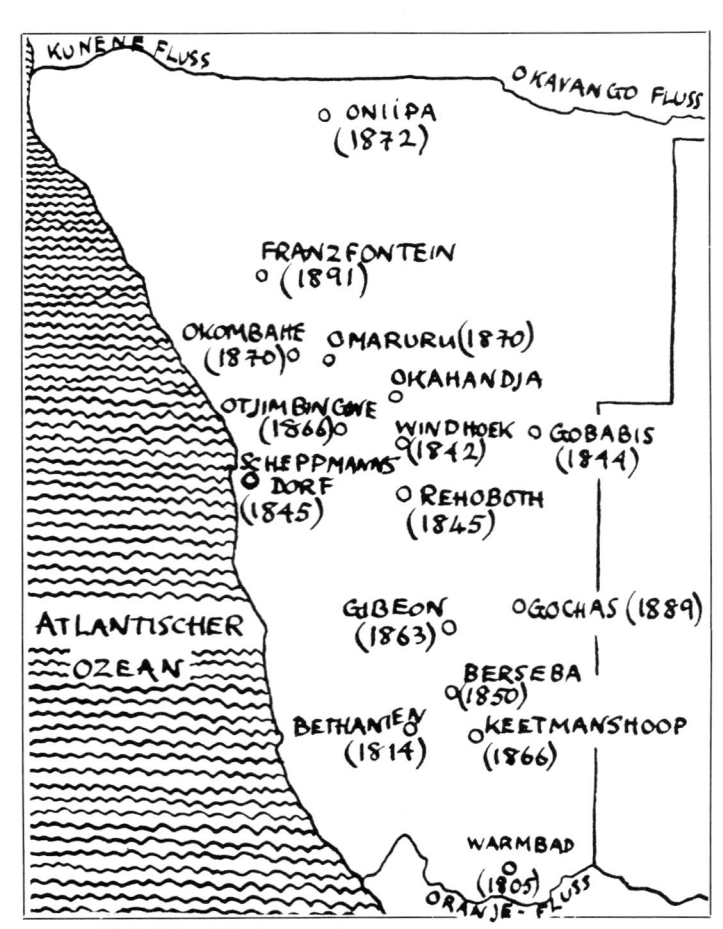

Christliche Missionsstationen in Namibia (1805 – 1891)8)

Mit den deutschen Missionaren wandern die ersten deutschen Kolonialistenfamilien nach Namibia ein. Rädecker kommt 1864 nach Namibia und arbeitet beim Aufbau eines Handels- und Handwerkprojektes der Mission mit. Er gründet später ein eigenes Geschäft.

Bergdamara

Missionare als Wegbereitet kolonialer Unterwerfung und Herrschaft...

Neben der Bereitschaft, militärische Eingriffe zur Unterstützung ihrer Missionsarbeit zu akzeptieren, erweist sich insbesondere die "Erziehung der Afrikaner zu Christen", die die Missionsstationen durch religiösen Unterricht, Schulunterricht und Arbeitserziehung betreiben, als günstig für die spätere Kolonialherrschaft der Deutschen. Denn: Die Vorstellungen vom "rechten Leben eines Christenmenschen", die die Missionare mitbringen, sind entstanden aus europäischer Lebensart und Moral. Sie unterscheiden sich grundlegend von den traditionell-afrikanischen Formen und Regeln menschlichen Zusammenlebens, die in den Augen der Missionare "sündhaft", "primitiv", "kulturlos", "barbarisch" sind. Den einzigen "richtigen" Weg aus der Finsternis von Sünde und Heidentum weist die Kirche: Übertritt zum Christentum, Abkehr von afrikanischer Religion und Lebensweise und Übernahme europäischer Normen — wie das Tragen "schambedeckender" Kleidung und Arbeit nach Stunden und Lohn. Mittels ihres persönlichen Vorbildes, Gottesdiensten und Missionsschulen wirken die Missionare auf ihre "Schüler" ein und arbeiten damit letztlich auf eine Zerstörung afrikanischer Werte hin. Ersetzt werden diese durch europäische Erziehungsziele wie Gehorsam und Pflichterfüllung, wie sie auch in Deutschland gelten und den Herrschenden die Unterdrückung des Volkes erleichtern.

Farm in Namaland

Die deutsche Kolonialistenfamilie Hälbich

Unter dem Einfluß der Missionen übernahmen die Afrikaner Moralvorstellungen der Weißen. Sichtbares Zeichen einer christianisierten afrikanischen Familie wird das Tragen "schambedeckender" Kleidung nach dem Vorbild der Europäer. Hier: Die Familie des Manasse von Omaruru 1882. Der Manasse wird 1904 zu einem der Führer im großen Aufstand der Herero gegen die deutsche Kolonialherrschaft.

Über das Wirken der Missionare...

...wie es Afrikaner sehen

"Als du hierher kamst, hatten wir das Land, und du hattest die Bibel; jetzt haben wir die Bibel, und du hast das Land."

Ein bekanntes Sprichwort über die Folgen der Arbeit des Missionars, das den Schwarzen Südafrikas zugeschrieben wird.

...wie es von Deutschen gewürdigt wurde

"Eine wesentliche Unterstützung in ihrem Bestreben, die Eingeborenen zu heben und der Kultur zu gewinnen, fanden die Gouvernments bei den Missionen beider Bekenntnisse. Diese haben zum Teil das Verdienst, durch ihre Tätigkeit der deutschen Besitzergreifung günstig vorgearbeitet oder aber die Befriedung unserer Kolonien erleichtert zu haben."[13]

Nach der kolonialen Beschlagnahmung Namibias durch das Deutsche Reich 1884 treten die Machtmittel kolonialer Herrschaft deutlich hervor. Sie sind mit dem grundlegend humanen Anliegen der Missionare nur schwer in Einklang zu bringen und veranlassen einzelne Missionare, zu Anklägern von "Kolonialübeln" zu werden: Sie prangern den Handel mit Alkohol, Waffen und Munition an, die Ausbeutung der Afrikaner durch Weiße und die Vertreibung von ihrem Land. Begründungen für diese Proteste zeigen freilich sehr viel näher ihrem Eigeninteresse und ihrer trotz allem unangefochtenen Überzeugung, daß Kolonien rechtens seien: Die Enteignung der Afrikaner von ihrem Land bedroht auch kirchlichen Landbesitz und läßt die afrikanischen Christengemeinden zusammenschmelzen; Alkohol, Streitigkeiten um Landbesitz und bewaffnete Kämpfe schaffen Unruhe und "Unordnung"; Ausbeutung und brutale Bestrafungsaktionen an afrikanischen Arbeitskräften durch Weiße lassen wachsenden Widerstand befürchten, der schließlich auch die Erhaltung der Kolonie gefährden könnte. Schießlich ist den Missionaren als staatstreuen Deutschen am Bestand der Kolonie viel gelegen.[12]

Wenn wir auch hier die Arbeit der Missionare insgesamt als kolonialer Eroberungspolitik förderlich – und daher kritisch – gesehen haben, so muß eine Beurteilung der Beweggründe eines einzelnen Missionars für seine Tätigkeit doch in einem anderen Licht gesehen werden: Bestimmend für die Entscheidung, in einem fremden Kontinent zu missionieren, war in der Regel eine tiefe Gläubigkeit und ein persönlich aufrichtig gemeinter Missionseifer, vor dem die Schrecken und Gefahren eines Lebens unter "Wilden" an Bedeutung verloren. Daß durch seine Vorarbeit auch den schlimmsten Brutalitäten kolonialer Herrschaft in die Hände gearbeitet wurde, dürfte mancher Missionar zu seiner Zeit nicht erkannt haben. Oder erst, als es zu spät war.

...und Wegbereiter gesellschaftlicher Entwicklung

Insbesondere in jüngerer Zeit vertreten Afrikaner den Standpunkt, mit Weißen zusammenarbeitende Afrikaner seien sich auch bewußt gewesen, daß diese Zusammenarbeit zwei Seiten hatte: eine Seite, die auf Unterdrückung und Verlust ihrer afrikanischen Lebensweise und Kultur hinauslief; und eine andere Seite, die für die Weiterentwicklung ihrer Gesellschaft von Nutzen war. Als positiv können gelten

– Unterricht durch die Missionsschulen: Bei allen Vorbehalten gegen die Methoden des missionarischen Unterrichts, ermöglichten die Missionsschulen den Afrikanern immerhin, längerfristig gesehen den Zugang zu europäischer Wissenschaft und Technik;
– Erforschung afrikanischer Sprachen: Von einigen Missionaren in jahre- und lebenslangen Studien betrieben, ermöglichte die Verschriftlichung der Sprachen ein systematisches Erlernen und Schreiben der Muttersprache und erleichterte das Lernen anderer Sprachen als internationales Verständigungsmittel.
– Einführung und Anwendung europäischer Medizin und Krankenversorgung: Unter der Verantwortlichkeit von Missionaren wurden zahlreiche ärztliche Stationen eingerichtet.

In allen genannten Bereichen unternehmen Afrikaner heute große Anstrengungen, unter Rückbesinnung auf ihre eigenen Traditionen (wie Forschungen über afrikanische Geschichte aus der Sicht der Afrikaner und nicht der Europäer; Wiederbelebung afrikanischer Sprachen, die unter dem Kolonialismus zurückgedrängt wurden; Naturheilkunde; afrikanische Kunst und Literatur) jene mit dem europäischen Einfluß zu einer neuen, eigenständigen afrikanischen Kultur zu verbinden.

Arbeitsvorschlag:
– Nenne Mittel, mit denen die Christianisierung der Afrikaner abzusichern versucht wurde.
– Stelle in einigen Sätzen dar, welche Auswirkungen diese Aktivitäten auf das Leben der Afrikaner gehabt haben könnte.
– Begründe, warum und wodurch das Wirken der Missionare koloniale Herrschaft begünstigte.
– Auf welchen Gebieten kann der Einfluß des Christentums als fortschrittlich gesehen werden? Fällt dir dazu noch mehr ein?

3. Kapitel

Namibische Stämme kämpfen ums Überleben und Einigkeit

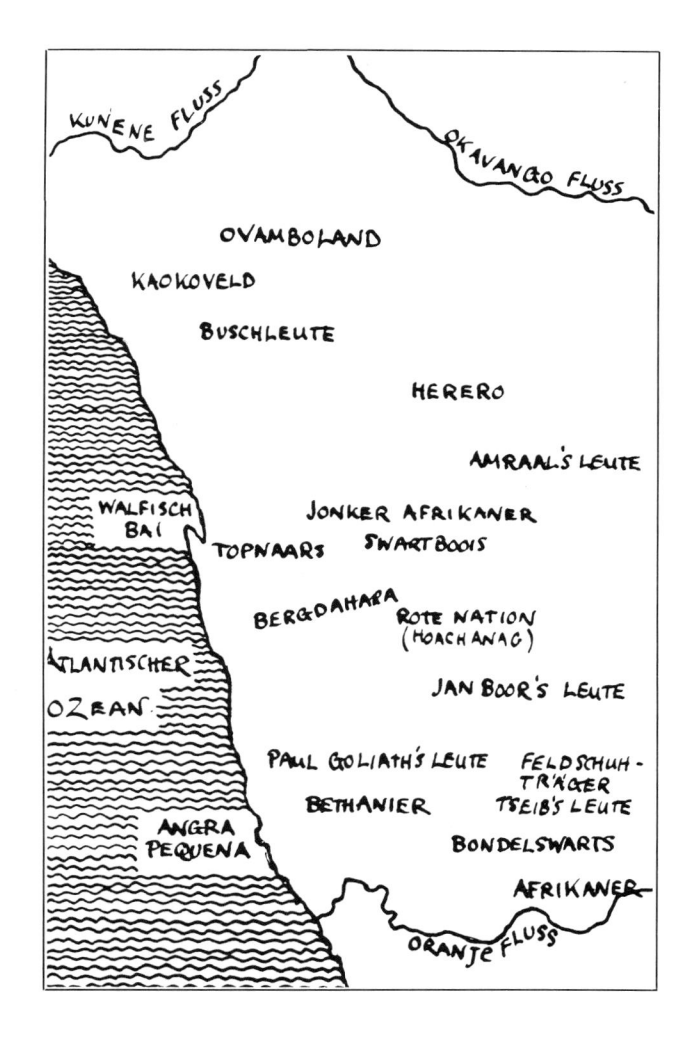

Afrikanische Stämme, von europäischen Kolonisten in Südafrika verdrängt, wandern nach Namibia ein und treffen auf dort ansässige Stämme. Knapper werdendes Weide- und Siedlungsland wird zu einer Bedrohung ihrer Existenzgrundlage. Die wirtschaftliche Ausbeutung namibischer Reichtümer durch Europäer nimmt ihren Anfang. 1858 schließen namibische Häuptlinge einen Friedensvertrag und Stämmebund, um der neuen Situation gemeinsam zu begegnen.

Absichten:
- Wir stellen Folgen dar, die die europäische Landnahme in Südafrika für Namibia hatte.
- Wir geben zwei Beispiele früher Ausbeutung namibischer Bodenschätze durch Europäer.
- Ein für Einigungsbestrebungen namibischer Stämme stehendes Vertragswerk soll verdeutlichen, daß bereits um die Mitte des 19. Jahrhunderts ein nationales Bewußtsein im Entstehen begriffen war. Wir wenden uns gegen den Standpunkt, daß erst Deutsche ein friedliches Zusammenleben der afrikanischen Stämme bewirkt hätten.

DER LEBENSRAUM DER AFRIKANER WIRD BEDROHLICH ENG

In Namibia erreicht in den zwanziger Jahren des 19. Jahrhunderts der Zustrom afrikanischer Gruppen und Stämme, die von weißen Kolonisten im südafrikanischen Kapland von ihrem angestammten Land abgedrängt worden waren, einen Höhepunkt. Der Zusammenstoß mit den weißen Eroberern in Südafrika, Verlust von Weideland, Zwang zu einem unbeständigen Leben, Erfahrungen mit den überlegenen Schußwaffen der Weißen haben zur Entwurzelung einzelner Stammesgruppen geführt. Diese Bedingungen und immer knapper werdendes Siedlungsgebiet in Namibia erschweren ein friedliches Zusammenleben zwischen ansässigen und eingewanderten Stämmen. Eine Dürreperiode um 1830, die die viehzüchtenden Herero aus dem Norden auf der Suche nach neuen Weidegebieten für ihre riesigen Rinderherden in den Süden des Landes treibt, verschärft den Kampf um Land. Grenzstreitigkeiten, Überfälle, Raubzüge und bewaffnete Kämpfe sind die Folge. Einer der Stämme, die aus dem Süden nach Namibia übergesiedelt sind, sind die Afrikaner unter Jonker Afrikaner. Jonker wird zum mächtigsten Häuptling unter den Nama-Stämmen des Südens und den von Norden vordringenden Herero...

Weiße behaupten gerne, diese Kriege zwischen namibischen Stämmen seien auf ein besonders kriegslüsternes Wesen der Afrikaner zurückzuführen. Ein Blick in die Geschichte zeigt diese Behauptung als unhaltbar: Die Auseinandersetzungen der afrikanischen Stämme untereinander sind, obgleich es auch um die Machtpositionen einzelner Häuptlinge und die Vorherrschaft von Stämmen ging, in erster Linie Kämpfe um lebensnotwendiges Siedlungsland. Verursacht sind sie wesentlich durch die europäische Landverdrängung der Afrikaner von ihren traditionell besiedelten Gebieten.

Jonker Afrikaner

Bis um die Mitte des 19. Jahrhunderts bleibt Namibia von weißem Landraub verschont. Die Tätigkeiten der dort herumreisenden, Handel treibenden und jagenden Europäer sowie der wenigen niedergelassenen Missionare sind auf einzelne Landesteile beschränkt. Doch die im Lande wirkenden Weißen sind bereits Vorboten des Kolonialismus, der ein paar Jahrzehnte später direkt auf Namibia ausholt. Noch ist ihre Zahl und scheinen ihre Einflußmöglichkeiten gering. Aber nicht nur auf wirtschaftlichem Gebiet und in kultureller Hinsicht spielen sie bereits ihre Rolle. Sie greifen auch in die innernamibischen Auseinandersetzungen ein und versuchen, indem sie Mißtrauen und Verwirrung unter den namibischen Häuptlingen stiften, die Situation zu ihren Gunsten auszunutzen. Hinter den innernamibischen Konflikten und den Übergriffen Weißer auf afrikanische Angelegenheiten wächst langsam eine wichtige Erkenntnis: Der begrenzte Raum zwingt dazu, nach friedlichen Formen und Regeln des Zusammenlebens zu suchen, an denen alle betroffenen Gruppen mitwirken sollen. Kriege und Streitigkeiten münden deshalb in Versuche, ein Zusammenleben friedlich zu organisieren.

ANFÄNGE EUROPÄISCHER AUSBEUTUNG NAMIBISCHER BODENSCHÄTZE UND ANDERER NATÜRLICHER RESSOURCEN

Der einzige natürliche Tiefseehafen an der namibischen Atlantikküste ist die Walfischbai. Die Bai wurde bereits sehr früh von Engländern als Hafen in Beschlag genommen. Walfischbai wurde Ausgangspunkt für Expeditionen ins namibische Land, Anlaufstelle und Station für Handelsunternehmen, Handelsgesellschaften und Stützpunkt von Händlern, deren Interesse auf Handels- und Investitionsmöglichkeiten im namibischen Territorium gerichtet waren; es war Umschlagplatz für die von den Afrikanern erhandelten Rinder und Zwischenstation eingeführter und ausgeführter Handelswaren; Walfischbai war erste Station in Namibia für viele Expeditionen, die ins Land vordrangen und in Walfischbai ihre im südafrikanischen Kapstadt zusammengestellte Ausrüstung an Wagen, Zugvieh und Verpflegung aus den Schiffen entluden. Walfang, Robbenjagd und reiche Fischgründe zogen zahlreiche Geschäftsleute und verwegene Gestalten an.

Der Hafen und die Stadt Walfischbai werden bis heute von der südafrikanischen weißen Regierung als Teil der Republik Südafrika angesehen und behandelt. Die Namibier betrachten Walfischbai als zu Namibia gehörig und fordern die Rückgabe durch Südafrika an ein befreites und unabhängiges Namibia.

Walfischbai war bevorzugter Warenumschlagplatz für europäische Geschäftsleute. Hier tauschen skrupellose Händler Waffen, Munition, Alkohol gegen Vieh der Afrikaner.

1843 verbreitet sich die Kunde von einer Entdeckung, die in kürzester Zeit zu hektischer Betriebsamkeit in der Bai führt und innerhalb eines guten Jahres Namibia eines wertvollen natürlichen Vorkommens gründlich beraubt: des Guanos. Dieser stark phosphorhaltige Vogelmist ist in Europa als Düngemittel sehr begehrt und wird hoch gehandelt. Entdeckt haben die Guanolager Besatzungsmitglieder eines Schiffes, das an der der Walfischbai vorgelagerten Insel Ichaboe vorbeikam. Die Guanolager erweisen sich als außergewöhnlich mächtig. Einen Monat nach der Entdeckung des Guanos lagern bereits 19 Schiffe vor Ichaboe und die Zahl der Schiffe wächst und wächst... Der Kampf um die kostbare Beute und das schnell zu verdienende Geld läuft auf Höchsttouren... Die Manieren der Beteiligten sind keineswegs die Besten, wie der englischen Regierung zu Ohren kommt. Um Ordnung zu schaffen, entsendet sie die Fregatte "Iris" unter dem Kommando von Sir John Marshall. Marshall verfaßt einen anschaulichen Bericht über das Treiben auf der Insel.

"Man denke sich eine Flotte von etwa 225 Schiffen, von denen mehrere alt und für diese Gelegenheit ausgerüstet, viele mit Schiffern von ungeregelter Lebensweise und mit ganz schlecht disziplinierter Bemannung besetzt waren; dazu eine Anzahl von mehr als 3.500 Matrosen und Arbeitern, zum großen Teil aus der niedrigsten und verderbtesten Klasse auf dem vielleicht ungestümsten Ankerplatz der Welt zusammengehäuft. Nichtsdestoweniger ist es ein stolzer Anblick, so viele Fahrzeuge vor Anker liegen zu sehen."
(Aus Sir Marshall's Bericht)[2]

Im Oktober 1844 graben 6.000 Arbeiter nach Guano und schleppen im Laufe des Jahres 90.000 Tonnen ab, 110.000 Tonnen sind es im folgenden Jahr... und dann verschwinden diese Schiffe plötzlich wieder, schneller noch, als sie gekommen waren... Die besten Halden sind leer, die verbliebenen von minderer Qualität. Der Raubbau der Europäer am Guano in Namibia rentiert sich nicht mehr.

Ein knappes Jahr später wird die Spekulation über ein anderes Vorkommen in Namibia heiß gehandelt: Kupfer heißt diesmal das Reizwort, das aufhorchen läßt und die Gedanken und Rechenstifte derjenigen, die sie einschlägig zu betätigen vermögen, lebhaft bewegt. 1852 zeugt eine Ansammlung von Bretterbuden in der Bucht von Angra Pequena von europäischer Entschlossenheit, beim erhofften Kupfergeschäft zu den ersten zu gehören. Pachtverträge werden mit afrikanischen Häuptlingen geschlossen, um Schürfrechte zu sichern. Kupfervorkommen werden auch bald im mittleren Teil Namibias bei Rehoboth und am Swakop entdeckt.

Die Entwicklung führt zur Gründung einer Handvoll europäischer Minengesellschaften, die mit der systematischen Ausbeutung der Vorkommen beginnen. Unternehmen, die bereits mit Fischfang, Guano, Viehhandel, Pulver und Branntwein ihr Geld machten oder machen, steigen nun auch in das Kupfergeschäft ein.

Afrikaner werden als Wagentreiber und Minenarbeiter angeheuert. Der Handel mit europäischen Waren, insbesondere Waffen, Munition und Branntwein, läßt auch noch die Entlohnung der afrikanischen Arbeiter zu einem Geschäft werden. Die Afrikaner geraten in zunehmende Abhängigkeit von den Weißen. Unter den noch in der Frage der Landverteilung uneinigen Häuptlingen verstärken sich Auseinandersetzungen um Zuständigkeiten, die die Vergabe von Schürfkonzessionen an Europäer betreffen. In dieser Phase namibischer Geschichte, die deutlich die Gefahr der Einkreisung und Festsetzung weißer Herrschaft in Namibia ankündigt, beruft Jonker Afrikaner eine Friedenskonferenz ein.

Ausbeutung der Kupfermine Tsumeb um 1900. – Die Förderung von Kupfer stellt bis heute in Namibia einen wichtigen Wirtschaftsfaktor dar. 1977 lag der Anteil von Kupferkonzentraten, Blei und Zink an der Gesamtausfuhr bei knapp 20 Prozent.

NAMIBISCHE HÄUPTLINGE SCHLIESSEN EINEN WICHTIGEN VERTRAG

Es ist eine große Zahl afrikanischer Häuptlinge, die sich zu einer Friedenskonferenz in Hoachanas versammeln. Auch Maharero, Oberhaupt der Herero, nimmt an der Versammlung teil. Die Voraussetzungen für Friedensabsprachen sind zugleich einfach und kompliziert. Einfach, weil die beginnende Ausbreitung der Weißen in Namibia für jeden der anwesenden Afrikaner Probleme aufwirft. Kompliziert, weil zwischen einzelnen Häuptlingen Mißtrauen und Argwohn herrschen. Über alle Schwierigkeiten hinweg einigen sich die Häuptlinge am 9. Januar 1858 auf einen Friedensvertrag und Stämmebund, der ein wichtiges Ereignis in der Geschichte der Nationswerdung des namibischen Volkes darstellt: Er steht für frühe Einigungsbestrebungen namibischer Stämme und den Versuch, sich zu einer Einheitsfront gegen drohende Fremdherrschaft in ihrem Land zu verpflichten. Eine bis heute aufrechterhaltene Legende über den "friedenstiftenden" Einfluß der Deutschen in Namibia wurzelt in dieser Zeit: Es sei das Verdienst der Deutschen, die sich in jahrzehntelangen blutigen Auseinandersetzungen um die Vorherrschaft gegenseitig zerfleischenden Stämme befriedet zu haben... Tatsache ist jedoch, daß sich bereits 1858 namibische Stämme zusammenschlossen und namibisches Nationalbewußtsein zu wachsen begann.

Maharero

Arbeitsvorschlag:
- Welchen Inhalt in Kurzform haben die Artikel 1, 2, 5 und 10 des Friedensvertrages und Stämmebundes von Hoachanas?
- Welche Artikel stehen deiner Meinung dafür, daß die Vertragschließenden bereits 1858 das Allgemeinwohl ihres Landes über persönliche Interessen einzelner namibischer Häuptlinge stellten?
- In welchem Artikel wird deutlich, daß sich die Häuptlinge gegen ein Festsetzen von Europäern in Namibia verbünden?

Der Friedensvertrag und Stämmebund von Hoachanas

„Von uns, den vereinigten Häuptlingen und Ratsmännern ist am 9. Januar 1858 auf Hoachanas (folgendes) beschlossen worden:

Artikel 1. Wir Unterzeichneten haben beschlossen und uns verbunden im Namen des dreieinigen Gottes, des Vaters und des Sohnes und des Heiligen Geistes durch einen Vertrag, der folgendermaßen lautet: Kein Häuptling mit seinem Volk soll das Recht haben, wenn Streit zwischen ihnen und einem andern Häuptling von Bedeutung entsteht, sich selbst zu verteidigen, sondern er soll verpflichtet sein, die Angelegenheit vor einen unparteiischen Gerichtshof zu bringen.

Artikel 2. Wenn die Angelegenheit von den unparteiischen Häuptlingen untersucht ist, ist der schuldige Teil zu bestrafen, oder es soll ihm eine Buße auferlegt werden. Ist er nicht willens sich (unter das Urteil) zu beugen, und versucht er, sich durch einen Waffengang zu verteidigen, dann sollen alle Vertrags-Häuptlinge verpflichtet sein, wie ein Mann (einstimmig) die Waffen gegen den Schuldigen zu erheben und ihn zu bestrafen...

Artikel 5. Kein Häuptling darf Kupfer in seinem Stammesgebiet ohne Kenntnis und Zustimmung aller andern Häuptlinge graben lassen. Es soll auch nicht zugelassen sein, daß ein Häuptling innerhalb seines Stammesgebietes ein Feld oder einen Platz an einen Europäer (wit gekleurde) aus der Kolonie verkauft. Die Verkäufer, die es trotzdem tun, sollen mit schwerer Buße belegt werden, und der Käufer hat selbst den Schaden zu tragen, wenn er zuvor von dieser Bestimmung (deze regten) in Kenntnis gesetzt worden ist...

Artikel 10. Es wird auch beschlossen, daß alljährlich Tag und Datum eines Monats festgesetzt werden soll, an dem eine allgemeine Versammlung oder Zusammenkunft aller Häuptlinge und ihrer Ratsmänner stattfinden soll zur Beratung über das Landes- und Volkswohl..."

Auszug aus dem 12 Artikel umfassenden Dokument, das über ein Dutzend Unterschriften ausweist.[3]

Teil II

In Deutschland beginnen verschiedene Gruppen, sich für eigene Kolonien stark zu machen. Die organisierte Arbeiterschaft ist gegen Kolonien

4. Kapitel

Die Deutschen kämpfen gegen ihre Gewaltherrscher um demokratische Freiheiten und ein vereinigtes Deutschland

Bis 1871 ist Deutschland ein völlig zersplittertes Land. Während in Namibia Stämme einen Zusammenschluß versuchen, ringen und kämpfen die Deutschen gegen ihre Herrscher um nationale Einheit und Demokratie. Die Ziele der arbeitenden Bevölkerung unterscheiden sich von denen der Kaufleute, Industriellen und Bankiers.

Absichten:
- Wir fragen nach den politischen Verhältnissen in Deutschland zu einer Zeit, als bereits Deutsche nach Namibia einwanderten. Wir wollen zeigen, daß in Deutschland weder eine nationale Einheit erreicht worden war, noch Demokratie herrschte.

- Wir halten es für wichtig und aufschlußreich, die Frage nach einer Berechtigung für deutsche Überlegenheitsgefühle einmal vor diesen Hintergrund zu stellen.

ÜBER DEN GESCHEITERTEN KAMPF UM NATIONALE EINHEIT UND DEMOKRATIE DER DEUTSCHEN: WAS WÜNSCHTE SICH DAS VOLK?

Deutschland 1871: Das ist ein Land, das in Dutzende von Ländern zersplittert ist, über die Fürsten, Herzöge und Könige diktatorisch als Landesherren herrschen. Die bäuerlichen Untertanen auf den landwirtschaftlichen Gütern und den Höfen der Adeligen werden teilweise noch in Leibeigenschaft gehalten. Die Arbeiter in den sich ab 1835 entwickelnden Industrieen erhalten unvorstellbar geringe Löhne. Die soziale und wirtschaftliche Not vieler Arbeiterfamilien zwingt, Kinder schon ab dem vierten Lebensjahr in die Industriebetriebe zu schicken. Die Arbeitsbedingungen sind unmenschlich hart und die Nahrung ist so kärglich, daß viele Kinder an Unterernährung sterben. Schwangere Frauen und Mütter nehmen ihre Kleinkinder mit in die stinkenden und dröhnenden Werkhallen, weil sie keine andere Unterbringungsmöglichkeit haben. Der Fabrikherr bestimmt uneingeschränkt über die Lebensschicksale der Menschen. Seine Hauptsorge gilt seinem Profit, den er mit Härte und Gewissenlosigkeit aus den Menschen herauszupressen sucht. Handwerksgesellen erleiden ein ähnlich erbärmliches Schicksal unter knüppelnden und autoritären Meistern. Auch die Beamten, Lehrer, Ärzte, Kaufleute, Professoren haben keine Mitsprache- und Entscheidungsrechte. Die Polizei schikaniert und drangsaliert die Bürger: Die Deutschen sind ein von ihrer Obrigkeit unterdrücktes, entmündigtes und durch viele Grenzen geteiltes Volk.

Deutschland vom Beginn des 19. Jahrhundert bis 1871: Das ist auch eine bewegte Zeit. Von der französischen Revolution 1789 ausgehend, sind Ziele und Ideale, für die das Volk auf die Barrikaden gegangen war, in die Köpfe einer immer größer werdenden Menschenmasse in Deutschland wie Funken übergesprungen, die die Herrschenden weder mit Polizeigewalt, noch mit scharfschießenden Truppen, Verboten öffentlicher Versammlungen, von Flugschriften und Büchern, von Gedichten und Liedern zu ersticken vermögen. Da helfen auch weder Einkerkerungen noch Morde. "Nieder mit den Tyrannen!" und: "Eine geeinte Republik!" fordern die Menschen, die soziale Not und politische Rechtlosigkeit auf die Straße treibt.

> Erklärung der Menschen- und Bürgerrechte
> 26. August 1789
> Artikel 1
> Die Menschen sind und bleiben von Geburt frei und gleich an Rechten.
> Soziale Unterschiede dürfen nur im gemeinen Nutzen begründet sein.
> Artikel 4
> Die Freiheit besteht darin, alles tun zu können, was einem anderen nicht schadet...

"Ich brauche nur in unserem lieben Weimar zum Fenster hinaus zu sehen, um gewahr zu werden, wie es bei uns steht. — Als neulich der Schnee lag und meine Nachbarskinder ihre kleinen Schlitten auf der Straße probieren wollten, sogleich war ein Polizeidiener nahe, und ich sah die armen Dinger fliehen, so schnell sie konnten.
Jetzt, wo die Frühlingssonne sie aus den Häusern lockt und sie mit ihresgleichen vor ihren Türen gerne ein Spielchen machten, sehe ich sie immer geniert, als wären sie nicht sicher und als fürchteten sie das Herannahen irgendeines polizeilichen Machthabers.
Es darf kein Bube mit der Peitsche knallen oder singen oder rufen, sogleich ist die Polizei da, es ihm zu verbieten.
Es geht bei uns alles dahin, die liebe Jugend frühzeitig zahm zu machen und alle Natur, alle Originalität und alle Wildheit auszutreiben, so daß am Ende nichts übrig bleibt als der Philister."
(Johann Wolfgang von Goethe in einem Gespräch mit J. P. Eckermann 1828)[1]

Goethe-Büste

Die Liste der Aufstände, Revolutionen, Streiks, Straßenkämpfe, öffentlichen Proteste, politischen Feste und revolutionären Kundgebungen, die vielerorts stattfinden, ist in der Geschichte der Deutschen einmalig. (Eine Frage ist allerdings, ob nicht inzwischen die Friedensbewegung in der Bundesrepublik, die allein im Oktober 1983 1,3 Millionen Menschen zum Massenprotest gegen die Stationierung von Atomraketen in der Bundesrepublik mobilisierte, einem Vergleich standhalten kann.) In diesem Deutschland kämpfen Handwerksgesellen, Studenten, Bauern, Universitätsprofessoren, Arbeiter, Gelehrte, Tagelöhner, Mägde und Knechte, Dichter, Schriftsteller, Kaufleute und Bankiers gegen den verhaßten gemeinsamen Hauptfeind: Die mit absoluter Gewalt herrschenden Adeligen und Großgrundbesitzer. Kurzfristige Erfolge für die Aufständigen, die in teilweiser Aufhebung der bäuerlichen Leibeigenschaft, Einführung eingeschränkter politischer Mitspracherechte, Aufhebung der Zensur für Schriften bestehen, wechseln erneut mit verschärften Verfolgungs-, Unterdrückungs- und Zwangsmaßnahmen, mit denen die Landesherren zurückschlagen, wenn sie sich wieder stark dazu fühlen. Es ist ein Wechselbad von Ansätzen und Versprechen, die auf eine Lockerung der gesellschaftlichen Zustände in Richtung auf einen freiheitlichen und demokratischen Staat hoffen lassen – und Rückfällen in düstere Zeiten.

1848 gilt als das Jahr der "Bürgerlichen Revolution" in der deutschen Geschichte: Wieder treibt Wut und Zorn gegen die herrschenden Adeligen die Masse der Bürger in Protest- und Kampfaktionen. Wieder gärt es überall in den deutschen Kleinstaaten. In Berlin treibt Verbitterung über soziales Elend und politische Entmündigung Tausende von Menschen auf die Straße. Barrikadenkämpfe brechen aus, bei denen 230 Menschen den Tod finden.

Theodor Körner
Aufruf
1813
Frisch auf, mein Volk! Die Flammenzeichen rauchen,
Hell aus dem Norden bricht der Freiheit Licht.
Du sollst den Stahl in Feindesherzen tauchen;
Frisch auf mein Volk! — Die Flammenzeichen rauchen,
Die Saat ist reif; ihr Schnitter, zaudert nicht!
Das höchste Heil, das letzte, liegt im Schwerte!
Drück dir den Speer ins treue Herz hinein;
Der Freiheit eine Gasse! — Wasch die Erde,
Dein deutsches Land, mit deinem Blute rein![3]

1817 verbrennen Studenten auf der Wartburg als Zeichen der Füstenherrschaft Polizeierlasse, mit denen Freiheitsbestrebungen unterdrückt werden sollten und ein Korsett, das die Einengung des Geistes symbolisieren soll.

Friede den Hütten!
Krieg den Palästen!

fordert der Dichter Georg Büchner 1834 in einem flammenden Protest gegen Fürsten-Willkür und Ausbeutung der Bauern.

"Ihr dürft euern Nachbar verklagen, der euch eine Kartoffel stiehlt; aber klagt einmal über den Diebstahl, der von Staats wegen unter dem Namen von Abgabe und Steuern jeden Tag an eurem Eigentum begangen wird, damit eine Legion unnützer Beamten sich von eurem Schweiße mästen: klagt einmal, daß ihr der Willkür einiger Fettwänste überlassen seid und daß diese Willkür Gesetz heißt, klagt, daß ihr die Ackergäuler des Staates seid, klagt über eure verlornen Menschenrechte: wo sind die Gerichtshöfe, die eure Klage annehmen, wo die Richter, die Recht sprächen?..."[2]

Friedrich Hecker war 1848 Anführer der badischen Volkserhebung. Wie Büchner wurde er verfolgt. Beide entkamen der Staatsgewalt durch Flucht ins Ausland.

Große Barrikade in Berlin in der Nacht vom 18. zum 19. März 1848

Der achtzehnte März

"Gleich nach den Februartagen (1848; Revolution in Paris) hatte es überall zu gären angefangen, auch in Berlin. Man hatte hier die alte Wirtschaft satt. Nicht daß man sonderlich unter ihr gelitten hätte, nein, das war es nicht, aber man schämte sich ihrer. Aufs Politische hin angesehen, war in unserem gesamten Leben alles antiquiert...

Von Schloßplatz und Kurfürstenbrücke her blitzten Helme. Geschütze waren aufgefahren und auf die Königstraße gerichtet. Als ich die nächste Barrikade überklettern wollte, lachten die paar Leute, die da waren. »Der hat's eilig.« Einer sagte mir, »es ginge hier nicht weiter; wenn ich in die Stadt hineinwollte, müßt' ich in die Spandauer Straße einbiegen und da mein Heil versuchen«...
Vom Schloßplatz her, nachdem ein paar Sechspfünderkugeln den Kampf eröffnet hatten, rückte das erste Garderegiment in die Königstraße ein, während starke Abteilungen vom zweiten Garderegiment die in der Südhälfte der Friedrichstraße gelegenen Barrikaden nahmen. An einzelnen Stellen kam es dabei zu regulärem Kampf. Das meiste davon vollzog sich auf weniger als tausend Schritt Entfernung von mir, und so klangen denn, aus verhältnismäßiger Nähe, die vollen Salven zu mir herüber, die die Truppen bei ihrem Vordringen unausgesetzt abgaben..."

(aus den Lebenserinnerungen von Theodor Fontane)[5]

Der Erfolg dieses jahrzehntelangen Massenprotestes besteht in einem politischen Zugeständnis, das erst nach und nach von vielen Deutschen als Augenwischerei für ihre Ziele erkannt wird: Es wird eine Deutsche Nationalversammlung, das erste deutsche Parlament mit gewählten Abgeordneten, einberufen. Aber die untersten Volksschichten sind von der Stimmabgabe ausgeschlossen. Somit haben 85 Prozent der Menschen in Deutschland – es sind diejenigen, die am ärmsten und elendesten dran sind – keinen einzigen Abgeordneten, der ihre Interessen vertreten würde. Besser betuchte Bürger wie Beamte, Richter, Staatsanwälte, Rechtsanwälte, Notare, Offiziere, Gutsbesitzer, Fabrikanten, Kaufleute und so weiter, halten unzählige geistreiche Reden, mit denen zwar auch weitgehende demokratische Rechte für die Bevölkerung gefordert werden: Denn Demokratie herrscht nicht und dieses Parlament ist, wie zu jener Zeit kritisiert wird, ein "demokratisches Possenspiel". Wieder brechen Straßenkämpfe und Aufstände derjenigen aus, die den Betrug nicht hinnehmen wollen. Sie werden niedergeknüppelt. Und schon ein Jahr später gibt es auch das Parlament nicht mehr. Weil letztlich die Repräsentanten der gehobenen Schichten in der Nationalversammlung weit mehr die Forderungen der Masse des Volkes und deren Teilhabe an Politik und Wohlstand fürchten, als die Macht der Fürsten und Könige, können sich diese wieder durchsetzen. Mit den brutalsten Mitteln sorgen sie nun wieder für "Ruhe und Ordnung im Land", wie die beschönigende Parole lautet. Für die Masse der Menschen bedeutet dies von neuem eine Verschlimmerung der Zustände. Das Elend der Bauern und Landarbeiter unter der Knute der Großgrundbesitzer, die soziale Not der in die Städte abgewanderten besitzlosen Landbevölkerung unter katastrophalen Wohn- und Arbeitsverhältnissen werden noch größer.

Jetzt benutzen die Landesherren auch rigoros den Schulunterricht, um ihren Untertanen Gehorsam und Untertanengeist einzudrillen. Dafür scheint ihnen insbesondere der Religionsunterricht geeignet, die Vermittlung von christlichen Tugenden wie Demut, Gehorsam, Treue vor Gott und den "Großen Herren". Fortan müssen alle Kinder den Katechismus, Bibelsprüche, christliche Lieder, Gebete und Psalmen stundenlang auswendiglernen, damit sie ja alles "Aufmucken" darüber vergessen.

Schauen wir hier nach Namibia: Es ist ja genau zu jener Zeit, als dort die ersten deutschen Missionare als Sendboten eines christlich-tugendsamen Volkes erscheinen und den "heidnischen Wilden" das Leben eines "rechten Christen" beibringen wollen.

Hinreißende Beredsamkeit (Zeitgenössische Karikatur)

WAS WOLLTEN FABRIKANTEN, KAUFLEUTE, BANKIERS?

"Das Jahr 1849 ist das Jahr der Reaktion. Ich habe das Jahr 1789 begrüßt und bin bei so vielen dramatischen politischen Ereignissen (Monarchie, Republik mit König) dabei gewesen. Nun, im Alter von 80 Jahren, muß ich betrübt feststellen, daß mir nur mehr die banale Hoffnung bleibt, daß sich das edle und brennende Verlangen nach freien Institutionen im Volk erhalten möge; und daß dieser Wunsch, wenn er auch von Zeit zu Zeit einzuschlafen scheint, so ewig sei, wie der elektromagnetische Sturm, der in der Sonne glitzert."

(Alexander von Humboldt)[6]

An koloniale Eroberungen in einem derart mit seinen eigenen Schwierigkeiten und über viele Binnengrenzen zusammengeflickten Deutschland denkt noch kaum jemand. Ohne eine große nationale deutsche Armee, die gegen die europäischen Kolonialmächte wie England und Frankreich und deren Eroberungsgelüste antreten könnte, ist es praktisch aussichtslos, von einem Land in Übersee Besitz zu ergreifen und es halten zu können. Aber Fabrikanten, Kaufleute und Bankiers, die noch vor 1849 gemeinsam mit den Bauern und Arbeitern gegen die Adeligen kämpften, haben doch schon deutlich Eigeninteressen in der Hinterhand, die durchaus nicht mit den Forderungen der Masse der Menschen des arbeitenden Volkes übereinstimmen. Das vordringliche Ziel der Unternehmer besteht in einem Abbau der vielen Zollschranken, die zugleich Landesgrenzen sind. Wenn aus diesen Kreisen Forderungen nach einem vereinten Deutschland erhoben werden, meint dies in erste Linie: Zerschlagung der vielen Zollgrenzen im deutschen Sprachraum, die dazu zwingen, beim Grenzübertritt von Ware teilweise mehrfach Zölle an die fürstlichen Landesherren zu zahlen. So stehen dieser Gruppe die Fürsten im Wege, weil sie eine lohnende Erweiterung der Absatzmärkte behindern. Da aber die Landesherren auch gleichzeitig ihre Hände über ihre Landeskinder halten, die ihnen billigste Arbeitskräfte auf den ländlichen Besitzgütern sind, stellen die vielen Grenzen ein weiteres Ärgernis für die Fabrikanten dar: Sie können ihren steigenden Bedarf an Fabrikarbeitern nicht zufriedenstellend decken. Ein frühes Zeugnis für die Beweggründe der Unternehmer, für eine Veränderung der politischen Ordnung einzutreten, ist die nachstehende Bittschrift von Friedrich List, der Mitglied des "Deutschen Handels- und Gewerbevereins" war. Das Gesuch ist an die ständige Botschaftskonferenz des "Deutschen Bundes" gerichtet und datiert aus dem Jahr 1819.

"Erhabene Bundesversammlung!
Wir unterzeichneten, zur Messe in Frankfurt versammelten Kaufleute und Fabrikanten nahen uns, tiefgebeugt durch den traurigen Zustand des vaterländischen Handels und Gewerbes, diesem höchsten Vorstand deutscher Nation, um die Ursachen unserer Leiden zu enthüllen und Hilfe zu erflehen.
In einem Lande, wo notorisch die Mehrzahl der Fabrikanten entweder eingegangen ist oder ein sieches Leben kümmerlich dahinschleppt, wo die Messen und Märkte mit Waren fremder Nationen überschwemmt sind, wo die Mehrzahl der Kaufleute fast untätig geworden ist, bedarf es da noch näheren Beweises, daß das Übel den höchsten Grad erreicht habe? Entweder liegt die Ursache dieses schauerlichen Zerfalls deutscher Gewerbe und Handlung in dem einzelnen oder in der gesellschaftlichen Ordnung..."[7]

Allerdings bewegt diese Bittschrift so gut wie nichts. Die gesellschaftliche Ordnung bleibt noch lange Zeit wie sie ist, nämlich so, wie sie den fürstlichen Herren am meisten nützt. Insbesondere seit 1835, als eine Phase stürmischer Industrialisierung einsetzt, wird das Problem für die Industriellen noch drängender, die Forderung aus Industriellenkreisen nach einer Verfassung für ein vereintes Deutschland und ein Parlament als politischer Mitbestimmungseinrichtung noch deutlicher und lauter. Dieser Ruf nach einem vereinten Deutschland und einem Parlament zugunsten besserer Verwirklichungsmöglichkeiten der Ausbeutung von Menschen und profitableren Geschäften muß sich grundlegend von den Wünschen und Sehnsüchten derjenigen unterscheiden, die existenzielle Armut in den Widerstand gegen die Adeligen getrieben hatte: das Volk, das über 90 Prozent der Deutschen ausmacht. Sie wünschen sich eine Republik, die alle Deutschen vereint, in der es keine Ausbeutung und Unterdrückung mehr gibt.

Der Widerstand ist jedoch nicht endgültig erstickt. Insbesondere in den Arbeiterschichten lebt er weiter und führt in den sechziger Jahren zur Gründung von Arbeitervereinen, die sich 1875 zur "Sozialdemokratischen Arbeiterpartei Deutschlands" vereinigen.

Arbeitsvorschlag:
– Welche Interessen waren für die Mehrheit der Deutschen, welche für Industrielle, Bank- und Kaufleute ausschlaggebend, sich für nationale Einheit und demokratische Mitspracherechte einzusetzen?
– Stelle eigene Überlegungen an: Von welchen Gruppen sind Vorstöße zu erwarten, die sich auf "Kolonien für Deutschland" richten? Warum?

Polizeiliche Hausdurchsuchung bei einem politisch verdächtigen Arbeiter Foto: Weiner

5. Kapitel

Deutschland entwickelt sich zu einer Industrienation mit handfesten Interessen bestimmter Gruppen an der Ausbeutung eigener Kolonien

Eine Stahlkanone von Krupp, Geschenk an den König von Preußen (1867)

Als sich in Deutschland mit wachsender Industrialisierung und Überschußproduktion das Interesse verstärkt auf überseeische Absatzmärkte richtete, sind bereits die meisten Länder Asiens, Afrikas und Lateinamerikas koloniale Besitzungen anderer europäischer Mächte. Bis 1871, dem Jahr der Gründung des Deutschen Reiches, haben Vorstöße aus kolonialinteressierten Kreisen in Deutschland noch keine Chance, sich durchzusetzen. Erst Mitbestimmungsmöglichkeiten der kapitalkräftigen Gruppen im Deutschen Reichstag schaffen günstigere Voraussetzungen. Der Erlaß des "Sozialgesetzes" 1878 sorgt für eine Niederhaltung sozialistischer Aktivitäten, die auch gegen Kolonialeroberungen gerichtet sind. Zahlreiche Kolonialvereine werden in den folgenden Jahren gegründet.

Absichten:
- Wir führen Gründe für den verspäteten Eintritt Deutschlands in die Reihe der kolonialinteressierten Mächte auf. Wir wollen zeigen, daß das deutsche Interesse an Kolonien mit der Entwicklung industriekapitalistischer Produktion einherging.
- Wir stellen fest, daß die kapitalkräftigen und kolonialinteressierten Gruppen mittels ihrer Vertreter im Deutschen Reichstag einen Gesetzeserlaß bewirkten, der sich gegen ihre Gegner aus den Reihen der Arbeiterbewegung richtete. Während der Zeit des "Sozialistengesetzes" wurden wichtige koloniale Vereinigungen als Druck- und Propagandamittel gegründet.

1866 findet in London die erste Kolonialausstellung statt. Das oben wiedergegebene Bild, aus Anlaß der Ausstellung herausgekommen, zeigt links die kolonisierten Völker, die vor dem englischen Thron mit Tributen erscheinen.

ANDERE EUROPÄISCHE NATIONEN HABEN DIE MEISTEN LÄNDER DER ERDE BEREITS FÜR SICH BESCHLAGNAHMT

Aufgrund der sich erst langsam anbahnenden industriellen Entwicklung in Deutschland, der inneren Unruhen und Uneinigkeiten, kreist das Denken der Deutschen um die Mitte des 19. Jahrhunderts und den folgenden zwei Jahrzehnten in erster Linie um Gegenwart und zukünftige Entwicklung des eigenen Landes. Andere europäische Länder haben um diese Zeit bereits eine große Zahl von Ländern in Asien, Afrika und Lateinamerika zu ihren Kolonien gemacht. Das heißt im Klartext: Die unterworfenen Völker und ihr Land werden ausgeplündert, ausgebeutet und soweit mit europäischer Kultur und Bildung versehen, wie es den europäischen Profitinteressen nützlich ist. Die großen Welteroberer, das waren im 16. Jahrhundert Spanien und Portugal gewesen; Holland, Frankreich und England machten ihre kolonialen Eroberungen im 17. Jahrhundert. England hatte schließlich alle anderen Kolonialmächte überrundet und bezeichnete sich selbst stolz als "Herrin über das Schicksal der Welt". Die Methoden, die zu jenen Kolonialreichen geführt hatten, waren alles andere als ehrenvoll. "Damals häuften sich die Leichen der gemordeten Bewohner überseeischer Gebiete zu Bergen, ganze Völker wurden versklavt, riesige Reichtümer nach Europa geschleppt..."[1], schreibt ein Historiker über diese Phase europäischer Geschichte, die Europäer im allgemeinen gerne in weniger klaren Farben malen. Die europäischen Märkte sind reich bestückt mit "Kolonialwaren", Produkten aus den europäischen Plantagen in Übersee, wie Tee, Kaffee, Tabak. Der Handel mit Gewürzen und Baumwolle blüht. Unersetzliche Kunstgegenstände werden geraubt und abgeschleppt, verschwinden in den Sammlungen der Museen, um eines Tages einer staunenden Öffentlichkeit präsentiert zu werden, die sich in Begeisterung ergeht, weil die Materialien so kostbar, die Farben so brilliant, die Formen so vollendet und das handwerkliche Können so hoch entwickelt sind. Viele Kunst-, Kriegs- und Haushaltsgegenstände aus anderen Kulturen wandern auch in europäische Bürgerhäuser. Sie sind beliebter Raumschmuck, denn exotische Souveniers und Jagdtrophäen zu besitzen, gilt als weitgereist... und kultiviert.

Die Industriealisierung verstärkt das Interesse an Kolonien. Vor rund 200 Jahren waren bereits in England die ersten Fabriken entstanden. Aber erst um die Mitte des 19. Jahrhunderts beginnt sich auch in anderen europäischen Ländern die Industrialisierung durchzusetzen. Zu diesen "späten" Ländern gehört Deutschland. Es gibt für das Interesse an kolonialer Ausdehnung im wesentlichen zwei Gründe: Zum einen werden die nationalen Vorkommen an Bodenschätzen knapper, da eine Vielzahl neuer technischer Erfindungen Unmengen von Rohstoffen fressen. Zum anderen werden die Ausfuhr und damit neue Absatzmärkte für rationeller hergestellte Massenwaren wichtig, um die Profite sicherzustellen. Das gilt für Industrielle, Bankiers, Kaufleute. Nicht zuletzt ist mit dem Besitz von Kolonien nationales Prestige verbunden. Daß nirgendwo in der Welt auch "deutsche Kultur und deutscher Geist" den "Barbaren" vermittelt werden, beginnen mit dem Erstarken der deutschen Wirtschaft einige Deutsche als besonders schmerzlich zu empfinden. Diese, die kaum als direkte wirtschaftliche Nutznießer des kolonialen Ausbeutungsgeschäftes in Frage kommen, schwärmen von der "Scholle in Übersee", die von deutscher Hand kultiviert wird. Auch wer knallharte wirtschaftliche Interessen hat, verdeckt sie gern mit ähnlichen Worten. Immerhin: Die Welt ist noch nicht vollständig aufgeteilt. Die Weltkarte zeigt noch einige "weiße Flecken", Länder, die von Europäern noch nicht beschlagnahmt wurden. Dazu gehört Namibia. Aber bis sich ein Bremer Kaufmann für dieses Land zu interessieren beginnt, vergehen noch einige Jahrzehnte, finden in Deutschland noch einige bemerkenswerte Entwicklungen statt, die für deutschen Besitz in Übersee arbeiten...

Kolonialwarengeschäft in Berlin um 1900.

WIRTSCHAFTLICHE ENTWICKLUNG IN DEUTSCHLAND

In den dreißiger Jahren des 19. Jahrhunderts setzt in Deutschland die Industrialisierung ein. 1830 gibt es in Preußen bereits 245 Dampfmaschinen, die es ermöglichen, Produkte in größeren Mengen in kürzerer Zeit – und damit billiger – herzustellen. Durch die Erfindung der Dampfkraft verbilligt sich auch der Transport der in steigendem Maße benötigten Rohstoffe (Kohle und Eisen) und der massenhaft hergestellten Waren. 1830 befahren ein Dutzend Dampfschiffe den Rhein, 1835 wird in Deutschland die erste Eisenbahn gefeiert.

Vorausschauende Köpfe erkennen schnell, daß mit der Eisenbahn ein Verkehrsmittel erfunden wurde, das die Ausbeutung bisher nur unter schwierigsten Bedingungen zugänglicher Gebiete in Ländern anderer Kontinente möglich macht.

"...Das eigentlich entscheidende Ereignis war, daß die Dampfkraft das heute noch wichtigste Verkehrsmittel zu Lande geschaffen hat, die Eisenbahn. Dadurch, daß die Eisenbahn die Tiefe der Kontinente abseits der Wasserstraßen erschlossen hat, hat sie eine umfassende Weltwirtschaft erst möglich gemacht."...[3]

Wirtschaftsentwicklung in Deutschland[2]

	Länge des Eisenbahn-Netzes (in engl. Meile)	Kohlenförd. oder -verbrauch (in 1000 t)	Dampfkraft kapazität (in 1000 Ps)	produktion (in 1000 t)
1850	3.639	5.100	260	212
1869	10.834	26.774	2.480	1.413
1873	14.842	36.392	--	2.241

Reichstagssitzung 1875

**Die Entwicklung der sechs Aktien-Großbanken.
Aktienkapital in Mill. Mark**

	Im Jahr der Gründung		1880	1885	1890	1895	1900	1904	1910	1914
Deutsche Bank	15	(1870)	45	60	75	100	150	180	200	250
Discontogesellschaft	30	(1856)	60	60	75	115	130	170	200	—
Darmstädter Bank	17,1	(1853)	60	60	80	80	105	132	160	160
Dresdner Bank	9,6	(1872)	15	36	60	85	130	160	200	200
Schaaffhausenscher Bankverein	15,6	(1848)	36	36	36	60	100	125	145	—
Berliner Handelsgesellschaft	45	(1856)	30	30	50	80	90	100	110	—

Zwischen 1848 und 1872 werden viele Banken gegründet, deren Hauptgeschäft es ist, Kredite zur Finanzierung der Ausdehnung von Handel und Industrie zu "verkaufen". Es zeigt sich allerdings, daß es eine Reihe von Hindernissen gibt, die deutschen Industriellen, Bankiers und Geschäftsleuten die Jagd nach Absatzmärkten für ihre Waren schwer machen.

Da sind insbesondere die vielen Grenzen im Reich, bei deren Übertreten Zölle an die Landesherren gezahlt werden müssen; da gibt es immer noch kein gesamtdeutsches Parlament, in dem die kapitalkräftigen Gruppen vertreten sind, und wo sie ihre Interesse an einem freien industriellen Waren- und Geldhandel durchsetzen könnten.

ERSTE FORDERUNGEN NACH EIGENEN KOLONIEN

Die Entwicklung, einmal begonnen, läßt sich nicht aufhalten: Industrielle Produktion und rege Geschäftstätigkeit führen zu steigenden Absatzschwierigkeiten. Ein Ventil werden Ausfuhren in überseeische Gebiete. Von 1871 bis 1881 versechsfacht sich die deutsche Ausfuhr nach Afrika. Daß diese Exporte allerdings von der Zustimmung fremder Kolonialmächte abhängig sind, schiebt hemmungsloser Expansion einen Riegel vor und — trifft auch den Stolz der Deutschen. Die Forderung nach eigenen Kolonien, in denen man ungestört durch fremde Willkür und Konkurrenz schalten und walten kann, wird zunächst vereinzelt, dann immer häufiger erhoben und schließlich ab 1870 zu einem vieldiskutierten Thema. Eine erste Welle von Aufregung und Begeisterung erfaßt viele Deutsche beim Gedanken an eigene Kolonien. Die einen rechnen kühl. Die anderen bilden kühne Vorstellungen, wie sie mit einem Handwerks- oder landwirtschaftlichen Projekt, einem Handelsgeschäft oder ähnlichen Unternehmungen aus ihrem vom Staat stark reglementierten täglichen Trott ausbrechen könnten. Manche wiederum begeistern sich hauptsächlich an der Vorstellung, daß bald auch "deutsches Volkstum", "deutsche Kultur und Zivilisation" die "primitiven" Völker "beglücken" würde... Doch alle Pläne und Schwärmereien jener Kolonialbegeisterten sind um diese Zeit nicht mehr als "bunte Seifenblasen", die schnell zerplatzen. Warum? Die vielen kleinen deutschen Ländchen und Länder sind in dieser Zersplitterung zu schwach, um eine deutsche Kolonie in Konkurrenz zu den anderen europäischen Mächten erobern und halten zu können. Nur ein vereintes, schlagkräftiges "Deutsches Reich" wäre dazu in der Lage. 1871 schafft Bismarck das vereinte "Deutsche Reich". Die Kolonialinteressenten werden nun unverzüglich aktiv. Bereits in den ersten Jahren seit Gründung des Reiches erhält Bismarck viele Bittschriften und Gesuche. Auch im neu geschaffenen Reichstag, in dem die Kolonialbefürworter vertreten sind, versuchen sie, Unterstützung für ihr Bestreben nach kolonialen Märkten zu gewinnen. Im Mittelpunkt der Begründungen steht die Absatzkrise. "In einer Kommissionssitzung des Reichstages sprach es der Nationalliberale Dr. Hammacher aus", schreibt ein Historiker, "als er die deutsche Industrie mit einem überheizten Dampfkessel verglich, dem Luft gemacht werden müsse.[5]) 1878 gelingt es Vertretern des Kapitals und Bürgertums im Deutschen Reichstag, die Sozialdemokraten, die seit Jahren die Eigentums- und Besitzverhältnisse in Deutschland bekämpfen, durch Erlaß des "Sozialistengesetzes" (von 1878 bis 1890 in Kraft) unter eine gewisse staatliche Kontrolle zu bringen. Es ist zwar nicht verboten, sozialdemokratische Abgeordnete in den Reichstag zu wählen, doch allein der Verdacht auf sozialistische Aktivitäten berechtigt die Behörden zu Ausweisungen aus Städten und Bezirken und hat Entlassungen zur Folge. Eine oberflächliche innenpolitische Ruhe ist hergestellt. Sie ist zugleich Vorstößen auf eigene Kolonien förderlich, denn aus der Arbeiterbewegung war lautstark antikoloniale Kritik geäußert worden. Nun, im Jahr des Erlasses des Sozialistengesetzes, beginnen die mächtigsten Gruppen, Gesellschaften als Druck- und Propagandamittel für koloniale Beschlagnahmungen zu gründen.

Auch die kleineren Fabrikanten haben Schwierigkeiten, mit der Überproduktion ihrer Waren und deren Absatz fertig zu werden. Der Abgeordnete Hartwig hält im Reichstag eine Rede, in der er das Interesse der deutschen Buntpapierfabrikanten vertritt. Seine Rede ist ein Beispiel dafür, wie mit der Forderung nach neuen Absatzmärkten die Absicht verbunden ist, die Afrikaner für den Kauf auch solcher europäischer Produkte zu manipulieren, die für sie keinen Sinn haben.

„Die letzten Ferien gaben mir Veranlassung, mit einem Buntpapierfabrikanten einige Worte zu wechseln. (Heiterkeit)

Ja, meine Herren, die Sache, über die Sie jetzt schon lachen, ist in der Tat spaßig, obwohl sie mit Tod und Leichenbegräbnis zusammenhängt. Der Japanese fängt nach dem Bericht des genannten Fabrikanten seit einiger Zeit an, seine Teilnahme und Trauer dadurch zu bekunden, daß er buntes Papier in Streifen schneidet, diese Streifen durch Querschnitte in kleinere Quadrate teilt und mit diesen Schnitzeln den Weg vom Trauerhaus bis zum Begräbnisplatz bestreut. Das ist ein neues Bedürfnis von Leuten, die wir sonst für sehr bedürfnislos anzusehen gewohnt waren. Ähnliches Bedürfnis könnte sich in Afrika ebensogut und in Menge ausbilden,

(große Heiterkeit)

und der Deutsche hätte doch davon vermehrten Absatz und Brot.

(wiederholte Heiterkeit)

So spaßhaft die Sache auch auf den ersten Moment erscheint, so erfreulich ist sie für den Standpunkt, der in den Kreisen der Arbeiter dafür zu gewinnen ist.

Meine Herren, auch gibt es, um beiläufig noch an eins zu erinnern, noch Musikinstrumente, eine Sache, die in Sachsen in großer Anzahl gemacht wird. Die liebt der Neger unendlich, aber er muß, soll er Kauflust bekommen, davon etwas zu sehen bekommen; und wenn niemand hinkommt in seine Heimat, dann wird eben unsere Mundharmonika, die wir so gern absetzen möchten, ungekauft bleiben, wenigstens von den Leuten.

(Heiterkeit)" [6]

Gründungsjahre wichtiger Kolonialvereine

- 1878 Zentralverein für Handelsgeographie und Förderung deutscher Interessen im Auslande
- 1879 Verein für Handelsgeographie und Kolonialpolitik
- 1880 Westdeutscher Verein für Kolonisation und Export
- 1882 Verein zum Schutze deutscher Interessen im Ausland
  Deutscher Kolonialverein
- 1887 Gesellschaft für deutsche Kolonisation
  Deutsche Kolonialgesellschaft (als Zusammenschluß mehrerer Kolonialvereine)

AUFRUF.

Die Frage der deutschen Colonisation wird von Tage zu Tage dringender. Die Nothwendigkeit der Erweiterung unseres Absatzgebietes, die steigende Bedeutung des überseeischen Handels, die tiefe Einwirkung der Auswanderung auf unser sociales und wirthschaftliches Leben, das nationale Interesse an der Erhaltung einer dauernden und festen Verbindung der überschüssigen Kräfte mit dem Vaterlande haben in immer grösserem Umfange die allgemeine Aufmerksamkeit auf diese Frage gelenkt.

Durch den rastlosen Eifer anderer Nationen und die fortschreitende Ausdehnung ihres Machtgebietes wird es mit jedem Jahre, ja mit jedem Tage schwieriger, den geeigneten Boden für deutsche Colonisation zu finden.

Unter dem Gewicht dieser Erwägungen ist am 6. December 1882

Der deutsche Colonialverein

mit dem Sitze in Frankfurt am Main ins Leben gerufen. Männer aller Parteien und Stände haben sich zur Lösung einer nationalen Aufgabe verbunden, welche hoch über den Zeit- und Tagesfragen steht.

In allen Theilen des Vaterlandes und von den Deutschen im Auslande ist dem Verein lebhafte Zustimmung zu Theil geworden, zahlreiche Beitrittserklärungen sind bereits erfolgt.

In der deutschen Presse haben unsere Bestrebungen von Tag zu Tage grössere Würdigung und Vertretung gefunden.

Es gilt jetzt für die fortschreitende Ausdehnung des Vereins einzutreten und ihm die erforderlichen Mittel zu sichern, damit er mit vollem Gewicht seine aufklärende und anregende Thätigkeit beginnen und durchführen, zugleich einen wirklichen Mittelpunkt für die bisher getrennt arbeitenden Kräfte bilden kann.

Neben der praktischen Förderung von Handelsstationen als Ausgangspunkt für grössere Unternehmen, sowie wirthschaftlicher Niederlassungen anderer Art über See, erblickt der Verein seine Hauptaufgabe in der Klärung der öffentlichen Meinung, damit die Nation für eine Lösung in weiterem Umfange bereit sei, für den Tag, wo dies die Gunst der Verhältnisse gestatten wird. Zur Mitarbeit an diesem, vielleicht nur langsam und allmählig sichtbaren Erfolg versprechenden Werke rufen wir alle Vaterlandsfreunde auf. Mögen vor Allem diejenigen, welche in den Grundanschauungen mit uns übereinstimmen, nicht gleichgültig bei Seite stehen, vielmehr durch den Beitritt zum Verein und durch wirksames Eintreten für seine Ziele, ein Jeder nach seinen Kräften, ihrer Ueberzeugung auch thatsächlichen Ausdruck geben. Schon oft sind grosse nationale Fortschritte aus kleinen Anfängen, aus der Anregung und der Arbeit kleiner Kreise hervorgegangen, wenn sie durch die allgemeine Lage bedingt waren. Wir sind von der Ueberzeugung durchdrungen, dass die Colonialfrage nicht willkürlich aufgeworfen, dass sie vielmehr aus den gesammten Verhältnissen und Zuständen des deutschen Volkes entsprungen, eine endliche, nur zu sehr verzögerte Lösung unbedingt erheischt und deswegen auch unter der Zustimmung und Mitwirkung der gesammten Nation finden wird.

Der Vorstand des Deutschen Colonialvereins:

H. Fürst zu Hohenlohe-Langenburg. Langenburg. Württemberg.
Präsident.

Oberbürgermeister Dr. J. Miquel. Frankfurt a. M. **Erster Vicepräsident.**		Dr. A. Brüning. Frankfurt a. M. **Zweiter Vicepräsident.**
Oberpräsident a. D. A. Graf von Arnim-Boitzenburg. Boitzenburg. Uckermark.	L. Friederichsen. Hamburg.	Geheimer Commerzienrath G. de Neufville. Frankfurt a. M.
Landesdirector R. von Bennigsen. Hannover.	Director E. Hasse. Leipzig.	Professor Dr. F. Ratzel. München.
Professor Dr. H. Brugsch-Pascha. Charlottenburg.	M. Freiherr von Heereman. Zuydwyk b. Münster i. W.	Geheimer Commerzienrath G. Siegle. Stuttgart.
Dr. med. E. Cohn. Frankfurt a. M.	Geheimer Commerzienrath A. Heimendahl. Crefeld.	Banquier Th. Stern. Frankfurt a. M.
Bankdirector L. Colin. Stuttgart.	Dr. jur. W. Hübbe - Schleiden. Hamburg.	Staatsminister a. D. C. Freiherr von Varnbüler. Hemmingen. Württemberg.
Handelskammerpräsident Ph. Diffené. Mannheim.	H. Freiherr von Maltzan. Frankfurt a. Main.	Geheimer Sanitätsrath Dr. G. Varrentrapp. Frankfurt a. M.
Dr. theol. F. Fabri. Barmen.	Consul H. H. Meier. Bremen.	Geheimer Commerzienrath Th. Wecker. Offenbach.
F. Graf von Frankenberg - Ludwigsdorff. Tillowitz, Reg.-Bez. Oppeln.	Geheimer Regierungsrath, Professor Dr. E. Nasse. Bonn.	
Staatsminister a. D. Dr. K. Friedenthal. Giessmannsdorf, Reg.-Bez. Oppeln.		

Beitrittserklärungen, der Jahresbeitrag beträgt mindestens 6 Mark, bitten wir an das Bureau des Deutschen Colonialvereins, Frankfurt a. M. zu richten.

"Vielfach scheint die Vorstellung geherrscht zu haben, daß eine Großmacht Kolonien besitzen müsse, etwa wie ein reicher Mann in gewisser Lebensstellung Wagen, Pferde und Bediente in Livree. Es wurde von verschiedenen Seiten betont, daß durch den Besitz von Kolonien die Macht des Reiches und die Bedeutung des deutschen Volkstums in der Welt gemehrt würde."7)

Die Propaganda der Kolonialvereinigungen fällt auf fruchtbaren Boden und bringt Kolonialinteressenten aus den verschiedensten gesellschaftlichen Bereichen zusammen. In den wichtigsten Vereinen sind zwar die wirtschaftlich Mächtigen die Drahtzieher, aber dort tummeln sich auch Ex-Missionare, Geographen, Forscher die dem Verein einen "volkstümlichen" Charakter verleihen. Es gehört zum "guten Ton", sich "dazu" zu zählen.
Eine Stimme wird allerdings mit allen Mitteln zu unterdrücken versucht: Die Stimme der Gegner jeglicher Kolonialeroberungen. Die Einstellung der radikalen Kolonialkritiker soll im nächsten Kapitel untersucht werden.

Arbeitsvorschlag:
– Lies genau den Aufruf des Deutschen Colonialvereins durch:

1. Schreibe die Titel/Berufe auf, die im Vorstand des des Colonialverbeins vertreten sind. Notiere anschließend, welche Berufe/Berufsgruppen nicht vertreten sind.
2. Stelle die wichtigsten Argumente zusammen, mit denen der Colonialverein für seine Tätigkeit wirbt.
3. Der Colonialverein wirbt um "Zustimmung und Mitwirkung der gesamten Nation" bei der "Colonialfrage". Warum könnte er daran interessiert sein? Bedenke bei deiner Antwort deine Notizen zu den Fragen 1. und 2.

6. Kapitel

Die Arbeiterbewegung ist gegen Kolonien

Um die Zeit der ersten deutschen kolonialen Beschlagnahmungen stehen Arbeitervertreter und Kolonialbefürworter in heftigen Auseinandersetzungen über Sinn und Zweck von Kolonien. Die antikoloniale Kritik aus der sozialistischen Arbeiterbewegung zeigt eindeutige Positionen, die Ursachen und Folgen kolonialer Herrschaft betreffen. Kolonialvertreter sehen in Kolonien ein geeignetes Mittel, sich Sozialisten durch Auswanderung vom Hals zu schaffen.

Absichten:

- Wir wollen uns in diesem Kapitel nur mit dem radikal-antikolonialen Standpunkt im Deutschen Reich zur Zeit der ersten deutschen kolonialen Landnahmen in Afrika beschäftigen: Unberücksichtigt lassen wir hier die Stimmen, die sich für eine "menschliche" Form von Kolonialismus einsetzten. Kritik an den "Auswüchsen" kolonialer Herrschaft wurde insbesondere später erhoben, als die maßlose Brutalität kolonialer Gewaltpolitik im deutschen Kolonialkrieg in Namibia offenbar wurde.
- Wir wollen uns etwas eingehender mit dem konsequent-antikolonialen Standpunkt beschäftigen, weil er zu verdeutlichen vermag:
  eine klare Verurteilung jeglicher Kolonialeroberungen gab es bereits vor den deutschen kolonialen Aktivitäten;
  Vertreter des antikolonialen Standpunktes formulierten bereits in einem frühen Stadium von deutschem Kolonialisums zukünftige koloniale Herrschaftsverhältnisse.
- Wir wollen anhand einiger Zitate zeigen, wie die Herrschenden antikolonialen Widerstand zu kanalisieren versuchten.
- Wir wollen mit einem Beispiel dazu anregen, Bücher zur Kolonialgeschichte kritisch zu lesen.

> "Der Kapialist fragt nicht, ob die Arbeiter, die er ausbeutet, englisch oder französisch sprechen, weiße oder schwarze oder gelbe Hautfarbe besitzen. Gegen diese 'internationale' Ausbeutung der Arbeiter gibt es nur ein Mittel: die internationale Verbrüderung der Ausgebeuteten."
>
> *Bebel am 15. 3. 1872 im Leipziger Hochverratsprozeß* [1]

Karl Marx (1818 – 1883)

> "Glückliche Neger! Erst wird man euch durch Gewöhnung an europäische Bedürfnisse korrumpieren, dann auch das Land, auf dem ihr wohnt, für einen Spottpreis 'abkaufen', und schließlich werdet ihr zur Arbeit – und was für welcher – erzogen werden! ...Hoch die Zivilisation und der Profit. Wir aber hören schon im Geiste diesen Ruf: Fluch über Eure Zivilisation, Ihr Profitgeier!"
>
> *"Der Sozialdemokrat", 4. 12. 1884*

> "Und wird etwa durch die Kolonialpolitik etwas nach dieser Richtung erreicht? Nein, meine Herren, Sie exportieren einfach die soziale Frage. Sie zaubern vor die Augen des Volkes eine Art Fata Morgana auf dem Sande und auf den Sümpfen Afrikas."
>
> *Wilhelm Liebknecht in einer Reichstagsrede am 4. März 1885* [3]

Die Führer der deutschen Arbeiterbewegung halten von dem Rummel um Kolonien, von jener "Eroberungsbesoffenheit", wie Karl Marx es nannte, überhaupt nichts. Engels schreibt an Kautsky: "Ich sah vor allem die Plünderung, Knechtung der Naturvölker durch die Herrenvölker und sah in der Ablehnung jeglicher Politik kolonialer Eroberungen die notwendige Konsequenz unseres sozialistischen Strebens."[2] Die Erfahrungen mit der ausbeuterischen Herrschaft von Großgrundbesitzern und Industriellen sind bitter genug: In der Arbeiterbewegung wird erkannt, daß den Menschen in den Kolonien ein gleiches Schicksal droht, wie es alltägliche Erfahrungen der Arbeiter in den Industriestaaten ist: Menschenmaterial für einen Ausbeutungsprozeß abzugeben, bei dem nur der Profit der Kolonialherren interessiert.

1884, als das Deutsche Reich seine ersten Flaggenhissungen in Togo, Kamerun und Namibia vorgenommen hat, erscheinen in nahezu jeder Ausgabe der Zeitung "Sozialdemokrat" Artikel, in denen sich die Kolonialgegner mit den Argumenten der Kolonialfreunde auseinandersetzen. Das "Sozialistengesetz", das antikapitalistische Aktionen seit 1878 unterband, bedeutete zwar für die Kolonialgegner eine starke Einschränkung, vermochte jedoch publizistische Äußerungen nur schwer unter Kontrolle zu halten. Einige häufig benutzte Argumente der Kolonialisten und deren Kritik aus den Reihen der sozialistischen Kolonialgegner sollen im folgenden dargestellt werden.

"Überproduktion" und "wirtschaftlicher Aufschwung"

Neue Absatzmärkte schaffen neue Nachfrage, bewirken wirtschaftlichen Aufschwung und sichern damit Arbeitsplätze, argumentieren die Kolonialisten. Dies sei, halten Kolonialgegner dagegen, "Kurfuscherei", die nichts anderes bedeute, als daß die Macht des Kapitals ansteige. Eine grundlegende Veränderung der Eigentumsverhältnisse – die Forderung der Sozialisten – würde hinausgeschoben oder langfristig verhindert. Zur Lösung der sozialen Frage, des Übels, das beseitigt werden müsse, trage dies nichts bei.

"Zivilisation" und "Kultur"
Diese, von Kolonialisten immer wieder bemühten Schlagworte, die eine Verpflichtung zur Kolonisation fremder Völker mitbegründen sollen, finden bei Kolonialgegnern kein positives Echo. Es ist vielmehr beißender Spott, mit dem aus dem antikolonialen Lager mit derartigen Begriffen gespickte Parolen belegt werden, ein Sarkasmus, der andererseits – wie das nachstehende Zitat zeigen soll – nichts an analytischer Klarheit zu wünschen übrig läßt: "Zivilisation", von Vertretern des Kapitalismus hochmütig und wirkliche Interessen verschleiernd im Munde geführt, sei von Profitinteressen in Dienst genommen, sei nur ein anderes Wort für Bedürfnismanipulation, die sich des Betrugs bediene.

„Ableitung sozialdemokratischer Gefahr"
Dies ist ein viertes Argument, das in der Kontroverse um Kolonien eine Rolle spielt. Es soll in mehreren Versionen anhand von Zitaten illustriert werden. Alle Zitate sind Publikationen aus dem kolonialfreundlichen Lager entnommen. Die Kolonialisten äußern sich hier frank und frei, warum ihnen Kolonien, neben erhoffter Profitmaximierung, attraktiv erscheinen...

"Menschenüberschuß"
Kolonien seien ideale Auffangbecken für die vielen Deutschen, die im Deutschen Reich kein ausreichendes Auskommen hätten: Standpunkt der Kolonialisten. Dies sei ein "Ablenkungsmanöver", lautet das Gegenargument, denn der Mehrwert, den das werktätige Volk erwirtschafte, reiche bei einer radikalen Veränderung des Systems und einer gerechten Verteilung für alle.

Abschließend einen Blick in ein Kolonialbuch, das 1891 erschien. Das Deutsche Reich ist inzwischen Kolonialmacht in Afrika (Namibia, Togo, Kamerun, Deutsch-Ost-Afrika) und in der Südsee (auf Neuguinea, dem Bismarckarchipel, den Salomonen und Marshallinseln) und steht im Begriff zu weiterer kolonialer Ausdehnung. B. Volz, der Verfasser des Buches mit dem Titel "Unsere Kolonien. Land und Leute", befaßt sich auch mit der Vorgeschichte kolonialer Beschlagnahmungen. Er gelangt zu folgendem denkwürdigen Urteil:

Ein Bespiel für Geschichte, die so geschrieben wurde, als ob es einen antikolonialen Widerstand in Deutschland überhaupt nicht gegeben habe...

Arbeitsvorschlag:
– Zeichne ein Schema "Argumente für Kolonien" und "Argumente gegen Kolonien".
  Lies dieses Kapitel nocheinmal nach Argumenten durch, die für und gegen Kolonien geäußert wurden und notiere sie in der entsprechenden Spalte.
  Welche Parteien/politische Überzeugungen/Personen stehen für antikoloniale Kritik?
– Welche Gründe könnte es geben, antikolonialen Widerstand zu verschweigen?

"Nach meiner Überzeugung wäre eine entsprechende Kolonisation der beste Ableiter für die sozialdemokratische Gefahr, die uns bedroht."

Aus dem Werbeschreiben eines der Gründer des Kolonialvereins, des Fürsten Hohenlohe-Langenburg, an den Industriellen Stumm[4]

"Gerade die unzufriedensten und gährensten Elemente unseres Proletariats, welche zumeist die denkenden Köpfe unter den Arbeitern und ihre Führer und Leiter umfassen, würden sich am meisten von der ihnen angebotenen Aufbesserung ihrer wirtschaftlichen Lage angezogen fühlen und sich gewiß gern nach den Kolonien einschiffen lassen."[5]

"Die sozialistische Gährung in den Köpfen unserer im Denken ungeübten vermögenslosen Massen wird um so gefährlicher, je mehr sie fortdauernd Zuwachs von intelligenten Elementen aus den gebildeten Ständen erhält, die in Folge der allgemeinen schlechten wirtschaftlichen Lage immer zahlreicher ihre Reihen verstärken werden. Um dem deutschen Staatsorganismus in eine gesunde Blutzirkulation zurückzuführen und die Auswanderung als Sicherheitsventil für all die bösen Gase und Dämpfe wirken zu lassen, die den Mechanismus unseres Staates mit Zersprengen bedrohen, müßten alljährlich wenigstens 200.000, noch besser 300.000 Menschen auswandern..."[6]

"So ist das Verlangen nach deutschem Kolonialbesitz aus dem Schoße des deutschen Volkes hervorgegangen."[7]

Teil III

Deutsche Kolonialgewalt und namibischer Widerstand

7. Kapitel

Über Landgeschäfte eines Deutschen in Namibia und den Beginn deutscher "Schutz" herrschaft

1883 schließt ein Bremer die ersten Landverträge mit einem namibischen Häuptling. Der Häuptling wird über die Konsequenzen bewußt im Unklaren gelassen. Die Deutschen ehren seitdem insbesondere den Auftraggeber jenes Bremers für seine Pionierleistungen, die den Grundstein für die spätere deutsche Kolonie "Südwestafrika" legten. Aber erst bestimmte Entwicklungen im Deutschen Reich führen dazu, daß Reichskanzler Bismarck die deutsche Flagge in Namibia hissen läßt.

Absichten:
- In diesem Kapitel geht es um deutsche "Kolonialpioniere", ihre Taten und öffentlichen Ehren, die ihnen zuteil wurden und werden.
- Wir sprechen Hintergründe an, die das Deutsche Reich dazu bewogen, namibisches Land zum deutschen Schutzgebiet zu erklären.

Die Brigg "Tilly" im Hafen von Lüderitzbucht

EIN DEUTSCHER KAUFMANN LÄSST MIT ZWIELICHTIGEN METHODEN LANDGESCHÄFTE IN NAMIBIA TÄTIGEN

Am 9. April 1883 wirft in der Bucht Angra Pequena die Brigg "Tilly" des Bremer Kaufmanns Adolf Eduard Lüderitz Anker. Eine kleine Gruppe geht von Bord. Ochsenwagen, Zelte, Proviant und Wasser werden entladen. Eine Expedition... Sie wird von Heinrich Vogelsang, einem Beauftragten von Lüderitz, geleitet. Die Expedition ist in geheimer Mission unterwegs.

Die Namen Adolf Lüderitz und Heinrich Vogelsang werden bis heute von Deutschen in Namibia und in der Bundesrepublik in Ehren gehalten. Lüderitz... Vogelsang... Öffentlicher Ehren würdige Männer deutscher Kolonialgeschichte... Worum haben sie sich verdient gemacht? Adolf Lüderitz ist Inhaber der Firma F. A. E. Lüderitz, Tabak-Import und Großhandel, Bremen. Er verfügt über Auslandserfahrungen, als sich sein Interesse auf Namibia richtet. Namibia muß um jene Zeit als Absatzmarkt für seine Handelsware von nicht unerheblicher Anziehungskraft gewesen sein. Zwar ist der günstigste natürliche Hafen Namibias, Walfischbai, bereits von den Engländern kontrolliert, die für eingeführte Waren hohe Importzölle erheben. Aber ein zweiter Hafen, Angra Pequena, ist noch nicht in europäischen Händen, und das Hinterland gilt als "herrenloses" Land. Denn Lüderitz hat nicht nur Handelsinteressen. Über den deutschen Missionar Dr. Theophilius Hahn war bekannt geworden, daß das Land reich an Mineralien, besonders Kupfer, sei. Und Lüderitz bewegte auch der Gedanke an die Gründung einer deutschen Kolonie: "Wenn ich für Deutsche Kolonien gründe, muß das Klima auch so sein, daß Deutsche dort leben können"[1], hatte er einmal gegenüber Heinrich Vogelsang geäußert, als sie die Frage diskutierten, welches afrikanische Land das geeignetste für Lüderitz' Pläne sei. Was über Lüderitz und Vogelsang geschrieben wurde[2], läßt darauf schließen, daß bei Lüderitz Geschäftssinn und patriotische Gesinnung, die für koloniale Unternehmungen die "Liebe zum Vaterland" beschwor, eng zusammenlagen. Für den jungen Vogelsang, 1883 war er 21 Jahre alt, dürfte eher die Begeisterung für eine große Aufgabe charakteristisch sein, die ihm von Lüderitz anvertraut wurde. Wie immer die Beweggründe gewesen sein mögen: Lüderitz und Vogelsang standen in der Tradition kolonialen Denkens und Handelns, das keine moralischen Zweifel kannte.

Es gibt gute Gründe, warum diese erste deutsche Expedition nach Namibia geheimgehalten werden sollte. Man will keine Aufmerksamkeit bei den Engländern erregen, die sich bereits in Südafrika festgesetzt haben. Sie gelten als ernstzunehmende Konkurrenten im "run" auf die letzten, noch nicht unter europäischer Kolonialherrschaft stehenden Gebiete

Franz Adolf Eduard Lüderitz

Afrikas. (Gut zwei Jahre später werden 15 europäische Mächte auf der "Berliner Afrika Konferenz" Afrika förmlich unter sich in Einflußzonen aufteilen.) Von seinem Plan unterrichtete Lüderitz bereits am 23. 11. 1882 das Auswärtige Amt der Regierung des Deutschen Reiches und bat gleichzeitig um den "Schutz der deutschen Flagge" für die vorgesehenen Handelsniederlassungen und Landwerbungen gegen erwartete Übergriffe der Engländer, die "sonst einfach das Land für England in Besitz nehmen"[3]) würden. Die Argumente, mit denen Lüderitz sein Anliegen begründete, waren geschickt gewählt: Von dem Geschäft, schrieb er, profitierten "zum weitaus größten Theile"[4]) die deutschen Industriellen, denn ihnen würde ein wahrscheinlich bedeutendes Absatzgebiet erschlossen. Und falls sich Vermutungen über Kupfer- und Silbervorkommen im Hinterland von Angra Pequena bestätigen würden, so wisse er schon Arbeiter aus Deutschland heranzuziehen. Lüderitz' Argument "bedeutendes Absatzgebiet" war auf die Zustimmung industrieller Kreise ausgerichtet, die auf der Suche nach überseeischen Absatzmärkten für ihre Waren waren; mit dem Hinweis auf Beschäftigungsmöglichkeiten für deutsche Arbeiter warb er sowohl um Unterstützung der Vertreter aus der organisierten Arbeiterschaft im Reichstag, die Maßnahmen gegen die herrschende Arbeitslosigkeit forderten, wie auch der Industriellen, die am liebsten einige hunderttausend dieser "sozialistischen Elemente" im Deutschen Reich, die mit revolutionären politischen Forderungen die Herrschaft des Kapitals bedrohten, auf elegante Art und Weise loswerden würden.

Heinrich Vogelsang ist von Lüderitz mit Vollmachten zum Erwerb von Land ausgestattet. Er findet freundliche Unterstützung des deutschen Missionars Bamm in Bethanien, der ihm bei Kontakten zu dem dort ansässigen Häuptling Joseph Fredericks behilflich ist. Vogelsang zeigt Einfühlungsvermögen beim Umgang mit Afrikanern und Verhandlungsgeschick. Am 1. Mai 1883 schließt er mit Joseph Fredericks seinen ersten Landvertrag ab. Die Bucht Angra Pequena und angrenzendes Land im Umkreis von fünf Meilen gehen in das Eigentum von Adolf Lüderitz über. Der Vertrag sieht als Gegenwert die Zahlung von 100 Pfund Sterling und 200 Gewehren vor. Anstelle einer Unterschrift unterzeichnet Fredericks mit einem schlichten Kreuz.

Für "Schule und Volk" bot ein Koloniallehrbuch von 1900 die Gesuche um deutsche Schutzherrschaft für Landnahmen in außereuropäischen Gebieten folgendermaßen dar:

Deutsche Handelsleute hatten "unter der Feindseligkeit fremder Händler und unter den Räubereien und Gewalttaten der wilden Eingeborenen so zu leiden, daß sie den Schutz ihres Mutterlandes, des neu gegründeten Reiches, anriefen."[5])

Vor der Niederlassung in Bethanien (X Lüderitz)

Angra Pequena von der Landseite. Die ersten Kaufläden an der Küste.

Kaufvertrag zwischen Kapitän Joseph Fredericks und der Firma F. A. E. Lüderitz von Bremen in Deutschland

"Heute, den 1. Mai eintausendacht-hundert-dreiundachtzig (1883) hat Joseph Fredericks, Kapitän von Bethanien, als der gegenwärtige Besitzer des Hafens von Angra Pequena und des umliegenden Landes, den genannten Hafen und das angrenzende Land, 5 Meilen nach allen Richtungen, an die Firma F. A. E. Lüderitz in Bremen in Deutschland für den Betrag von 100.-£ in Gold und 200 Gewehren mit Zubehör verkauft und abgetreten.

Von dem Augenblick an, da der Vertrag vom Käufer und Verkäufer unterzeichnet ist, ist der genannte Hafen von Angra Pequena und das angrenzende Land 5 Meilen nach jeder Richtung in den Besitz der Firma F. A. E. Lüderitz in Bremen in Deutschland übergegangen, und bekennt zu gleicher Zeit der Verkäufer, die oben genannte Summe in Geld und Gütern von dem Käufer empfangen zu haben.

Bethanien, den 1. Mai 1883

X (Zeichen für Joseph Fredericks)
der Generalbevollmächtigte von F. A. E. Lüderitz Heinrich Vogelsang
X (Zeichen für Adam Lambert)
David Fredericks
Ruben Fredericks
F. Christian Goliath
X (Zeichen für David Fredericks)
A. de Jongh
O. A. v. Pestalozzi 9)

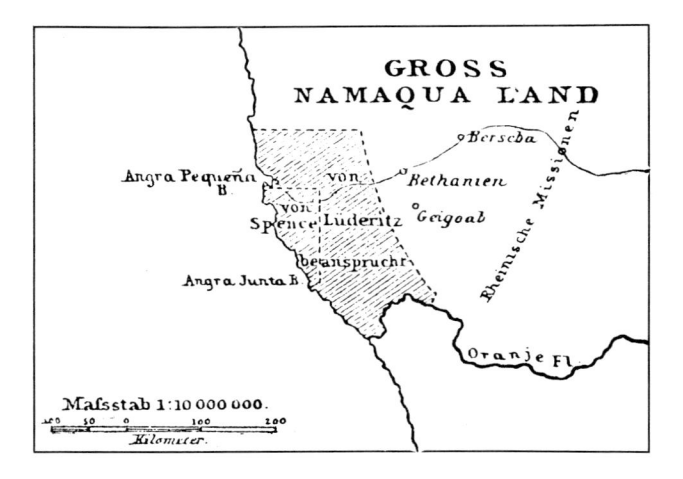

Die Vertragsabschlüsse zwischen Heinrich Vogelsang und dem Häuptling Joseph Fredericks finden begeisterte Resonanz in der kolonialfreundlichen Presse und bei Kolonialenthusiasten im Deutschen Reich:

"Ein freudiges Gefühl durchbebte die Brust eines jeden Deutschen, als im Sommer 1883 die Zeitungen die wunderbare Mär verkündeten, ein Deutscher habe ein bisher unabhängig gewesenes Gebiet an der Westküste von Afrika als eigen erworben...8). Wenn es regnet, schreibt Herr Missionar Bamm, dann ist alles ein Blumenmeer... Möge diese deutsche Besitzung leben, blühen und gedeihen!"9)

Lüderitz beauftragt Vogelsang mit weiteren Landerwerbungen. Ein Vierteljahr später, am 25. 8. 1883, vermeldet Vogelsang den erfolgreichen Abschluß eines weiteren Vertrages mit Joseph Fredericks, der Lüderitz in den Besitz eines Landstreifens an der Küste vom Oranjefluß bis zum 26. Grad südlicher Breite von 20 Meilen landeinwärts von jedem Punkt der Küste aus gerechnet bringt, einschließlich aller Häfen und Buchten. Als Preis werden 500 Pfund Sterling in Gold und 60 Wesley Richard Gewehre vereinbart.7)

Diese Akte sind in die Geschichte als "Kauf" eingegangen. Ein reelles Geschäft also zwischen einem Deutschen und einem namibischen Häuptling? Kaum, denn: Der Häuptling Fredericks wurde zu einem Geschäft bestimmt (Landverkauf), das es in der namibischen Tradition gar nicht gab und dessen Folgen (Kolonieerwerb) Fredericks nicht abschätzen konnte. Zudem wurde der Häuptling über die Größe des Landes, das er an Lüderitz abtrat, bewußt im Unklaren gelassen. Im ersten Kaufkontrakt ist als Maßeinheit "Meile" angegeben, im zweiten "geographische Meile". Fredericks ist in dem Glauben, daß es sich um die englische Meile handelt, die er kennt. Sie entspricht 1,6 Kilometern. Die Deutschen dagegen berechnen das erworbene Land nach der deutschen Meile (7,4 Kilometer). Damit betrachtet Lüderitz Land als sein Eigentum, das gut viereinhalbmal größer ist als von Fredericks verhandelt. Lüderitz hat auch das Wassergrabungsrecht, die alleinige Berechtigung, Minen zu graben und auszubeuten, er kann Verkehrswege und -einrichtungen bauen und verwalten. Vogelsang erhandelt, von Lüderitz ermutigt, weiterhin seiner Vertragspraxis zu folgen, von verschiedenen Häuptlingen bis Ende 1885 zusätzliche Besitzrechte: So wurden die ersten großen Land"erwerbungen" von Deutschen in Namibia vollbracht – denn daß das Land "erworben" wurde, ist die weitverbreitete Version eines ehrenrührigen Geschäftes, die bis heute auch in vielen Geschichtsbü-

Der Häuptling Joseph Fredericks wurde über die Größe des Landes, das er an Adolf Lüderitz durch dessen Beauftragten Heinrich Vogelsang abtrat, im Unklaren gelassen. Die von Lüderitz beanspruchte Fläche, bei der Lüderitz 1 Meile mit 7,4 Kilometern berechnete, war viereinhalbmal größer als sie Fredericks, der 1 Meile mit 1,6 Kilometern berechnete, verhandelt hatte.

Die Anweisung Lüderitz' an Vogelsang, Fredericks bewußt zu täuschen, hat folgenden Wortlaut:

Bremen, 26. März 1884
Herrn H. Vogelsang
"...Da in unserem Kaufcontracte steht = 20 geogr. Meilen Inland, so wollen wir diese auch beanspruchen. Lassen Sie Joseph Frederiks aber vorläufig im Glauben, daß es 20 englische Meilen sind. — Ebenso kaufen Sie z. Z. die übrige Küste mit 20 geogr. Meilen Inland..."

Der deutsche Generalkonsul Gustav Nachtigal bereiste Namibia im Auftrag Bismarcks nach den ersten Landnahmen Lüderitz', um Schutzverträge zwischen dem Deutschen Reich und namibischen Häuptlingen abzuschließen. Bei seinen Verhandlungen mit Joseph Fredericks stieß er auf die von Lüderitz und Fredericks unterschiedlich ausgelegte Maßeinheit Meile. Nachtigal beließ es bei dieser Unklarheit und leistete damit der betrügerischen Vertragspraxis Vogelsangs beziehungsweise Lüderitz' Vorschub.

Ein Brief Nachtigals vom 18. November 1884 an Lüderitz verdeutlicht dies:

Angra Pequena
den 18. November 1884
Hochgeehrter Herr,
"...Es ist ferner noch ein anderer Punkt, der mich beunruhigt, nicht sowohl als wenn er von sachlicher Bedeutung wäre, sondern weil er unter Umständen nach außen hin einen gewissen Eindruck hervorrufen könnte. Dieser Punkt betrifft die Begrenzung Ihrer Landerwerbung nach dem Innern zu. Joseph Frederiks und sein Rath verlangen diejenige Begrenzung, welche Sie ihnen in Bethanien auf einer geographischen Karte mit dem Zirkel angegeben haben sollen, und sind unruhig über die in den Zeitungen erläuterten 20 geographischen Meilen, welche mehr als die Hälfte von Bethanien umfassen würden. Da Sie außer dem Wassergrabungs-Recht noch die alleinige Berechtigung haben werden Minen zu graben und auszubeuten, Eisenbahnen, Wege und Telegraphen zu erbauen und zu verwalten, kurz alle öffentlichen Arbeiten auszuführen, so ist es am Ende ganz gleichgültig, ob sie souveränes Recht auf einen großen Theil des Landes haben, wenn Sie ihn nur volkswirthschaftlich sich zu eigen machen können..."6)

---

chern der öffentlichen Schulen in der Bundesrepublik enthalten ist. Adolf Lüderitz und Heinrich Vogelsang werden fortan als "verdienstvolle Pioniere" deutscher Kolonialeroberungen gefeiert...

Lüderitz' Spekulation auf das große Geschäft geht jedoch nicht auf. Gesteinsproben hatten große Hoffnungen auf Gold geweckt, die auf Fehleinschätzungen beruhten. Andere Mißgeschicke kosteten Geld. Lüderitz sieht sich gezwungen, nach einem Käufer für seine "Erwerbungen" Ausschau zu halten. Die pessimistische Einschätzung der Entwicklungschancen des jungen deutschen Schutzgebietes (am 24. April 1884 hatte Bismarck den deutschen Konsul in Kapstadt angewiesen zu erklären, daß die Lüderitzschen Gebiete und Unternehmungen unter dem Schutz des Reiches stehen) des Reichskommissars Dr. Gustav Nachtigal in einem geheimgehaltenen Schreiben an Reichskanzler Bismarck, drücken Lüderitz' Forderungen. Die "Deutsche Colonialgesellschaft für Südwest-Afrika", eigens für den Erwerb des Lüderitzschen Besitzes gegründet, kauft 1885 seinen Besitz. Namibia wird als Spekulations- und Ausbeutungsobjekt für Banken, Landgesellschaften, industrielle und Handelsunternehmen aller Art freigegeben.

Auszug aus einer Selbstdarstellung der Deutschen Colonial-Gesellschaft Südwest-Afrika
"Der Zweck der Gesellschaft ist folgender:

Die von Herrn F. A. E. Lüderitz in Südwest-Afrika erworbenen, unter dem Schutze des Deutschen Reiches stehenden Ländereien und Rechte käuflich zu übernehmen und durch andere Erwerbungen zu erweitern, die Grundbesitzungen und Bergwerks-Berechtigungen durch Expeditionen und Untersuchungen zu erforschen, für industrielle und Handels-Unternehmungen sowie deutsche Ansiedlungen vorzubereiten, landwirtschaftliche, gewerbliche und kaufmännische Unternehmungen aller Art dort selbst zu betreiben oder durch andere betreiben zu lassen und im letzteren Falle sich daran durch Übernahme von Aktien oder Geschäftsanteilen oder in sonstiger Weise zu beteiligen, ferner das Privateigentum zu verwerten, und endlich die Ausübung staatlicher Hoheitsrechte zu übernehmen, soweit solche der Gesellschaft für ihre Gebiete übertragen werden."10)

Im Mai 1886 unternimmt Lüderitz eine Erkundungsreise in das Gebiet der Oranjemündung. Er will selbst nach Mineralien suchen, die Oranjemündung auf Schiffbarkeit und das Land auf seine Eignung als Siedlungsland prüfen. Während dieser Expedition versucht er mit einem Seemann, in einem kleinen Boot von der Oranjemündung nach Angra Pequena zu segeln. Am 24. Oktober kommt ein Sturm auf. Da Lüderitz und der Seemann nicht wiedergesehen wurden, wird vermutet, daß beide dem Sturm zum Opfer fielen.

Arbeitsvorschlag:
– Mit welcher Methode brachte sich Lüderitz in den Besitz von Land in Namibia?
– In Namibia war Land unveräußerliches Gemeineigentum. Worauf dürfte Vogelsang bei seinen Vertragsabschlüssen spekuliert haben?

LÜDERITZ UND DIE EHRUNGEN – UND IMMER NOCH KEIN ENDE

Lüderitz wurde viel Ruhm zuteil. Offenbar vermochten weder die Methode, mit der er namibisches Land vereinnahmte, noch deutsche Schutz- und Kolonialherrschaft, vermochten weder deutsche Kolonialkriege, noch das frühe Ende deutscher Kolonialherrschaft und südafrikanische Terrorherrschaft über die schwarze Bevölkerung Namibias, seiner kolonialen Pionierrolle abträglich zu sein. "Lüderitz ist der Gründer von Deutsch-Südwestafrika" heißt es lapidar in einem Erklärungszusatz zu einem Straßenschild "Lüderitzweg", das heute, 100 Jahre nach den ersten deutschen Landnahmen in Namibia, in der bundesdeutschen Stadt Münster zur Ortsbezeichnung dient. Vermutlich denkt sich kaum jemand etwas bei dem Namen Lüderitz. Deutsche Kolonialgeschichte ist passé, wir haben ja schon lange keine Kolonien mehr. Und wenn er Gründer einer deutschen Kolonie war, dann soll dies auch öffentlich gesagt werden.

Wie ehrenvoll waren eigentlich die Methoden, die zur Gründung der Kolonie Deutsch-Südwestafrika führten? Welche Absichten waren mit der Kolonisation verbunden? Wie wurden sie verwirklicht? Welche Folgen hatte die deutsche Kolonialherrschaft für die Afrikaner, zu der Lüderitz den Grundstein legte? Wie ist die Situation heute in Namibia? Fragen sind angebracht, wenn das, was mit der Benennung einer Straße nach einer Person verbunden ist, nämlich die Ehrung der Person, erfolgt. Für eine Diskussion der aufgeworfenen Fragen gibt es in diesem Buch viele Kapitel, die Informationen bereitstellen. Es scheint uns sicher: Lüderitz hat diese Ehre nicht verdient. Wenn er trotzdem heute noch öffentliche Wertschätzung erfährt, bedeutet das, daß Kolonialgeschichte immer noch als ein der Ehren wertes Kapitel deutscher Geschichte angesehen wird.

Ehrungen Lüderitz' haben die Jahre und Stürme der Zeit überdauert: den Verlust der Kolonie wie auch zwei verlorene Weltkriege, die auf das Konto der Deutschen gehen. Lüderitz blieb "Kolonialheld" und wurde ohne größere Unterbrechungen mit Ehre überschüttet. Zahlreiche Ruhmesreden wurden auf ihn gehalten, mit mehr oder weniger Pathos, Floskeln und Schnörkeln, je nach zeitgenössischem Stil und modischer Gepflogenheit. Gehuldigt wurde ihm auch in

---

Zeitschrift
für Kolonialpolitik, Kolonialrecht und Kolonialwirtschaft.

Nr. 5.   Mai 1909.   XI. Jahrgang.

Adolf Lüderitz.
Eine biographische Skizze nebst Veröffentlichung einiger bisher unbekannter Briefe.

In diesen Monaten, da wir der frühesten Jugendtage unserer Kolonialbetätigung gedenken, ist keines Mannes Namen so häufig genannt worden, wie der von Franz Adolf Eduard Lüderitz, dem Bremer Kaufmann, der durch seinen Vertrauensmann Heinrich Vogelsang und dessen Abmachungen mit dem Kapitän der Bethanier-Hottentotten am 1. Mai 1883 den Grundstock zu dem heutigen Deutsch-Südwestafrika legte.

In der Altmark, zwischen Stendal und Gardelegen, gibt es ein Dorf namens Lüderitz. Es wäre interessant, wenn sich nachweisen ließe, daß die

---

Die Bremer Nachrichten gedachten am 25. April 1924 des "Erwerbs" Südwestafrikas mit folgenden Worten:

"Angra Pequena! Lüderitz und Vogelsang! Das sind Namen, bei deren Klang sich das Hanseatenherz weitet, sich erhebt und zugleich trauert. Denn die stolzen Erinnerungen an Deutschlands vergangene Größe, die fürs erste zwar nicht wiederkehren wird, die aber mit den Jahren wiederkehren muß, lassen wir uns sobald nicht nehmen. Unsere Väter und wir haben vor aller Welt kolonisatorische Talente entwickelt, in mancher Hinsicht sogar besser noch als die meisten der uns feindlich gesinnten Nationen. Lügen gestraft werden unsere Neider schon bei der Nennung eines Lüderitz und eines Vogelsang, deren bedeutungsvolle erste Koloniengründung sich vor vierzig Jahren vollzogen hat. Beide Männer Bremens![12]

Lüderitz-Straßen in Deutschland

Der Eingang zur Grundschule in der Lüderitzallee, Duisburg   *Der "Lüderitzkrug" in der "Lüderitzallee" in Duisburg*

Die "Allgemeine Zeitung", Tageszeitung der Deutschsprachigen in Namibia, brachte am 15. April 1983 einen Bericht über "Lüderitz-Straßen in Deutschland", dem diese Abbildungen entnommen sind. Der Verfasser des Artikels stellt mit Genugtuung fest, daß es in vielen Städten der Bundesrepublik noch ganze Viertel gibt, deren koloniale Straßennahmen an die koloniale Vergangenheit erinnern. Ihm zufolge gibt es eine "Lüderitzstraße" zur Zeit in Berlin, München, Köln, Düsseldorf, Bremen, Bochum, Mannheim, Karlsruhe, Braunschweig, Kiel, Lübeck, Kassel, Mülheim/Ruhr, Ludwigshafen, Bottrop und Koblenz; zwei Städte — Münster und Solingen — haben einen "Lüderitzweg", in Duisburg gibt es eine "Lüderitzallee", in Essen eine "Lüderitzwiese" und in Hannover einen "Lüderitzwinkel".

Gestalt von Denkmälern, Benennungen öffentlicher Einrichtungen, Patenschaften, Spenden, Stiftungen. Es war ein festes Band, an dem gezurrt wurde, und das allemal die Verbundenheit der Deutschen hier mit den Deutschen dort, die nach Namibia ausgewandert waren, weiter festigen helfen sollte. Was Lüderitz betraf, so konnte Bremen als Vaterstadt dieses verdienstvollen Sohnes auch Prestigegewinn für sich verbuchen. Denn der Hinweis, daß es ein Bremer Kaufmann war, der zu kolonialer Größe des Vaterlandes beitrug, fehlte selten. Die Bremer Stadtväter ließen sich ihrerseits nicht lumpen, Lüderitz' Verdienste zu loben. Bürgermeister Marcus betonte in einer Rede 1908 anläßlich der Begrüßung der Hauptversammlung der Deutschen Kolonialgesellschaft in Bremen, "daß es einer unserer Söhne war, der zuerst in Übersee, und zwar in Südwestafrika für das Reich festen Fuß gefaßt hat, ich meine unseren engeren Landsmann Lüderitz."[11]) 1919, als Deutschland bereits wieder ohne Kolonien dastand, hörten die schönen Worte für deutschen kolonialen Glanz und Gloria keineswegs auf, sie waren nun allerdings gespickt mit bösen Worten für die Siegermächte, die Deutschland seiner Kolonien beraubt hätten. Die koloniale Propaganda wurde durch die bald sich wieder regenden Kolonialvereine kräftig aufgeheizt.

Bereits seit 1923 betrieb die Bremer Koloniale Arbeitsgemeinschaft, ein Zusammenschluß aller kolonialen Gesellschaften in Bremen, die Errichtung eines Kolonialehrendenkmals in Bremen. Die Bremer sollten ihrer großen Söhne Lüderitz und Vogelsang wenigstens in dem ihnen möglichen Rahmen gedenken. In der Bremer Bürgerschaft gingen die Wogen hoch, denn die Sozialdemokraten und Kommunisten waren gegen "neo"koloniale Aktivitäten. Sie unterlagen in der Abstimmung über einen Antrag des Senats, der Kolonialgesellschaft einen Platz für das Kolonialehrenmal zur Verfügung zu stellen. Dem Senat kamen in dieser Angelegenheit dann doch Bedenken. Aber schließlich stimmte er einer öffentlichen Einweihung des Denkmals zu. Die Einweihungsfeierlichkeiten verliefen disharmonisch, denn die Linken protestierten und störten. Ein stattliches Aufgebot an Polizei sicherte den Ablauf des kolonialen Spektakels. Von Lindequist, Präsident der Deutschen Kolonialgesellschaft, gab dem Ereignis mit folgenden Worten die "gebührende" Weihe: "Diese Opferbereitschaft (gemeint war die Finanzierung des Ehrenmals aus privaten Mitteln) der Bremer Bürgerschaft steht in schönstem Einklang mit dem Weitblick, dem Wagemut und Tatendrang ihres Sohnes, des Großkaufmanns Adolf Lüderitz, der unter Aufopferung seines Lebens als erster den Grund zu dem Kolonial-

Geleitspruch für die Kolonialkriegertagung in Bremen:

„Jeder von unseren alten Kameraden, der draußen in fernen Erdteilen sein Leben eingesetzt hat für des Vaterlandes Ruhm und Ehre ruft dem jungen Geschlecht zu:
‚Ruht nicht eher, als bis der Deutsche wieder gleichberechtigt mit den anderen Nationen sich an der Erschließung der Länder über See beteiligen kann'!"

Geleitspruch des Gouverneurs Meyer-Waldeck für die Kolonialkrieger-Ausgabe der Weserzeitung, 20. 6. 1924.

reich legte, das der eiserne Kanzler mit kühnem Zugriff in Jahresfrist schuf... Das Kolonialland ist für ein Volk so nötig wie ein Turnplatz für die Schule... Vieles berechtigt mich zu der Hoffnung, daß jetzt die Zaudernden von der anschwellenden kolonialen Welle mit fortgerissen werden, auf daß wieder deutsch werde, was deutsch war."[13])

"...daß wieder deutsch werde, was deutsch war", das war die Einstellung der Reaktionäre, die auch in der Nazizeit weiter agitierten. 1939 trat der Bremer Senat einer Lüderitz-Stiftung bei, die sich die Förderung minderbemittelter "Südwester deutschen Blutes" zum Studium an deutschen Hochschulen als Aufgabe gesetzt hatte. 1938 wurden die Oberschule Dechnatstraße in "Lüderitzschule", 1939 die Weserbrücke in "Lüderitzbrücke" umbenannt. 1940 wurde ein "Lüderitz-Museum" im Lüderitzhaus in der Martinistraße eröffnet. (Es brannte 1945 ab.) Auch nach dem Ende des Zweiten Weltkrieges hören die Ehrungen für Lüderitz nicht auf. 1953 beschließt der Bremer Senat "Im Hinblick auf die große Bedeutung des ersten deutschen Kolonialpioniers, der ein Sohn der Stadt ist, eine Lüderitzplakette anfertigen zu lassen und diese der Stadt Lüderitzbucht zu stiften".[14]) 1956 werden Gelder des Bildungssenators für eine private deutsche Schule in Lüderitzbucht bereitgestellt. Die Bremer prokolonialen Aktivitäten (und Unterlassungen bis zum heutigen Tage, etwa endlich einmal die Straßenbezeichnung "Lüderitzstraße" in dieser Stadt zu tilgen[15]), stehen nicht vereinzelt da. Auch in anderen Städten haben beflissen-kolonialfreundliche Volksrepäsentanten in diesem Sinne gewirkt und sorgen darüber hinaus für ein Fortleben unserer "ruhmreichen" Kolonialgeschichte durch Aufrechterhaltung kolonialer Denkmäler verschiedenster Art. Den in Namibia lebenden Deutschstämmigen ist dies nur recht, gleichwohl sie sich mehr Zeichen volksdeutscher Verbundenheit wünschen würden. Sie ließen es sich nicht nehmen, 1983 eine "100-Jahrfeier Lüderitzbucht" mit viel Aufwand und Öffentlichkeitsarbeit zu begehen. Der Aufwand war etwas größer als die Jahre davor, immer aber wurde des Jahrestages der "Gründung der Kolonie Deutsch-Südwestafrika durch Adolf Lüderitz und Heinrich Vogelsang" gedacht. "Liebes altes Lüderitzbucht", lautet die Überschrift einer Leserzuschrift, die in der deutschsprachigen Allgemeinen Zeitung, herausgegeben in Windhoek, am 14. 4. 1983 abgedruckt wurde. Da besuchten ältere Menschen nach vielen, vielen Jahren wieder einmal Lüderitzbucht, mit dem sie persönliche Erinnerungen verbanden. Da lebten Erinnerungen wieder auf, Erinnerungen an eine vorübergehende Heimat in Namibia. Der Brief rührt an und

Einweihung des Reichskolonialehrenmals in Bremen am 7. Juli 1932

Mittwoch, 6. April 1983 — Allgemeine Zeitung

100-Jahrfeier Lüderitzbucht

Während der Vater sein Jubiläumsbräu genießt, läßt diese junge Teilnehmerin an der 100-Jahrfeier Lüderitzbuchts ihr goldblaues Fähnchen flattern.

John van Heerden war der beliebteste Mann auf dem Festzug nach Lüderitzbucht: Er sorgte dafür, daß keiner „verdurstete."

Johan van Niekerk „My Fair Lüderitz". Kolmanskuppe rec[...]

Ein begeisterter Teilneh[mer ... Lüderitz]buchts begrüßt den Festz[ug]

Autodiebe i[...]

Johannesburg (SAPA/BR) — Der schnellen Reaktion eines seiner Torwächter hat der Hauptnaturschutzwart des Löwenparks bei Muldersdrif, Eric Meyer, zu verdanken, daß er sein gestohlenes Auto, wenn auch leicht demoliert, wieder zurückbekam, und die Polizei die beiden Diebe festnehmen konnte.

Nachdem die beiden Männer das Auto gestohlen hatten, fuhren sie auf der Flucht in eine Straße, die in die Löwengehege führte. Der Torhüter er[...]

Allgemeine Zeitung — Leser-Briefe — 14. April 1983

Liebes altes Lüderitzbucht
Von Gertrud Krüger

Wenn man mit solcher Vorfreude und lieben alten Erinnerungen wie wir nach Lüderitzbucht fuhren, weiß man schon im voraus, daß es dort schön werden wird. Früh vor Sonnenaufgang rollte der brave Ford durch unser Land. Großes Weh zog durch unser Herz als wir sahen wie unendlich trocken und trostlos der Süden war und ein leises Gebet ging von uns aus, daß der Herrgott doch noch ein Einsehen haben möge, trotz der späten Jahreszeit dennoch den ersehnten Regen zu schicken. Und dann zwischen Maltahöhe und Helmeringhausen sahen wir zu unserer Freude am Wegesrand viele kleine Wassertümpel und ein jeder entlockte uns einen Jubelschrei. „Schaut da steht Wasser und da und dort!" Nach langer Stunden Fahrt tiefer im Süden zeigte sich endlich in der Ferne das verlassene Dorf Kolmanskuppe und wußten wir, daß wir gleich in dem kleinen Ort ankommen würden wo die 100-Jahrfeier stattfinden sollte.

Bevor wir ins Dorf einfuhren begrüßte uns schon die vertraute Felsenkirche hoch oben vom Berge. Ach wie kamen bei ihrem Anblick alte schöne Erinnerungen wieder auf... Auch die flatternden Fahnen begrüßten uns und die Stimmung lief auf Hochtour. Zuerst schnell [...]

Wie in alten Zeiten

Da nun so viele dort versammelt, schaute man in die Gesichter und dachte, ist es die oder der? Nun ergraut, da und dort ein bißchen fülliger und dann das Erkennen nach den langen Jahren. Welch eine Freude: „Was, auch Du bist gekommen, von Kapstadt oder Johannesburg oder gar aus Deutschland und noch vielen anderen Orten? Und dann hieß es ach der Zug kommt noch lange nicht, wie in alten Zeiten, unterwegs versandet bei Haalenberg und wir lachten alle froh in der Erinnerung. Mit welchem Jubel wurden alle Besucher empfangen, unserseits mit großem „Hallo" und aus den Abteilen ein Winken mit Musik und großem Trara! Am Abend gingen wir zum Kirchenkonzert in der Felsenkirche. Auch dort ein fröhliches Wiedererkennen in den Bänken, hier und da. Versunken lauschten wir dem wunderbaren Konzert, welches uns geboten wurde. Wieder eilten meine ureigensten Gedanken zurück ... Just an diesem Tage vor 45 Jahren wo ich vor dem gleichen Altar stand und der liebe alte Pfarrer Rust uns getraut hatte!

My fair Lüderitz

Am nächsten Tag kamen wir in den Genuß der Premiere „My fair Lüderitz" im Saal des einstigen Schülerheims. In der Aula Hochstimmung [...]

tauschte Erin[nerungen] oder schau[te ...] hinaus, das [...] Wellen imm[...] gen die Fe[...] So verging [...] Wasser ko[...] ten Benz[...] ersten La[...] ihr Leben [...] lustiger [...] jeder sein[...] auf dem [...] Platz b[...] wurde f[...] mancher [...] Languste[...] der See [...] mit vi[...] werden [...] Scherer[...] futtert [...] bar ist [...] keit v[...] tung [...] Gesam[...] ging [...] Ende [...]

[...] wieder zum Städtchen Stätte mit viel Opfergeist [...] Mor- verdient gemacht haben.

Jugend Kunstwettbewerb „Lüderitzbucht 100"

25. Mai 1983

macht gleichzeitig betroffen: Mit keinem Wort wird die Situation der schwarzen Menschen in Namibia berührt, mit keinem Wort erwähnt, daß eine schwarze Mehrheit in Namibia Opfer weißer Herrschaft war und ist, daß die Idylle, die die Heimkehrer auf Zeit vorzufinden glauben, nur südafrikanischen Waffen zu verdanken ist. Es scheint, daß sich die Leserbriefschreiberin gegen jegliche Eindrücke und Empfindungen versperrt, die ihr signalisieren müßten, daß diese Idylle nur eine krampfhaft aufrechterhaltene Illusion vieler Weißer in Namibia ist, denn in Namibia kämpft die schwarze Bevölkerung seit Jahren um einen unabhängigen Staat ohne Rassendiskriminierung... Bei uns wie den Deutschstämmigen in Namibia steht die Entkolonisierung des Denkens und Handelns noch aus, steht der Schlußpunkt unter Ehrungen noch aus, die in der menschenrechtsverachtenden Tradition kolonialer und nekolonialer Herrschaft stehen.

Arbeitsvorschlag:
— Notiere Gründe, die zur Rechtfertigung kolonialer Namensgebungen von öffentlichen Einrichtungen (Straßen, Schulen und so weiter) angeführt werden könnten. Welche Argumente sprechen dagegen?

Sondermarken Lüderitz

Lüderitz-Gedenkstein in Lüderitzbucht, eingeweiht am 18. Oktober 1953. Der Bremer Senat stiftete zu diesem Ereignis der Stadt Lüderitzbucht eine Lüderitzplakette

Gedächtnistafel für Heinrich Vogelsang in Lüderitzbucht

Lüderitzbucht

83

DAS DEUTSCHE REICH ERKLÄRT SEINE "SCHUTZ"-HERRSCHAFT ÜBER NAMIBISCHES TERRITORIUM

Es sind weder die Gesuche aus Missionskreisen um staatlichen Schutz für ihre Stationen, noch die des deutschen Kaufmanns Adolf Lüderitz für seine Geschäfte und "Erwerbungen" ausschlaggebend, daß im August 1883 deutsche Flaggen entlang der von Lüderitz beanspruchten Gebiete gehisst werden. Bismarck hatte lange gezögert, bis er diese Entscheidung traf. Gegen eigene Kolonien, deren Schutz zunächst mit hohen Geldaufwendungen verbunden ist, ist die Mehrheit der immer noch einflußreichen Großgrundbesitzer im Deutschen Reich. Eine wachsende Rolle beginnt allerdings um diese Zeit der Export von Kartoffelschnaps, ein Erzeugnis der ostelbischen Gutswirtschaften, zu spielen, für den eine deutsche Kolonie günstige Bedingungen schaffen könnte. Auch Bismarck besitzt vier Branntweinbrennereien. Und die rebellische, gut organisierte Arbeiterschaft mit ihrer Forderung nach einer Revolution, die das kapitalistische System zerschlägt, macht ihm zu schaffen. Eigene Kolonien zur "Ableitung der sozialdemokratischen Gefahr" scheinen deshalb erwägenswert. Die hektische Betriebsamkeit der Kolonialvereine, durch die Lüderitzschen Taten von neuem entflammt, kann Bismarck nicht so einfach ignorieren. Und es gibt eine Reihe gescheiterter Existenzen aus den Kreisen der Großgrundbesitzer, es gibt Streber und Ehrgeizlinge aus den Mittelschichten, die nach Macht, Reichtum und Ansehen drängen und für die im Reich nur beschränkte Aufstiegsmöglichkeiten vorhanden sind. Bankiers und Industrielle üben wachsenden Druck aus. Sie können schon gar nicht leichtfertig übergangen werden, da sie gemeinsam mit den Großgrundbesitzern Bismarcks Herrschaft absichern. Der Bankier Hansemann, Mitglied des Konsortiums, das in Namibia schon Rechte angekauft hat, bittet nun auch Bismarck um Schutz für seine Unternehmungen.

Die Nachricht des Kommandanten des nach Angra Pequena entsandten Kanonenbootes "Nautilus", daß die Kapregierung höchstwahrscheinlich Namibia einschließlich "Lüderitzland" beschlagnahmen wolle, veranlaßt schließlich Bismarck zu schnellem Handeln. Am 24. April 1884 sendet er ein Telegramm an den deutschen Konsul in Kapstadt, mit dem die deutsche Kolonialherrschaft in Südwestafrika eingeleitet wird. Der Text der Depesche lautet:

Zur Demonstration seiner Schutzherrschaft entsendet das Deutsche Reich die drei Kriegsschiffe "Elisabeth", "Leipzig" und "Wolf". Marinesoldaten hissen in Angra Pequena und an weiteren Punkten der namibischen Küste die deutsche Reichsflagge.

Herrn W. A. Lippelt, Deutscher Konsul, Kapstadt

Berlin, 24. April 1884

Nach Mitteilung des Herrn Lüderitz zweifeln die Kolonialbehörden, ob seine Erwerbungen nördlich des Oranjeflusses auf deutschen Schutz Anspruch haben. Sie wollen amtlich erklären, daß er und seine Niederlassungen unter dem Schutz des Reiches stehen.

gez. v. Bismarck[17]

Eine Anekdote zu den Gründen, die zur Deklaration der deutschen Schutzherrschaft führte...

In der Tat drängte manche deutsche Adelsfamilie ihre "schwarzen Schafe" zur Auswanderung nach Namibia, um die Nestbeschmutzer loszuwerden. Deren ungezügeltes Treiben in der Kolonie brachte zuweilen sogar dort ihre Landsleute auf.

Als Franz Adolf Eduard Lüderitz im Jahre 1883 an die deutsche Regierung herantrat, seine Erwerbungen von Häuptling Joseph Fredericks in Bethanien unter deutschen Schutz zu stellen, wollte Bismarck nichts davon wissen. Da trat ein alter Geheimrat seines Amtes an ihn heran: „Aber, Exzellenz, wo soll unser Adel seine mißratenen Söhne lassen, wenn wir keine Kolonien haben?" Das leuchtete dem Kanzler ein, und so kam es zur Kolonie Deutsch-Südwestafrika.[16]

Arbeitsvorschlag:
– Nenne Gründe, die dazu führten, daß das Deutsche Reich seine Schutzherrschaft über Namibia erklärte.

Flaggenhissung in Angra Pequena am 7. August 1884. Im Hintergrund die Fregatten "Elisabeth" und "Leipzig"

Im Deutschen Reich bricht die regierungsfreundliche Presse in Jubel aus. Der "Korrespondent von und für Deutschland" schreibt am 22. 8. 1884:

"Große denkwürdige Zeiten zu schauen und zu ahnen, ist uns in den jüngsten Tagen gewährt. Wir erleben den Übertritt unseres deutschen Reiches in ein neues hochwichtiges Stadium nationaler Entwicklung: Deutschland macht seine ersten Schritte zur Schaffung von Kolonien. Was noch vor wenigen Wochen national gesinnten Männern ein goldener, wenn schon zu verwirklichender Traum dünkte, was von ihren Gegnern höhnisch als ein 'Wahnsinn', zu einem 'Fieber' gestempelt wurde, das zeigt sich uns heute in greifbaren Anfängen. Die deutsche Flagge weht zum Schutze deutscher Ansiedlungen an der afrikanischen Goldküste und 'Hands off!' tönt es aus dem Munde unserer Reichsregierung dem britischen Annexionsgelüste entgegen, welches scheelsüchtig den Lüderitzschen Besitzungen in Angra Pequena den Lebensnerv abschneiden möchte... Unter den afrikanischen Tropen darf der Deutsche deutsch sein und bleiben..."[18]

8. Kapitel

Wie die Deutschen ihre "Schutz"herrschaft ausbauen

HINTER DEM DEUTSCHEN ADLER ERSCHEINT DER TOTENKOPF

Den Flaggenhissungen des Deutsches Reiches an der namibischen Küste 1883 folgen im Laufe der nächsten Jahre formelle Abschlüsse sogenannter Schutzverträge zwischen namibischen Häuptlingen und dem Deutschen Reich, die Unterhändler der Reichsregierung zum Teil erpressen. Mehrere namibische Stämme verweigern die Vertragsunterzeichnung und rüsten sich zum Widerstand. Der Nama-Häuptling Hendrik Witbooi wird zum berühmten Freiheitskämpfer gegen die deutsche Kolonialmacht. Überlegene Waffengewalt und eine folgenschwere Viehseuche in Hereroland ermöglichen den Deutschen, ihre Herrschaft in Namibia auszubauen. Das Deutsche Reich ist bereit, Gelder in die Erschließung Namibias zu investieren.

Absichten:
- Wir wollen zeigen, wie die deutsche Kolonialherrschaft in Namibia systematisch ausgebaut wurde. Schlüsselwort in diesem Zusammenhang ist der Begriff "Schutz" ("Schutzvertrag", "Schutzmacht", "Schutztruppe", "Schutzherrschaft").
- Wir beschäftigen uns mit dem namibischen Widerstand gegen die deutsche Kolonialmacht (Hendrik Witbooi, Kambonde).
- Wir gehen kurz auf die wirtschaftliche Situation der Kolonie gegen Ende des 19. Jahrhunderts ein.

GESELLSCHAFTLICHE Katastrophen beginnen oft harmlos. Nur wenige vorausschauende Personen erkennen die Richtung, die eine Entwicklung nimmt. Der Mehrheit bleibt sie lange verborgen. Von der "Schutzherrschaft" der Deutschen wird das Leben der Namibier in den ersten Jahren nur wenig berührt. Nama und Herero stehen in Kämpfen um Siedlungsland und Vorherrschaft im Land. Die Herero, wirtschaftlich mächtigster Stamm in Namibia, verfügen noch über große Weidegebiete in Zentralnamibia für ihre bis zu 10.000 Rindern zählenden Herden. Händler ziehen wie seit Jahrzehnten mit ihren Ochsengespannen durchs Land und machen Geschäfte mit Schnaps, Waffen, Munition, Hausrat. Deutsche Missionare sammeln ihre kleinen afrikanischen Christengemeinden um sich. In ihren Bemühungen, die Afrikaner von ihrer traditionell-afrikanischen Lebensweise zu einem "christlich-zivilisierten" Leben umzuerziehen, suchen sie ihren Einfluß auf afrikanische Häuptlinge durch händlerische Tätigkeiten zu festigen. Land-, Minen-, Handels- und Siedlungsgesellschaften schachern von den namibischen Stämmen Land und Minenrechte, gründen Niederlassungen und Bergbauunternehmen, spekulieren mit Landverkäufen an siedlungswillige Auswanderer, betreiben Robbenschlag an der namibischen Küste. Namibia ist verkehrsmäßig noch wenig erschlossen. Reisen und Transporte zwischen dem Landesinneren und den Häfen an der Küste kosten viel Zeit und Geld. Die Kolonialgesellschaften sind jedoch nicht willens, die angezeigten Investitionen in den Bau von Verkehrs- und Transportwegen aus eigener Tasche zu zahlen. Sie beginnen deshalb, Druck auf die Reichsregierung auszuüben, diese Kosten zu übernehmen. Das Deutsche Reich ist noch nicht bereit, dem einmal vollzogenen Schritt zur "Schutzherrschaft" größere finanzielle Aufwendungen folgen zu lassen. Bismarck war von jeher der Ansicht, daß sich das "Schutzgebiet Südwestafrika" selbst tragen müßte. So zeugen 1885 nur drei deutsche Beamte davon, daß nun das Deutsche Reich "Schutzherr" in Namibia ist. 1889 sind es 20 Soldaten, die, um die Engländer in Südafrika nicht zu Gegenmaßnahmen herauszufordern, als Forschungsexpedition getarnt in Namibia eintreffen. 1890 wird die deutsche "Schutztruppe" auf 50 Mann verstärkt, zwei Jahre später steigt ihre Zahl auf 250 Mann. Und zwischen 1904 und 1906 werden 17.557 Soldaten, 1.080 Offiziere und 15.950 Pferde im Deutschen Reich nach der Kolonie Deutsch-Südwestafrika eingeschifft. Wie ist es zu dieser Entwicklung gekommen?

Postbeförderung mittels Frachtwagen

Postbote

DAS DEUTSCHE REICH BEGINNT, SEINE POLITISCHE UND MILITÄRISCHE MACHT IN NAMIBIA ZU FESTIGEN

Mit den Flaggenhissungen an der namibischen Küste sind noch längst nicht alle namibischen Häuptlinge mit ihren Siedlungsgebieten durch Verträge unter den "Schutz" der deutschen Reichsregierung gebracht. Bismarck vergewissert sich erst noch auf der von ihm einberufenen Berliner Afrika-Konferenz 1884/85, daß ihm die anderen europäischen Mächte bei der weiteren Kolonisierung Namibias nicht ins Handwerk pfuschen. Das Konferenzergebnis besteht in einer Abgrenzung von "Interessenssphären" der europäischen Mächte in Afrika und gibt Bismarck grünes Licht zum Ausbau der deutschen Kolonialherrschaft in Namibia. Der deutsche Missionar C. G. Büttner als Abgesandter des deutschen Kaisers, setzt daraufhin im Verlauf des Jahres 1885 die Vertragsverhandlungen mit namibischen Häuptlingen fort und kann Ende 1885 den Erfolg verbuchen, eine Reihe weiterer Häuptlinge zu "Schutzverträgen" mit dem Deutschen Reich bewegt zu haben. Welches waren die Hauptpunkte dieser Verträge? Der vertragschließende Häuptling verpflichtete sich
— keine Verträge mit anderen Nationen abzuschließen;
— sein Land nicht oder nicht ohne Zustimmung der deutschen Regierung an Vertreter anderer Nationen abzutreten;
— das Leben und Eigentum deutscher Staatsangehöriger zu schützen;
— deutschen Staatsangehörigen unbeschränkten Handel auf seinem Gebiet zu gestatten.

Die Rechtsprechung über Europäer liegt bei den Deutschen. Die deutsche Regierung verspricht dem betreffenden Häuptling "Schutz". Die Deutschen sollen die Rechtsprechung, Sitten und Gebräuche der Afrikaner anerkennen...

Die Absichten, die Afrikaner und Deutsche mit den "Schutzverträgen" verbinden, liegen weit auseinander: Dem Deutschen Reich geht es in erster Linie darum, die vertraglich gebundenen Häuptlinge zur Duldung von Kauf- und Ausbeutungsinteressen durch deutsche private Unternehmen zu zwingen. Den namibischen Stämmen geht es jedoch um den militärischen Beistand der "Schutzmacht", von der sie sich Waffen, Munition und Soldaten für ihre Kämpfe gegen andere namibische Stämme erhoffen; für sie war das im Vertrag enthaltene Wort "Schutz" ausschlaggebend. Dieses — nicht näher erklärte — Wort ist auch entscheidend für die Unterschrift des Herero-Häuptlings Maharero, der sich Unterstützung für seinen Krieg gegen die Witbooi, den mächtigsten Nama-Stamm, erhofft.

Einige Stämme weigern sich strikt, einen Vertrag zu unterzeichnen. Als der Missionar Büttner den Häuptling der Bondelzwarts, Wilhelm Christian, auffordert, ihm doch wenigstens mitzuteilen, was ihm an dem vorgelegten Vertrag nicht gefalle, antwortete dieser: Ich sitze hier nicht vor meinem Richter, daß ich Dir eine Antwort schuldig bin.

Am 30. Oktober 1888 erklären die Herero den deutschen "Schutz", der Papier blieb, zum Betrugsmanöver und kündigen den 1885 geschlossenen Vertrag. Den Missionaren verbietet Maherero jegliche kirchliche Tätigkeit. Die Beamten der Deutschen Kolonialgesellschaft in Hereroland bangen um ihr Leben. Sie ver-

---

Der ursprüngliche "Schutzvertrag" der Deutschen Reiches mit den Herero vom 21. 10. 1885 -Auszug-
Artikel III. Der Oberhäuptling sichert allen deutschen Staatsangenossen und Schutzgenossen für den Umfang des von ihm beherrschten Gebietes den vollständigen Schutz der Person und des Eigentums zu, sowie das Recht und die Freiheit, in seinem Lande zu reisen, daselbst Wohnsitz zu nehmen, Handel und Gewerbe zu treiben.
Die deutschen Staatsangehörigen und Schutzgenossen sollen in dem Maherero (dem Oberhäuptling) gehörigen Gebiete die bestehenden Sitten und Gebräuche respektieren, nichts zu tun, was gegen die deutschen Strafgesetze verstoßen würde, und diejenigen Steuern und Abgaben entrichten, welche bisher üblich waren.
Dagegen verpflichtet sich Maherero, in dieser Beziehung keinem Angehörigen einer anderen Nation größere Rechte und Vergünstigungen zu gewähren als den deutschen Staatsangehörigen.[1]

Um den Abschluß von "Schutzverträgen" zu erzwingen, drohen die Unterhändler des Deutschen Reiches auch mit Krieg. Trotzdem verweigern einige Häuptlinge lange die Vertragsunterzeichnung. Wilhelm Christian, Häuptling der Bondelzwarts, schreibt 1885 an den zwecks Vertragsabschließung herumreisenden Missionar Büttner:

"Ich habe als Oberhaupt meines Landes und Volkes meine beamteten Ratsleute und mein Volk nach Ihrer Abreise von hier zusammenberufen über den mir von Ihnen vorgelegten Traktat, und ich und mein Volk finden es für uns unmöglich, mit Euer Hochwürden namens Seiner Majestät des Deutschen Kaisers einen Vertrag abzuschließen."[2]

*Einberufung zur Schutzruppe
Zeitgenössische Darstellung*

Bibel und Flinte (1898)

Was treiben wir Deutschen in Afrika?
Hört, hört!
Die Sklaverei wird von uns allda zerstört.
Und wenn so ein Kaffer von uns nichts will,
Den machen wir flugs und ewig still.
Piff paff, piff paff, hurra!
O glückliches Afrika!

Wir predigen den Heiden das Christentum.
Wie brav!
Und wer's nicht will glauben, den bringen wir um.
Piff, paff!
O selig die "Wilden", die also man lehrt
Die "Christliche Liebe" mit Feuer und Schwert.
Piff paff, piff paff, hurra!
O glückliches Afrika!

Wir haben gar "schneidige Missionär",
Juchhei!
Den Branntwein, den Krupp und das Mausergewehr
Die drei.
So tragen "Kultur" wir nach Afrika.
Geladen! Gebt Feuer! Halleluja!
Piff paff, piff paff, hurra!
O glückliches Afrika![3]

lassen fluchtartig Hereroland und bringen sich vorsorglich im englischen Walfischbai in Sicherheit. Im Deutschen Reich bleibt der "Verlust" von Hereroland nicht ohne Wirkung: Berlin entsendet 1889 20 Soldaten nach Namibia, die den Anfang der "Schutztruppe" bilden. Ihr Hauptmann ist Kurt v. François, ein Soldat von echtem Schrot und Korn. Von "friedlichen" Regelungen hält er gar nichts, sein Argument ist die Flinte. François bricht Gefechte mit den Afrikanern vom Zaun und nimmt dies zugleich zum Anlaß, Truppenverstärkung aus Deutschland gegen die "Aufrührerischen" anzufordern.

Erfolgreich betreibt auch ein anderer Missionar, Dr. Theophilius Hahn, die Unterwerfung der Namibier. Seine Mittel sind Branntwein, Tabak, Versprechungen über Munitionslieferungen, Häuptlingsbestechungen und ähnliches. Er schafft es mit diesen Methoden 1890, die sich bis dahin widersetzenden Bondelzwarts und zwei weitere Nama-Stämme für die deutsche "Schutzmacht" zu gewinnen. Auch die Herero, immer noch im Krieg mit den Witbooi, sind wieder bereit, die "Schutzherrschaft" anzuerkennen, da sie sich nicht auch noch mit deutschem Militär herumschlagen wollen.

HENDRIK WITBOOI

Auszug aus einem Brief von Hendrik Witbooi an Maharero vom 30. Mai 1890:

"Der Krieg, den wir gegeneinander führen, ist nicht so schlimm und schwer, wie Ihr meint... Ich weiß wirklich nicht, ob Ihr Euch genügend die Bedeutung der Sache überlegt und verstanden habt, was es heißt, daß Ihr Euch unter deutschen Schutz gestellt habt. Ich weiß nicht, ob Ihr und das Herterovolk die Sitten, Gesetze und Handlungsweisen dieser Regierung verstehen werdet, und ob Ihr längere Zeit friedlich und ungestört unter dieser Herrschaft werdet bleiben können..."[4]

Hendrik Witbooi, der Führer des Nama-Stammes der Witbooi, hat bisher alle Versuche der Deutschen zurückgewiesen, deren "Schutzherrschaft" anzuerkennen. Noch steht er mit den Herero in Auseinandersetzungen. Er beginnt jedoch zu jener Zeit zu spüren, wo die Front in Zukunft verlaufen muß: Gegen die immer bedrohlicher werdenden Deutschen – und nicht zwischen einzelnen namibischen Stämmen.

Im November 1892 schließen die Nama und Herero Frieden, um der Bedrohung durch die vordringenden Deutschen besser gerecht zu werden.

Die Nachricht vom Friedensschluß zwischen Herero und Nama schlägt bei den Deutschen ein wie eine Bombe. Wenn sich die gefürchteten Witbooi und die mächtigen Herero nicht mehr untereinander bekriegen, bedeutet das eine starke afrikanische Kampffront gegen die deutsche Kolonialmacht. Der Entschluß der Reichsregierung, die "Schutztruppe" in Namibia zu verstärken, ist schnell gefaßt. Zwar beteuern maßgebliche Kolonialpolitiker, daß ihnen prinzipiell an "friedlichen"

Hendrik Witbooi, Kapitain (Häuptling) der Witbooi-Nama mit seinen Töchtern

Hendrik Witbooi unternimmt in vielen Briefen den Versuch, namibische Häuptlinge vor den weitreichenden Folgen von Zugeständnissen an die Deutschen zu warnen. In diesem Brief an den Häuptling Joseph Fredericks, der einen "Schutzvertrag" unterzeichnet hatte, stellt Witbooi in eindringlichen Worten die Lebensart der Afrikaner der deutschen Handlungsweise gegenüber.

Hornkranz, den 27. Juni 1892

Mein lieber Kapitain Joseph Fredericks!
Ich schicke Euch diese paar Zeilen und ersuche Euch sehr freundlich um Folgendes zu Eurem und meinem Besten. Ich erfahre, daß Ihr einem Weißen, namens Hermann, Erlaubnis für freie Wohnung auf Nomtsas gegeben habt. Ich schreibe Euch in dieser Sache, um Euch mitzuteilen, daß ich damit nicht einverstanden bin, und daß ich nicht haben will, daß Ihr Weißen Farmplätze auf meinem Gebiet gebt. Ich wünsche auch nicht, daß Ihr einem Weißen einen Platz auf Eurem Gebiet gebt. Ich denke so: Afrika ist das Land der roten Kapitaine; wir sind von derselben Farbe und Lebensart, haben gemeinschaftliche Gesetze, die für uns und unsere Leute genügen. Wir sind nicht hartherzig gegeneinander, sondern Leute in Frieden und Brüderschaft. Wenn Leute eines Kapitains mit Menschen eines anderen Kapitains auf demselben Platze wohnen, so halten sie Frieden und die Kapitaine haben nichts dagegen. Sie stellen keine Gesetze mit Bezug auf Wasser, Weide, Wege auf, um Geld daraus zu schlagen. Für jeden Reisenden, der durch unser Land kommt, halten wir diese Dinge frei zur Verfügung — sei er von roter, weißer oder schwarzer Farbe. Das ist recht und gut und entspricht unserer Lebensart. Wir benachteiligen auf diese Art niemanden weder an seinen Lebensmöglichkeiten noch an seinem Gelde und belästigen keinen Menschen durch Fragerei nach Wasser, Weide und Geld. Die weißen Menschen aber handeln ganz anders. Ihre Gesetze sind unpassend für uns rote Menschen und undurchführbar. Diese unbarmherzigen Gesetze bedrücken den Menschen von allen Seiten; sie machen keine Unterschiede, kennen kein Gefühl oder Ansehen, ob ein Mensch reich ist oder arm... Sie geben an, Euch vor anderen großen Nationen schützen zu wollen. Mir scheint aber, sie selbst sind die große Nation, die mit Gewalt in unser Land kommen will...
Die Deutschen lassen sich im Gebiet der Kapitaine nieder, ohne erst um Erlaubnis zu bitten, drängen den Menschen, denen die Gebiete gehören, ihre Gesetze auf, verbieten das freie Herumlaufen auf den Wegen, verbieten ihnen freie Verfügung über ihr eigenes Wasser und über die Weide; sie verbieten den Landeseingeborenen die Jagd auf ihr eigenes Wild; verbieten den Menschen, mit Gewehr auf irgendeinem Platz zu erscheinen; geben den Menschen bestimmte Uhrzeit und Tage als Termine an und halten die Menschen außerhalb der Wohnplätze an. So hart, unerträglich, unmöglich und schädlich ist das deutsche Gesetz; ferner ist es drückend und kleinlich. Es wirkt nur zum Schaden und zur Bedrückung der Menschen. Ich verstehe nicht, was Ihr Kapitaine gedacht habt, indem Ihr Euch unter den Schutz dieser Menschen stelltet. Zu meinem und zu Eurem Besten, lieber Kapitain, gebe ich Euch den Rat: Gebt den Weißen keine Rechte auf unseren Plätzen, zwischen uns und auf unseren Wegen.
Ich grüße Euch von Herzen,
Eurer Freund und Kapitain
Hendrik Witbooi [5]

In der Naukluft

Lösungen – Verhandlungen statt Waffengewalt – gelegen sei, für den Hauptmann François ist das jedoch "Schwätzerei". Er nutzt den Truppennachschub unverzüglich, um die Witbooi zu überfallen. Sein Befehl an die Truppe lautet: "Die Truppe hat den Auftrag, den Stamm der Witbooi zu vernichten."[6] Im Morgengrauen des 12. April 1893 eröffnen die deutschen Soldaten das Feuer auf die Siedlung Hornkranz, die einen höchst friedlichen Anblick bietet – wie François später selbst berichtet. Die Opfer des Blutbades von Hornkranz: 78 hingemordete Frauen und Kinder, wenige Männer. Über die Häuser fallen die Soldaten her und plündern, was ihnen in die Hände fällt. Das Dorf wird anschließend niedergebrannt. Weil

Gedicht auf Hendrik Witbooi

aufgezeichnet 1976 in Gibeon/Namaland, sinngemäße Übersetzung aus dem Nama

Schlange im Gras (1),! Nanseb (2),
Kurz-Knochiger, Groß-Auge,
Hüter des Volkes und des Landes,
Scharf-Auge, der die Verschwörer überrascht,
Spitz-Ohr, der hört wo kein Laut ist,
Geschmeidiger, der die Fliegen erschlug, die zu stechen über das Wasser kamen,
und der die Fliegen aus Übersee zum Weinen brachte.

Dem Auge erscheinst Du langsam,
Schnell denkender Mann,
Groß-Zitze, Milch die nie versiegt,
Beschützer der Waisen,
Wasserloch und Schattenbaum für die Flüchtenden,
Kurz-Knochiger, Stumpf-Finger (3), tief verwurzelter Strauch,
Schrecken der Eroberer,
Das Gewehr in Deinem Stumpfen Finger,
Auf dem Rücken des Kurz-Ohr(4), Schrecken der Feinde,
Kurz-Ohr, Stumpf-Finger zu Willen,
Gao-aob (5) aller in der Geschichte der !Khowesen,
Rund-Schuh, Deine Spuren sind in jedem Winkel,
Stumpf-Finger, Kurz-Knochiger,
Herr des Gewehrs und des Kurz-Ohr,
!Nanseb, großer Vater, tief verwurzelter Strauch.

(1) Die Schlange steht in der Überlieferung der Nama für Klugheit
(2) !Nanseb / Gabemab ist der afrikanische Name von Hendrik Witbooi
(3) !Nanseb verlor im Kampf einen Finger
(4) Kurz-Ohr ist eine Nama-Bezeichnung für Pferd
(5) Gao-aob heißt der traditionelle Führer der Nama[7]

Witbooi-Kampftruppe

Hendrik Witbooi und seine Kämpfer machen mit ihrer Guerillataktik der deutschen "Schutzmacht" schwer zu schaffen. Unter den weißen Kolonialisten verbreiten sie Angst und Schrecken. Die "Schutztruppe" ist lange unfähig, den Überfällen zu begegnen. Auszug aus einem Kolonialbuch dieser Zeit:

"Während wir aber in Windhoek nichts ahnend und friedlich dahinlebten, hatte sich bei Horebis am Swakob, unweit der Station Staobis, ein furchtbares Drama abgespielt. Am 30. August langte die Trauerkunde in Windhoek an und durchlief wie im Fluge den Ort, von der letzten Hütte der Eingeborenen bis zu den Häusern der Weißen Entsetzen und Wehklagen hervorrufend. Soeben, so lautete die dienstliche Meldung des Stationschefs von Staobis, sei auf schweißtriefendem Pferde der Boer Wiese bei ihm eingetroffen und habe ihm gemeldet,

daß dicht bei Horebis sein ganzer Wagenzug den Wittbois in die Hände gefallen sei. Er allein habe sich retten können, da er hinter dem Wagen, in welchem er schlief, stets ein gesatteltes Pferd hätte führen lassen.[8]

das Ergebnis dieses "Gefechtes" wenig schmeichelhaft ist, selbst gar dem Hauptmann Francois ehrenrührig erscheint, münzt er es in eine Siegesmeldung um und erklärt die Widerstandskraft der Witbooi als gebrochen. Hendrik Witbooi aber, mit der Landesnatur weitaus besser vertraut als die Deutschen, hat sich mit seinen Kriegern in die Berge der Naukluft zurückgezogen. Seine Taktik, die er in den Kämpfen gegen die Deutschen anwendet, ist der Guerillakampf: Locken des Gegners in durch die Natur vorgegebene Fallen, die er nicht einzuschätzen vermag; Überraschungsüberfälle und blitzschneller Rückzug, den Gegner stets im Unklaren über die tatsächliche Zahl seiner Kämpfer und ihren Aufenthaltsort lassend. In der Folgezeit liegt die Kriegsführung völlig bei Hendrik Wittbooi. Er raubt Pferde der deutschen Truppen... Er taucht mit seinen Leuten vor der deutschen Garnision in Windhoek auf und reitet hüteschwenkend wieder davon, von den Deutschen in ohnmächtigem Zorn beobachtet, da noch kein Nachschub an Pferden eingetroffen ist... Witbooi überfällt einen Frachttransport, aus 20 Ochsenwagen bestehend, und gefährdet durch seinen Handstreich die Versorgungslage in Windhoek... Die Witboois überfallen eine Versuchsfarm der Deutschen Kolonialgesellschaft für Südwestafrika und erbeuten 2.350 Merino-Schafe, 125 Ochsen und 28 Pferde; Revanche dafür, daß die Gesellschaft Hendrik Witboois Warnung, sich dort anzusiedeln, in den Wind geschlagen hatte... Hendrik Witbooi und seine Leute kämpfen nicht mehr allein. Von anderen Nama-Stämmen hatten sich Kämpfer angeschlossen, um den feigen Überfall auf Hornkranz im April 1893 zu rächen. Im Oktober sind es 600 Männer, die gegen die Deutschen kämpfen, ausgerüstet mit 400 Gewehren und 300 Pferden. Hendrik Witbooi wird zu einem Helden namibischen Widerstandes gegen die Deutsche Kolonialmacht...

Die kriegführenden Afrikaner beginnen zunehmend einen ernsthaften Gegner für die Deutschen dartustellen. Der neue Landeshauptmann Theodor Leutwein sol nun für "Ruhe und Ordnung im Land" sorgen. Leutwein beginnt 1895 seine Tätigkeit, indem er zwei bisher noch nicht duch Verträge gebundene Stämme zur Anerkennung der "Oberherrschaft" der Deutschen zwingt: durch standesgerichtliche Todesurteil des Häuptling des einen, durch Befehl zur Gefechtsbereitschaft seiner "Schutztruppler" den Häuptling des anderen Stanmes.

Leutwein läßt das Land mit zahlreichen Militärstationen überziehen, um die "Befriedung" der Aufständischen systematisch in die Wege leiten. Für die neugegründeten Stationen fordert er Soldaten an. Aber noch fühlt er sich nicht stark genug, gegen die Witbooi anzutreten. Nocheinmal fordert er Nachschub aus dem Deutschen Reich an — dann holt Leutwein zum Vernichtungsschlag gegen Hendrik Witbooi aus. Am 27. April 1884 findet der Entscheidungskampf statt. Die deutschen Verluste sind außerordentlich hoch. Wieder braucht Leutwein Verstärkung, Kanonen werden eingesetzt. Schließlich sind die Witbooi gezwungen, sich zu ergeben. Ein anderthalbjähriger Krieg findet sein Ende. Witbooi unterwirft sich der deutschen Macht jedoch keineswegs bedingungslos. Er behält sämtliche Waffen und Munition. Die Deutschen im Reich und in Namibia sind empört über das schwächliche Vorgehen Leutweins, der beteuert, das Mögliche getan zu haben.

Die Witbooi sind durch den Krieg völlig verarmt. Das kann der deutschen Kolonialmacht nur Recht sein, so sind sie leichter unter Kontrolle zu halten. Den Witbooi wird Land zugewiesen und sie erhalten ein wenig Vieh, das das Überleben sicherstellt. Hendrik Witbooi erhält eine Rente. Diese "Großzügigkeit" ist Taktik: denn man möchte gerne die Witbooi durch Abhängigkeit in die Gefolgschaft der Deutschen zwingen.

Der Krieg hat die Deutschen ungefähr vier Millionen Mark gekostet. Aber eigentlich entspricht es Leutweins Art mehr, die Afrikaner auf "friedlichem" Weg und mit Geduld gefügig zu machen. Er ist für "Frieden im Land", selbstverständlich unter deutscher Herrschaft, die von allen Afrikanern anzuerkennen ist. Leutwein vermag zwar durch geschickte Verhandlungen eine Einheitsfront der Afrikaner zu unterlaufen. Aber er hat in den folgenden Jahren mit häufigen Rebellionen einzelner Stämme zu kämpfen. Unterdessen gehen seine "Schutztruppler" auf eigene Faust auf Beutezüge. 1896/97 beläuft sich allein die Zahl der Rinder, die einem Hererostamm von Deutschen gestohlen werden, auf 12.000.

1897 bricht über die viehzüchtenden Herero eine Katastrophe herein: die Rinderpest. Sie vernichtet 95 Prozent ihres gesamten Rinderbestandes. Der plötzliche Verlust ihrer Viehherden, auf denen wirtschaftlicher Reichtum, Selbstbewußtsein und eine traditionsreiche Kultur beruhen, erschüttert die Grundfesten des Stammes. Die Herero stehen vor dem Ruin ihrer Existenz. Auf Hereroland, das fruchtbarste Land in Zentralnamibia, setzt ein Ansturm von Kaufspekulanten ein, die es auf Siedlungsland abgesehen haben und es zu Schleuderpreisen schachern. Die weiße Bevölkerung schwillt auf 2.628 an. Sechs Jahre zuvor waren es nur 310 Deutsche, die in Namibia lebten.

Die Herero werden durch die Rinderpest in Lohnarbeit bei den Weißen getrieben. Diesen kommt diese Entwicklung außerordentlich zustatten: Kurz zuvor fiel die Entscheidung zum Bau einer Eisenbahn von Swakopmund an der Küste nach Windhoek im zentralen Hochland, die durch Hereroland führen soll. Land für die geplante Trasse kann billigst erworben werden — und auch das Problem fehlender Arbeitskräfte für den Bau ist unversehens gelöst: die Herero werden zu Zwangsarbeit verpflichtet. Das Leben der Afrikaner steigt an Wert und die deutschen Kolonialherren sehen nun davon ab, rebellierende Afrikaner in jedem Fall gleich zu erschießen, wie es üblich war. Aber die Rechnung mußte schon aufgehen, sonst blieb kalt kalkulierter Mord die Folge, wie das Schicksal des Stammes der Afrikaner zeigt. Sie erheben sich 1897 gegen die Kolonialmacht. Der Aufstand wird niedergeschlagen. Da sie jedoch im Süden Namibias leben, scheint der Kolonialmacht eine Deportierung in den Norden, wo Arbeitskräfte gebraucht werden, zu aufwendig. Leutwein erklärt, daß die Gefangenen "sämtlich erschossen" werden. Der Stamm der Afrikaner hörte damit auf zu existieren.

Gastwirtschaft des Farmers Hehn in Windhoek, 1893

Um den durch den Freiheitskrieg wirtschaftlich ruinierten Stamm der Witbooi in deutscher Abhängigkeit zu halten, entschließt sich Leutwein zu einer "großzügigen" Geste: der leihweisen Überlassung von 200 Kühen an die Witbooi. Aber selbst dieses Entgegenkommen scheint dem deutschen Chef für den Distrikt der Witbooi, Burgsdorff, noch zu weitgehend. Er schreibt an Leutwein:

"Die von Euer Hochwohlgeboren ins Auge gefaßten Summe halte ich aber für zu hoch: Die Verbesserung erfolgt zu plötzlich... Das Volk muß es etwas merken, daß es arm ist, daß es sich durch den Krieg heruntergebracht hat und allmählich *durch uns* nur existieren kann... Außerdem glaube ich, daß in Ansehung der späteren Besiedlung des Landes mit weißen Leuten es nicht vorteilhaft ist, wenn die Hottentotten zu vermögend sind."[9]

Leutwein setzte daraufhin die Zahl der Kühe auf 150 fest.

Theodor Leutwein

Allerhöchste Verordnung, betr. die Schaffung von Eingeborenen-Reservaten in dem südwestafrikanischen Schutzgebiet.
Vom 10. April 1898

§ 1. Der Reichskanzler und mit seiner Genehmigung der Landeshauptmann sind ermächtigt, bestimmte, innerhalb des südwestafrikanischen Schutzgebietes gelegene, Eingeborenen gehörige oder der Regierung zur Verfügung stehende Ländereien für das unveräußerliche Eigentum eines Eingeborenenstammes oder Verbandes von Stämmen zu erklären und zu Wohnplätzen für die zu dem Stamm oder Verbande gehörigen Personen vorzubehalten (Reservate). Die hiernach geschaffenen Reservate sind alsbald unter möglichst genauer Bezeichnung der Grenzen öffentlich bekanntzumachen.[10]

Mit dem Jahr 1898 beginnt Leutwein, ein System der Rassentrennung in Namibia anzuwenden, das bis heute in Namibia (und Südafrika) die Herrschaft einer weißen Minderheit über die schwarze Mehrheit sichert: die Einrichtung von "Eingeborenen"-Reservaten. Reservate für Afrikaner sind abgelegene "Plätze", die nicht zu ausgedehnt sein durften und wirtschaftlich als uninteressant galten. Außerhalb dieser Reservate blieben weiße Farmgebiete und diejenigen Regionen, die für weiße Ansiedler von Interesse sein konnten. Das waren die landwirtschaftlich ergiebigsten und an Bodenschätzen reichen Gebiete.

1902, die Zahl der Europäer in Namibia ist auf 4.500 angestiegen (mehr als die Hälfte sind Militärs und Beamte), werfen Zahlen über das Eigentum an Rindern ein deutliches Licht auf Folgen deutscher Kolonialherrschaft: 80.000 Afrikaner besitzen 50.000 Rinder; einige hundert deutsche Siedler, die zehn Jahre zuvor mit fast leeren Händen kamen, besitzen 44.490 Rinder.

Auf Höpfners Heimstätte in Klein-Windhoek, 1896

Gefangene Herero

*Gruppenbild deutscher Ansiedler
in der Kolonie Deutsch-Südwestafrika*

WIDERSTAND IN NORDNAMIBIA:

HÄUPTLING KAMBONDE

Die deutsche Kolonialmacht zögert immer wieder, nach Nordnamibia, und damit vor allem in das bevölkerungsreiche Gebiet der Ovambo, einzudringen. Ihren Herrschaftsanspruch macht sie durch Drohungen und Verhandlungsangebote nur indirekt geltend. Der berühmte Häuptling Kambonde schlägt alle Verhandlungsangebote aus, die auf Landverkauf zielen. Doch er nimmt die Gefahr, die die Deutschen für die Ovambo darstellen, ernst. 1902 wendet er sich in einem Brief an den Gouverneur der Kapregierung, welcher mit der Hoffnung verbunden ist, daß jener ihn gegen die Deutschen unterstützen würde.

Die Kapregierung sendet den Brief an das Kolonialamt in London, wo er unbeantwortet in den Akten verschwindet. Doch die Deutschen sehen davon ab, Ovamboland zu "befrieden". Der Norden bleibt bis zum Ende der deutschen Kolonialherrschaft von direkter Kontrolle verschont.

> Karoka, Ovamboland
> 22. Dezember 1902
>
> Sehr geehrter Herr!
> Ich, Kambonde, Oberhaupt der Ovambo-Nation, die südlich des Kunene lebt, grüße Sie. Ich bin in Schwierigkeiten. Mein Volk zählt viele tausend Menschen. Alle arbeiten. Sie bearbeiten das Land und sind keines Menschen Bürde. Die Deutschen haben eine Regierung in Windhoek die beabsichtigt, in mein Gebiet einzudringen. Ich hörte, daß sie sagen, ihnen gehöre mein Land. Sie boten mir viel Geld für mein Land. Ich schlug ab... Meine Leute sind mit englischen Gewehren ausgerüstet. Ich werde gegen die Deutschen kämpfen. Bis zum letzten Mann...[11]

WIRTSCHAFTLICHE ENTWICKLUNG

Zu Beginn der "Schutzmachtzeit" des Deutschen Reiches in Namibia ist die Wirkung der wenigen deutschen Beamten nicht größer als die einer Vogelscheuche, die das Ausschwärmen anderer landbegieriger Kolonialmächte nach Namibia schrecken soll. Immerhin muß sich die deutsche Regierung den in Namibia tätigen Kapitalgesellschaften willfährig darstellen, damit diese auch zu Geschäftsgründungen im "Schutzgebiet" bereit sind. Auch die Kolonialschwärmer im Deutschen Reich müssen das Gefühl vermittelt bekommen, daß die Regierung etwas für die Kolonie tut. Die Gesellschaften in Namibia kümmern sich jedoch wenig um den Aufbau der Kolonie. Sie spekulieren mit Land, das ist ihr Geschäft. Auch die Deutsche Kolonialgesellschaft für Südwestafrika, die das Lüderitz'sche Land aufkaufte, behandelt das Land als Spekulationsobjekt und versucht, es gewinnträchtig loszuschlagen. "Feindliche" Ausländer, wie die Engländer, erweisen sich als geschäftstüchtig und drohen bald mehr Land und Minenrechte zu besitzen, als sich in deutscher Hand befinden. Das macht böses Blut in der Öffentlichkeit des Reiches: Namibia soll deutsch bleiben, fordern empörte Patrioten. Um die Reichsregierung zur Bereitstellung von Geldmitteln für eine Verwaltung, Forschungsexpeditionen nach Bodenschätzen und die Anlage von Verkehrswegen zu bewegen, werden 1887 Goldfunde "getürkt". Obwohl sich später herausstellt, daß es sich um einen Schwindel handelte, war die deutsche Reichsregierung doch von dieser Nachricht aufgestört worden. Gold! Bei dem Geschäft wollte auch der Staat nicht beiseite stehen. Die Regierung mußte mehr für die Kolonie tun — um sich eine neue Profitquelle zu sichern. Und auch der Gesellschaften wegen, deren Sympathien sie sich sonst endgültig verscherzen würde... So übernimmt der deutsche Staat die Aufgabe, das Land für Besiedlung, den Absatz von Waren, Geldanlagen und den Abbau von Rohstoffen zu erschließen. Es wird festgelegt, eine Verwaltung für Namibia einzurichten, deren Kosten das Reich trägt. Aber die Kolonie will wirtschaftlich nicht gedeihen. Nur noch ein Jahr Zeit gibt ihr 1893 der Nachfolger von Bismarck, Reichskanzler Caprivi. Namibia, einmal zum Aushängeschild der "Weltmacht" Deutsches Reich geworden, kann jedoch nicht mehr so einfach ohne Presigeverlust fallengelassen werden. Und trotz aller trüben Einschätzungen der wirtschaftlichen Entwicklungschancen (1897: keine lohnende Ausbeute an Gold; noch keine größeren Kupferlager entdeckt) ist die Hoffnung nicht aufgegeben, daß die Kupfererzlager im nördlichen Otavigebiet ergiebig sein könnten und eine Siedlertätigkeit mit dem Schwerpunkt Viehzucht lebensfähig und zukunftsträchtig. Mangel an billigen Arbeitskräften, die sich willig den Ausbeutungsmethoden der Weißen unterwerfen, besteht allerdings nach wie vor und wird insbesondere von den Farmern, deren Bedarf seit der Besetzung von Hereroland ständig steigt, heftig und lautstarkt beklagt.

Arbeitsvorschlag:
— *Was war ein "Schutzvertrag"?*
— Nenne Gründe, die auf namibischer Seite zur Unterzeichnung eines "Schutzvertrages" führten.
— Wer und was wurde eigentlich durch diese Verträge "geschützt"? Notiere, was dir einfällt. Lies dir dazu nocheinmal den Brief des Häuptlings Hendrik Witbooi an den Häuptling Joseph Fredericks durch.
— Wann wurden bereits in Nambia "Reservate für Eingeborene" eingerichtet? Was ist ein "Reservat"?

Übersicht über die in Privatbesitz befindlichen Farmen längs der Bahnlinie Swakopmund-Windhoek, auf der Grundlage der Besitzstandkarte von Deutsch-Südwest-Afrika
Stand am 1. Januar 1902

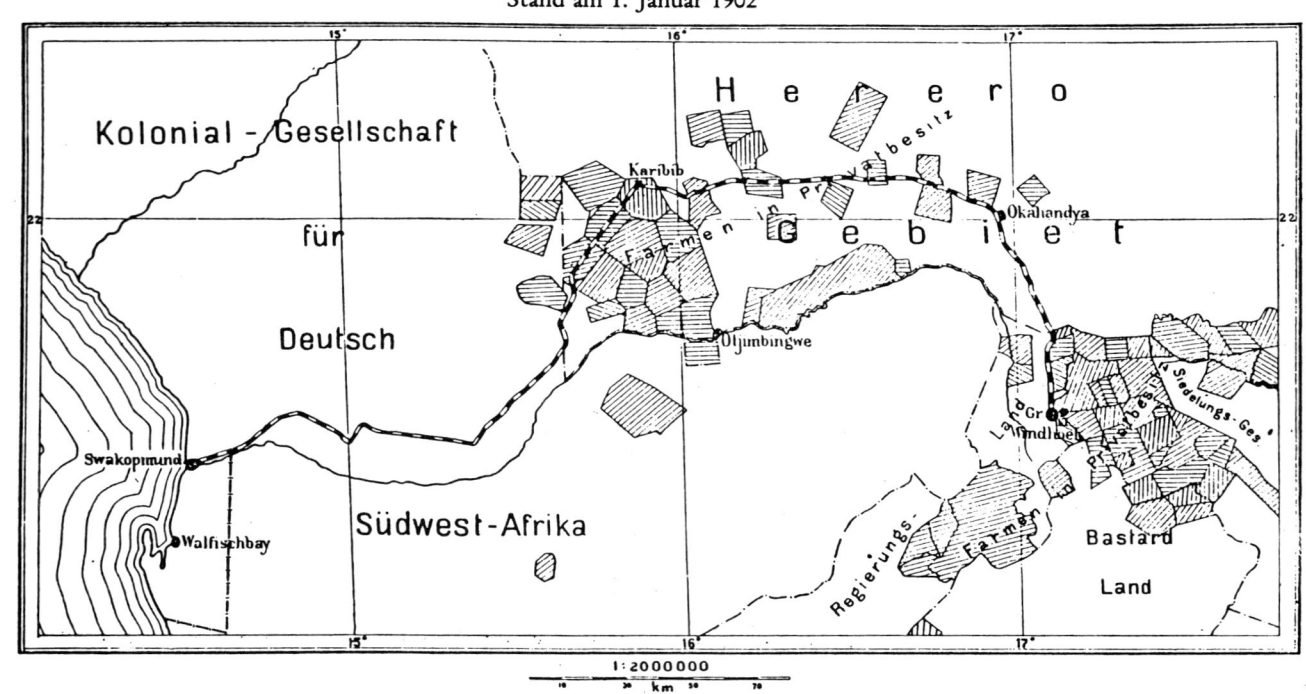

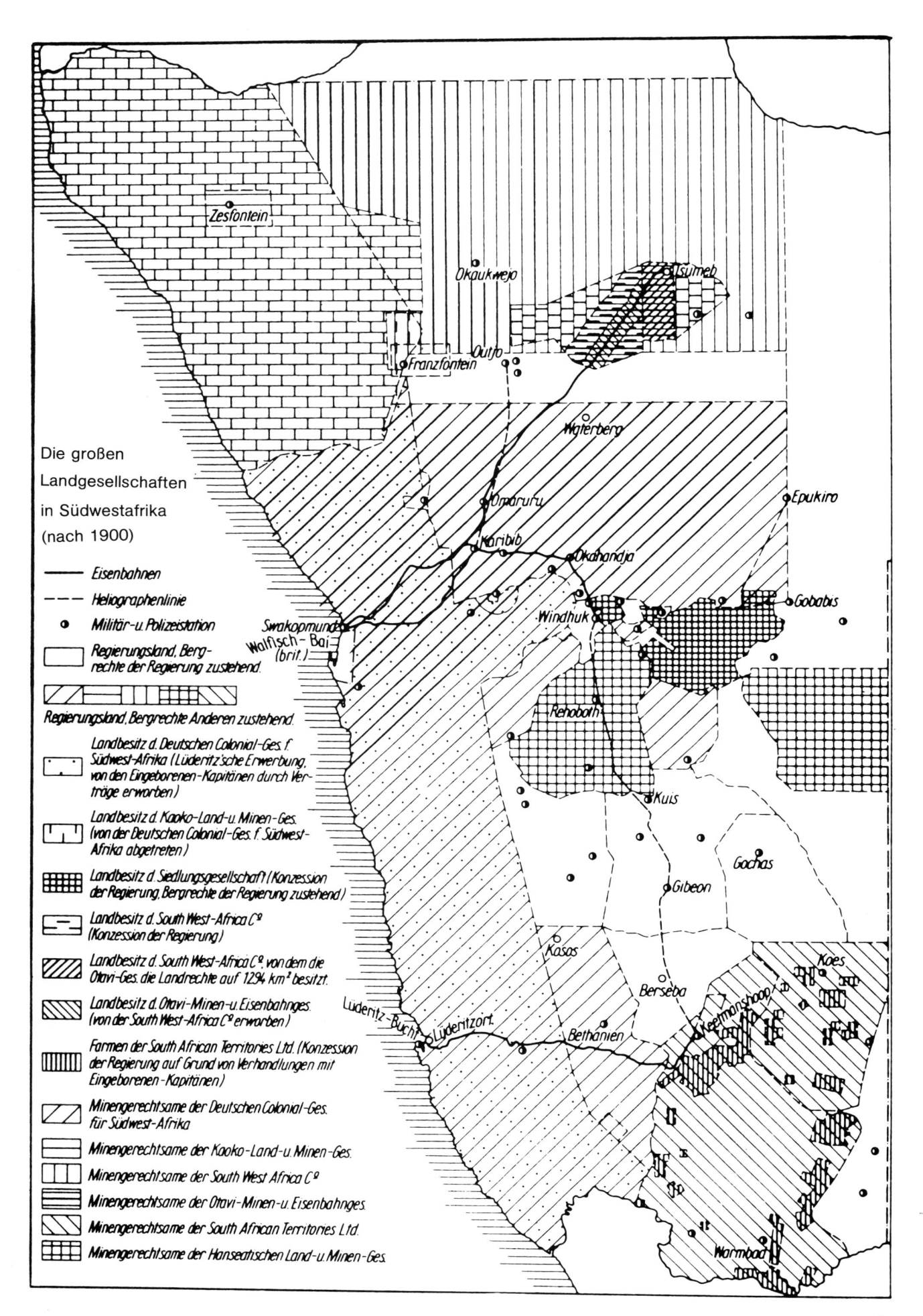

Die großen
Landgesellschaften
in Südwestafrika
(nach 1900)

― Eisenbahnen
--- Heliographenlinie
○ Militär- u. Polizeistation

Regierungsland, Bergrechte der Regierung zustehend.

Regierungsland, Bergrechte Anderen zustehend.

Landbesitz d. Deutschen Colonial-Ges. f. Südwest-Afrika (Lüderitz'sche Erwerbung, von den Eingeborenen-Kapitänen durch Verträge erworben)

Landbesitz d. Kaoko-Land- u. Minen-Ges. (von der Deutschen Colonial-Ges. f. Südwest-Afrika abgetreten)

Landbesitz d. Siedlungsgesellschaft (Konzession der Regierung, Bergrechte der Regierung zustehend)

Landbesitz d. South West-Africa Cº (Konzession der Regierung)

Landbesitz d. South West-Africa Cº, von dem die Otavi-Ges. die Landrechte auf 1294 km² besitzt.

Landbesitz d. Otavi-Minen- u. Eisenbahnges. (von der South West-Africa Cº erworben)

Farmen der South African Territories Ltd. (Konzession der Regierung auf Grund von Verhandlungen mit Eingeborenen-Kapitänen)

Minengerechtsame der Deutschen Colonial-Ges. für Südwest-Afrika

Minengerechtsame der Kaoko-Land- u. Minen-Ges.

Minengerechtsame der South West Africa Cº

Minengerechtsame der Otavi-Minen- u. Eisenbahnges.

Minengerechtsame der South African Territories Ltd.

Minengerechtsame der Hanseatischen Land- u. Minen-Ges.

9. Kapitel

Die großen afrikanischen Aufstände

Hendrik Witbooi mit seinen Kämpfern. Ihr Kennzeichen ist ein weißes, um den Hut gebundenes Tuch.

1904 bis 1907 sind die Jahre der großen afrikanischen Aufstände in Namibia gegen die deutsche Kolonialmacht. Herero, Nama und verbündete Stämme treten im Namen von Freiheit und Menschenwürde in einen Kampf auf Leben und Tod. Ihre Führer sind Samuel Maharero, Hendrik Witbooi, Marengo. Der afrikanische Freiheitskrieg entfacht unter den Deutschen in Namibia und im Deutschen Reich Rassenhetze und blinden Vergeltungswahn. Nur mit einem ständig erweiterten Aufgebot an Truppen, Waffen und einer totalen Vernichtungsstrategie, die zum Völkermord an den Herero und Nama führt, gelingt es der deutschen "Schutzmacht", sich zu behaupten.

Absichten:
— Wir fragen nach Gründen, die zu den großen afrikanischen Aufständen führten.
— Wir folgen dem Verlauf und Charakter der Aufstandsbewegung und fragen nach Methoden und Mitteln der deutschen Kriegsführung.
— Wir tragen Informationen über die führenden Persönlichkeiten des namibischen Freiheitskampfes zusammen.

— Anhand von Quellentexten und Bildern versuchen wir, rassistisches und koloniales Denken jener Zeit aufzuzeigen und zu Fragen nach Ursachen und Gründen anzuregen.

— Wir wollen zeigen, wie aus Namibia eine "befriedete Kolonie" (ein gebräuchlicher und scheinbar harmloser Begriff) wird.

Herero

VOR DER MAUER DES UNDURCHDRINGLICHEN SCHWEIGENS

An einem schwülen, windstillen Sommertag in den ersten Wochen des Jahres 1904 macht die deutsche Siedlersfrau Else Sonnenberg mit ihrem Mann einen Gang über die Hererowerft in der Nähe ihrer Farm am Waterberg. Eine Gruppe von Herero-Frauen sitzt vor ihrem Pontok. Herr und Frau Sonnenberg grüßen wie üblich, aber ihr Gruß bleibt heute unerwidert. Am Fluß sitzen Hererokinder und quirlen in einem Gefäß rote Beeren. Kein Herero-Mann ist zu sehen. Aus einem großen Pontok, zu dem Herr und Frau Sonnenberg ihre Schritte lenken, dringt Stimmengewirr. Herr Sonnenberg wirft einen Blick durch die Türöffnung und sieht, daß sich dort alle Männer versammelt haben. "Morro", ruft er in den Pontok hinein. "Ei, ei, Horongo", mahnt Herr Sonnenberg scherzend einen der Herero-Großleute, "kommst du nicht einmal heraus?" "Wir haben hier zu sprechen", ist die kurze Antwort des Herero. Wie sonderbar, denkt Frau Sonnenberg, mein Mann hat doch den Leuten bisher nur Gutes erwiesen. Seine Schuldner, hauptsächlich Großleute, hat er nie gemahnt. Was soll das bedeuten? Ein unheimliches Schweigen liegt über der Werft und Frau Sonnenberg spürt, wie eine tiefsitzende Angst in ihr emporsteigt. Von wachsender Unruhe gepackt, eilt das Ehepaar mit immer schneller werdenden Schritten zurück zum Farmhaus...[1])

Was verbirgt sich hinter diesem scheinbar plötzlich und unerwartet auftretenden feindseligen Verhalten der Herero? Es ist die Erfahrung von zwanzig Jahren deutscher "Schutzherrschaft", die alle nur jemals gehegten Hoffungen auf Möglichkeiten und Regelungen eines friedlichen Zusammenlebens mit den Deutschen als furchtbaren Irrtum erkennen läßt. Das Vertrauen, daß die Ausbreitung der Deutschen einmal Halt machen würde und das Volk der Herero wieder ein eigenständiges und unabhängiges Leben führen könnte, haben die Herero vollkommen verloren. Neuere Verhandlungen über die Einrichtung von Reservaten für die namibischen Stämme erkennen sie als Vorbereitung zur Enteignung ihrer letzten traditionellen Siedlungs- und Weidegebiete. Im Januar 1904 erheben sich die Herero gegen die deutsche Kolonialmacht. Sie eröffnen die großen afrikanischen Aufstände der Jahre 1904 – 1907 in der Kolonie Deutsch-Südwestafrika. Im Juni 1904 treten die Bondelzwart-Nama unter Marengo in den Widerstand gegen die Kolonialmacht und erschüttern in einem dreijährigen Guerillakrieg das koloniale Herrschaftssystem. Im Oktober 1904, noch vor der Niederschlagung des Herero-Aufstandes, nehmen die Witbooi-Nama und ihre Verbündeten unter Führung von Hendrik Witbooi den Kampf auf... Das betuliche Reden der Deutschen über ein friedliches Zusammenleben – von den Missionaren bis zum deutschen General Leutwein (die Schutztruppensoldaten und ihre Offiziere hielten von irgendwelcher Fairneß und Rücksichtnahme gegenüber den "Kaffern" von jeher nicht viel) – war längst den von Siedlern getragenen Hetzkampagnen, Lynchjustizen, mörderischen Prügelstrafen, Totschlagfällen und zahlreichen Vergewaltigungen afrikanischer Frauen gewichen. Die Afrikaner wurden in völliger Rechtlosigkeit gegenüber den Deutschen gehalten. Die zahlreichen Aufstände in den zurückliegenden

Herero

Jahren hatten bei den weißen Siedlern zu einem Verfolgungswahn geführt, der sie jedes Mittel als gerechtfertigt hinstellen ließ, das ihre in Haß zum Ausdruck kommende Angst vor den Afrikanern niederkämpfen sollte. "Tropenkoller" nennen die Weißen diese "Krankheit", wenn sich wieder einmal Angst und Ohnmacht in Folter- und Mordlust ihr Ventil schafften. Und warum dies alles? Ein menschenverachtendes System, einmal mit Gewalt und Terror aufgebaut, ist auch nur mit Gewalt aufrechtzuerhalten. Jeglicher berechtigte Widerstand muß zwangsläufig zu Gefühlen und Fragen führen, die die eigene Menschlichkeit berühren. Wohl die Mehrzahl der Deutschen in Namibia hat diese Fragen nicht zugelassen, sondern mit neuer, noch brutalerer Gewalt zu ersticken versucht. Die Regierung im Deutschen Reich nahm diese Entwicklung in der Kolonie nur ungern zur Kenntnis. Berichte über die Zustände in Namibia wurden der Öffentlichkeit unterschlagen.

Nicht verhindert werden konnte jedoch, daß über die internationale Presse Nachrichten über das Treiben der Deutschen in Namibia bekannt wurden, die Proteste auslösten. Berichte zurückgekehrter Schutztruppler taten ein übriges. Sozialdemokraten, Liberale und Zentrumspolitiker nahmen dies zum Anlaß, im Reichstag Anklage zu erheben. Die Reichsregierung sah sich veranlaßt, in die Kolonialverwaltung einzugreifen. Verschiedene Anordnungen wurden erlassen. Eine Regelung bezog sich auf das "Händlerunwesen", das in den letzten Jahren ein Ausmaß erreicht hatte, das als Gegenaktion der Afrikaner Aufstände geradezu herausforderte.

Vor dem Herero-Aufstand 1904

Samuel Maharero an Hendrik Witbooi:
"Laß uns lieber zusammen sterben und nicht sterben durch Mißhandlung, Gefängnis und auf allerlei andere Weise."[4]

Samuel Maharero an Hermanus van Wyk:

"Weiter will ich dich, Kapitain, benachrichtigen, daß mein Wunsch der ist, daß wir schwachen Nationen aufstehen gegen die Deutschen, laß uns lieber aufreiben und laß sie alle in unserem Lande wohnen. Alles andere wird uns nichts helfen."[5]

Der Gouverneur Theodor Leutwein:

"Auch die Rechtspflege zwischen beiden Teilen fing an, zu wünschen übrig zu lassen. Nach Artikel 4 des Schutzvertrages waren Streitigkeiten zwischen Weißen und Eingeborenen durch das deutsche Gericht zu erledigen, und in diesem haben nach unserer Gerichtsverfassung die weißen Beisitzer die Oberhand. Letztere sind naturgemäß geneigt, zu Gunsten der eigenen Rasse zu urteilen als umgekehrt. Der Rassenhaß hatte sich so bis an die Schranken des Gerichts verpflanzt."[2]

> "Unser Volk... wurde durch deutsche Händler rundum beraubt und betrogen und sein Vieh wurde mit Gewalt genommen. Unser Volk wurde geprügelt und mißhandelt und ihm wurde keine Wiedergutmachung zuteil. Die deutsche Polizei unterstützte die Händler, statt uns zu schützen. Die Händler kamen des Weges und boten Waren an. Wenn wir sagten, daß wir kein Vieh entbehren könnten, da die Rinderpest viel Vieh vernichtet hatte, sagten sie, sie würden uns Kredit geben. Wenn wir ablehnten, Waren zu kaufen, auch auf Kredit, geschah es oft, daß der Händler einfach die Waren ablud und daließ. Er sagte, wir könnten sie bezahlen, wann wir wollten. Er kam jedoch nach wenigen Wochen wieder und forderte Geld oder stattdessen Vieh. Er suchte sich dann die besten Rinder aus. Häufig wurde das Vieh irgendeines Mannes genommen, um damit anderer Leute Schulden einzutreiben. Wenn wir Einspruch erhoben und uns zu wehren versuchten, wurde die Polizei geholt, die mit Prügel und Erschießungen drohte. Es war nutzlos für unser armes Volk, Widerstand zu leisten. Die Händler setzten ihre eigenen Preise für die Waren fest und ließen es niemals zu, daß wir den Wert unseres eigenen Viehs selbst bestimmten."
>
> Daniel Kariko, Herero-Häuptling[3]

Nach den neuen Verordnungen sollten Forderungen der Händler nach einem Jahr gegenstandslos sein. Ziel dieser Regelung war, die Afrikaner zu schützen. Das Gegenteil wurde ausgelöst: Die Händler stürzten sich verstärkt auf die Afrikaner, um binnen Jahresfrist die "Schulden" einzutreiben und hielten sich an allem schadlos, was ihnen in die Finger fiel.

Ein weiteres Ereignis ist Ursache der Unruhe unter den Herero: Der Bau einer weiteren Eisenbahnlinie. Die Herero sollten Land an beiden Seiten der Eisenbahnstrecke abtreten, kostenlos, versteht sich. Rechtlosigkeit, Betrug und Beraubung durch Händler und Farmer und drohender Landverlust sind die Hauptgründe, die 1904 überall in Hereroland zu Zusammenkünften und geheimen Beratungen der Großleute und Häuptlinge der Herero führen. Die Würfel fallen. Die Großleute beschließen, den Kampf gegen die deutsche Kolonialmacht aufzunehmen. Samuel Maharero wird zum Führer des großen Aufstandes bestimmt, der vorbereitet wird. Vorbei sind die Zeiten, da er sich an den Schutzvertrag mit den Deutschen, den die Herero abgeschlossen hatten, gebunden fühlt. Der "sichere" Gefolgsmann, auf dessen Bündnistreue sich die Deutschen verlassen zu können glauben, wird zum unbestrittenen Führer des Herero-Aufstandes. Maherero versucht, Hendrik Witbooi, Kapitain der Witbooi-Nama, für den Aufstand zu gewinnen. Doch beide Briefe erreichen Witbooi nicht. Auch an den Häuptling Hermanus van Wyk, Kapitain des Stammes von Rehoboth, richtet Maharero ein Schreiben, in dem er ihm seinen Entschluß mitteilt.

Siedler, Händler, Missionare und Schutztruppensoldaten auf den Außenstationen gaukeln sich trotz mancher Anzeichen eines veränderten Klimas noch vor, daß es diese "feigen Hundesöhne" nie wagen würden, gegen die Deutschen zu den Waffen zu greifen...

DER GROSSE AUFSTAND DER HERERO

"WEM GEHÖRT HEREROLAND? UNS GEHÖRT HEREROLAND!"

Am 12. Januar 1904 bricht der Krieg der Herero gegen die Deutschen aus. Überall in Hereroland dringen bewaffnete Herero in die Farmhäuser ein und töten deutsche Männer. Sie brennen die Farmgebäude auf ihrem Land nieder, treiben das Vieh ab, überfallen Stationsbesatzungen. Sie unterbrechen die Telegrafenverbindungen und zerstören die Eisenbahnlinie Swakopmund-Windhoek, die für den Nachschub an Soldaten für die deutsche Kolonialarmee wichtig ist, an mehrer Stellen. Mit einem Schlag fällt ganz Hereroland in die Hände der Herero. Mehr als hundert deutsche Männer, Siedler und Stationssoldaten werden in diesen Tagen getötet. Zu Beginn des Aufstandes erläßt der Oberhäuptling der Herero, Samuel Maharero, den nachstehenden Befehl an seine Leute. Vor den Missionaren wird dieser Beschluß ausdrücklich geheim gehalten, da ihrer Verschwiegenheit mißtraut wird.

> "Ich bin der Oberhäuptling der Herero, Samuel Maharero. Ich habe ein Gesetz erlassen und ein rechtes Wort, und bestimme es für alle meine Leute, daß sie nicht weiter ihre Hände legen an folgende: nämlich Engländer, Bastards*, Bergdamara*, Nama*, Buren. An diese alle legen wir unsere Hände nicht. Ich habe einen Eid dazu getan, daß diese Sache nicht offenbar werde, auch nicht den Missionaren. Genug."[6]
>
> *namibische Stämme, die sich nicht dem Krieg der Herero angeschlossen haben.

Samuel Maharero

> **Im Herero-Aufstand sollten Frauen, Kinder und Missionare ausdrücklich geschont werden. Der Herero-Unterhäuptling Daniel Kariko berichtet später:**
>
> "Auf unseren geheimen Zusammenkünften beschlossen unsere Häuptlinge, das Leben aller deutschen Frauen und Kinder zu schonen. Auch die Missionare sollten geschont werden... Nur deutsche Männer wurden als unsere Feinde betrachtet."[7]

Ein Volk ist mit Frauen und Kindern geschlossen in den Kampf getreten. Es ist ein Verzweiflungskampf, denn die Herero haben kaum Hoffnung, daß sie der militärischen Überlegenheit der Deutschen standhalten können. Aber sie ziehen den Tod der Unterdrückung und Ausbeutung ihres Volkes und dem Verlust ihres Landes vor. Und trotzdem: Auch in dieser Stunde der Abrechnung dieses entrechteten und um sein Land betrogenen Volkes trägt und bewahrt der Aufstand der Herero die Züge von Menschlichkeit. Er richtet sich nur gegen die deutschen Männer, als die eigentlichen Feinde. Das Leben deutscher Frauen und Kinder soll ausdrücklich geschont werden. Auch den Engländern, Buren und Missionaren soll nichts geschehen: Der Krieg der Herero ist kein Krieg gegen die "weiße Rasse". Es ist ein Krieg gegen die deutsche Kolonialherrschaft.

Die Deutschen sind von der Tapferkeit und dem Mut der kämpfenden Herero überrascht. Trotz waffentechnischer Unterlegenheit gehen die Herero immer wieder zum Angriff über. Die Frauen stehen bei den Gefechten hinter den Kampflinien und spornen die Männer in Sprechchören an: "Wem gehört Hereroland? Uns gehört Hereroland!" lautet die Kampfparole. Aus den Minien Südafrikas desertieren 300 Herero, die sich dort als Minenarbeiter verdingt hatten und schließen sich den Kämpfenden in Hereroland an. Mehrer Monate lang halten die Herero die inzwischen verstärkte deutsche Schutztruppe in Schach. Ein Sieg der Deutschen ist nicht in Sicht. Die Verluste auf deutscher Seite sind groß. Die Deutschen versuchen, den Krieg zu verschleppen. Sie setzen auf den angeforderten weiteren Truppennachschub und Munitionslieferungen, die noch nicht eingetroffen sind. Es ist eine einfache Rechnung: während die Zahl der kämpfenden Herero höchstens gleichbleiben kann, sind die Möglichkeiten der Deutschen, die eigene Kampffront mit Menschen, Waffen und Munition zu füttern, noch lange nicht erschöpft. Das deutsche "Mutterland" braucht lediglich auf sein eigenes "Menschen- und Kriegsmaterial" zurückzugreifen.

Ihrer Linie eines "menschlichen" Krieges folgend, schonen die Herero deutsche Frauen und Kinder. Es werden Fälle bekannt, in denen Herero unter Lebensgefahr Frauen und Kinder getöteter deutscher Siedler in die Nähe der deutschen Kampflinien brachten. Doch die deutsche Kolonialmacht zeigt sich zu nichts anderem fähig, als diesem Kampf der Herero um ihr Land und Weiterbestehen als einem eigenständigen Volk ein unfaßbares Ausmaß an Brutalität und Grausamkeit entgegenzusetzen. Im Juli 1904 wird General v. Trotha die Kriegsführung in Namibia übertragen. Trotha hat sich bereits im Boxer-Aufstand in China als "tüchtig" erwiesen. Er scheut vor keiner Grausamkeit zurück, er ist ein "Schlächter in Uniform".

> **Auf der Seite der Deutschen kämpften auch einzelne Afrikaner und Einheiten verschiedener Stämme, die sich dem Aufstand der Herero nicht angeschlossen hatten. Afrikanische Augenzeugen berichteten später über die Kriegsführung der Deutschen:**
>
> Hendrik Campbell, der das Kontigent des Stammes von Rehoboth befehligte, sagte unter Eid aus:
> "Als das Gefecht vorüber war, entdeckten wir acht oder neun kranke Herefrauen, die zurückgelassen worden waren. Einige von ihnen waren blind. Wasser und Nahrung hatten sie noch. Die deutschen Soldaten haben sie bei lebendigem Leibe in der Hütte, in der sie lagen, verbrannt."
>
> Als sich Campbell bei einem deutschen Offizier darüber beschwerte, sagte dieser: 'Das macht doch nichts; sie hätten uns mit irgendeiner Krankheit infizieren können.'[9]
>
> Jan Cloete, Omaruru, sagte unter Eid aus:
> "Ich war dabei, als die Herero bei Hamakiri, in der Nähe des Waterberges, in einer Schlacht besiegt wurden. Nach der Schlacht wurden alle Männer, Frauen und Kinder ohne Gnade getötet, die, ob verwundet oder nicht, den Deutschen in die Hände fielen. Dann verfolgten die Deutschen die übrigen (Herero), und alle Nachzügler am Wegesrand und im Sandfeld wurden niedergeschossen oder mit dem Bajonett niedergemacht. Die große Masse der Heremänner war unbewaffnet und konnte sich nicht wehren. Sie versuchten nur, mit ihrem Vieh davonzukommen."[10]
>
> Johannes Krüger, Kapitän der Bergdamarasiedlung in Gaub, der den gesamten Feldzug gegen die Herero auf deutscher Seite mitgemacht hatte, erklärte unter Eid:
> "Wir (die Bergdamara) weigerten uns, Herofrauen und -kinder zu töten, aber die Deutschen schonten niemanden. Sie töteten Tausende und aber tausende. Ich habe diese Schlächterei Tag für Tag mit angesehen."[11]

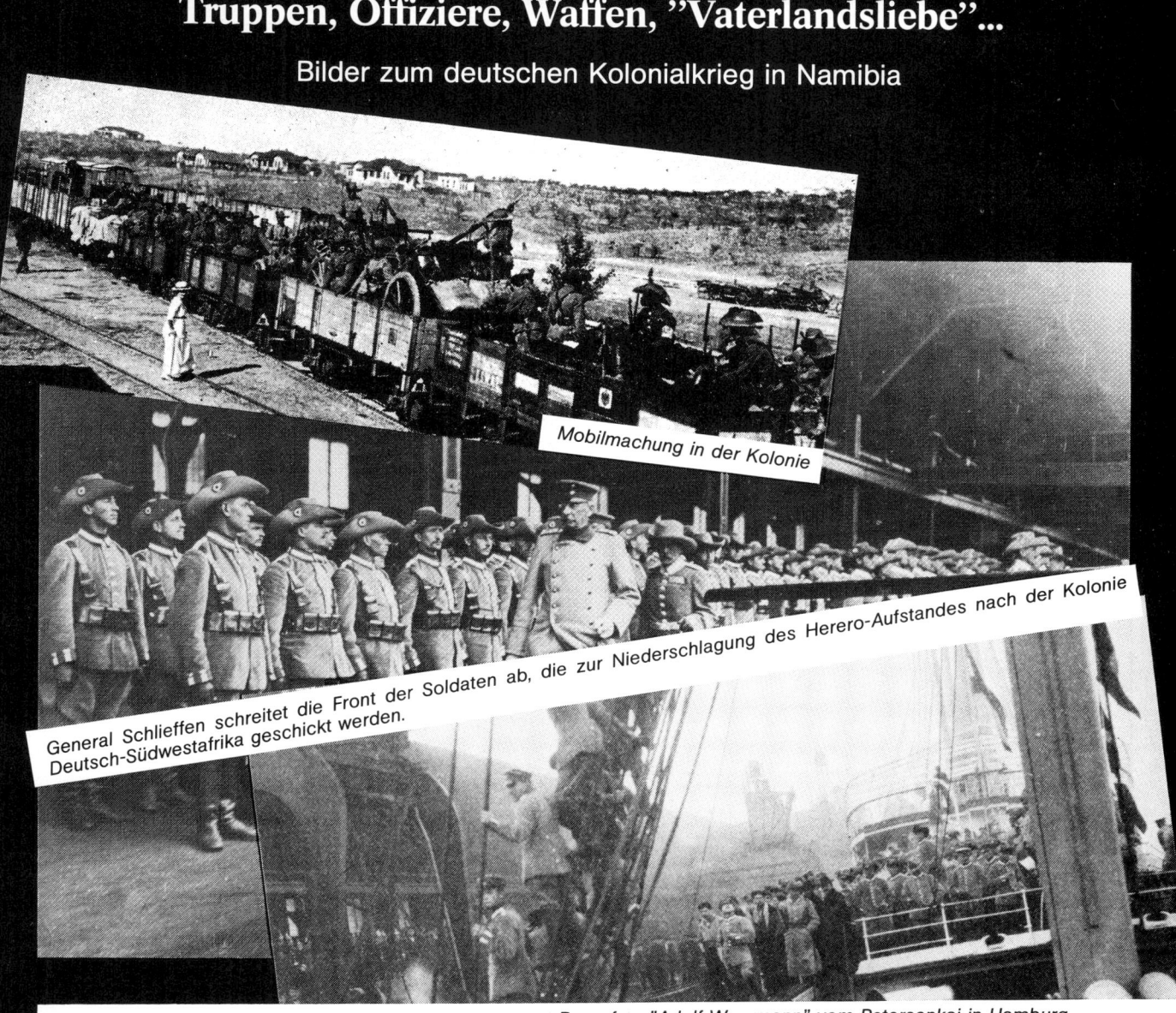

Truppen, Offiziere, Waffen, "Vaterlandsliebe"...
Bilder zum deutschen Kolonialkrieg in Namibia

Mobilmachung in der Kolonie

General Schlieffen schreitet die Front der Soldaten ab, die zur Niederschlagung des Herero-Aufstandes nach der Kolonie Deutsch-Südwestafrika geschickt werden.

Abfahrt des Truppentransport-Dampfers "Adolf Woermann" vom Petersenkai in Hamburg

Der Bahnhof Swakopmund. Beförderung eingetroffener Verstärkungstruppen ins Landesinnere.

Im Oktober 1904 erläßt v. Trotha folgenden Befehl:

"Ich, der große General der deutschen Soldaten sende diesen Brief an das Volk der Herero. Herero sind nicht mehr deutsche Untertanen. Sie haben gemordet, gestohlen, haben verwundeten Soldaten Ohren, Nasen und andere Körperteile abgeschitten und wollen jetzt aus Feigheit nicht mehr kämpfen... Das Volk der Herero muß jetzt das Land verlassen. Wenn das Volk dies nicht tut, so werde ich es mit dem groot Rohr (Geschütz) dazu zwingen. Innerhalb der deutschen Grenze wird jeder Herero, mit oder ohne Gewehr, mit oder ohne Vieh erschossen. Ich nehme keine Weiber und Kinder mehr auf, treibe sie zu ihrem Volk zurück oder lasse auf sie schießen...
Der große General des mächtigen Kaisers
von Trotha [12]

Trotha steht auf folgendem Standpunkt: "Gewalt mit krassem Terrosismus und selbst Grausamkeit auszuüben, war und ist meine Politik. Ich vernichte die aufständischen Stämme mit Strömen von Blut und Geld. Nur auf dieser Aussaat kann etwas Neues entstehen, was Bestand hat." [8]

Die Deutschen schrecken vor nichts zurück. Hererofrauen und -kinder werden in jenem Krieg genauso ermordet wie die Männer. Kriegsgefangene gibt es zu Kriegsbeginn so gut wie keine. Auf die Herero-Kapitäne setzt Trotha Kopfprämien. Lynchjustizen durch Soldaten und Offiziere, Standgerichte mit unverzüglichem Todesurteil sorgen dafür, daß kein Hereroleben zuviel bewahrt wird.

Mit der Befehlsübergabe an Trotha ist zugleich das Ende des Befreiungskampfes der Herero, noch ehe der Kampf militärisch entschieden ist, vorbestimmt. Wo selbst Fairneß des "Kriegshandwerks" das Handeln nicht mehr leitet und Macht und Stärke nur Mittel zur Durchsetzung eigener Interessen sind, ist das Leben anderer Völker nichts wert, ein "Fehler" in der eigenen Rechnung über Erfolg und Geld, der auszumerzen ist. Trotha will den Erfolg eines Sieges für sich, die Regierung des Reiches neben dem Sieg auch das Geld: Wenn die aufständischen Herero erst einmal ausgerottet sind, kann auch endlich ungestört das Land nach Strich und Faden ausgebeutet werden. Trotha hat schließlich eine "geniale" taktische Eingebung, wie er den Aufstand der Herero niederzuschlagen vermag... Wieder fordert er Truppen- und Munitionslieferungen aus dem Deutschen Reich an. Dann beginnt er, seinen Plan kaltblütig auszuführen.

Großer Generalstab (Hg.), Die Kämpfe der deutschen Truppen in Südwestafrika, Band 1: Der Feldzug gegen die Hereros, Berlin 1906

Die wasserlose Halbwüste im Norden Namibias, die Omaheke, ist sein mörderisches Werkzeug. Deutsche Truppen umzingeln die Herero am Waterberg in einer Formation, die lediglich einen Fluchtweg offenläßt: Den Weg in die Omaheke. Zehntausende der fliehenden Herero werden in die Wüste abgedrängt und eingekesselt. Deutsche Truppen verfolgen sie bis zu den letzten Wasserstellen. Ein 250 Kilometer langer Absperrgürtel nach Westen und Südwesten ist für jeden Fluchtversuch das sichere Todesurteil. Nur vereinzelten Gruppen der Herero gelingt das Durchkommen in den Norden, Nordwesten oder Osten. Für über 80 Prozent des einst mächtigen und reichen Volkes ist diese Kriegstaktik das Todesurteil. Kinder, Frauen, Männer und Vieh erleiden den grauenvollen Tod des Verdurstens... Dieser Völkermord ist bei uns in der Bundesrepublik wenig bekannt, obwohl es zahlreiche Augenzeugenberichte, Militärberichte, Zeitungsmeldungen und -artikel gibt. Die Gründe, warum dieses Kapitel deutscher Geschichte verschwiegen wird, liegen auf der Hand: Die Schande ist zu offenbar. Denn der Krieg gegen die Herero steht für ein Verbrechen, das das Lebensrecht eines anderen Volkes mißachtete.

Die Herero kämpften um ihr angestammtes Land und um das Recht auf ein freies und unabhängiges Leben. Dies die Deutschen vergessen zu machen, bedurfte es offenbar eines großen Aufwandes an Lügen, Hetzpropaganda, Schauer- und Greuelmärchen... Wie auf deutscher Seite über den Aufstand der Herero gedacht und informiert wurde, soll im folgenden Abschnitt untersucht werden.

Überlebende Herero

Der Feldzug gegen die Hereros.

von toten Menschen müßten im Innern des Sandfeldes längs der gewählten Pad liegen. Das wenige Vieh, das sie noch besaßen, war hierbei völlig zugrunde gegangen. Samuel selbst verfügte nur noch über einen Reitochsen.

Daß den Hereros ihr Rückzug durch die Omaheke in der Tat zum Verhängnis geworden war, hatten die Erkundungen der deutschen Aufklärungsabteilungen inzwischen bereits festgestellt. Über das erschütternde Schicksal, das die Masse des Volkes hier gefunden hatte, enthalten die Berichte der deutschen Patrouillenoffiziere geradezu schaurige Einzelheiten.

So berichtete der Oberleutnant Graf Schweinitz:

„Von Ondowu ab bezeichnete eine im Omuramba ausgetretene Fußpad, neben welcher Menschenschädel und Gerippe und Tausende gefallenen Viehes, besonders Großvieh, lagen, den Weg, den anscheinend die nach Nordosten entwichenen Hereros genommen haben.

Besonders in den dichten Gebüschen am Wege, wo die verdurstenden Tiere wohl Schutz vor den versengenden Strahlen der Sonne gesucht hatten, lagen die Kadaver zu Hunderten dicht neben- und übereinander. An vielen Stellen war in 15 bis 20 m tiefen, aufgewühlten Löchern vergeblich nach Wasser gegraben . . . . Alles läßt darauf schließen, daß der Rückzug ein Zug des Todes war . . . . ."

„Die mit eiserner Strenge monatelang durchgeführte Absperrung des Sandfeldes", heißt es in dem Berichte eines anderen Mitkämpfers,*) „vollendete das Werk der Vernichtung. Die Kriegsberichte des Generals v. Trotha aus jener Zeit enthielten keine Aufsehen erregenden Meldungen. Das Drama spielte sich auf der dunklen Bühne des Sandfeldes ab. Aber als die Regenzeit kam, als sich die Bühne allmählich erhellte und unsere Patrouillen bis zur Grenze des Betschuanalandes vorstießen, da enthüllte sich ihrem Auge das grauenhafte Bild verdursteter Heereszüge

Das Röcheln der Sterbenden und das Wutgeschrei des Wahnsinnes . . . . sie verhallten in der erhabenen Stille der Unendlichkeit!" — — — — —

Das Strafgericht hatte sein Ende gefunden.

Die Hereros hatten aufgehört, ein selbständiger Volksstamm zu sein.

*) Bereits veröffentlicht im „Tag" Nr. 569 vom 15. November 1905.

DER VÖLKERMORD AN DEN HERERO: VOM RASSENHASS ZUM SYSTEMATISCHEN MORD

> **Am 17. Oktober 1904 schreibt der Deutsche Otto Seifert an Kaiser Wilhelm II. folgenden Brief:**
> "Mit Unruhe wird wohl jeder Deutsche den 2. Negeraufstand in Südwestafrika gelesen haben. Unsere Truppen stehen einem neuen, starken und grausamen Feinde gegenüber. Unmöglich werden unsere Waffen siegen, wenn nicht zu einem anderen Mittel gegriffen wird. Um diesem Geschlecht einen Begriff unserer Macht über sie beizubringen, müssen unsere retourgehenden Soldaten stets die Trinkstellen gehörig vergiften. Denn wir kämpfen nicht mit ehrlichen Feinden, sondern mit halben Menschen. Wir dürfen niemals den Neger siegen lassen. Wo soll es hinkommen nach solchem Sieg, schon jetzt meinen die Neger, Afrika gehört ihnen, statt dem lieben Gott." [13]

Dieser Brief stammt von einem einfachen Mann. Er ist nur ein Beispiel für eine Einstellung gegenüber den Afrikanern und ihrem Kampf, den Deutsche in jenen Jahren offenbaren. Wie kann es zu einer derartigen Verblendung kommen?

Da ist zunächst die deutsche Reichsregierung, die Informationen unterschlägt, die eine zutreffende Beurteilung des Aufstandes der Herero ermöglichen würden. Die Öffentlichkeit wird durch manipulierte Meldungen in die Irre geschickt. Besonders Schlagzeilen und Stories über die vielen von den Herero "geschändeten" und "abgeschlachteten" deutschen Frauen erregen aufs höchste die Menschen im Deutschen Reich. Zügelloser Haß bricht aus, auf diese "halben Menschen", diese "wilden, vor Wut schäumenden Bestien", von denen man "hundert für jeden gefallen Deutschen totschießen" sollte. Die Herrschenden im Deutschen Reich schüren bewußt den Rassenhaß, um den Kolonialkrieg als gerechtfertigt erscheinen zu lassen. Eine Vielzahl von Soldaten, die sich für die Schutztruppe anwerben lassen, ist von dem Gefühl durch-

Zeitgenössische Abbildungen
Der Afrikaner ist eine blutrünstige, mordlü[sterne Bestie, die] niedergemacht, gejagt, gehetzt, gelyncht wer[den darf.]

drungen, "Rache" an den Herero für ihren Krieg gegen die Deutschen nehmen zu müssen. Rache wofür? Selbst Missionare in Namibia, die den Kolonialkrieg nicht verurteilen, ertragen dieses Maß an Unmenschlichkeit nur schwer. Bereits im Februar 1904 schrieb der Missionar Elger an die Rheinische Missionsgesellschaft in Deutschland: "Die Deutschen sind erfüllt von einem furchtbaren Haß und schrecklichen Rachedurst, ja ich möchte sagen: Blutdurst gegen die Herero. Man hört in dieser Beziehung nichts als: "aufräumen, aufhängen, niederknallen bis auf den letzten Mann, kein Pardon etc. Mir graut, wenn ich an die nächsten Monate denke. Die Deutschen werden ohne Frage schreckliche Rache nehmen."14)

Die Nachrichten, die die deutsche Öffentlichkeit über den Hereroaufstand erreichen, werden maßgeblich durch die Stimmung bestimmt, die unter der deutschen Ansiedlerschaft vorherrscht. Angst um Leben und Land bewirkt, daß Begebenheiten verfälscht und schließlich als Schauermärchen herumgeistern. Angst und Neigungen zu weißer Überheblichkeit, zu zügelloser Brutalität gegenüber allem, was nicht weiße Hautfarbe hat und sich nicht unterordnen will — und daher eine Bedrohung darstellt — schlagen in breiten Kreisen der deutschen Siedler in puren Rassismus um.

...e ohne Züge von Menschlichkeit. Er muß getötet, abgeschlachtet,

In der deutschen Siedlerschaft tobt der Rassismus. Der Farmer Conrad Rust äußert sich am 19. März 1904 in den Alldeutschen Blättern wie folgt:

Für solch' teuflisches Treiben (der Aufständischen), für solch' unbarmherziges Rauben, Morden und Schänden kann es nur eine Strafe geben: den Tod. Darum: Tod den Mördern, Räubern und Plünderern; Tod denen, die dazu anfeuern, und Tod den heulenden Hyänen die an den Greueltaten Wohlgefallen finden. Wer da von Schonung spricht, ist ein Verräter an der weißen Menschheit, ein Verräter an seiner Rasse, ein Verräter an der guten Sache, für die Deutschlands Söhne — Kolonisten und Soldaten — Gut und Blut einsetzen! — Aber unsere, der Kolonisten Forderungen geht noch weiter. Von den überlebenden Mördern, die wir ja kennen, müssen an derselben Stelle, wo sie gemeuchelt, für jeden erschlagenen Weißen mindestens fünf Stück erhängt werden, eine Strafe, die im Hinblick auf das, was sie verbrochen, als äußerst milde bezeichnet werden muß. Zu solchen Maßnahmen zwingt die Notwendigkeit, zwingt das sich im Selbsterhaltungstrieb offenbarende, eherne Naturgesetz. Für den Rest, die Überlebenden: Frohndienste, bis diese Nobili sich bewußt geworden sind: der Weiße, und ganz speziell der Deutsche ist Herr und nicht gesonnen, seine Herrschaft abzutreten.15)

In einer Stellungnahme des Missionars Irle, die am 22. März 1904 im "Reichsboten" erscheint, äußert sich der Missionar zu den Hetzkampagnen in deutschen Zeitungen:

"Nun schreibt man in gewissen Zeitungen von den Greueltaten der Herero, daß sie die Frauen der Ansielder abgeschlachtet, und dort auch Männer kastriert hätten. Was letzteres anbetrifft, so haben gewisse Herero das getan an Weißen, die sich an ihren Frauen und Mädchen schändlich vergriffen hatten... Und was die Frauen anbelangt, die man hier als abgeschlachtet, den Bauch aufgeschnitten bezeichnete, so ist das als unrichtig erwiesen. Sowohl die Frau Pilet und ihre Schwester auf Frauenstein, Frau Külbel mit ihren Kindern auf Oriambo, Frau Lange mit ihrer Schwester auf Klein-Barmen, Frau Bremen mit ihren fünf Kindern auf Otjonjati, Frau Kronewitter auf Otjimbingwe, die alle hingeschlachtet sein sollten, leben noch."16)

111

112

Deutscher Rassismus ist keine Erfindung der Deutschen aus der Zeit des Hererokrieges. Er tritt lediglich in dieser Phase deutscher Geschichte mit besonderer Brutalität hervor. Später, im Nationalsozialismus, übertreffen sich die Deutschen darin nocheinmal selbst.

Unbestreitbar gibt es in Deutschland eine Tradition des Rassismus, die weit älter ist als das Nazireich. Das Christentum, das die Völker des Abendlandes fast zwei Jahrtausende lang indoktriniert hat, lehrte die Unduldsamkeit gegenüber den Juden und Heiden. Schon aus der Zeit der Kreuzzüge, als die Christen zum ersten Mal versucht haben, die Ungläubigen mit dem Schwert auszurotten, sind zahlreiche Vorurteile gegenüber Griechen, Türken, Arabern und Schwarzen überliefert. Bereits im Zeitalter der Entdeckungen prägte sich bei uns ein europazentrisches Weltbild aus, das alle nichtweißen Kulturen verachtete und namentlich die Indianer und Afrikaner auf die Stufen von Wilden und Halbmenschen herabsetzte... Neue Nahrung bekam der Rassismus im Kolonialzeitalter. Das wilheminische Deutschland beteiligte sich, kaum war es mit Blut und Eisen zusammengeschweißt worden, mit eiserner Faust an der Aufteilung der "dritten" Welt unter die europäischen Kolonialmächte und machte seinen verspäteten Eintritt in die Rivalitäten der Kolonialpolitik durch besonderen Schneid wett. Brutal mußten die "Eingeborenen" in Namibia oder Tansania am deutschen Wesen genesen — oder sterben.[17)]

Bei Abbildungen über die deutschen Soldaten stehen Szenen im Vordergrund, die die Strapazen, Entbehrungen, Tapferkeit, den Mut und Schneid der "Schutztruppler" darstellen.

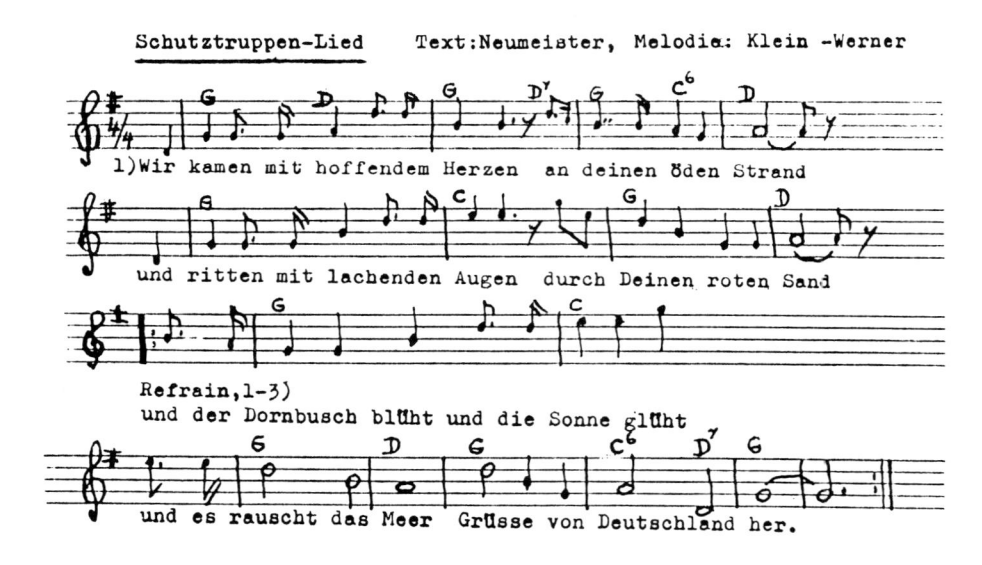

Schutztruppen-Lied Text: Neumeister, Melodie: Klein-Werner

1) Wir kamen mit hoffendem Herzen an deinen öden Strand
und ritten mit lachenden Augen durch Deinen roten Sand

Refrain, 1-3)
und der Dornbusch blüht und die Sonne glüht
und es rauscht das Meer Grüsse von Deutschland her.

    2.) Wir brachten dem Lande den Frieden
       Und der Boden trank unser Blut.
       Aus Sonne, aus Kampf und aus Siegen
       Wuchsen Heimatstolz und Mut.
         : Und der Dornbusch blueht ------ :

    3.) Wir boten das Wasser zur Labe
       Und Frucht wuchs aus rotem Sand
       Und weidende Herden ziehen
       Wie drueben im Vaterland.
         : Und der Dornbusch blueht ------ :

Neben vom Rassismus durchdrungenen Strömungen in der deutschen Siedlerschaft stehen aufrichtige Bemühungen, mit dem Völkermord an den Herero fertigzuwerden. Der folgende Auszug ist dem Fortsetzungsroman "Die Vollrads in Südwest" entnommen, der in der Monatszeitschrift "Kränzchen" im Deutschen Reich erschien. Diese Zeitschrift für "Familie und Haus" hatte im Deutschen Reich eine große Leserschaft.
Ein Freund der Familie Vollrad, der als Offizier am Krieg gegen die Herero teilnahm, berichtet über das Ende der Herero. Im daran anschließenden Gespräch im Familienkreis werden typische Rechtfertigungsargumente weniger radikal eingestellter deutscher Siedler deutlich.

Die Vollrads in Südwest.

Von Henny Koch.

(Fortsetzung.)

Er erzählte dann weiter: "Am anderen Tag brachen wir nun von allen Seiten auf die armen Schlucker herein. Sie wehrten sich, so gut sie konnten. Es war ein blutiger Tag, der am Waterberg; er entschied aber über das Los der stolzen Herero. Was nicht in der Schlacht fiel, das trieben wir in die Durststrecken hinein. Verschwindend wenige sind entkommen. Ein grausiges Ende!
Ich hörte einen berichten, der zu ihrer Verfolgung noch weit hintendrein mit anderen Freiwilligen ritt. Unter den Büschen hockten sie, dicht zusammengebückt, Männer, Weiber und Kinder, und warteten auf den barmherzigen Tod, der sie von ihrer Qual erlösen sollte. So weit das Auge reichte, überall dieselben grausen dunklen Haufen längs des Buschwerks. Da haben die Unsern kehrtgemacht und flohen vor dieser stillen Schar. Tausende und aber Tausende sollen in dieses wüste Gelände hineingedrängt worden sein, fast das ganze Volk der Herero. Und das ist ihr Ende!"
Tiefes Schweigen lag über allen.
"Hatten wir dazu ein Recht?" Hannas Stimme zitterte.
Sie schwiegen alle; dann sagte Herr Vollrad nachdenklich: "Das Recht, das schon gilt, solange die Welt steht, und erst mit ihr vergehen wird: das Recht des Stärkeren und Fleißigeren. Wie ein roter Faden zieht es sich durch die ganze Natur. Sie griffen an und wir wehrten uns unserer Haut; die Folgen mußten sie tragen."
"Wir sind aber in das Land gekommen, das ihnen gehörte!"
"Wer will das entscheiden? Überall in der Welt siegt derjenige, der behaupten kann, was sein ist. Bei den zivilisierten Völkern schützt das Gesetz den Schwachen; das ist sicher ein Fortschritt. Unser deutsches Land ist aber zu eng geworden; es mußte eine Kolonie haben. Die Schwarzen hier besitzen weite Strecken, die sie nicht brauchen. Wir wollten friedlich neben ihnen wohnen, ihnen Gesetze bringen und Schutz. Sie haben es nicht gewollt und mußten dafür büßen. Aber vor uns selbst, vor dem eigenen Gewissen, können wir nur bestehen, wenn wir mit Geduld versuchen, die, denen wir das Land nahmen, wirklich zu Menschen zu machen, sie zu dem Bewußtsein ihres Menschentums zu bringen. Erst dann erfüllen wir die sittliche Pflicht, die uns bis zu einem gewissen Grade berechtigt, in fremdes Gebiet einzufallen. Was wir durch sie gegen ihren Willen gewinnen, das sollen wir ehrlich wettzumachen suchen dadurch, daß wir ihnen als Gewinn bringen, was wir Kultur nennen. So denke ich und danach will ich handeln."[18]

MARENGO

Juni 1904. Die deutschen Schutztruppen stehen noch im Kampf mit den Herero, als beunruhigende Nachrichten aus dem Süden des Landes die Runde machen: Deutsche Siedler werden "aus heiterem Himmel" überfallen, Waffen und Vieh werden beschlagnahmt, Farmgebäude niedergebrannt. Eine Gruppe von Afrikanern —Nama sind es, die im Süden Namibias siedeln — taucht auf, handelt und verschwindet wieder spurlos. Das kaiserliche Gouvernement in Windhoek ist aufs höchste alarmiert. Aufstände anderer namibischer Stämme bedeuten einen drohenden Zweifrontenkrieg. Und das ist das Letzte, was sich die deutsche Kolonialmacht wünscht. Es gibt noch einen zweiten Grund, der nervös macht: Der Kriegstaktik der Herero, sich in Entscheidungskämpfen zu stellen, fühlen sich die Deutschen noch gewachsen. Das haben sie auf ihren Kriegsakademien gelernt. Von der Taktik eines Guerillakampfes, die die Nama anwenden, haben die jedoch keine Ahnung. Die Schlappen, die deutsche Truppeneinheiten schon einmal im Krieg gegen den Nama-Häuptling Hendrik Witbooi in den neunziger Jahren erlitten, sind nicht vergessen.

Wer ist der Anführer dieser Aufständischen?

Ein Mann namens Jakob Marengo. Eine faszinierende Gestalt. Ein Mann, der in der Geschichte des namibischen Volkes von Unterdrückung und Widerstand zum Held geworden ist.

Welches sind seine Eigenschaften?

Der deutsche Schriftsteller Uwe Timm faßt sie in seinem Roman "Morenga" (verbreitete Schreibweise für Marengo) in folgende Worte:

> "Morenga reitet einen weißen Schimmel, den er nur alle vier Tage tränken muß. Nur eine Glaskugel, die ein Afrikaner geschliffen hat, kann ihn töten. Er kann in der Nacht sehen wie am Tag. Er schießt auf hundert Meter jemanden ein Hühnerei aus der Hand. Er will die Deutschen vertreiben. Er kann Regen machen. Er verwandelt sich in einen Zebrafinken und belauscht die deutschen Soldaten."[19]

Was hier ein Schriftsteller der achtziger Jahre unseres Jahrhunderts zu einer Charakterisierung Marengos verarbeitet hat, dürfte kaum den Gedanken ähneln, die Deutsche des Jahres 1904 bei dem Namen "Marengo" bewegten. Sie regen sich über die "Unverschämtheiten" Marengos auf, die bekannt werden. Darunter ist eine, die besonders erbittert, weil sie die "deutsche Ehre" schmählich verletzte: Marengo hatte dem Hauptmann Wehle alle Pferde und Maultiere abgetrieben. Aber nicht genug der Schande, daß der Hauptmann und seine Leute zu Fuß ins Quartier zurückkehren mußten. Marengo schrieb auch noch einen Brief an den Hauptmann, in dem er ihn bat, seine Tiere in Zukunft besser zu füttern, damit man nicht wieder mit solchen Schindmähren vorlieb nehmen müsse.

Wer ist dieser Marengo, den deutsche Schutztruppler als den gefährlichsten Gegener der Deutschen ansehen?

Marengos Vater ist Herero, seine Mutter Nama. Marengo wird aufgrund seiner Führereigenschaften von den Bondelzwart-Nama als Häuptling anerkannt. Marengo gelingt es, sich den Nachstellungen der Deutschen zu entziehen und sich nach und nach durch Überfälle mit Waffen, Munition und Lebensmitteln für den geplanten Krieg gegen die Deutschen auszustatten. In den folgenden Kämpfen erleiden die Deutschen eine Niederlage nach der anderen. "Das Gefecht wurde rechtzeitig abgebrochen", heißt es auf deutscher Seite. Marengo wird zum anerkannten und von den Kolonialtruppen gefürchteten Meister des Guerilakampfes. Seine Erfolge führen ihm zahlreiche Mitkämpfer zu, Nama wie Herero. Für Marengo gibt es kein Stammesdenken. Wie für das kämpfende Volk der Herero im Norden Namibias, ist auch sein Gegner die deutsche Kolonialmacht.

Am 29. Mai 1906 stellt sich Marengo den Fragen eines Reporters der in Südafrika erscheinenden "Cape Time".
Reporter: Wissen Sie, daß Deutschland eine der mächtigsten Militärmächte der Welt ist?
Marengo: Ja, darüber bin ich mir im klaren; aber die Deutschen können nicht in unserem Land kämpfen. Sie wissen nicht, woher sie das Wasser nehmen sollen, und sie verstehen nichts von der Guerillakriegsführung.
Reporter: Warum haben Sie den Krieg begonnen?
Marengo: Weil ich zu der Überzeugung gekommen bin, daß uns die Deutschen grausam behandelt haben, wie Hunde, und wir uns das nicht gefallen lassen, sondern lieber kämpfen und sterben sollen. Sonst gibt es für uns keine Gerechtigkeit.

Eine Beschreibung der Person Jakob Marengos findet sich unter den Materialien, die der Große Generalstab über die Kämpfe der deutschen Truppen in Südwestafrika 1907 veröffentlichte:

Jakob Morenga, ein Herero-Bastard von dem kleinen im Gainabrevier (östlich der großen Karras-Berge) mitten unter den Hottentotten sitzenden Stamme, hatte früher in den englischen Minen in Südafrika gearbeitet, sich einiges Geld und eine für einen Neger nicht geringe Bildung erworben. Er spricht Englisch und Holländisch, versteht Deutsch und hat sich überhaupt im Verlauf des Krieges als eine ganz ungewöhnliche Erscheinung unter den Negern erwiesen, sowohl durch die Umsicht und Tatkraft, mit der er seine Unternehmungen geführt hat, als insbesondere dadurch, daß er den in seine Hände gefallenen Weißen gegenüber sich der bei seinen nördlichen Stammesgenossen üblichen bestialischen Grausamkeit enthielt, ja da und dort sogar eine gewisse Großmut bewies. In mannigfachen Unterhaltungen, die mit ihm gepflogen wurden, zeigte er sich verhältnismäßig zuverlässig. Für seine ungewöhnliche Bedeutung spricht allein schon der Umstand, daß er als Schwarzer eine führende Rolle unter den Hottentotten spielen konnte.[20]

Marengo mit Guer[illeros]

DER AUFSTAND DER NAMA

Hendrik Witbooi, Oberhaupt der Nama, ist 1904 ein alter Mann. Die Zeit, als er als unbestrittener Führer eine Vielzahl von namibischen Stämmen im Kampf gegen die Deutschen vereinigte, liegt zehn Jahre zurück. In jenen Jahren war er in der namibischen Geschichte als eine weitschauende Persönlichkeit hervorgetreten, die frühzeitig die Folgen der Anwesenheit der Deutschen im Land erkannt hatte: zunehmende Verdrängung der Afrikaner von ihrem Land, Enteignung, Unterdrückung, Ausbeutung und schließlich eine Zukunft, die die Namibier in ihrem eigenen Land zu Sklaven der Deutschen machen würde. Nach dem Aufstand der Nama war es still geworden um Hendrik Witbooi. Der Witbooi-Stamm, durch die Kriege völlig verarmt, wurde durch die deutsche Kolonialmacht so niedergehalten, daß er ihr nicht mehr gefährlich werden konnte. So wähnen sich die Deutschen vor neuen Aufständen der Witbooi lange Zeit sicher: Sie schätzen die Witbooi als treue und zuverlässige Gefolgsleute der Deutschen ein. Doch ein tiefes Mißtrauen ist geblieben. Ein Sprichwort lebt in der Erinnerung weiter, das vor vielen Jahren aufgekommen war. "Man sagt im Lande, daß es drei große Plagen gäbe: die Witbooi, die Heuschrecken und die Hunde der Truppe", notierte ein Herr von Bülow 1896 in seinem Buch "Deutsch-Südwestafrika. Drei Jahre im Lande Hendrik Witboois". Die Witbooi zeigten sich, solang die Deutschen mit ihnen zu tun hatten, überaus lernfähig, was Umgangsformen, Lebensstil, Verhandlungs- und Kriegstaktiken und — die Schwächen der Deutschen anbelangte. Dies widerstrebend zu vermerken, sah sich mancher Deutsche gezwungen, wenn er von einem Witbooi mit seinen eigenen Methoden geschlagen wurde.

Die Angst vor den Nama lebt also unter der Oberfläche weiter. Das Volk der Herero ist noch nicht in den Tod in der Omaheke getrieben, da erheben sich schon Stimmen aus deutschen Kolonialistenkreisen, die sich für eine "Endlösung", eine Ein-für-allemal-Schluß-Lösung der "Kafferngefahr" in Namibia überhaupt stark machen. Die Hetze richtet sich nun gegen die Witbooi. Sie findet reichlich Nährboden unter den verängstigten deutschen Siedlern in Namaland, die fürchten, bald Opfer eines Nama-Aufstandes zu werden. Regelungen und Maßnahmen werden diskutiert, die Nama zu entwaffnen. Dem Generalgouverneur Leutwein ist diese Kriegstreiberei nicht recht. Er fürchtet, daß die Nama zu einem Widerstandskrieg geradezu herausgefordert werden. Doch die jüngeren Nama-Unterführer sind bereits entschlossen, in den Kampf

Hendrik Witbooi

gegen die Deutschen zu treten. Die Erfolge Marengos im Süden ermutigen sie. Und sie teilen die Befürchtungen vieler Nama, daß nun sie, nach der Niederschlagung des Hereroaufstandes, an der Reihe sind. Die Situation in Namaland wird immer unerträglicher: Über die für die Nama vorgesehenen Landesgrenzen schweigt sich die deutsche Schutzmacht immer noch aus; Land, das die Nama als ihr eigenes ansehen, nehmen unvermindert deutsche Siedler in Beschlag; und die Nama sind völlig rechtlos gegenüber den deutschen Kolonialherren, die ohne Anlaß morden und nach Belieben Afrikaner mißhandeln. Nocheinmal entschließt sich Hendrik Witbooi, den ungleichen Kampf zwischen Nama und Deutschen aufzunehmen. Er stellt sich an die Spitze der Widerstandsbewegung. Seiner Aufforderung, sich dem Aufstand anzuschließen, folgen andere Nama-Stämme. Anfang Oktober 1904 bricht der Aufstand der Nama aus. Wirklichkeit und Gerüchte über die Kriegshandlungen der Nama klaffen, wie im Hereroaufstand, wieder weit auseinander. Den wüstesten Falschmeldungen, die wiedereinmal Morde an deutschen Frauen, Kindern und Missionaren der reichsdeutschen Öffentlichkeit präsentieren, steht die Absicht der Nama entgegen, unnötiges Blutvergießen zu vermeiden und insbesondere Frauen und Kinder zu schonen.

In den ersten Tagen des Aufstandes der Nama sendet der Unterkapitain der Witbooi, Samuel Isaak, folgende Botschaft an den Feldwebel Beck, stellvertretender Platzkommandant von Gibeon/Namaland:

"Feldwebel, ich stelle Dir frei, alle Frauen und Kinder auf den Wegen nach Lüderitzbucht zu schaffen, damit dieselben nach Deutschland fahren können, auch Männer ohne Waffen mit Witbooi-Abzeichen können sich denselben anschließen und wird ihnen dann nichts geschen."[21]

Scheinangebote der deutschen Truppenführung zu Friedenverhandlungen zwischen Deutschen und Nama beeindruckten Hendrik Witbooi in keiner Weise:

"Friede ist zugleich der Tod meiner Nation, denn ich weiß, daß da keine Herberge für mich ist unter Euch. Und ferner von dem Frieden, über den Ihr sprecht, so erwidere ich Euch, daß Ihr mich wie Euer Schulkind über Euren Frieden belehrt. Denn wie Euch selbst bekannt ist, habt Ihr mich so viele Mal als Vorspann gehabt in Friedenszeit und was sehe ich in Eurem Frieden anderes, als uns zu vernichten mit allen Leuten, denn Ihr habt mich kennengelernt und ich habe Euch kennengelernt in unserer Lebenslänge."[22]

Vor der Veranda eines zur Verteidigung eingerichteten Wohnhauses in Windhoek

Der Aufstand der Nama wird für die Deutschen zu einer militärischen Blamage: etwa 15.000 deutsche Soldaten sind nötig, um tausend bis zweitausend kämpfende Nama, später sind es nur noch wenige hundert, nicht zum Sieg kommen zu lassen. Es sind die Nama, die mit ihrer Guerillataktik in unwegsamem Gelände den deutschen Truppen die Kämpfe immer wieder dann aufzwingen, wenn sie es für richtig halten.

Am 25. Oktober fällt der greise Witbooi. Der Krieg und der Verlust seiner Führergestalt schwächen den Witbooi-Stamm. Er tritt aus der Widerstandsfront aus. Aber ein Ende des Krieges ist für die Deutschen damit noch keineswegs absehbar. Immer noch halten ein halbes Dutzend Nama-Einheiten mit mehr als 300 Kämpfern – darunter Marengo und seine Leute – die deutsche Kolonialmacht länger als zwei Jahre in Trab. Wo völlige Erschöpfung Nama-Kampfgruppen zur Ergebung zwingt, ist für die überlebenden Männer, Frauen und Kinder der Weg in deutsche Gefangenschaft vorgezeichnet.

Am 31. März 1907 erklärt der deutsche Generalstab die Aufhebung des Kriegszustandes in Namibia. Die meisten kämpfenden Nama-Gruppen sind ausgeblutet und müssen den Widerstand aufgeben. Doch "Ruhe und Ordnung" herrscht noch nicht im Land. Dies jedoch vorzeitig zu verkünden, dazu veranlaßt die Deutschen der ihrem militärischen Prestige abträglich lange dauernde Krieg und nicht zuletzt das Drängen aus Wirtschaftskreisen, die der Kriegszustand in ihren Geschäften behindert.

Weniger behindert werden die Deutschen nunmehr von den Afrikanern. Der dreijährige Guerillakampf hat nahezu die Hälfte des Nama-Volkes vernichtet. Von den Herero, die vor dem Hereroaufstand auf 60.000 bis 80.000 Menschen geschätzt wurden, haben nicht mehr als 16.000 Menschen den Vernichtungskrieg überlebt. 1906 wird die Gesamtzahl der gefangenen Herero mit knapp 15.000 angegeben. Ein Teil der Kriegsgefangenen ist zu Zwangsarbeit beim Bahnbau eingesetzt. Andere Gefange werden in das kaltfeuchte Klima an der namibischen Atlantikküste verschleppt.

Maschinengewehr im Gefecht gegen aufständische Nama bei Aob (1905)

Windhoek nach dem Aufstand.

Gruppe Kriegsgefangener Hottentotten Deutsch-Süd-West-Afrika

Postkarte mit kriegsgefangenen Nama, offensichtlich überwiegend Kinder.

Herero auf dem Transport nach Swakopmund.

Es herrschte tiefer Friede...

Auszug aus dem Bericht eines Schutztrupplers

"Hier herrscht...tiefer Friede, das Leben verläuft beinahe wie zu Hause in der Garnison. An den Krieg erinnern nur die auf der kleinen Haifischinsel untergebrachten Hottentotten, darunter die Frau des Kapitäns Kornelius, Tochter von Hendrik Witbooi. Dann sind noch männliche Herero-Gefangene da, die zu Arbeit aller Art verwendet werden. Die Sterblichkeit unter ihnen ist groß. Trotz des guten Essens, das sie erhalten, gehen viele an den Folgen der durchgemachten Entbehrungen, denen selbst ihr Körper nicht gewachsen war...(ein)."[23)]

Das ungesunde Klima rafft viele Afrikaner dahin. Angehörige der gefürchteten Stämme der Nama werden im Herbst 1906 auf die Haifischinsel vor der Lüderitzbucht deportiert, wo auch einige hundert Herero gefangen gehalten werden. Die Haifischinsel wird für viele Afrikaner zur "Todesinsel". Allein im Dezember 1906 sterben 270 Nama und jeder Monat rafft weitere hundert dahin. Erst als das Ausmaß dieser skandalösen Behandlung der Kriegsgefangenen nicht mehr vor einer internationalen Öffentlichkeit zu verheimlichen ist, werden die paar hundert Überlebenden und bereits vom Tode Gekennzeichneten wieder auf das Festland überführt. Jeder zweite Kriegsgefangene Nama und Herero war gestorben. Am 21. September 1907 fällt Marengo im Kampf mit englischen Truppen, die sich mit den deutschen Truppen verbündet haben.

So war es in der Kolonie Deutsch-Südwestafrika zum "Frieden" gekommen, ein Werk, mit dem sich bis heute Deutsche brüsten. Sie basteln an Lügen, die ihr Handeln rechtfertigen sollen. Mit einem derart von Schuldgefühlen bereinigten Gewissen krempeln sie nun wieder tatkräftig die Ärmel auf und räumen ersteinmal mit allem gründlich auf, was die wirtschaftliche Entwicklung der Kolonie noch behindert.

Arbeitsvorschlag:
- Nenne Gründe, die zu den großen afrikanischen Aufständen führten.
- Versuche zu erklären, was "Rassismus" ist. Welche Gründe könnten für seine Entstehung in Namibia eine Rolle gespielt haben?
- Wie wurde Namibia "befriedet"?

Deutsche Schutztruppler im Wirtshaus von Lüderitzbucht

In der deutschen Kolonialliteratur werden die Verluste, die die Deutschen hinnehmen mußten, breit gewürdigt. In dieser zeitgenössischen Sichtweise existieren die Afrikaner überhaupt nicht.

"Die Kolonie Deutsch-Süwestafrika hat dem Deutschen Reiche bisher unter allen die schwersten Opfer auferlegt; nicht bloß Geldaufwendungen hat sie notwendig gemacht, sondern das Leben vieler Farmer und ihrer Angehörigen ist verloren gegangen, das Blut tapferer Offiziere und Soldaten der Schutztruppe und Marine, sowie der in den Aufstandsjahren zusammengezogenen größeren Truppenmacht ist geflossen. Viele Werte sind vernichtet, die Errungenschaften des Fleißes früherer Jahre zunichte gemacht, und es steht nunmehr bei der Energie der Deutschen Regierung und aller in Südwestafrika Ansässigen, die Verluste durch erneute Arbeit wett zu machen und das Verlorene wieder aufzubauen."[24]

"Der Reiter von Südwest"
Das Standbild wurde am 27. Januar 1912, "an des Kaisers Geburtstag", in Windhoek eingeweiht. Das Denkmal trägt eine Bronzetafel mit folgender Inschrift:
Zum ehrenden Andenken an die tapferen deutschen Krieger, welche für Kaiser und Reich zur Errettung und Erhaltung des Landes während des Herero- und Hottentottenaufstandes 1903 bis 1907 und während der Kalahariexpedition ihr Leben ließen.
Zum ehrenden Andenken auch an die deutschen Bürger, welche den Eingeborenen im Aufstande zum Opfer fielen. Gefallen, verschollen, verunglückt, ihren Wunden erlegen und an Krankheiten gestorben:

von der Schutztruppe:		von der Marine:		Im Aufstand erschlagen:	
Offiziere	100	Offiziere	7	Männer	119
Unteroffiziere	254	Unteroffiziere	13	Frauen	4
Reiter	1180	Mannschaften	72	Kinder	1

Hendrik Witbooi, Enkel des berühmten Widerstandskämpfers gegen die deutsche Kolonialmacht Hendrik Witbooi, bei den Feierlichkeiten in Gibeon. Hendrik Witbooi ist Vizepräsident der SWAPO und lebt in Gibeon. Er ist Pastor und Leiter einer unabhängigen kirchlichen Schule. Seine politische Arbeit, die in der Tradition des namibischen Unabhängigkeitskampfes und für den ungebrochenen Widerstandswillen gegen Fremdherrschaft und Unterdrückung steht, wird von der südafrikanischen Besatzungsmacht scharf kontrolliert und immer wieder zu behindern versucht.

Fremdherrschaft in Namibia dauert bis heute an. Mit Feierlichkeiten gedenken viele Menschen ihrer langen Geschichte von Unterdrückung und Widerstand. Ein Bericht über Festlichkeiten in Gibeon/Namaland, 1982:

"Jedes Jahr während der letzten Oktoberwoche ist Gibeon, eine kleine Stadt im Süden Namibias, Ort eindrucksvoller Gedächtnisfeiern. Hunderte von Reitern in traditioneller Kriegskleidung, mit Pferden und Gewehren, führen militärische Schauübungen auf. Afrikanische Lieder und Tänze zeugen vom entschlossenen Willen zum Widerstand gegen unsere Gegner. Die Feiern rufen die unsterblichen Taten unserer Vorväter in Erinnerung, auf die wir stolz sind und erinnern an die vielen Kämpfer, die im Widerstand gegen den deutschen Kolonialismus fielen. Dies ist in Kürze, wie Gibeon — eine Stadt, die unsere Feinde als "fest in der Hand von SWAPO" und andere als einen Ort beschreiben, wo "der Geist von Unabhängigkeit, ja Herausforderung alles durchdringt" — der gefallenen nationalen Helden wie Hendrik Witbooi gedenkt."[25]

10. Kapitel

Vom Nutzen des Völkermords für die deutsche Kolonialmacht

1908 wurden in Namibia Diamanten entdeckt. Die Zahlen für den Export aus der Kolonie stiegen schlagartig an. Die Diamantenvorkommen in Namibia werden heute von der Consolidated Diamond Mines Ltd. und De Beers (CDM South Africa) ausgebeutet. Diamanten sind bis heute wichtiger Exportartikel der namibischen Wirtschaft.
Hier: Kolonialminister Dernburg auf Diamantensuche – ein Bild aus der Frühzeit der Diamantenausbeute in Namibia.

Die Niederschlagung der afrikanischen Aufstände hat das Deutsche Reich eine enorme Summe Geld gekostet. Die Bestandsaufnahme nach dem Kolonialkrieg sieht düster aus: Zuwenig afrikanische Arbeitskräfte (da der Krieg unzähligen das Leben gekostet) und Mangel an Vieh, (das der Krieg vernichtet hatte). Doch der Krieg hat auch eine Verbesserung der Infrastruktur gebracht: Eisenbahnlinien für die Truppentransporte wurden gebaut. Eine Reihe von Maßnahmen, im Krieg begonnen und nach dem Krieg weitergeführt, waren zur Sicherung der weißen Herrschaft beschlossen worden: die Landenteignung afrikanischer Stämme und ein verschärftes Kontrollsystem. Nach dem Krieg erreichen Ausschreitungen Weißer gegen Afrikaner einen Höhepunkt. Strafprozesse gegen Weiße, die gleichwohl die Afrikaner benachteiligen, finden statt. Das Kontraktarbeitersystem wird eingeführt. Afrikanischer Widerstand lebt wieder auf. Die Jahre nach dem Krieg führen zu einem wirtschaftlichen Aufschwung der weißen Kolonialwirtschaft, zu dem unter anderem die Entdeckung von Diamantenvorkommen beiträgt.

Absichten:

- Wir beschäftigen uns mit Namibia nach den großen afrikanischen Aufständen: Wie gehen Deutsche mit der Nachkriegssituation um?
- Wir fragen nach den Nutznießern des Kolonialkrieges.
- Wir gehen auf die Lebensbedingungen der Afrikaner ein.
- Wir bringen Informationen zur weißen Kolonialwirtschaft, die um 1909 einen Aufschwung nimmt.
- Wir beschäftigen uns mit der Geschichte des weißen Geschäftes mit namibischen Diamanten.

Weihnachtsglocken im Deutsch-Südwest.

Das Weihnachtsfest 1908 ist in Namibia nach langen Jahren das erste, das nicht im Zeichen von Krieg, afrikanischen Aufständen und Widerstandsaktionen gefeiert wird. 1908 gilt die Kolonie als endlich "befriedet: Durch den Völkermord an den Herero und die Vernichtungspolitik an den Nama ist für eine oberflächliche Ruhe im Land gesorgt.
Die Zeitschrift "Kolonie und Heimat" bringt in ihrer Weihnachtsausgabe 1908 auf ihrer Titelseite diese Abbildung in Großformat. Die Engel, Symbol für die Existenz einer göttlichen Macht, haben eine weiße Hautfarbe. Zwei Afrikaner, stellvertretend für das ausgeblutete und unterworfene namibische Volk, betätigen die Glocken zum Ruhme der (weißen) göttlichen Macht, die den "Frieden" gebracht hat.

"PRÜFEN WIR, WELCHES GESCHÄFT WIR GEMACHT HABEN..."

Nüchterne Kolonialpolitiker haben – über alles Auf und Ab sensationeller und weniger sensationeller Kriegsereignisse hinweg – nie vergessen, daß Kolonien letztlich ein knallhartes Unternehmen sind. Für die Kolonialherren, Politiker, Wirtschaftsgesellschaften und Siedler zählt der Gewinn, der unter dem Strich herauskommt. Die Kosten für die Niederschlagung der großen Aufstände waren enorm. Wie steht es mit dem Nutzen? Rückschauend zieht der ehemalige Gouverneur von Namibia, Leutwein, folgende Bilanz:

> "Prüfen wir..., welches Geschäft wir mit unserer Gewaltpolitik gemacht haben, so tritt ein Bild zutage, das nicht die mindeste Ähnlichkeit mit einem vorteilhaften besitzt. Gegen den Einsatz von mehreren hundert Millionen Mark und von einigen tausend Soldaten haben wir von den drei wirtschaftlichen Werten der Kolonie, dem Bergbau, der Viehzucht und den eingeborenen Arbeitskräften, den 2. gänzlich und den 3. zu zwei Dritteln zerstört."[1]

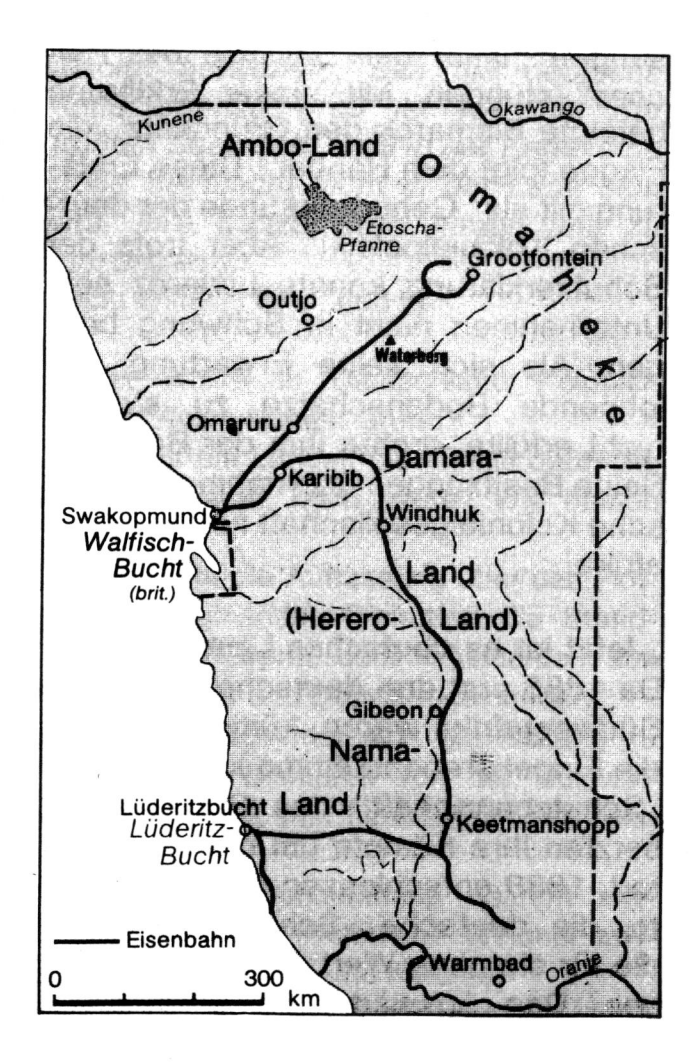

Bei der Tragödie, die die deutsche Raub- und Ausrottungspolitik insbesondere für die Herero und Nama bedeutete, hält sich Leutwein in diesem Zusammenhang nicht auf. Bemerkenswert ist für ihn, daß durch den Krieg zwei wichtige Wirtschaftsfaktoren nahezu völlig vernichtet wurden: das für die landwirtschaftliche Nutzung wichtige Vieh und eben auch die für den Aufbau einer weißen Wirtschaft unverzichtbaren einheimischen Arbeitskräfte. Sieht es mit dem Geschäft für die Deutschen wirklich so übel aus? Durchaus nicht immer. Es gibt einige Großverdiener am Krieg. Da sind an erster Stelle die großen Landgesellschaften in Namibia, die die Kriegssituation hervorragend für Landgeschäfte und ihren Warenhandel auszunutzen verstanden und kräftig Gewinne machten. Auch für den Hamburger Reeder Adolf Woermann, Monopolist für die Truppentransporte nach der Kolonie, wurde der Krieg ein ausgezeichnetes Geschäft. Die Truppenausrüstungsfirma Tippelskirch gehört gleichfalls zu den Großverdienern am Krieg.

Hohe wirtschaftliche Einbußen hatten viele weiße Farmer hinnehmen müssen. Der Krieg hatte ihre Viehbestände vernichtet, Land war verwüstet worden und die Gebäude waren zum Teil zerstört. Die Farmer erhalten jedoch durch das Deutsche Reiche eine "Aufwandsentschädigung". Diese Entschädigung besteht zum Teil aus Vieh, das von den Afrikanern erbeutet worden ist. Für die erforderlichen Truppentransporte war der Ausbau zweier wichtiger Bahnstrecken beschleunigt worden: die Bahnlinie Swakopmund-Winhoek und die Otavibahn. Die Otavibahn verbindet den Hafen Swakopmund mit den Kupferminen in Tsumeb und Grootfontein, die von europäischen Gesellschaften ausgebeutet werden. Diese Bahnlinie schließt zudem eine Reihe von Farmen an das bequeme und kostengünstige Transportmittel Bahn für Vieh an. Auch der während des Aufstandes der Nama 1905 begonnene Bau der Südbahn vom Hafen Lüderitzbucht nach Keetmanshoop erschloß wichtiges Farmland. Nutzen aus dem großen Krieg hatten die Deutschen nicht nur in wirtschaftlicher, sondern auch in rechtlicher Hinsicht für die Festigung ihrer Kolonialherrschaft gezogen. Bereits während der Aufstände hatte die Kolonialmacht begonnen, Maßnahmen zu ergreifen, die ihre Herrschaft über Land und Afrikaner absichern sollten:

1905: Die Herero und einige Nama-Stämme wurden ihres Landes enteignet. Das Land wurde zu "Kronland" erklärt.
Mischehen zwischen Afrikanern und Weißen wurden verboten.

1906 und 1907: Eine Reihe von sogenannten "Eingeborenenverordnungen" wurden erlassen. Ihre wichtigsten Bestandteile und unmittelbaren Folgen waren:
– völlige Landenteignung der Afrikaner und Verbot des Landerwerbs für Afrikaner;
– Zwang zur Auflösung der Stammesorganisationen. Häuptlinge und Großleute wurden als Rädelsführer und Schuldige am Aufstand hingerichtet;
– ein Viertel der überlebenden Nama und Herero wurde in fremde Landesteile, teilweise auch in andere deutsche Kolonien, deportiert;

Die Einziehung von sogenannten Stammesvermögen erstreckte sich auch auf die 1898 geschaffenen Reservate für Afrikaner, die den Beginn staatlich verwalteter Apartheidpolitik markierten.

Kaiserliche Verordnung, betr. die Einziehung von Vermögen Eingeborener im südwestafrikanischen Schutzgebiet.

Vom 26. Dezember 1905

§ 1. Das Stammesvermögen solcher Eingeborenen, welche gegen die Regierung, gegen Nichteingeborene oder gegen andere Eingeborene kriegerisch-feindselige Handlungen begangen oder bei diesen Handlungen mittelbaren oder unmittelbaren Beistand geleistet haben, einschließlich der nach der Verordnung, betreffend die Schaffung von Eingeborenenreservaten, vom 10. April 1898 gebildeten Reservate, kann ganz oder teilweise eingezogen werden. Die Einziehung wird durch den Gouverneur verfügt.

§ 2. Die Einziehung kann auch verfügt werden, wenn sich nur ein Teil eines Stammes der im § 1 bezeichneten Handlungen schuldig gemacht hat. 2)

Gegen die kaiserliche Verordnung vom Dezember 1905 wird aus den Reihen der Liberalen und Zentrumspolitiker im Deutschen Reichstag scharfe Kritik laut, die sich gegen die Entrechtung und Enteignung der Afrikaner richtet. Diese Kolonialkritiker stellen jedoch zu keiner Zeit Kolonialbesitz in Frage. Auch Proteste aus dem rechten Flügel der Sozialdemokraten haben hier ihren Ort.

Mathias Erzberger, Abgeordneter des Zentrums, in einer Reichstagsrede:

"Es ist im Grunde nichts anderes als eine im großen vorgenommene Beraubung der Eingeborenen... Nicht nur die Stammesorganisation soll aufhören... auch das Stammesvermögen wird den Eingeborenen entzogen. Ein solcher moderner Raubzug ist eines Rechtsstaates unwürdig. Nach Durchführung der Verordnung sind die Eingeborenen in Südwestafrika verarmte Sklaven, die in keiner Weise sich wieder emporarbeiten können... Der Schwarze wird 'Arbeitstier' beim Weißen! Eine moderne Sklaverei hält mit dieser Verordnung ihren Einzug in Südwestafrika." 3)

— alle Afrikaner vom achten Lebensjahr an wurden verpflichtet, sich durch eine Paßmarke ("Paß") auszuweisen;
— wer nicht nachweisen konnte, wodurch er seinen Lebensunterhalt bestritt, konnte als Landstreicher bestraft werden.

Mit diesen Verordnungen wurde ein nächstes Kapitel deutscher Kolonialpolitik eröffnet: die totale Erfassung der 25.000 überlebenden Nama und Herero, um das Netz lückenloser Ausbeutung afrikanischer Arbeiter enger zu knüpfen. Bittere Not zwingt die Afrikaner nach der Zerschlagung ihrer Stammesorganisation und ihres Besitzes, in die ausgebreiteten Arme der weißen "Arbeitgeber".

Karikatur 1980
Die Peitsche, mit der heute die Afrikaner von der rassistischen Besatzungsmacht Südafrika – die die deutsche Kolonialmacht ablöste – in Unterdrückung gehalten werden, heißt "Apartheid". Apartheid bezeichnet ein System der Rassentrennung zur Sicherung weißer Herrschaft, das unter anderem auf Reservaten für Afrikaner beruht – eine Erfindung der Deutschen. Die Peitsche als "Zuchtmittel" für Afrikaner, die sich dem Gewaltsystem nicht unterwerfen, ist modernen Strafmethoden wie Elektroschocks gewichen.

"DIE AFRIKANER SIND IN GENÜGENDER ZAHL ALS WILLIGE ARBEITER ZU HALTEN..."

Mit der Zerschlagung der großen Aufstände sind die viehzüchtenden Herero und Nama, die ehemaligen Herren des Landes, besitzlos geworden. Sie sind nicht viel mehr als "nacktes Menschenmaterial", wie es zu jener Zeit heißt. Unter dem Zwang, Lohnarbeit bei den Weißen aufzunehmen, vollzieht sich in Namibia die Umwandlung der Afrikaner in eine recht- und besitzlose schwarze Lohnarbeiterklasse. Die Afrikaner arbeiten auf den Farmen der Europäer, im Kupfererzabbau und an den Bahnstrecken.

Doch Arbeitermangel macht sich in diesen "friedlichen" Zeiten, in denen die Wirtschaft ausholt, um sich zu entwickeln, überall fühlbar bemerkbar. Klagen über fehlende Arbeitskräfte reißen nicht ab. Es beginnen systematische Jagden auf Afrikaner, die sich bisher noch der zwangsweisen Erfassung zu entziehen vermochten und in unwegsamen Regionen untertauchten. Gruppen von Afrikanern fliehen in benachbarte Länder. Die Forderungen von weißen Farmern und der kolonialfreundlichen Presse, Gegenmaßnahmen zu ergreifen, überbieten sich gegenseitig: Verstärkung der Polizei; Erweiterung der Befugnisse zum privaten Waffengebrauch gegen Afrikaner; Polizeifunktionen für vertrauenswürdige Farmer; Razzien in den "Viehräubernestern" (damit sind afrikanische Wohnplätze gemeint) – das sind nur einige: "Der im entlegenen Schlupfwinkel des Gebirges sitzende Kaffer, der im Buschfeld hungernde Herero, der durch die Steppe streifende Buschmann, sie alle dürfen sich keinen Augenblick sicher fühlen", fordert 1911 ein Schreiber in der "Deutschen Kolonialzeitung". Die Deutschen fackeln kaum lange, wenn sie sich widersetzender Afrikaner habhaft werden. Ihre Strafmethoden reichen von Quälereien und Mißhandlungen bis zu Erschießungen. Die Afrikaner sind den Weißen schutzlos ausgeliefert.

Die Jahre nach den Aufständen bis zum Ende der deutschen Kolonialherrschaft 1915 sind eine furchtbare Leidenszeit für das namibische Volk unter den Deutschen. Nun, da die Deutschen das meiste Land besitzen, fühlen sie sich erst recht als die Herren. Obwohl das Recht zur Bestrafung der neu eingerichteten Polizei vorbehalten ist, führen die Siedler eigenmächtig Bestrafungen durch. Berühmt-berüchtigt ist der Schambock, eine schwere Nilpferdpeitsche. In einem Gutachten des Reichskolonialamtes heißt es dazu:

Referentengutachten vom 31. August 1905

Der in Südwestafrika angewendete Schambock ist 50 bis 100 cm lang. Am Handende ist er rund oder kantig, etwa 1 1/2 bis 2 cm dick, am Schlagende rund, etwa 1 cm dick, das heißt im Durchmesser. Das Schlagende ist meistens durch Aneinandernähen der beiden Seiten eines Streifens Flußpferd- oder Giraffenhaut entstanden. Es kommt in Südwestafrika vor, daß in die Rille dieser vernähten Seiten ein Draht eingenäht wird; dieser Draht macht aus dem Schambock ein Marterinstrument, welches mit äußerster Strenge zu verhindern ist. Das einzige Mittel, dieses Instrument zu vermeiden, ist eine strenge Überwachung der Exekution. Es dürfte deshalb zu erwägen sein, ob nicht die Anwesenheit des Arztes beziehungsweise des Lazarettgehilfen beizubehalten ist. Die Polizeiorgane genügen nicht, da sie meist zur äußertsen Strenge neigen.[4]

Nicht selten peitscht der Kolonialherr eine afrikanische Arbeiterin oder einen afrikanischen Arbeiter zu Tode. Wenn es überhaupt einmal ein Afrikaner wagt, sich wegen Mißhandlungen an die Polizei zu wenden, wird seinen Aussagen kein Glauben geschenkt. Wegen "Mangel an Beweisen" werden Weiße freigesprochen oder erhalten unangemessen geringe Strafen. Die Afrikaner sehen deshalb oft davon ab, Vorfälle bei der Polizei zu melden. Denn sie sind immer die Benachteiligten. So werden viele privat vorgenommenen "Bestrafungsaktionen" erst gar nicht aktenkundig.

"Durch den Strang hingerichtete,
überführte schwarze Mörder".
Zeitgenössische Bildunterschrift.

Die Prügelpraxis von Kolonailbeamten, Siedlern und Gesellschaftsangestellten hat in der deutschen Kolonie um diese Zeit bereits Tradition. Versuche, sie einzuschränken, führten zu heller Empörung unter den Deutschen in Namibia. Ein Zeugnis ihrer Denkweise ist das nachstehende Gesuch:

Gesuch der weißen Einwohner des Bezirks Windhoek(Windhuk), Deutsch-Südwestafrika, an die Kolonialabteilung des Auswärtigen Amtes. 21. Juli 1900.
Ausfertigung.

Aus den Verhandlungen des Reichstags ersehen wir, daß daselbst beantragt worden ist, in unseren Kolonien die Prügelstrafe bei Eingeborenen abzuschaffen.
Ohne Zweifel liegen diesem Antrag humane Ansichten zugrunde, wie solche aber nur in der Heimat entstehen können, wo man wohl Fragen über Eingeborene theoretisch erörtern kann, aber jede praktische Erfahrung für dieselben noch gänzlich fehlt.
Da wir nun in der Aufhebung der Prügelstrafe bei Schwarzen eine ernstliche Bedrohung der gesunden wirtschaftlichen Entwicklung unserer Kolonie sehen, so halten wir es für unsere Pflicht, die Kolonial-Abteilung des Auswärtigen Amtes sehr ergebenst zu bitten, der Gefahr vorzubeugen, welche unserer Kolonie durch Aufhebung der Prügelstrafe drohen würde. Die erste Vorbedingung für eine richtige Behandlung der Eingeborenen ist, daß man sich über ihre Lebensanschauung und ihren Gesichtskreis klar wird.
Unsere Eingeborenen leben seit Urzeiten in Faulheit, Rohheit und Stumpfsinn in den Tag hinein; je schmutziger sie sind, desto wohler fühlen sie sich. Für jeden Weißen, der unter Eingeborenen gelebt hat, ist es nicht gut möglich, dieselben als Menschen im europäischen Sinne anzusehen; sie müssen erst mit endloser Geduld, Strenge und Gerechtigkeit im Laufe der Jahrhunderte dazu erzogen werden.
Für Milde und Nachsicht hat der Eingeborene auf die Dauer kein Verständnis; er sieht nur Schwäche darin und wird infolgedessen anmaßend und frech gegen den Weißen, dem er doch nun einmal gehorchen lernen muß, denn er steht geistig und moralisch doch so tief unter ihm. Ehrgefühl darf man bei dem Eingeborenen nicht suchen, weshalb auch entehrende Strafen für ihn zwecklos sind. Entziehung der Freiheit faßt er falsch auf, bekommt er doch bei Gefängnis seiner Meinung nach gute Wohnung und besseres Essen als er selbst hat.
Als Strafe war ihm bisher nur körperliche Züchtigung bekannt, und die muß naturgemäß auch beibehalten werden, bis er in späteren Zeiten einmal mehr Mensch geworden ist.
Wie die Erfahrung gelehrt hat, haben die in Südafrika geborenen Weißen ihre Eingeborenen zu den relativ brauchbarsten Arbeitern erzogen; sie kränkeln nicht an einer übertrieben humanen Auffassung, sondern geben ihren Eingeborenen bei Bedarf ihre verdiente Züchtigung. Der Eingeborene fühlt sich bei ihnen wohl und arbeitet gern bei ihnen.
Ob die Prügelstrafe beibehalten wird oder nicht, der eingeborene Kapitän wird sich nicht daran kehren, wodurch letzterer eine größere Gewalt über die Eingeborenen bekommt als der Weiße, der dadurch in seinem Ansehen sinken muß. Wir wiederholen deshalb nochmals unsere ergebene Bitte, uns in der Erziehung der Eingeborenen nicht die Hände zu binden, sondern die notwendige Prügelstrafe bei denselben gütigst bestehen zu lassen.

75 Unterschriften [5]

Prügel- und Rutenstrafen in Deutsch-Südwestafrika nach den amtlichen Jahresberichten des Reichskolonialamtes:

Berichtsjahr

1901/02	257
1902/03	473
1903/04	340
1904/05	187
1905/06	294
1906/07	336
1907/08	534
1908/09	703
1909/10	928
1910/11	1262
1911/12	1655[6]

Einige Beispiele, wie Fälle von Gewalt und Totschlag weißer Kolonialisten an Afrikanern gerichtlich bestraft wurden:

Farmer Paul Wiehager erschoß 1907 die Herero-Frau Charlotte, die entlaufen war, nach ihrer Einfangung; ermordete die Frau Uikabis und deren zehn- bis zwölfjährige Tochter, indem er sie in ausgestreckter Lage an Bäume fesselte und in der sengenden Hitze "vergaß" — am nächsten Tag war die Frau tot, das Kind, das noch schwache Lebenszeichen von sich gab, ließ Wiehager von einem seiner Arbeiter erwürgen. Er wurde zu neun Jahren Gefängnis verurteilt.

Farmerin Elisabeth Ohlsen erschlug am 17. September 1911 den "Klippkaffern" Deubib. Sie wurde freigesprochen.

Farmer Schneidewind, verurteilt im Berufungsprozeß 1912 zu zwei Jahren und drei Monaten Gefängnis, war angeklagt wegen "Mißhandlung des Kaffernweibes Goras", die binnen weniger Stunden starb, sowie der qualvollen Tötung einer Arbeiterin, Zobakus, die ihm "zu langsam arbeitete."

Farmer Hörkner tötete 1912 einen seiner Arbeiter. Dieser wurde laut "Südwest Bote" "das Opfer seiner Aufsässigkeit"; der Farmer wurde freigesprochen.

Farmer Baas schoß 1913 auf zwei angebliche Viehdiebe. Die angeschossene Frau starb, der Mann überlebte, der Farmer wurde zu sechs Monaten Gefängnis verurteilt, davon wurden drei Monate Untersuchungshaft angerechnet.

Der Tischler Sch. erhielt 1913 zwei Jahre Gefängnis "wegen Notzucht, versuchter Notzucht und Körperverletzung, verübt an eingeborenen Weibern".

Farmer Wulff verletzte ebenfalls 1913 einen seiner Arbeiter durch Steinwürfe am Kopf und mußte 100 Mark Geldstrafe dafür bezahlen[7])

Der in dem Gesuch sich äußernde Rassismus erreicht in den Jahren nach den Aufständen erst seinen Höhepunkt. Obwohl unter neuer Führung der Kolonialbehörde im Deutschen Reich eine Reihe von Strafprozessen gegen Weiße in Gang gebracht werden, steigt die Zahl von Verbrechen, begangen an Namibiern, gewaltig an. Die Rechtsprechung bleibt auf seiten der Weißen...

Die rasche Vermehrung von Kolonialunternehmen nach den großen Aufständen und die große Zahl afrikanischer Arbeiter, die gezwungen sind, Lohnarbeit bei den Weißen aufzunehmen, führt zum Entstehen einer weißen Ausbeuterklasse und einer Klasse des schwarzen Proletariats.

Von der deutschen Kolonialverwaltung bisher kaum berührt wurde das Siedlungsgebiet der Ambo-Stämme im Norden Namibias. Die sogenannte Polizeizone reicht vom Oranje im Süden bis an die südliche Grenze des Ovambolandes. Die deutsche Kolonialmacht hatte nicht gewagt, es mit den dort lebenden Stämmen aufzunehmen. Sie beläßt es dabei, einige Häuptlinge zu bestechen und über sie indirekten Einfluß zu nehmen. Nun, da Arbeitskräfte in großer Zahl fehlen, wird das Ovamboland zu einem Reservoir für afrikanische Arbeiter. Dieses entsprechend auszuschöpfen, zeigt sich die deutsche Koloniamacht findig: 1911 richtet sie eine erste staatliche Arbeitsvermittlungsstelle für Wanderarbeiter ("Kontraktarbeiter") an der Grenze des Ovambolandes ein. Spezielle "Anwerbungsagenten" werden in Ovamboland tätig und suchen die begehrte Ware "schwarze Arbeitskraft" der weißen Wirtschaft zuzuführen. Das Unterdrückungssystem von Enteignung und Entrechtung wird ergänzt um Wanderarbeit. Es sind Maßnahmen, die — beabsichtigt und unvermeidbar — eine tief zerstörerische Wirkung auf das Leben und die sozialen und kulturellen Beziehungen der afrikanischen Bevölkerung haben. Und trotzdem: Afrikanischer Widerstand flammt immer wieder auf. Unruhen unter den Herero werden gemeldet... Im Dezember 1908 nimmt ein Unterführer Marengos, Abraham Rolf, den Kampf wieder auf. Die von Rolf angeführten Bondelzwarts müssen im Januar vor der deutschen Übermacht weichen und ziehen sich auf südafrikanisches Gebiet zurück; die Kapregierung liefert jedoch die Gruppe an die Deutschen aus, die sich mit Todesurteilen und Kettenhaft rächen... Auch "Mißstimmung" unter den Bersebaern im Süden sorgt dafür, daß die deutsche Kolonialmacht in Angst und Spannung versetzt bleibt... 1910 organisieren südafrikanische Wanderarbeiter in Namibia eine Widerstandsaktion, weil eine deutsche Baufirma wiederholt ungerechtfertigte Lohnabzüge vornahm. Die Streikenden weigern sich, den von der Baufirma zur Hilfe gerufenen deutschen Soldaten ihre Anführer auszuliefern. Daraufhin richten die deutschen Soldaten ein Blutbad unter den Streikenden an. Die Baufirma wird jedoch durch den Widerstand der Afrikaner gezwungen, die ungerechtfertigten Lohnabzüge einzustellen. Obwohl Widerstandsaktionen auf wenige Afrikaner beschränkt bleiben, ist die Furcht auf deutscher Seite vor einer Signalwirkung groß. Die deutsche Kolonialmacht kann sich nie vollkommen sicher fühlen.

Die Kupfermine Tsumeb 1911

DIE KOLONIE MACHT SICH HERAUS

Den Deutschen macht offenbar der Völkermord an den Herero und Nama, deren besetztes Land, und das System behördlicher und persönlicher Machtanmaßung Mut zum Leben. 1907 ist die Sterbeziffer der europäischen Bevölkerung, in der Mehrzahl Deutsche, noch eineinhalbmal größer als die Geburtenziffer. Aber bereits 1910 ist die Geburtenziffer mehr als zweimal so groß wie die Sterbeziffer und 1913 fast dreimal größer. Während im Jahr 1903 die weiße Bevölkerung 3.701 Personen umfaßte, erreicht sie im Jahr 1913 die Zahl von 14.840 Menschen. Die Kolonie entwickelt sich.

Die Otavi-Minen- und Eisenbahnbaugesellschaft fördert ab 1905 hochprozentiges Kupfer und Blei. Zwischen 1907 und 1913 vermehrt sich die Ausbeute an Kupfer um das Sechsfache. Die Produktion von Diamanten, 1908 in Namibia entdeckt, bildet 1913 ein Fünftel der gesamten afrikanischen Diamantenausbeute. Bis zu Beginn des Jahres 1907 waren im ganzen erst 480 Farmen verkauft worden. Im April 1913 beträgt die Zahl 1.331. 914 Farmen sind im Besitz von Deutschen. Die Gesamtfläche europäischen Farmbesitzes beläuft sich auf 13.393.606 Hektar. 1912 steuert die Landwirtschaft eine halbe Million Mark zu den Exporten bei. Kurz vor Ausbruch des Ersten Weltkrieges gelingt in Namibia die Zucht von Karakulschafen, die aus dem nördlichen Pamir eingeführt wurden. Ihre Lämmer liefern hoch gehandel-

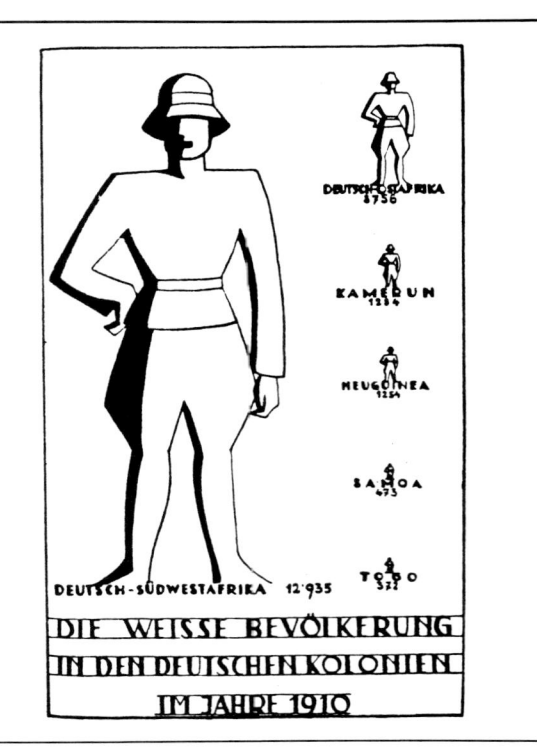

DIE WEISSE BEVÖLKERUNG IN DEN DEUTSCHEN KOLONIEN IM JAHRE 1910

DEUTSCH-SÜDWESTAFRIKA 12.935
DEUTSCH-OSTAFRIKA 4736
KAMERUN 1234
NEUGUINEA 1234
SAMOA 473
TOGO 327

Der Außenhandel von Deutsch-Südwestafrika

Jahr	Einfuhr	Ausfuhr in Mio Mark
1907	32,4	1,6
1908	33,2	7,8
1909	34,7	22,1
1910	44,3	34,7
1911	45,3	28,6
1912	32,5	39,0
1913	43,4	70,3

8)

te Persianerfelle, die zu einem bedeutenden Exportartikel der namibischen Wirtschaft werden. 1912 übersteigen schließlich die Ausfuhren insgesamt die Einfuhren.

Das Verkehrs- und Nachrichtenwesen wird wesentlich verbessert. 1913 gibt es 70 Postämter im Land, 82 Telegraphenstationen und zwei Funkstationen. Über die Häfen von Swakopmund und Lüderitzbucht wird der Schiffrachtverkehr nach Übersee abgewickelt. 1913 hat die Kolonie ein ausgebautes Eisenbahnnetz, das für den Transport der geförderten Erze, des Farmvlehs, eingeführter Waren und afrikanischer Wanderarbeiter eine zentrale Rolle spielt. Ohne die Eisenbahn wäre die Kolonie nicht entwicklungsfähig.
Wie sehen entsprechende Zahlen für die afrikanische Bevölkerung aus? 1912 sind von der Gesamtfläche Namibias (835.000 qkm) nur noch Bruchteile im Besitz der Afrikaner. Es sind die den Afrikanern zugewiesenen Reservate mit einer Fläche von 60.000 qkm. 1913 arbeiten 90 Prozent der erwachsenen männlichen Afrikaner in der Polizeizone in einem Lohnverhältnis zu den Weißen. 12.523 Afrikaner arbeiten auf Farmen, 9.541 in größeren Bergbau- und Staatsbetrieben. Hinzu kommt eine große Zahl von Wanderarbeitern aus dem Ovamboland. 1914 gibt es nur 200 Männer der Herero und Nama, die nicht im europäischen Lohnverhältnis stehen. Das Eigentum der Afrikaner an Rindern gibt eine Statistik des Jahres 1913 mit Null an.

Arbeitsvorschlag:
– Notiere die wichtigsten Maßnahmen, die während des Krieges und in den ersten Jahren danach zur Festigung der deutschen Kolonialherrschaft getroffen wurden. Diskutiere vor diesem Hintergrund Möglichkeiten und Aussichten afrikanischen Widerstandes gegen die Kolonialmacht.
– Welche wirtschaftlichen Erzeugnisse spielten nach den Aufständen eine wichtige Rolle? Diskutiere mit anderen den Standpunkt schwarzer Namibier, daß die Ausbeutung des Landes und der Bodenschätze durch Weiße eine *Beraubung* ihres Landes darstellte.
– In Deutschland war um jene Zeit die Schwerindustrie, die auch den Bau von Eisenbahnen betrieb, weit entwickelt. In Deutschland gab es genug Eisenbahnen. In welchem Zusammenhang steht mit dieser Entwicklung der Ausbau des Eisenbahnnetzes in den Kolonien? (Vgl. Abbildung "Die Entwicklung des Eisenbahnbaus in unseren Kolonien")

Eigentum an Rindern

	1890	1902	1913
in afrikanischem Besitz	ca. 100.000	46.000	–
in Besitz der Weißen [9)]	–	44.500	206.000

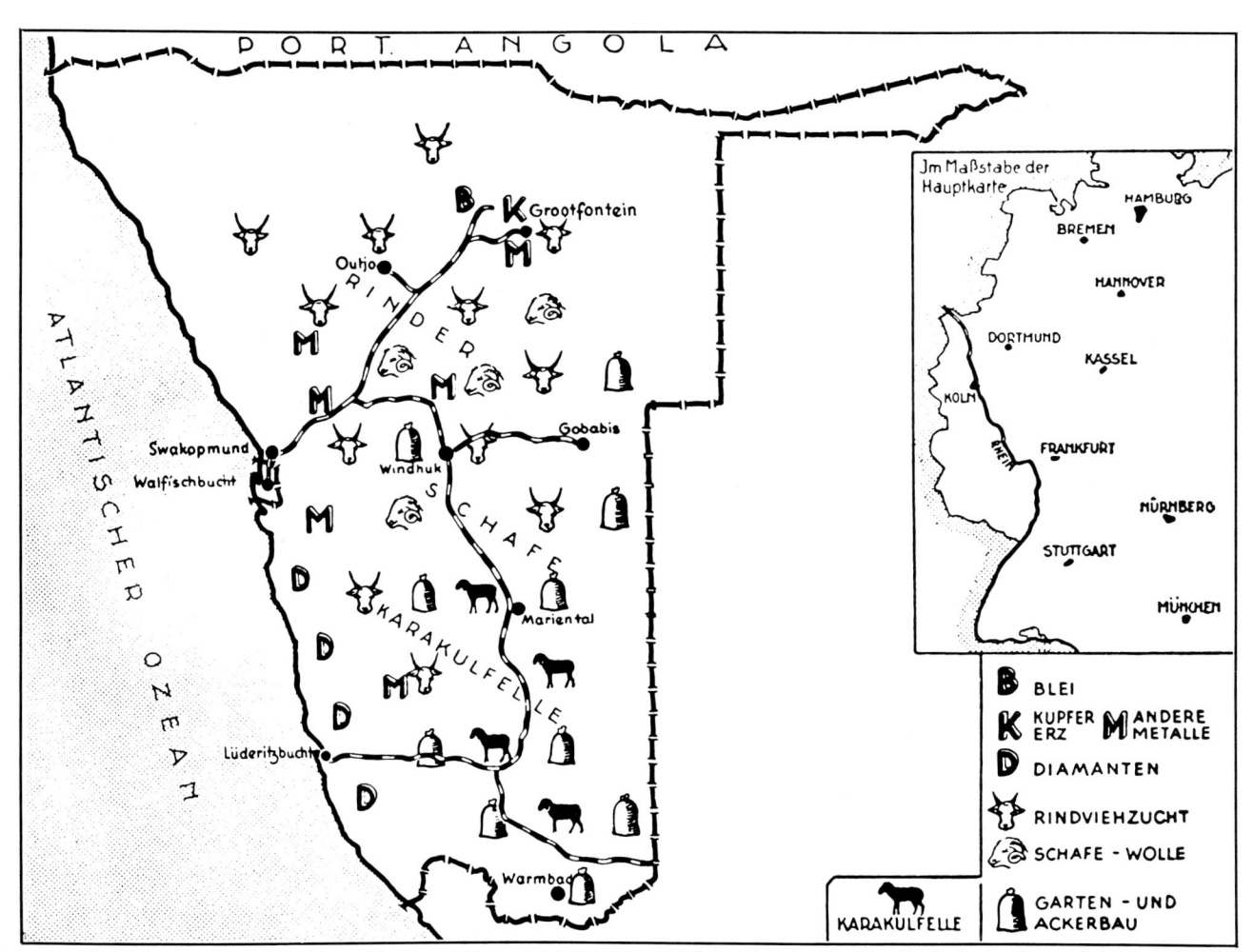

Bodenschätze und landwirtschaftliche Erzeugnisse in der Kolonie Deutsch-Südwestafrika

EIN BESONDERER ABSCHNITT: DIAMANTEN IN SÜDWEST

Diamanten in Südwest: Viele Deutsche haben darauf gehofft... Adolf Lüderitz, der als erster Deutscher durch Heinrich Vogelsang namibisches Land "kaufen" ließ, hat darauf spekuliert... Deutsche Kapitalgesellschaften und auch die Reichsregierung waren vorübergehend von der Vision gepackt, die namibische Erde sei reich an Diamanten... Aber während sich südafrikanischer Boden als von Diamanten gesegnet erwies, wurden in Namibia keine Diamanten gefunden. Bis zum Sommer 1908, als keiner mehr ernsthaft daran dachte...

Der Afrikaner Zacharias Lewala ist Streckenarbeiter am Bahnbau bei Lüderitzbucht. Eines Tages findet er im Kiessand ein glitzerndes Steinchen. Zacharias Lewala hebt das Steinchen auf, läßt es im Handteller hin und her rollen und hält es zwinkernd gegen die Sonne. Zacharias Lewala hat früher in einer südafrikanischen Diamantenmine gearbeitet. Ihm ist blitzartig klar: er hat einen Diamanten gefunden. Seinen Fund liefert er seinem Vorgesetzten, dem Deutschen August Stauch, ab. Dieser hält den Fund erst einmal geheim und bemüht sich schnellstens um Besitzanteile am vermuteten "Diamantenland". Von August Stauch weiß man, daß er zu einem der reichsten Männer der Welt wurde. Über das weitere Leben des Afrikaners Zacharias Newala ist nichts bekannt. Der Diamantenfund läßt sich nicht lange geheimhalten. Das Diamantenfieber befällt in kürzester Zeit die Menschen in Lüderitzbucht und schwemmt Abenteurer und Glücksritter aus der ganzen Welt in dem kleinen Hafenstädtchen an. Da stehen, kauern und knien sie nun im Sand und arbeiten Tag und Nacht mit ihren Schüttelsieben, um endlich das große Glück zu machen. Der größte Rohdiamant wird 1910 gefunden. Er hat 17 Karat und dürfte heute etwa 300.000 DM wert sein. 1910 befindet sich das diamantenträchtige Land, das sich von Lüderitzbucht bis Oranje erstreckt, größtenteils im Besitz der Deutschen Diamantengesellschaft, der Kolonial-Bergbaugesellschaft, der Colmanskop Diamond Ltd. und des Deutschen Reiches. 1912 gibt es über 50 Diamantengesellschaften und 1913 ist die Zahl auf 79 angestiegen. Von diesen gelten 22 als wichtige Unternehmen. Die Diamantenverwertung liegt in den Händen der Afrika-Bank, die die deutsche Regierung vertritt. Alle Diamanten müssen an sie ausgehändigt werden. Als amtliche Stelle kontrolliert und führt sie den Verkauf der Diamanten durch und erstattet den Gesellschaften einen Gegenwert.

In der Ausfuhrbilanz steht 1913 der Export an Diamanten an erster Stelle unter den aus der Kolonie aus-

Zacharias Lewala. Er fand den ersten Diamanten.

August Stauch

Diamantensuche bei Lüderitzbucht, 1908

geführten Waren. Wenn man danach fragt, wer von diesem namibischen Bodenschatz profitierte und heute noch profitiert, dann darf man von vornherein das namibische Volk ausschließen. Bis heute ist diese Region "Sperrbezirk" und die Ausbeutung der Diamantenvorkommen geschieht ausschließlich durch europäische Gesellschaften. Von diesem natürlichen Reichtum haben die Afrikaner so gut wie nichts. Mag auch ein Teil des Gewinns durch Steuerabgaben geschmälert worden sein und geschmälert werden und zum Aufbau öffentlicher Einrichtungen in Namibia beigetragen haben. Am System der Rassenunterdrückung und Kontrolle über die nationalen Reichtümer hat sich für die namibische Bevölkerung nichts geändert. Über die Verwendung der Gelder bestimmen nach wie vor maßgeblich Weiße – zu ihren Gunsten.

Es ist das Jahr 1884 – fast ein Vierteljahrhundert, bevor das Kapitel "Diamanten in Südwest" in der Geschichte eröffnet wird –, als drei Männer nahe Lüderitzbucht ein paar Steinchen begutachten, die einer von ihnen aufgehoben hatte... Die drei Männer sind Heinrich Vogelsang, der sich im Auftrag des Bremer Kaufmanns Adolf Lüderitz mit Landerwerbsabsichten in Namibia aufhält und auch mit der Einrichtung von Handelsstützpunkten befaßt ist; Gustav Nachtigal, den die deutsche Reichsregierung beauftragt hat, "Schutzverträge" mit namibischen Häuptlingen abzuschließen; und Graf Spee, der mit dem deutschen Kriegsschiff "Möwe" Lüderitzbucht angelaufen hat...
Violet Vogelsang, die Tochter von Heinrich Vogelsang, schildert in ihren Erinnerungen an ihren Vater das Gespräch zwischen den drei Männern:

Dr. Nachtigal und Vogelsang gingen im Gespräch auf und ab. Da kam Graf Spee hinter ihnen her, rief und schien sehr aufgeregt. Was konnte ihn hier in der trostlosen Wüste so in Erregung versetzen? Vielleicht eine Schlange? "Sehen Sie mal, was ich hier im Sande gefunden habe!" Vorsichtig hielt er in seiner Hand zwei kleine Steine, und wie einen kostbaren Schatz zeigte er sie den beiden, über seine Aufregung erstaunten Gefährten.
"Das müssen doch Diamanten sein!? Mein Gott... Sehen Sie doch!... Diamanten!"
Dr. Nachtigal und Vogelsang besahen und prüften die Steine und beide lachten, lachten den Grafen aus, verlachten ihn wegen seiner blühenden Phantasie.
"Aber nein!" sagte Vogelsang, "Es ist nur Quarz, was Sie gefunden haben. Wie sollten hierher wohl Diamanten kommen? Die liegen nicht wie im Märchen einfach im Sande. Wenn es hier Diamanten gäbe, hätten die von Herrn Lüderitz zur Untersuchung von Bodenschätzen ausgesandten Geologen sie längst gefunden. Werfen Sie die Steine ruhig wieder fort." Auch Dr. Nachtigal war derselben Ansicht.
"Glauben Sie wirklich, es ist nur Quarz?? Wenn es nun aber doch Diamanten sind?"
"Ja,... wenn!! Dann wären wir Millionäre. Das müßte schön sein. Aber es ist nur Quarz!"
"Nun, wenn Sie glauben... Dann werfe ich sie fort. So, da können sie liegen bleiben!"[10]

So bleiben sie unerkannt liegen. Der Wind bedeckt im Laufe der Tage und Jahre die Abertausende von Steinen und Steinchen mit Flugsand und gibt sie wieder der namibischen Erde zurück, die ihren Reichtum nocheinmal über viele Jahre hinweg verborgen zu halten vermag.

Allgemeine Zeitung vom 15. 4. 1983
Feierlichkeit in Windhoek im Jahr 1983 im Gedenken an den Deutschen August Stauch der den Diamantenfund des Afrikaners Zacharias Lewala 1908 zum Anlaß nahm, den ersten "Claim" abstecken zu lassen. Für Stauch wurden namibische Diamanten zum Geschäft seines Lebens. Die 75-jährige Geschichte der Diamantenausbeute in Namibia ist zugleich die Geschichte der Ausbeutung namibischer Bodenschätze durch Weiße.

75 Jahre Diamantenfunde
Beeindruckende Feierlichkeit: Erinnerung an Stauch

Windhoek (Fe) — Gestern abend fand in der Oberen Galerie der Kunstvereinigung eine beeindruckende Feier in Erinnerung an den ersten Diamantenfund durch August Stauch statt. Der ursprüngliche Anlaß war die Bekanntgabe der Veröffentlichung eines Buches von Olga Levinson über August Stauch und die 75jährige Geschichte der Diamantenindustrie in SWA/Namibia. Es wurden auch Auszüge aus der Revue „Mein Lüderitz" von Irmela Erlank gezeigt.

Zu den Ehrengästen, die b... anwesend waren, zä... u.a. Familie...

Wunder also, daß auch dieses Ereignis im Zusammenhang mit der 100-Jahrfeier der Mutterstadt stattfand. Wer hätte damals geglaubt, daß in der Wüste solch ein Reichtum vorhanden sei?

Olga Levinson wurde inzwischen nicht nur als Kunstmäzenin bekannt, ...

deckte. Diamanten, die an das Interesse und die Investitionen Stauchs im Land erinnern, könnten zu recht als Symbol für das Land betrachtet werden.

„Warum z. B. nennt CDM sein neues Glashochhaus nicht das Stauch-Haus?" meinte Johannes Stauch, der auf das Vorbild des Großvaters stolz sein durf...

Hausruinen in Kolmanskop in der Nähe von Lüderitzbucht. Die einstige Diamantengräbersiedlung in der Wüste Namib ist heute eine Geisterstadt, in der Wanderdünen und Sandstürme die Spuren der Zeit eingegraben haben.

11. Kapitel
Vom deutschen Siedlerleben in der Kolonie "Deutsch- Südwest- Afrika"

Deutsche Farmerfamilie um die Jahrhundertwende

Kolonien waren in erster Linie eine Angelegenheit von Männern. Um jedoch weiße Herrschaft zu sichern, wurden auch deutsche Frauen gebraucht: um den erwünschten weißen Nachwuchs zu gebären, um die als typisch weiblich geltenden Tätigkeiten zu verrichten und, nicht zuletzt, um einer "Vermischung" der "Rassen" entgegenzuwirken. Deutsche Kolonialistenfrauen haben die Erwartungen der Männer an ihre Rolle erfüllt.

Rassismus wurde wesentlich von den in Namibia wirkenden kolonialen Vereinen betrieben, die weiße Siedler ausschlossen, wenn sie mit Afrikanerinnen zusammenlebten. Die weiße Siedlerschaft sorgte dafür, daß "gemischtrassige" Kinder aus Verbindungen zwischen Weißen und Afrikanerinnen im weißen Herrschaftssystem rechtlos blieben. Ein ausgeprägter Kaiserkult sorgte in der Kolonie für eine Festigung des Zugehörigkeitsgefühls zum "großen deutschen Kaiserreich".

Absichten:
- Wir fragen nach der Rolle der weißen Siedlersfrau, die sie im System kolonialer Herrschaft spielte. Wir kommen zu dem Ergebnis, daß sie, selbst nur in einem durch den Mann vorgegebenen Spielraum wirkend, das rassistische System mittrug und davon profitierte.
- Wir fragen nach weiteren Mitteln und Methoden zur Stützung kolonialer Herrschaft.
- Wir beschäftigen uns mit einigen Aspekten der Anwesenheit der zahlreichen Schutztruppler in der Kolonie.

DIE SIEDLERSFRAU:
"...HAT VEREDELND AUF DIE SITTEN EINZUWIRKEN"

Empfang junger Mädchen am Bahnhof in Keetmanshoop

Aus einem deutschen Familienalbum des Kaiserreiches

Kolonien waren zunächst einmal Sache der Männer: damit das Land den Weißen von Nutzen sein konnte, mußte afrikanischer Widerstand niedergeschlagen und niedergehalten werden, Sache der Soldaten und Polizisten. Um das Leben der weißen Kolonialisten und das "Zusammenleben" zwischen Weißen und Afrikanern zu regeln, mußte eine Verwaltung eingerichtet werden, Sache der Beamten. Um schließlich Bodenschätze und Landwirtschaft zu nutzen, waren Unternehmerfähigkeiten und eine "kräftige Hand" vonnöten, Sache von Managern und Siedlern.

Welche Rolle aber hatte die Siedlersfrau, mit der wir uns in diesem Abschnitt beschäftigen wollen?

Am Bedarf deutscher Frauen in der Siedlerkolonie Deutsch-Südwestafrika gibt es in Kolonialistenkreisen keinen Zweifel. Die Frau gilt als nötig, um die Arbeit des Siedlers zu unterstützen. Eine Farmwirtschaft bringt viele Nebenarbeiten mit sich, die der Farmer nicht selbst erledigen "kann" (das heißt will): Putzen, Kochen, Waschen, Nähen, Flicken; die Frau wird gebraucht für die Kleintierhaltung und die Bestellung eines Gemüsegartens. Afrikanerinnen gelten als wenig geeignet für die Arbeiten, denn sie "verstehen" nichts von einem (deutschen) Haushalt, sie sind "widerspenstig" und "dreckig". Der deutsche Farmer wünscht sich Kinder, die einmal sein Erbe antreten und weiße Herrschaft weiter sichern. Und er wünscht sich nicht zuletzt "deutsche Gemütlichkeit" im Farmerheim, um sich nach des Tages harter Arbeit zu entspannen.

Manche(r) mag sich wundern, warum nicht zuerst nach den Interessen der Siedlersfrau gefragt wurde... Es scheint, daß deutsche Siedlersfrauen vor allem bemüht waren, die Erwartungen der Männer an sie zu erfüllen. Unter den deutschen Kolonialistenfrauen ist keine bekannt, die gegen die von ihr erwartete Rolle unter dem tonangebenden Mann rebelliert hätte.

*An deutschen Frauen herrscht
in der Kolonie Deutsch-Südwestafrika großer Mangel...
Hochzeit des Stabsarztes Kuhn in Deutsch-Südwestafrika*

*Postkarte um 1907
Sentimentalität und schwelgerische Gefühle stehen hoch im Kurs. Die Frau hofft auf die "große Liebe" und die "gute Partie".*

Im Gegenteil: Frauen propagierten selbst eine spezielle Ausbildung für Siedlersgattinnen. Eigens zu diesem Zweck dienten koloniale Frauenschulen, die es im Deutschen Reich in Carthaus, Bad Weilbach und Witzenhausen gab. Die "Kolonialfrauenschule" in Bad Weilbach sah zum Beispiel in ihrem eineinhalbjährigen Unterricht folgende Fächer vor: einfache Küche, Backen von Schwarz-Weißbrot und Kuchen, Zerlegen, Verwerten, Aufbewahren des Fleisches, Pökeln, Räuchern, Wurstbereitung; Konservieren von Gemüse und Obst in Gläsern und Büchsen auf verschiedene Art, Obstweinbereitung; Waschen und Plätten, Reinigen der Zimmer, Küche und Gerätschaften; Lampenputzen, Metallputzen, Ausbessern von Wäsche und Kleidern, Weißnähen, Schneidern; allerlei in den Haushaltungen der Kolonie notwendige Handfertigkeiten wie kleinere Reparaturen, Löten, Anstreichen, Polstern, Lederarbeiten, und so weiter; Pflege des Hühnerhofes, der Gemüse- und Obstgärten; Bienenzucht, Milchverarbeitung, Viehaltung und sonstige landwirtschaftliche Arbeiten; Grundzüge der praktischen Buchführung. Kolonialgeographie und -geschichte, Wirtschaftslehre, koloniale Lektüre, Kranken-, Wochenbett-, Säuglings- und Kinderpflege sowie Arzneikunde.[1]) Freilich war diese Ausbildung Mädchen aus "guten Familien" vorbehalten, den Töchtern aus Beamten-, Kaufmanns- und Offiziersfamilien. Denn die Ausbildung kostete Geld und die Verantwortlichen achteten auf "gesellschaftliches Niveau und Bildung" ihrer weiblichen Zöglinge. Auch in der Kolonie Deutsch-Südwestafrika wurden auf der Lehrfarm der Frau von Falkenhausen junge Mädchen in die Tätigkeiten als Siedlersgattin eingeführt.
Allein durch junge Damen aus "besseren Kreisen" war jedoch der Bedarf an Frauen in der Kolonie nicht zu decken. Die "Deutsche Kolonialgesellschaft" und ihren Frauenbund warben deshalb auch um "einfache" Frauen für die Kolonien, denen sie die Ausreise bezahlten. Interessiert war man an Dienstmädchen, Küchenhilfen und Bauerntöchtern die verstanden, "Hand anzulegen". Diese Frauen, die in Deutschland oft rund um die Uhr arbeiten mußten, erhofften sich ihrerseits ein unabhängiges, besseres Leben in der Kolonie, sie hofften, als "Kolonialbräute" das große Glück zu finden. Viele von ihnen verheirateten sich auch sehr schnell. Sie stellten in der Kolonie den Hauptanteil der weißen weiblichen Siedlerbevölkerung. So waren am 1. Januar 1909 von den 1.826 anwesenden Frauen allein etwa 891 durch die Deutsche Kolonialgesellschaft und ihren Frauenbund unterstützt worden.[2])
Welcher Lohn wird der Frau zuteil, wenn sie sich in das Schema der Siedlersfrau einfügt? Eine "hohe Wertschätzung" durch den Mann ist ihr gewiß. Da ist ein freundliches, gastliches und gemütliches Haus höchstes Lob für ihr Wirken. So fehlen denn auch in Kolonialbüchern, die den heroischen deutschen Kriegermut und die soldatische Tapferkeit der Männer preisen, selten Hinweise auf das löbliche Wirken der Frau im Siedlerheim, wo sie ein Stück deutsche Heimat in der Kolonie hegt und pflegt. Ein Beispiel:

> Und nun zu Hälbichs! Es ist eine wahre Erfrischung, in dieses echt deutsche, mit einfachem Sinn, aber freundlichem Herzen und großartiger Gastfreiheit geführte Haus zu treten. Von allen Seiten sieht einem der echt deutsche Geist entgegen, überall sind in der Reinlichkeit, der Anordnung und der Gemütlichkeit die Spuren zu erkennen, daß hier eine deutsche Hausfrau waltet. Ein kleiner Garten voller Oleanderbüsche mit rothen Blüthen, riesiger Ricinusstauden mit braunem Stamme und breiten, Schatten spendenden, grünen Blättern zu beiden Seiten der Haustüre, über der ein kleines Dach sich breitet, dann ein kleiner Eingangsraum, links die Küche, aus welcher der Duft von gebratenem Hammelfleisch dringt, und in deren Thüre schnell der krause Kopf eines neugierigen, schwarzen Burschen verschwindet, rechts die Schlafräume der Familie und geradeaus ein großes helles Wohnzimmer mit Sofa und Tisch, Lehnstühlen, Kommode und Wandschrank, Bildern und Sinnsprüchen, kurz, ein echter deutscher Wohnraum, so daß man sich zu wohlhabenden Bürgersleuten in der Heimat versetzt glaubt.³⁾

Beim Morgenkaffe in der Veranda

Ein trautes Heim mit Familie, Glück und Wohlstand, zu dem sie es oft im Deutschen Reich nicht bringen konnten, ersehnen sich viele deutsche Siedler in Namibia. Die Afrikaner sind als Dienstboten und Handlanger den Deutschen nützlich.

Man kann diese Schilderung weiterspinnen: "Ein Hoch der deutschen Hausfrau!" prostet der Gast aus dem fernen Deutschland der Siedlersfrau zu und alle Anwesenden, die es sich zu jener seltenen Stunde eines Besuches durch einen deutschen Freund behaglich gemacht haben, bekommen feuchte Augen, als sie Erinnerungen an die Lieben daheim und all das, was sie zurückgelassen haben, austauschen. Vergessen sind für die paar Stunden die schweren Opfer für Vaterland und Kaiser, die ihnen das Leben in der Kolonie auferlegt...

Die Frau ist "Seelenpflaster" für viele Schwierigkeiten, mit denen der Siedler im afrikanischen Land zu kämpfen hat. Die deutsche Frau in der Kolonie hat noch eine weitere wichtige Rolle zu spielen: sie soll dafür herhalten, daß der deutsche Siedler im Umgang mit den "Kaffern" (seinen Arbeitskräften) nicht verroht, ja "verkaffert", wie ein übles Schimpfwort lautet. Gemeint ist damit, daß sich der Deutsche afrikanischer Lebensweise angleicht, womöglich eine afrikanische Frau heiratet und "Mischlingskinder" legal geboren werden, die dann auf gleiche Rechte wie die Weißen pochen könnten. Um dies zu verhindern, wird die deutsche Frau gebraucht, die "echte deutsche Frau", die durch ihr "Gemüt und ihre Seele" "veredelnd" auf den Siedler einwirkt. Was im Klartext heißen dürfte: durch ihre Gegenwart entgegenzuwirken, daß er sich afrikanischen Frauen zuwendet, ihn aufopferungsvoll zu umsorgen, ihm Kinder zu gebären, Familienfeste, Herrenparties, Einladungen an andere deutsche Kolonialistenfamilien zu arrangieren, auf die Kleidung des Siedlers, seine Umgangsformen und Sitten zu achten und was dergleichen "veredelnde" Frauenaufgaben mehr sind.

Deutsche Kolonialistenfrauen haben Kolonialherrschaft nicht in Frage gestellt. Sie haben vielmehr selbst da-

Frau v. Eckenbrecher in der Veranda des Hauses zu Okombahe

"Herero-Küchenfee"

Gustav Sonnenberg und Frau

Die deutsche Farmersfrau sieht es als ihre Aufgabe an, die afrikanische Frau zu "zivilisieren". Zivilisieren bedeutet praktisch, daß die Afrikanerin zu europäischen Sitten angepaßten Umgangsformen, einem Kleidungsstil nach europäischer Moralvorstellung und einem Arbeitsverhalten erzogen wird, von dem hauptsächlich die Weißen profitieren.

"In einer hiesigen Familie kenne ich ein Hereroweib, das seinerzeit mit einer aufgegriffenen Orlogs(Kriegs)bande zusammen, total unkultiviert, förmlich aus ihren paar Lumpen herausfallend, aus dem Felde kam. Sie hatte keine Ahnung von den Zwecken einer europäischen Wohnung mit ihren tausend kleinen Bestimmungen, sie hatte noch niemals ein vollständig möbliertes Zimmer gesehen, sie kannte weder andere Kost als die von altersher gewohnte der Herero, Milch, Fleisch, Feldwurzeln, noch verstand sie die deutsche oder Namasprache.

Nachdem sie mit gesitteter Kleidung versehen war, unterzog man sich der allerdings große Geduld erfordernden Mühe, sie in häuslichen Arbeiten anzulernen. Nach verhältnismäßig kurzer Zeit schon verstand sie, die Zimmer tadellos zu reinigen und zu waschen, heute plättet sie sogar recht gut und leistet geschickte Hilfe in der Küche."4)

---

von profitiert, indem sie sich mit der gesellschaftlichen Position ihrer Männer schmückten und nocheinmal untereinander eine Rangfolge bildeten: Ganz "oben" waren die Frauen der Erstsiedler, Adeligen und bessergestellten Farmer, die "echten Damen". Diese blickten herab auf die Mehrzahl der Siedlersfrauen, die keine "Herkunft" hatten. Doch auch diese Frauen durften sich in der Kolonie nocheinmal besser fühlen als andere: diese anderen, das waren die afrikanischen Frauen, die es jedoch als "Frauen" gar nicht zu geben schien: Die Afrikanerin sei oft eine "Wilde" im wahrsten Sinne des Wortes, schreibt die Deutsche Clara Brockmann aus Windhoek in einer Ausgabe der Frauenzeitschrift "Kolonie und Heimat" vom 11. April 1909. Sie verstehe weder die Sprache der deutschen Farmersfrau, noch besitze sie irgendeine Ahnung von ihren Dienstbotenobliegenheiten in einem Haushalt. Für Clara Brockmann sind Afrikanerinnen Eingeborene, eingeborene Hilfskräfte, Personal, Weiber, Küchenfeen, Dienstboten, Mädchen, Kinder. Eines sind sie nach ihrem Verständnis jedenfalls nicht: Frauen. Diese Bezeichnung ist der Weißen vorbehalten.

Was mag dahinterstehen, wenn Frauen nocheinmal Frauen diskriminieren? Eifersucht wahrscheinlich, denn deutsche Siedlersfrauen zogen oft männliche afrikanische Arbeiter im Haus weiblichen vor. Ganz sicher war jedoch dies der wahrscheinliche Grund: nur solange Frauen das Unterdrückungssystem ihrer Männer gegenüber der afrikanischen Bevölkerung stützten, blieben auch sie mittels ihrer Gatten "Herrenmenschen": nämlich "Herrenfrauen". Wie weit ihr Interesse an einer Teilhabe der weißen Herrschaft führen konnte, zeigt ihre Hinnahme all jener Verbrechen an Afrikanern und Afrikanerinnen, die von deutschen Kolonialisten begangen wurden. Und auch Siedlersfrauen schlugen und mißhandelten Afrikaner und Afrikanerinnen.

"Ovambo-Dienstboten"

DER SIEDLER UND FARMER: "...IST GEFÄHRDET, ZU VERKAFFERN"

Sorgt einerseits die deutsche Siedlersfrau für ein schönes "kultiviertes" Heim und ein Familienglück mit Kindern, die der Arbeit des Siedlers einen "Sinn" geben, so soll andererseits ein vielfältiges Vereinsleben in der Kolonie die Interessen des Mannes nach Kultur ergänzend anregen und wachhalten. Vorbild ist das Vereinsleben, wie es im Kaiserreich stattfindet: auch in der Kolonie gibt es Turn-, Sport- und Wehrvereine, Schützen-, Gesangs- und Kulturvereine, in denen deutsches Gemüt, deutsche Geselligkeit und auch die Wissenschaft gepflegt werden. Ein deutscher Sprachverein in Namibia widmet sich der Pflege der Muttersprache.

Vereinsaktivitäten finden jedoch nicht aus purem "Spaß an der Freude" statt. Ihr erklärter Zweck ist die Stärkung und Festigung eines Rassenbewußtseins der Deutschen in Namibia, das die deutliche Scheidung zwischen dem weißen Herrn und schwarzen Knecht vornimmt: Wer weiß ist, ist an Geist und Seele überlegen und zum Herren geboren, wer schwarz ist, ist ein "unzivilisierter Wilder" und zum Knechtsein bestimmt.

Nicht allen Deutschen in Namibia ist diese Einteilung in zwei Klassen von Menschen so ohne weiteres einsichtig. Es gibt Siedler, die mit einer afrikanischen Frau eine Familie gegründet haben und auf rechtliche Anerkennung ihrer Familienmitglieder durch die weiße Gesellschaft drängen. Für das weiße Herrschaftssystem bedeuten diese "gemischtrassigen" Ehen eine Gefahr. Denn durch sie wird die Frage nach einer gleichberechtigten Anerkennung der Afrikaner aufgeworfen, die für die weiße Vorherrschaft ein Ende bedeuten würde. Dieser Gefahr vorzubeugen, sehen die Vereine als ihre besondere "erzieherische" Aufgabe an.

Geburtstagsfeier auf einer Farm

Gesellschaftliche Anerkennung, nachbarschaftliche Freundschafts- und Hilfsdienste, öffentliche Ehrungen sind Belohnungen, die dem sich dem rassistischen System unterwerfenden deutschen Siedlern winken. Sie spielen auch eine wichtige Rolle in Berufsverbänden, die unter anderem in der "Förderung eines wirtschaftlich gesunden Farmbetriebes" ihren Vereinszweck haben. Wer wird einer Ehrung für würdig gehalten? Der Farmer war es zum Beispiel, den die Jury auszeichnete, weil er 13.000 Hektar Farmland musterhaft in Ordnung hielt und Steuern und Abgaben willig trug, die der Haushalt von acht Weißen und 40 "Eingeborenen" mit sich brachte...

Worüber Deutsche in Namibia schmunzeln...
Diese Anekdote aus der "guten alten Zeit" ist einem von Deutschen in Namibia viel gelesenen Buch entnommen. Es erschien 1979 in 8. Auflage.

Da gab es vor dem ersten Weltkrieg einen Grafen Baudissin, der irgendwo im Hereroland farmte und im großen Stil der damaligen Zeit lebte. An einem heißen Januartag fuhr seine Kutsche am Windhoeker Elisabethhaus vor. Der Herr Graf entstieg seinem Gefährt und fragte nach der Frau Oberin. Diese eilte schnellen Schrittes herbei: Was sie für den Herrn Grafen tun könne?
Im Büro nahm er umständlich Platz und erklärte, daß seine Frau ein Kind erwarte; er bitte um ihre Aufnahme ins Heim.
"Aber selbstverständlich!" erwiderte die Oberin und fragte, wo sich die Frau Gräfin befinde.
"Sitzt in der Kutsche", sagte der Graf.
Zwei junge Schwestern wurden beauftragt, die Gräfin sogleich auf ihr Zimmer zu bringen. Bald kamen sie jedoch zurück, sie hätten die Gräfin in der Kutsche nicht gesehen. Darauf trat Graf Baudissin mit den Schwestern an den Wagen, öffnete den Schlag und zeigte auf eine schwarze Eingeborenenfrau, die sich in die Kissen drückte. "Da sitzt sie doch, was wollen Sie denn?"
Nach gemessener Aufklärung durch die Oberin entschwand der Graf mit Kutsche und schwarzer Konkubine.[5]

Die deutschen Siedler in Namibia zeigen sich gerne als die "besseren" Deutschen; als diejenigen, die "deutsches Volkstum" wirklich bewahren und pflegen. So berichtet am 27. Januar 1911 der "Südwestbote" anläßlich der Feiern zum Geburtstag des Kaisers, es gebe ein "viel tieferes vaterländisches Empfinden mit viel freudigerem Sichversenken in des Reiches Herrlichkeit als für die große Mehrheit der Deutschen daheim". Welches mögen die Beweggründe sein, daß Deutsche in Namibia deutsches Volkstum so betont zur Schau tragen? In der Zeit deutscher Kolonialherrschaft in Namibia klagen viele Siedler über die mangelnde Anerkennung ihrer Leistungen für den Aufbau einer Kolonialwirtschaft in Namibia. Der Reichsregierung wird vorgeworfen, sie bevorteile die großen in Namibia tätigen Gesellschaften. Nicht diese, lautet der Vorwurf aus Siedlerkreisen, sondern die Siedlerschaft sei das "Rückgrat" der Kolonie. Um dies nun zu demonstrieren, zeigen sich die Siedler gerne als besonders "kaisertreu".

Aus dem 1911 erschienenen Buch "Eine Reise durch die Deutschen Kolonien. Deutsch-Südwest-Afrika":

"Es ist früher nur allzuoft vorgekommen, daß Ansiedler auf abgelegener Farm in stetem ausschließlichen Verkehr mit den Eingeborenen "verniggert" sind und sich sogar mit farbigen Weibern verheiratet haben. Heute wird schwachen Elementen unter den Siedlern durch die erwähnten Vereine das Gewissen gestärkt. Siedler, die mit farbigen Weibern zusammenleben, werden mit Recht von der Aufnahme ausgeschlossen, also gesellschaftlich boykottiert."6)

Sehr deutlich äußerte sich ein evangelischer Pastor in Namibia, der die Pfarrerkonferenz der evangelischen Pastoren hinter sich wußte, zum Problem "gemischtrassiger" Ehen. Ein Berichterstatter:

"Der Standpunkt Pastor Hasenkamps ist dieser: Die Staatsraison fordert das Verbot der Mischehen zur Reinerhaltung und Hochhaltung der Rasse, letzteres ist sittliche Pflicht und deshalb muß das Verbot auch aufrechterhalten werden. Allerdings wird durch das Verbot die Entstehung einer Mischlingsrasse nicht verhindert, aber die illegitimen Mischlinge gelten als Eingeborene, können als solche nicht die Rechte der weißen Bevölkerung beanspruchen und können daher der weißen Rasse nicht gefährlich werden."7)

Die Sieger vom Swakopmunder Turnfest

Wie verhält sich der Farmer und Siedler gegenüber seinen afrikanischen Arbeitskräften? Es bedarf wohl kaum größerer Anstrengungen, um auf diese Frage eine Antwort zu finden: Eine wirtschaftliche Existenz, die auf Unterdrückung und Ausbeutung anderer beruht, ist von vornherein eine Gewaltherrschaft. Gewiß gibt es auch den "menschlichen" Farmer, der seine afrikanischen Arbeitskräfte gut behandelt. Doch sein Spielraum ist eng begrenzt, da sein Farmerdasein nur zu sichern ist durch ein ausgeklügeltes Gewaltsystem mit Militär, Polizei, Gesetzen und Erlassen. Solange jedenfalls, wie den Afrikanern und Afrikanerinnen eine demokratische Mitbestimmung an der Entwicklung des Landes verweigert wird. Und da die Namibier und Namibierinnen diese Entrechtung so ohne weiteres nicht hinnehmen und sich vielfältig widersetzen, wird auch im Gefolge der einmal begründeten Gewaltherrschaft der prügelnde und mißhandelnde weiße Farmer eines ihrer traurigen Symbole.

DIE SCHUTZTRUPPLER: "...FÜR GEMISCHTRASSIGE KINDER NICHT VERANTWORTLICH"

Offizier der Schutztruppe in feldmarschmäßiger Ausrüstung

Ein Teil der Farmer und Siedler rekrutierte sich aus ehemaligen Schutztruppensoldaten. Selbst einmal nach Ableistung des Militärdienstes eine neue Existenz als Farmer zu beginnen, war für manchen Schutztruppensoldaten ein erstrebenswertes Ziel.
In der Kolonie bilden die Schutztruppensoldaten eine eigene, typische Männergesellschaft, die, fern von Familien, Frauen und einem geordneten sittlichen und moralischen Leben, besondere Probleme aufwirft, die auch besonderer Regeln bedürfen.
Wo Soldaten ohne Familienanhang stationiert sind, ist der Mangel an eigenen Frauen der Prostitution förderlich. Die Entwicklung in Namibia bildet da keine Ausnahme: mit der deutschen Schutztruppe sind auch Prostitution, Geschlechtskrankheiten und Gewalt an afrikanischen Frauen und Mädchen eingezogen. Die öffentliche "Unzucht" (von Vergewaltigungen afrikanischer Frauen wird nicht viel hergemacht) nimmt zeitweise solche Ausmaße an, daß sich die Siedlergesellschaft darüber empört und die Verwaltung zum Einschreiten nötigt. Gleichwohl, in der Kolonie herrscht ein gewisses Verständnis für die Auswirkungen des Frauen-"mangels", von dem besonders die Schutztruppler betroffen sind. Nun, Mangel besteht genaugenommen nur an deutschen Frauen. Aber da die Afrikanerinnen allenfalls "Damen" (in Anführungsstrichen) sind, weiß sich auch die rassistische Siedlergesellschaft unerwünschter Folgen von Verbindungen zwischen ihren Soldaten und Afrikanerinnen zu entledigen. "Gemischtrassige" Nachkommen der deutschen Soldaten sind zwar nicht willkommen. Geboren werden sie trotzdem. Indem sie aber zu Schwarzen, Menschen zweiter Klasse erklärt werden, entfällt nach den kolonialen Gesetzen auch eine väterliche Verantwortlichkeit. Die weiße Kolonialgesellschaft bleibt weiß... Wird auch seitens der verantwortlichen Militärs akzeptiert, daß Krieg zwangsläufig eine "gewisse" Verrohung soldatischen Lebens mit sich bringt, so werfen die "Friedens"zeiten die Frage nach sinnvoller Freizeitbeschäftigung der Truppen auf, die einer Herrenrasse mit Kultur angemessen ist. Was für die Siedler gilt, gilt auch für die Schutztruppe: die Pflicht, sich als Teil eines zivilisierten Volkes darzustellen und zur Untermauerung des Herrschaftsanspruchs der weißen Kolonialherren beizutragen. Auch die Schutztruppen haben ihre Vereine, die das Rassenbewußtsein festigen sollen. Es gibt zum Beispiel den Krieger- und den Flottenverein und eine Reihe organisierter Freizeitbeschäftigungen wie Chorsingen, Theaterspielen, Sport- und Reiterwettkämpfe. Herausragendes Gemeinschaftserlebnis ist der jährlich zelebrierte Geburtstag des Kaisers. Dient er doch dazu, das Zugehörigkeitsgefühl zur "großen deutschen Nation" wachzuhalten und zu festigen.

Arbeitsvorschlag:
- Wodurch stützten Frauen die koloniale Herrschaft? Welchen Vorteil hatten sie davon?
- Wie sahen Kolonialistenfrauen die Afrikanerinnen? Welche Gründe könnten sie für ihre Sichtweise gehabt haben?
- Wie sorgte die weiße Kolonialistengemeinschaft untereinander dafür, daß sie die Herrschaft nicht mit Afrikanern und Afrikanerinnen zu teilen brauchte?
- Warum wurden die jährlichen Feierlichkeiten zu "Kaisers Geburtstag" in der Kolonie so wichtig genommen?

Kein Vergnügen ohne "Damen". Zeitgenössische Bildunterschrift

Laientheater in einem Lager der Deutschen Schutztruppe in Deutsch-Südwestafrika (um 1910)

Geburtstag des Kaisers

"Die Früchte unserer Kolonialpolitik und Kultur, die sie nach Afrika gebracht hat, sie heißen: Mord, Raub, Totschlag, Syphilis, Schnaps..."
Karl Liebknecht

Dem Kaiser!

Dein Tag wird nicht nur in Berlin
Und nur im Reich begangen!
Wo immer Deine Schiffe zieh'n,
Soll heut Dein Name prangen!

Der soll heut stolz und überall
Klingen vor allen Nationen!
Dein Name ist wie ein fester Wall;
Darunter läßt's gut sich wohnen!

Von vielen Stämmen in mancherlei Tracht,
In vielen Farben und Zungen
Wird heute Dir ein Hoch gebracht
Und Dein Kaiserlied gesungen!

M. M.

Teil IV

Vom Weiterleben deutschen kolonialistischen Gedankengutes

12. Kapitel

Die deutsche Kolonialherrschaft wird militärisch und rechtlich beendet, ohne als Wahn zu verschwinden

Buchtitel, 1938 erschienen, aus der Sammlung "Aus weiter Welt", die 1924 gegründet wurde – ein Beispiel für kolonialistische Literatur, die deutsche Kolonialherrschaft überlebte und unter dem nationalsozialistischen Regime weiterbetrieben wurde. Dieser Band trägt den Stempel "Landesschuldbehörde-Bremen, Jugendschriftenstelle"

Mit dem 1. Weltkrieg verliert Deutschland seine Kolonien. Die Verwaltung über Namibia wird Südafrika übertragen. Die neue Verwaltungsmacht ist ein rassistischer Staat und läßt wenig Gutes für die schwarze Bevölkerung Namibias erwarten. In der Weimarer Republik propagieren koloniale Vereine von neuem kolonialistisches Gedankengut und fordern die Rückgabe der Kolonien. Nach 1933 wirken sie zugunsten der Rassenideologie und Eroberungspolitik Hitlers. Mit dem in der kolonialen Literatur kultivierten Heldentum Deutscher wenden sich die Verfasser auch insbesondere an Jugendliche.

Absichten:
- Wir behandeln das Ende der deutschen Kolonialherrschaft in Namibia und den Übergang Namibias in südafrikanische Verwaltung.
- Wir befassen uns mit dem Wiederaufleben kolonialistischer Interessen während der Weimarer Republik und fragen nach Gründen.
- Wir bringen Auszüge aus kolonialistischer Jugendliteratur der Nazizeit und fragen, welchen Interessen sie dient.

DAS ENDE DER DEUTSCHEN KOLONIALHERRSCHAFT

Mit Ausbruch des 1. Weltkrieges 1914 findet die deutsche Kolonialherrschaft in Namibia ein schnelles Ende. Die Südafrikanische Union, die auf Seiten des deutschen Kriegsgegners England steht, erklärt am 9. September 1914 Deutsch-Südwestafrika den Krieg. Die in den Jahren 1904 bis 1907 zeitweise mehr als 15.000 Mann starke Schutztruppe war nach den Aufständen erheblich reduziert worden und beträgt 1914 nur noch 2.000 Aktive und 3.000 Reservisten. Südafrika hat leichtes Spiel mit der militärisch schlecht vorbereiteten deutschen Kolonie. Am 9. Juli 1915 wird der Waffenstillstandsvertrag zwischen dem südafrikanischen General Botha, dem Gouverneur und Oberbefehlshaber der deutschen Truppe in der Kolonie Deutsch-Südwestafrika, Dr. Seitz und Oberleutnant Franke unterzeichnet.

Im Umgang mit deutschen Kriegsgefangenen zeigt sich die südafrikanische Siegermacht nachsichtig: Reservisten aller Dienstgrade dürfen nach Hause zurückkehren und ihren Zivilberuf wieder aufnehmen. Die Streitkräfte der Schutztruppe werden in südafrikanischen Lagern interniert. Bereits nach Südafrika deportierte und dort inhaftierte Zivilpersonen kehren nach Namibia zurück. Zwar wandern mit dem Ende des 1. Weltkrieges im November 1918 nocheinmal Deutsche, die in Namibia leben, in südafrikanische Gefangenschaft. Doch verglichen mit den Kriegsmethoden, die gegenüber Afrikanern angewandt wurden, wird hier unverkennbar deutlich, daß für die Front "Weiß gegen Weiß" andere Maßstäbe gelten: sozusagen "menschlichere", von Kolonialherr zu Kolonialherr.

Nach dem 1. Weltkrieg suchen die Mitglieder des Völkerbundes nach Übereinkünften, wie durch den Krieg veränderte Besitzansprüche an Land zu regeln sind. Für Namibia überträgt der Völkerbund nach der Niederlage Deutschlands im 1. Weltkrieg dem englischen Königreich die Verantwortung. England wiederum beauftragt Südafrika mit der Wahrnehmung der Verwaltungsaufgaben. Diese haben unter anderem zum

Die Kampfhandlungen sind beendet. Der südafrikanische General Louis Botha (rechts) begrüßt den Gouverneur und Oberbefehlshaber der deutschen Truppen in der Kolonie Deutsch-Südwestafrika, Dr. Seitz.

NAMIBIA WIRD ENGLISCHES MANDAT UND SÜDAFRIKA NUTZNIESSER

Inhalt, daß Namibia zum Wohlergehen der Einwohnerschaft entwickelt und auf den Weg in die Unabhängigkeit vorbereitet werden soll (sogenanntes C-Mandat des Völkerbundes). Über die Verwaltung des Territoriums besteht gegenüber dem Völkerbund eine Rechenschaftspflicht.

Sind Voraussetzungen geschaffen, daß für Namibia eine bessere Zukunft beginnt? Kaum, denn diese Zukunft ist bis heute keine Gegenwart geworden. Warum?

Wir wollen hier einen kurzen Blick auf das Land werfen, das Namibia verwalten soll: Südafrika. Das politische System Südafrikas hätte eigentlich wenig Gutes erwarten lassen dürfen. Denn Südafrika ist ein Rassistenstaat. Weiße Herrschaft, es ist die der Buren und Engländer, hat sich auf niederträchtige und unmenschliche Art und Weise als schöpferisch erwiesen, um sich in diesem afrikanischen Land zu etablieren. Wer über das an Gold, Diamanten, Erzen reiche Land herrscht, sind die "Randlords" (Rand ist die südafrikanische Währung). Weiße. Wer in den Minen arbeitet, sind die Afrikaner. Schwarze. Sie werden wie Vieh in den Reservaten und städtischen Ghettos gehalten, die einem einzigen Zweck zu dienen haben: billige, der Willkür der Weißen verfügbare Arbeitskräfte bereitzustellen. Die afrikanischen Ghettos sind Teil des Wanderarbeitersystems: Während dort die arbeitsfähigen Männer leben, per "Kontrakt" zu monatelanger Arbeit in der weißen Wirtschaft verpflichtet, bleiben die Familien in den landwirtschaftlich am schlechtesten nutzbaren Zonen, den Reservaten, zurück. Zusammengepfercht und unter hygienisch miserablen Bedingungen leben die afrikanischen Arbeiter in den Schwarzensiedlungen der Städte in Massenunterkünften, den Compounds. Das Reservats-, Kontrakt- und Compoundsystem wird ergänzt durch ein Paßsystem, das jeden Afrikaner zum ständigen Mitführen eines Passes verpflichtet. Der Paß ist ein Dokument zur Kontrolle von Arbeitskräften, in dem alle Informationen enthalten

Plakat "Nie wieder Krieg"; Mitteldeutscher Jugendtag 1924

sind, die eine lückenlose Überwachung der Afrikaner möglich machen. Alle Informationen des Passes werden im Paßbüro registriert. Desertationen von der Arbeitsstelle und Verdacht auf politische Aktivitäten, die gegen das rassistische System gerichtet sind, werden dort gemeldet. Das Netz an Spitzeln ist eng geknüpft, das Polizeisystem des von Weißen beherrschten und kontrollierten Staates gut ausgebaut.

Wie kann von einem solchen Staat erwartet werden, daß er sich um das "Wohlergehen der Einwohnerschaft" Namibias, die zu über 80 Prozent aus Schwarzen besteht, Gedanken machen wird? Zu erwarten ist vielmehr, daß Namibia durch seine neue Kolonialmacht ähnlich "entwickelt" werden wird wie Südafrika.

Am 18. Januar 1919 wurde in Versailles durch die Vertreter der Siegerstaaten des 1. Weltkrieges die Friedenskonferenz eröffnet. Am 29. April nahm die Vollversammlung die Völkerbundsatzung an. Für den zukünftigen Status Namibias war unter anderem Artikel 22 maßgebend:

Artikel 22 (Über Kolonien und Territorien, die sich selbst "noch nicht regieren können"):
Das Wohlergehen ... dieser Völker bilde(t) eine heilige Aufgabe der Zivilisation ... (Deshalb) Übertragung der Vormundschaft über diese Völker an die fortgeschrittenen Nationen, die aufgrund ... ihrer Erfahrung ... am besten imstande sind, eine solche Vormundschaft als Mandatare (Beauftragte) des Bundes und in seinem Namen zu führen... [1]

Das Mandat für Südwestafrika

Artikel 2 (Auszüge)
Der Mandatar soll so weit wie möglich das materielle und moralische Wohlbefinden und die soziale Entwicklung der Einwohner des Mandatgebietes fördern.

Artikel 6
Der Mandatar hat dem Rat des Völkerbundes jährlich einen Bericht vorzulegen, der umfassend über das Gebiet informiert und die Maßnahmen aufführt, die ergriffen wurden, um die Pflichten aus dem Mandat zu erfüllen. [2]

IN DER WEIMARER REPUBLIK WERDEN VON NEUEM KOLONIALE GEDANKEN GEHEGT UND GEPFLEGT

Deutschland am Ende des 1. Weltkrieges: 1,8 Millionen Deutsche sind gefallen. Rund zwei Millionen Kriegerwitwen stehen mit ihren Kindern alleine da, der Staat zahlt nur eine kärgliche Rente. Über vier Millionen Menschen führt die Statistik als Verwundete auf. Es sind Kriegsversehrte, Krüppel, die kaum einer normalen Erwerbstätigkeit nachgehen können – wenn es überhaupt Arbeit gäbe. Denn die Situation auf dem Arbeitsmarkt ist in den Jahren 1920 bis 1930, von kurzen Perioden abgesehen, sehr schlecht. Die Inflation, die im Winter 1923/24 ihren Höhepunkt erreicht, frißt die letzten Ersparnisse auf. Das Geld ist nicht einmal mehr das Papier wert, auf das es gedruckt ist. 1929 bricht die Weltwirtschaftskrise in eine Phase kurzer wirtschaftlicher Entwicklung ein und führt wieder zu Not und Elend in breiten Bevölkerungsschichten.

Daß Deutschland mit dem verlorenen Krieg seine Kolonien abtreten mußte, ist keine der Kriegsfolgen, die viele Menschen beschäftigt. "Der Verlust unserer Kolonien wurde von einem großen Teil des deutschen Volkes mit stumpfer Gleichgültigkeit hingenommen", schreibt vorwurfsvoll ein Kolonialfreund[3]. Umso rühriger zeigen sich jedoch die Kreise, die nicht unbedingt zum "großen Teil des deutschen Volkes" gehören. Es sind die durch den Verlust der Kolonien Geschädigten: ehemalige Kolonialbeamte, Soldaten, Offiziere, Reeder, Kaufleute, Unternehmer, Bankiers, die ihre Arbeitsstelle verloren oder geschäftliche Einbußen durch den Verlust der Kolonien erlitten. Zu diesen Kreisen zählen auch keineswegs direkt betroffene kolonialbegeisterte Bürger, die dem Wahn eines neuerstehenden deutschen Kolonialreiches anhängen. Und auch Sozialdemokraten, die bereits vor dem Krieg die antikoloniale Ausrichtung der SPD nicht teilten, stimmen in den Chor derjenigen ein, die den "Verlust unserer Kolonien" beklagen.

Bereits 1918 erfolgt ein erster Zusammenschluß im Reichsverband der Kolonialdeutschen, der die Agitation gegen die Bestimmungen des Versailler Friedensvertrages auf seine Fahne geschrieben hat. In den nächsten Jahren folgen weitere Gründungen von Kolonialvereinigungen, Zusammenschlüssen und Wiederbelebungen von kolonialen Interessenvereinen (Deutscher Kolonialkriegerbund 1922; Bund der Kolonialfreunde 1922; Deutsche Kolonialgesellschaft, 1920 reorganisiert; Akademischer Kolonialbund 1924; Bund für koloniale Erneuerung 1929; es bildet sich auch eine Interessenvertretung ehemaliger Südwestafrikaner). Die bedeutendste Gruppe ist die Deutsche Kolonialgesellschaft.

1922 ist eine Dachorganisation der Kolonialvereine, die Koloniale Reichsarbeitsgemeinschaft, gegründet worden, der auch Unternehmen der Wirtschaft, die Kolonialabteilung der deutschen Landwirtschaftsgesellschaft und das Kolonialwirtschaftliche Komitee angehören. Finanzstarke Gruppen sind also beteiligt und so fehlt es auch nicht an Geld für Propagandazwecke. Durch eigene Zeitungen und Zeitschriften tragen diese Gruppen dafür Sorge, daß die Erinnerung an die Kolonien, die zum Deutschen Reich gehörten, wach bleibt und wiedererstarkt.

KRIEG UND LEICHEN – IMMER NOCH HOFFNUNG DER REICHEN

Fotomontage von John Heartfield

Wie bereits schon einmal vor gut 50 Jahren soll Kolonialpropaganda von den Ursachen sozialer Notstände ablenken und als Allheilmittel erscheinen.
Ist es begründet, von einem Ablenkungsmanöver zu sprechen? Schauen wir uns einmal die politischen Verhältnisse an, die in den Jahren nach dem 1. Weltkrieg in Deutschland herrschen. In der Republik, die die Monarchie Kaiser Wilhelms II abgelöst hat, haben die Mächtigen und Einflußreichen des Kaiserreiches ihre Position in Staat und Wirtschaft bald wieder eingenommen. Großgrundbesitzer, Adelige, Offiziere, Bankiers und Großkaufleute, den Forderungen der arbeitenden Bevölkerung nach sozialen Verbesserungen von jeher abgeneigt, haben größtenteils ihr Vermögen wahren und in Einzelfällen noch aufstocken können, indem sie aus der Inflation Gewinn gezogen hatten. Revolutionäre Erhebungen aus der Arbeiterklasse in den Jahren 1918 und 1919 waren niedergeschlagen und -geputscht worden. Die Sozialdemokratische Partei Deutschlands war ein Bündnis mit Bürgertum und Militär eingegangen — aus Angst vor einer sozialistischen Revolution ihres linken Flügels. Eine auf die andere Regierungsumbildung mit wechselnden politischen Repräsentanten war erfolgt. Die Kabinette waren oft nur wenige Monate im Amt. Bis 1933 erlebten die Deutschen 16 Reichsregierungen und die Reichskanzler wechselten bis 1930 häufiger als die Republik alt war. Die Mehrzahl der Deutschen war dieses Spektakels, das als Demokratie veranstaltet wurde, müde. Das konnte auch nicht den Herrschenden entgehen, die gleichwohl auf die Wählergunst angewiesen waren. Was dürfte deshalb näher gelegen haben, als verblichenen deutschen Glanz wieder aufzupolieren, um von einer Gegenwart ohne äußeren Glanz abzulenken...

Welcher Argumente bedient sich die neuerstandene Koloninalpropaganda? Das Schlagwort vom "Kolonialraub" durch die Siegermächte des 1. Weltkrieges steht im Mittelpunkt dieser sich in ihrer "nationalen Ehre" zutiefst gekränkt fühlenden Deutschen, die eine Schuld am Ausbruch des Weltkrieges rundweg ablehnen. Das deutsche Volk habe zu wenig Raum, es sei ein "Volk ohne Raum", wird argumentiert — seit dem Erscheinen eines Romans von Hans Grimm mit gleichlautendem Titel über Jahre kolonialpropagandistischen und schließlich nationalsozialistischen Eroberungszwecken dienstbar gemacht —, die Erde sei groß genug und für alle da. Über die "drückende Not" der deutschen Bevölkerung, die nun auf koloniale Erzeugnisse verzichten müsse, wird lamentiert, über den Verlust von Arbeitsplätzen, über die der deutschen Industrie "entrissenen" Rohstoffquellen und die Folgen für das deutsche Volk, denn...

> Ohne Kolonien keine Sicherheit in Bezug auf Rohstoffe, ohne Rohstoffe keine Industrie, ohne Industrie kein ausreichender Wohlstand — Darum, Deutsche, müssen wir Kolonien haben.
>
> Generalfeldmarschall und Reichstagspräsident v. Hindenburg[4]

> *Wir brauchen Kolonien!*
>
> Ob Zentrumsmann, ob Demokrat,
> ob Kegelklub, ob Syndikat —
> die Stimmen tremolieren.
> Es schreit von Flugblatt und Plakat:
> Wir woll'n ein Kolonialmandat.
> Wir müssen kultivieren!
>
> Fehlts auch im Reich an Geld und Brot —
> was kümmert uns die Wohnungsnot!
> Sie mögen vegetieren.
> Heil: Tropen und Kanonenboot!
> Stolz weht die Flagge schwarzweißrot.
> Wir müssen kultivieren!
>
> Der Schwarze will zu uns zurück.
> Zu Peitsche, Drill und Liebesglück
> und preußischen Manieren.
> Entreißen wir der fremden Tück'
> den dunklen Erdteil Stück für Stück.
> Wir müssen kultivieren!
>
> Dann hätten einen Erdenrest
> die Jürgens, Kußmann, Femepest,
> sich abzureagieren.
> Drum haltet die Parole fest.
> Es gilt den Kampf um Deutsch-Süd-West.
> Wir müssen kultivieren!
>
> Karl Schnog[5]

George Grosz "Früh um 5 Uhr"
(Das Gesicht der herrschenden Klasse), 1921

Aufruf!

Deutsches Volk, brauchst du Kolonien?

Wer kann diese Frage nach den Erfahrungen dieses Krieges noch verneinen? Man mag zu den kolonialen Einzelfragen stehen wie man wolle: die uns durch das Ausbleiben kolonialer Erzeugnisse bedrückende Not empfinden alle, ob Kind oder Erwachsener, Familienvater oder Hausfrau, Handwerker oder Landwirt, Beamter oder Arbeiter. Erhalten wir unsere Kolonien nicht zurück, so hängt es ganz von dem Willen fremder Völker ab, ob wir zu erschwinglichen Preisen auch nur die kolonialen Erzeugnisse erhalten können, die für ausreichende Ernährung und Kleidung und für eine lohnende Beschäftigung unseres Siebzigmillionenvolkes unentbehrlich sind. Die Frage nach unserer Versorgung ist sehr ernst. Heute haben wir 26 Millionen Menschen mehr zu ernähren als im Jahre 1871!

Deutsches Volk, hast du ein Recht auf Kolonien?

Wir haben ein Recht. Die Erde ist für alle Menschen da und groß genug, um die gerechten kolonialen Ansprüche aller Völker zu befriedigen. Indem man den Völkern, die, wie das deutsche Volk, auf zu engem Gebiet zusammengedrängt sind, angemessenen Raum zu freier Betätigung gibt, wird der Weltfrieden am besten gefördert. Eine freie, weitherzige und unparteiische Schlichtung aller kolonialen Ansprüche ist auch im Punkt 5 der Botschaft Wilsons, der Grundlage des Waffenstillstandsvertrages, zugesagt worden.

Deutsches Volk, wird man dein Recht achten und deine Kolonien zurückgeben?

Man gibt nur dem, der fordert. Unsere Regierung aber kann nur die Forderungen des Volkes vertreten, denn sie ist die Vollstreckerin des Volkswillens.

Darum, deutsches Volk, mußt du deine Kolonien zurückfordern!

Deutsche **wahlberechtigte Männer und Frauen!** Besinnt Euch auf alles, was Euch an unsere Kolonien bindet. Schließt Euch dieser Kundgebung durch Eure Unterschriften an. Ruft alle **ohne Unterschied der Parteien** auf den Plan! Jede Unterschrift ist wichtig. Handelt schnell! Eile tut not!

Berlin, im Januar 1919.

Der Reichsverband der Kolonialdeutschen
Dr. A. Habl

Es schließen sich an:

Dr. Paul Maria Baumgarten, Prälat, Rom, z. Z. Berlin.
Dr. Gertrud Bäumer, Hamburg, Vorsitzende des Bundes deutscher Frauenvereine.
Dr. J. Bloch, Herausgeber der sozialistischen Monatshefte.
Broeckmann, Vorsitzender der Bremer Vereinigung für deutsche Kolonialinteressen.
Bund der Industriellen.
Max Cohen, Mitglied des Zentralrates der deutschen sozialistischen Republik.
Hedwig Dransfeld, Vorsitzende des Zentralvorstandes des Katholischen Frauenbundes Deutschlands.
Prof. Dr. Martin Faßbender, Geheimer Regierungs-Rat.
Wilhelm Föllmer, 1. Vorsitzender des Deutsch-Nationalen Kolonialvereins.
Hansa-Bund für Gewerbe, Handel und Industrie.
D. theol. P. D. Hennig, Bischof, Herrnhut, Vorsitzender des deutschen Evangelischen Missions-Ausschusses.
Dr. Hergt, Vorsitzender des Hauptvorstandes der Deutsch-Nationalen Volkspartei.
Hedwig Heyl, Vorsitzende des Frauenbundes der Deutschen Kolonialgesellschaft.
Karl Kanzow, Landgerichtsdirektor a. D., Mitglied des geschäftsführenden Ausschusses der deutsch-demokratischen Partei.
Frau Dr. Lehr, stellvertretende Vorsitzende der Deutschen Frauenvereine vom Roten Kreuz für die Kolonien.
Paula Müller, Hannover, Vorsitzende des Deutsch-Evangelischen Frauenbundes.
Dr. Maximilian Pfeiffer, General-Sekretär der Christlichen Volkspartei (Zentrum).
Freiherr von Rechenberg, Wirklicher Geheimer Rat, früher Gouverneur von Deutsch-Ostafrika.
Dr. H. Schacht, Bankdirektor, Mitglied des geschäftsführenden Ausschusses der deutsch-demokratischen Partei.
Max Schippel, Archivar der Generalkommission der Gewerkschaften Deutschlands.
D. theol. A. W. Schreiber, Direktor der deutschen Evangelischen Missions-Hilfe, Berlin-Steglitz.
Geheimrat Steinthal, Bankdirektor.
Strauch, geschäftsführender Vizepräsident der deutschen Kolonialgesellschaft.
Dr. Gustav Stresemann, Vorsitzender der Deutschen Volkspartei.
Thele, Vorsitzender des Soldatenrates im Kommando der Schutztruppen.
J. K. Vietor, Bremen.
Graf Westarp, Oberverwaltungsgerichtsrat.
Lic. P. Theophil Witzel, Fulda, Vorsitzender der deutschen katholischen Missionsoberen-Konferenz.
Regierungsrat Dr. Zache, Vereinigung der deutschen Übersee-Interessen.
Zentralverband deutscher Industrieller.

NATIONALSOZIALISTISCHEN ZWECKEN DIENSTBAR GEMACHT: DIE BEGEISTERUNG DER JUGEND FÜR "HELDEN"

oder: Die Deutschen als "Helden in Südwest"

Gert Petersen ist groß und schlank, blauäugig und blondhaarig, mit einem ernsten Ausdruck in den ebenmäßigen Zügen. Er ist von starkem, stolzem Herzen und grüblerischem Charakter, wie er nur den Deutschen eigen ist.[6])
So und ähnlich sieht der "Held" aus, der in deutschen Kolonialromanen gezeichnet wird. Er hat ein zähes Leben: Ihre Kolonien sind den Deutschen längst abhanden gekommen, ihr Kaiser hat lange abgedankt und sich nach Holland ins Exil zurückgezogen, die Weimarer Republik steuert bereits ihrem Ende entgegen und der Nationalsozialismus bereitet seine Gewaltherrschaft vor, als Gert Petersen in dem 1930 erschienen Buch "Dich ruft Südwest!" dem Lesepublikum präsentiert wird, so blond und blauäugig, wie es nur ein Arier reinsten Wassers sein kann.

Kolonialschreiber, Kolonialvereine und die den verschiedenen Kolonialvereinen angeschlossenen Jugendorganisationen haben, selbst rassistischem Denken verhaftet, eine Empfänglichkeit der Jugend für die nationalsozialistische Rassenideologie gut vorbereitet. Der nationasozialistischen Führung fällt es daher nicht schwer, deren Wirken hinzunehmen, obwohl für Hitler zunächst innenpolitische Probleme im Vordergrund stehen. Wo sich jedoch die Jugend für einen deutschen Held irgendwo in der Welt zu begeistern vermag — wobei das Wirken Deutscher in den ehemaligen deutschen Kolonien besonders geeignet erscheint — ist dies Hitlers Plänen, die er mit dem "deutschen Volk" zu verwirklichen beabsichtigt, förderlich. Er braucht sie, die deutsche Jugend, "flink wie Wiesel und hart wie Kruppstahl", um seinen Wahn von einem "großgerma-

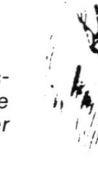

"Niedlich" wie Spielzeug: Deutsche Schutztruppler mit Ausrüstung auf "Kriegspfad" in der ehemaligen deutschen Kolonie Südwestafrika. Zwei Abbildungen aus: G. Frenssen, Peter Moors Fahrt nach Südwest. Ein Feldzugsbericht, 1940

nischen Reich" zu verwirklichen. "Pflichtbewußtsein", "Selbstzucht", "Härte", "Mut" sind nicht nur Eigenschaften, die der deutsche Held zeigt, wo sich Schwarze und ein schwer kultivierbares Land seinem Eroberungsdrang entgegenstellen. Es sind auch die Charaktereigenschaften, die sich Hitler bei seiner Jugend für seine Eroberungspolitik, seine Rassen- und Ausrottungspolitik an den "nichtarischen Untermenschen", wo immer sie seinen Plänen im Wege sind, wünscht.

Bücher, die während der deutschen Kolonialzeit und der Zeit der Weimarer Republik geschrieben wurden, werden wieder hervorgeholt oder neu verlegt und der Jugend ausdrücklich zur Lektüre anempfohlen. Ein Beispiel dafür ist das viel gelesene Buch von Gustav Frenssen "Peter Moors Fahrt nach Südwest", das, im Kaiserreich erschienen, 1940 in einer neuen Ausgabe herausgebracht wird. Hinzugekommen sind ein halbes Dutzend bunte Abbildungen, harmlose Bilchen, wie sie eher in einem Kinderbuch zu erwarten sind als in einem "Feldzugsbericht", wie der Untertitel des Buches lautet. Der Ich-Erzähler, Peter Moor, ist denn auch noch sehr jung, als er sich freiwillig zur Schutztruppe meldet, um am Krieg gegen die Herero teilzunehmen. Er geht nach Südwest, "um an einem wilden Heidenvolk vergossenes deutsches Blut zu rächen". Er ist noch nicht so ganz gefestigt in seinem "Herrenmenschenbewußtsein", wie es von einem Deutschen der Nazizeit gefordert wird. Doch Peter Moor reift im Krieg heran...

Peter Moor erzählt, wie ein Kamerad seiner Einheit einen Afrikaner, den er im Busch aufgestöbert hat, nach einem kurzen Verhör behandelt:

"Dann hatte er (der deutsche Soldat) wohl genug erfahren und sagte: 'Der Missionar sagte einmal zu mir: 'Mein Lieber, vergessen Sie nicht: die Schwarzen sind unsere Brüder;' nun will ich meinem Bruder seinen Lohn geben.' Er stieß den Schwarzen von sich und deutete: 'Lauf weg!' Der sprang auf und versuchte, in langen Zickzacksätzen schräg hinunter über die Lichtung zu kommen. Aber er hatte noch nicht fünf Sprünge gemacht, da traf ihn eine Kugel, daß er lang nach vorn hinschlug und still lag."

Peter Moor geht dieses Erlebnis nahe. Hatte der Missionar recht, der sagte, daß alle Menschen Brüder seien? Ein Oberleutnant belehrte ihn:

"Wir müssen noch lange hart sein und töten; aber wir müssen uns dabei, als einzelne Menschen und als Volk, um hohe Gedanken und edle Taten bemühen, damit wir zu der zukünftigen, brüderlichen Menschheit unser Teil beitragen." Er stand und sah in Gedanken über die weite, mondbeschienene Steppe und wieder auf den stillen, toten Körper. Ich hatte während des Feldzugs oft gedacht: 'Was für ein Jammer! All die armen Kranken und all die Gefangenen! Die Sache ist das gute Blut nicht wert!' Aber nun hörte ich ein großes Lied, das klang über ganz Südafrika und über die ganze Welt, und gab mir einen Verstand von der Sache."[7)]

**Der Roman "Farm in Südwest", 1938 veröffentlicht, handelt vom Leben des deutschen Auswanderers Peter Merk in Namibia. Peter Merk ist bodenständig, grundehrlich und fleißig. Er baut sich unter großen Mühen eine Farm in Namibia auf und erleidet dabei viele Schicksalsschläge, die jedoch seinen Lebenswillen nicht zu brechen vermögen. Namibia ist seine zweite Heimat.
Während das Deutsche Reich Europa in den 1. Weltkrieg stürzt, wird die deutsche Kolonie Südwestafrika durch die Engländer besetzt. Peter Merk nimmt diesen Schicksalsschlag nicht passiv hin. Er glaubt zutiefst an den Tag, der die Besatzer zwingt, die deutsche Kolonie wieder zu verlassen.**

Farm in Südwest
Kolonialroman von Otfried von Hanstein
(Auszug)

Wieder hielt Peter Merk auf jenem Hügel, der den letzten Blick auf Karibib freigab.
Sein Gesicht hatte das Viereckige, fast steinern Energische, das ihm stets eigen war, wenn sein Wille sich auflehnte gegen das Schicksal. Von hier oben sah er unbewegt zu, wie sich die englischen Truppen heranwälzten, wie zuletzt noch ein paar Schüsse gewechselt wurden, die ein deutscher Nachhutsoldat hervorgerufen, weil er die Spitze der heranziehenden Feinde beschoß.

Mit selbstquälerischer Ruhe verfolgte Peter Merk den Einzug der vorläufigen Sieger, dann rief er laut in die Nacht: "Bis da oben am Turm wieder die deutsche Fahne weht, sieht mich Karibib nicht wieder!" Er ritt in die Nacht hinaus, und als er am Morgen in die Farm kam und Fritz Gollmann ihm fragend entgegenhinkte, antwortete er nicht, hatte aber noch immer sein Vierkantgesicht und ging schweigend zu dem Mast, an dessen Spitze die deutsche Fahne im Winde wehte.

Auch Nietz war herangelaufen und viel von den dreißig Frauen aus Swakopmund. Jetzt sahen sie, wie Merk die Fahnenschnur löste und das Tuch langsam zur Erde niedersank. Es war ein Augenblick tödlichen Schreckens, und niemandem traute sich die Frage auf die Lippen, warum das geschah. Sorgsam legte Peter Merk die Fahne zusammen, und seine Hand glitt streichelnd über das Tuch. Auch die Hereros standen umher. Zu ihnen mußte wohl schon ein Bote gekommen sein, der ihnen berichtet hatte, was in Karibib geschehen war, denn sie waren erregter als sonst.

Peter Merk nahm das Fahnentuch, und nun blitzte es in seinen Augen, als er es Nietz reichte. "Aufheben! Sorgsam aufheben! Nicht auf lange; Nur die paar Monate, die es vielleicht dauern kann, bis Deutschland seine Feinde besiegt hat. Pfui Teufel! Es ist leicht, friedliche Farmer zu überrumpeln. Schluß jetzt! Frühstück! Ich bin die ganze Nacht durchgeritten. Kein Wort mehr vom Kriege. Hört ihr? Kein Wort davon, daß in Südwest augenblicklich Fremde zu Gast sind, die wir nicht gebeten haben. Kommt wieder anders! Es lebe Deutschland!"

Bei den letzten Worten hob er die Schwurhand empor, und sie alle taten wie er...[9)]

> **Vorwort**
> (Auszug)
>
> Dir, deutscher Junge, bringe ich dieses Buch. Nimm es hin und erlebe in ihm einen Abschnitt deutschen Kolonialgeschickes.
> Nicht der Eroberungen wegen mußten die in dem Buche beschriebenen Kämpfe gegen verhetzte Eingeborene geführt werden, sondern deswegen, weil sie auf freier Grundlage getroffene Vereinbarungen brachen und deutsches Blut vergossen. Viel zu tief verwurzelt war rechtliches Denken von jeher im deutschen Volke. Deswegen, und weil wir die Eingeborenen immer gerecht behandelten, schlagen uns ihre Herzen heute mehr denn je entgegen, jetzt erst recht, weil sie an eigenem Leibe erfuhren, was Recht und Unrecht bedeutet. Deshalb haben wir unserer Kolonien, trotzdem heute andere darüber verfügen, nie verloren.
> Eine günstige Vorsehung schenkte uns den großen Führer, der uns die Freiheit wiederbrachte. Stolzer denn je steht heute Germania auf ihr Schwert gestützt, jedem offen die Stirn bietend, der es wagen sollte, deutsche Ehre anzutasten. Das Unrecht der Wegnahme unserer Kolonien wartet noch der Wiedergutmachung.[8]

Der neue "Held" wird zubereitet: der Jugendliche der Nazizeit, der in die Fußstapfen seiner kolonialistischen und rassistischen Väter tritt. Er wird über seine Lust und sein Interesse an Abenteurertum und Supermännern geködert. "Viele hatten jugendliche Freude und Begeisterung, germanische Lust an der Freude und am Krieg", sagt Peter Moor über seine Kameraden. In der kolonialen Jugendliteratur der Nazizeit wird die Begeisterung weiter geschürt und gleich in die "richtige" Richtung gelenkt: die Jugend soll am "deutschen Erbe" anknüpfen, sich ihm gewachsen und verpflichtet zeigen und rächen, was Deutschen angetan wurde. Denn die deutschen Gefallenen in Südwest müssen gerächt werden, das Unrecht, das die Wegnahme der Kolonien bedeutete, muß wiedergutgemacht werden...

Im Schulunterricht muß von den Lehrern das Thema "Deutsche Kolonien" behandelt werden, um den "kolonialen Gedanken" wachzuhalten. In einem Anleitungsbuch für Lehrer jener Zeit finden sich auch Unterrichtvorschläge zu Namibia. So sollen zum Beispiel die Schüler bei der Beschäftigung mit den deutschen Kolonialkriegen in Namibia Überlegungen anstellen und nachvollziehen, wie dieser Krieg der Deutschen gegen die dortigen "Eingeborenen" zum Sieg der Deutschen führte.

"Deutsch-Südwest ist des weißen Mannes Land"
Unterrichtliche Behandlung im 8. Schuljahr

Die Schutztruppe in Deutsch-Südwest
Die Einwohner Südwests Hottentotten, Herero, Buschleute und so weiter.

v. Francois (deutscher Offizier) soll mit einem Leutnant und 21 Mann ein Land, größer als Deutschland, ohne Verkehrswege und Verkehrsmittel befrieden...

Die ersten Kämpfe...

Verstärkung der Schutztruppe — 214 Mann und zwei Offiziere — landet in Swakopmund

Das erste Gefecht...

Eroberung von Hoornkrans. Die Erstürmung der Naukluft 1894...

Wem gehört das Land? Den Eingeborenen oder den Weißen? "Deutsch-Südwest ist weißen Mannes Land".

Der Endkampf um die Vorherrschaft...

Der Heldenkampf am Waterberg...

Friede im Land.

Deutsches Blut und deutscher Boden in Südwest.[10]

Bereits 1933 wurden alle kolonialen Jugendverbände der Hitlerjugend unterstellt. Man gestattete der Kolonialjugend, zum HJ-Dienstanzug das "Kreuz des Südens" auf dem linken Unterarm zu tragen. Aber die Eroberungspläne Hitlers richten sich gegen den "Ostraum", seine Vernichtungspläne gegen den "inneren Feind", gegen Juden und Antifaschisten. Und jene sollen auch für die Jugend vorrangig sein: Die Beschäftigung mit den ehemaligen deutschen Kolonien und ihren "Helden" war deshalb in erster Linie Mittel zu einem anderen Zweck. Zwar sollten Kinder und Jugendliche für den kolonialen Gedanken gewonnen werden, doch war es Heldentum schlechthin, das sie begeistern sollte, ein Heldentum, das sie verfügbar machte für Eroberungen, Krieg und Vernichtung allen "unwerten Lebens" überhaupt – gemäß der rassistischen Ideologie des Nationalsozialismus.

Arbeitsvorschlag:
– Stelle Gründe zusammen, die ein Überleben kolonialer Interessen bewirkten (Weimarer Republik, Nationalsozialismus)
– Nenne Eigenschaften von "Kolonialhelden"
– Welche politischen Absichten waren mit kolonialer Jugendliteratur des Nationalsozialismus verbunden?

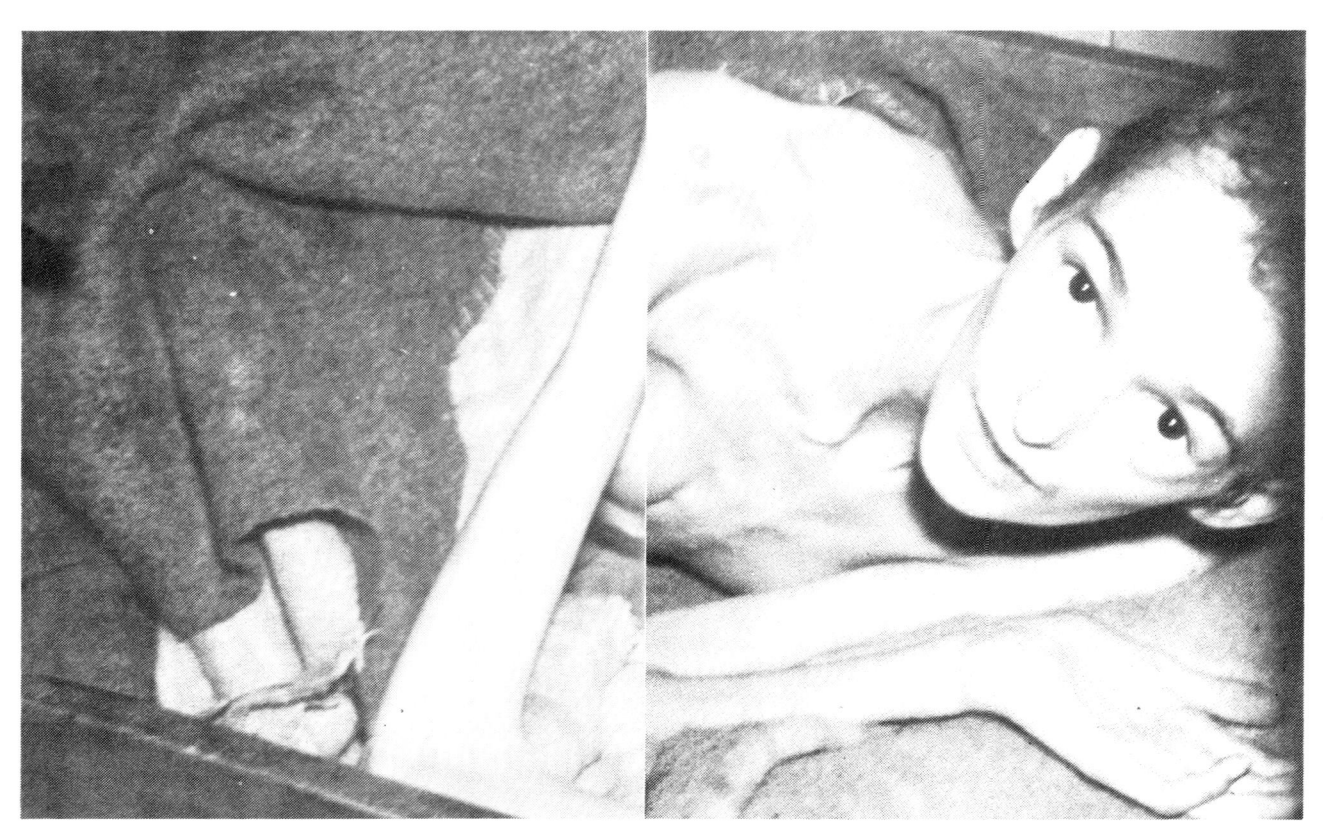

Opfer des nationalsozialistischen Rassenwahns – Jüdischer Junge im Konzentrationslage Auschwitz

13. Kapitel

Deutsche in Namibia heute

Schüler der Deutschen Höheren Privatschule (DHPS) in Windhoek

Zwanzigtausend Menschen deutscher Abstammung leben in Namibia. Namibia ist für sie sowohl Heimat wie auch eine Lebensumwelt, in der sie ihr Deutschtum zu wahren versuchen. Sie sind Teil der herrschenden weißen Schicht. Nach außen hin sind sie als deutsche Volksgruppe um Einheitlichkeit bemüht, die in sich jedoch eine gewisse Bandbreite zwischen rechtsextremistischen bis liberalen Einstellungen einschließt.

Absichten:
- Wir schreiben über Beobachtungen und Eindrücke aus Namibia und stellen Fragen zum Leben und Denken von Deutsch-Namibiern.
- Wir fragen nach politischen Einstellungen von Deutsch-Namibiern.
- Wir bringen einen Auszug aus der Lebensgeschichte eines schwarzen Namibiers, die für das Ringen um Vertrauen zu antirassistischen Weißen und die Hoffnung auf eine demokratische Zukunft Namibias ohne Bevorteilung von Menschen aufgrund ihrer weißen Hautfarbe stehen soll.

Blick in die Kaiserstraße, die Hauptgeschäftsstraße Winhoeks

EINIGE INFORMATIONEN, BILDER UND EINDRÜCKE

Zwanzigtausend Deutsch-Namibier, Menschen deutscher Abstammung, leben heute in Namibia[1]; etwa fünftausend haben die deutsche Staatsbürgerschaft. Von der rund 1,3 Millionen zählenden namibischen Bvölkerung[2] sind sie nur ein verschwindend kleiner Teil: runde 1,5 Prozent. Und doch: Reist man nach Namibia über seine Hauptstadt Windhoek ein — etwa per Direktflug Frankfurt-Windhoek mit der Lufthansa oder der South African Airways (SAA) — so ist eine Begegnung mit vielem, was deutsch ist und anmutet, vorprogrammiert. Denn Windhoek ist eine Stadt, die Deutsche geprägt haben und die Deutsche heute noch prägen. Vertraute deutsche Sprachklänge lassen immer wieder aufhorchen, am Flughafen, in den Straßen Winhoeks... "In den Straßen Windhoeks begegnet man vielen Deutsch-Namibiern", schreibt Colin Winter, ein englischer Pfarrer, der wegen seiner Parteinahme für die schwarzen Namibier 1972 aus dem Land verwiesen wurde. "Man lernt ihn schnell erkennen, den Angehörigen der deutschen Volksgruppe in Namibia. Er kann ein Mechaniker sein, der in einem blauen Overall mit Lederkappe durch die Straße geht. Vielleicht trägt er auch einen europäisch geschneiderten Anzug mit teuren italienischen Schuhen und verdient sein Geld als Exporteur von Karakulfellen oder Importeur von Baumaterial, landwirtschaftlichen Maschinen oder Bergbaumaschinen aus West-Europa."[3] Viele Geschäfte tragen deutsche Firmenschilder und die deutschen Namen ihrer Inhaber. Zum Teil sind es traditionsreiche Firmen, die zumindest ihr 75-jähriges Geschäftsjubiläum feiern konnten. Man kann in ihnen völlig vergessen, daß man sich auf einem anderen Kontinent befindet, so deutsch mutet es innen an. Straßenschilder tragen deutsche Namen und Bezeichnungen. Allein in der Nähe des Bahnhofs gibt es eine Bahnhof- und Talstraße, eine Moltke-, Leutwein-, Lüderitz-, Göringstraße, eine Goethe-, Uhland-, Lutherstraße und eine Kaiserstraße, die Hauptgeschäftsstraße Windhoeks.

...Windhoek ist eine deutsche Gründung des Jahres 1890 durch den deutschen Hauptmann Curt v. Francois, der am 19. Oktober 1890 mit einer schlichten, mit kleinen Zeremonien verbundenen Grundsteinlegung die Feste Windhoek gründete... So oder ähnlich klären Fremdenführer oder einschlägige geschichtliche Darstellungen den Interessierten über die Geschichte Windhoeks auf. Doch Moment mal! Bevor man solchen Informationen arglos folgt, sollte man selbst zu denken beginnen: Warum überhaupt erfahren wir zuerst, was Deutsche in Namibia getan haben, wo doch die deutsche Kolonialherrschaft nur um die 30 Jahre dauerte und die Geschichte des namibischen Volkes wohl einen unvergleichlich längeren Zeitraum umfaßt? Und: Wer

Wecke & Voigts

gegr. 1892

Wir behaupten nicht, daß dies eine Abbildung des ersten Namensschildes der Firma ist — so etwa wird es jedoch ausgesehen haben.

Bis heute hat sich in unserem Warenhaus einiges geändert. Wir meinen sogar, daß wir zu den modernsten Geschäften im Lande zählen. Aber, überzeugen Sie sich doch selbst!

Anzeige aus der Allgemeinen Zeitung, der wichtigsten deutschsprachigen Zeitung in Namibia. Sie erscheint in Windhoek.

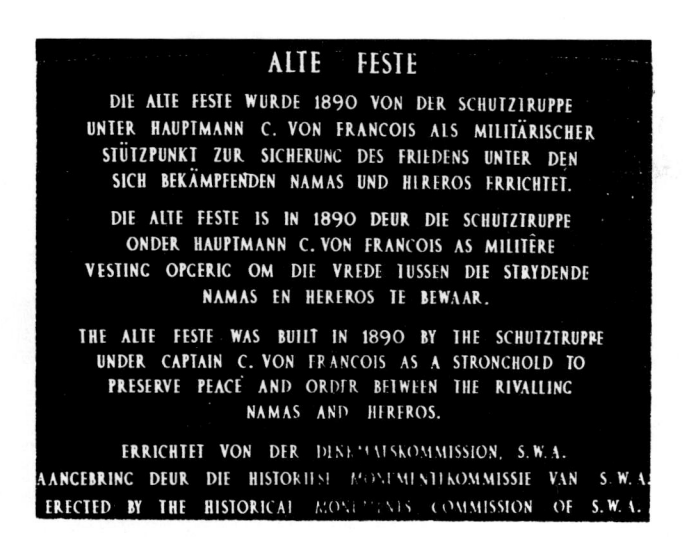

Gedenktafel "Alte Feste".
Mit der Formulierung, die Feste zur Sicherung des Friedens zwischen namibischen Stammesgruppen errichtet zu haben, werden zugleich die Eigeninteressen des Deutschen Reiches, die mit der Entsendung deutscher Truppen nach Namibia verbunden waren, verdeckt.

Anzeigen aus der Allgemeinen Zeitung

hat eigentlich was und wo gegründet? Ein deutscher Schutztruppenoffizier soll eine Stadt in einem afrikanischen Land gegründet haben? Wieso gründete ein *Soldat* eine Stadt, wieso ein *deutscher* Soldat und wieso gründete ein deutscher Soldat in einem *afrikanischen Land* eine Stadt?

Das ist doch Kolonialgeschichte, die wir hier dargeboten bekommen! Eine Art von Geschichtsbetrachtung, die herausstellt, was die weißen Kolonialherren Verdienstvolles in ihrer früheren Kolonie vollbracht haben. Was war Winhoek, bevor das Deutsche Reich seine Truppen in Gang setzte, um die Afrikaner zu unterwerfen und über sie und ihr Land zu herrschen. Fragen wir doch einmal genauer nach der Rolle der Deutschen, die sie in der Geschichte Namibias und seiner Region Windhoek spielten, geben wir uns nicht mit einer Momentaufnahme zufrieden, die einen Zeitpunkt betont, der in erster Linie für die weißen Kolonisatoren bedeutsam zu sein scheint...

"Der Reiter von Südwest"
Standbild in Windhoek

Richten wir nun unseren Blick — verbreiteten Touristenführern folgend — auf historische Bauten der Stadt. Da ist die evangelisch-lutherische Christuskirche, ein Gebäude im Zuckerbäckerstil, in dem sich bisher die deutsch-evangelischen Christen unter sich gehalten haben, abgewandt von den afrikanischen Christen, die sie einst missionierten, und mit deren Kirchen zusammenzuarbeiten ihnen außerordentlich schwer fällt. Da ist das Schutztruppendenkmal, im "Volksmund" (so ein Bändchen zu Windhoek: gemeint ist damit gewiß der deutsche Volksmund in Namibia) "Der Reiter von Südwest" genannt, auf einer Anhöhe Windhoeks, das immer noch ein "Hoch auf den deutschen Kaiser" auszusenden scheint und als beliebtes Postkartenmotiv für "deutsche Grüße aus Südwest" dient. Die drei Schlösser auf den Hügeln von Windhoek sind nocheinmal deutsch, fast so deutsch wie die romantischen Schlösser am (deutschen) Rhein... Und da ist die "Alte Feste" natürlich, zu der der Hauptmann Francois den Grundstein legte. Sie wurde 1957 zum Historischen Monument erklärt: Windhoeker Sehenswürdigkeiten, die jedoch keineswegs nur Zeugen der Vergangenheit sind, der deutsch-kolonialen Vergangenheit. Wenn sie das nur wären... Sie dienen vielmehr auch dazu, den Deutsch-Namibiern ihr gegenwärtiges Leben in Namibia als traditionsreich zu vergegenwärtigen, es als wichtiger erscheinen zu lassen, als es ihr geringer Anteil an der gesamten namibischen Bevölkerung rechtfertigen würde. Deutsches Leben und Denken in der ehemaligen Kolonie tut sich schwer, die alten Zeiten deutscher Vorherrschaft zu überwinden und eine völlige Gleichberechtigung von Schwarzen und Weißen in diesem Land zu riskieren. "Eine gewisse Nostalgie hängt über der Stadt", ein gewisses Heimweh nach Vergangenem, so empfindet Colin Winter die Atmosphäre.

Als Deutscher auf Besuch in Namibia zu sein, das kann heißen: Namibia (noch) heute mit den Augen der Nachfahren deutscher Kolonialisten zu sehen und zu erleben. Das kann heißen, dort fast nur unter Deutschen zu sein, die sich über die Jahre hinweg bemüht haben, Deutsche in Sprache und Lebensstil zu bleiben, und die stolz auf das sind, was sie in diesem Land erarbeitet haben und erarbeiten. Sich unter ihnen zu bewegen, das heißt: eingeladen zu werden von deutschstämmigen Familien, die den Besuch weiterreichen, das heißt, freundliche Gastlichkeit zu erleben und dieses schöne, weite Land ganz so zu sehen und darüber so zu hören, wie es in Reiseprospekten steht:

> Südwestafrika — das ist ein Land voll großartiger, immer wechselnder, gegensätzlicher Landschaftsbilder, angefangen von der Wüste Namib bis hin zu bizarr geformten, wildromantischen Hochgebirgsregionen. Geradezu Weltberühmtheit erlangt haben Naturerscheinungen wie der grandiose Fischfluß-Canyon oder die roten Dünen der Namib.
> Südwestafrika — das ist aber auch das Land des Etoscha Nationalparks, eines Tierreservates, das kein Gegenstück in Afrika hat. Südwestafrika ist schließlich auch das Land der Felsmalereien und Felszeichnungen. Überall findet man Spuren aus einer versunkenen Welt, die uns auch bis heute noch viele Rätsel aufgibt. Das Buschmannparadies der Spitzkoppe, Twyfelfontein oder der Brandberg bieten hierfür hervorragende Beispiele.
>
> *SAATOURS Handbuch für Südafrika-Reisen, 1981*

Als Deutscher auf Besuch in Namibia zu sein, das kann aber auch heißen: zu versuchen, dieses Land auf eigene Faust zu erleben, vielleicht in Windhoek schon damit zu beginnen, Reiseführer und Prospekte zur Seite zu schieben und einfach loszulaufen. Sich durch die gepflegten Geschäfts- und Wohnbezirke treiben zu lassen und schließlich den Menschen zu folgen, die nicht weiß sind. Die immer dunkler zu werden scheinen, weil dort, wo ihre Zahl größer wird, die Weißen immer seltener werden. Und plötzlich ist Windhoek keine weiße Stadt mehr. Je weiter man sich entfernt, umso künstlicher scheint sie zu werden, eine Gespensterstadt europäischer Bauart, eine Kunststadt wie im Film, ein Kartenhaus aus bunten Spielkarten, das unter einer heftigen Brise zusammenzuklappen droht. "Die Weißen leben in einem Wolkenkuckucksheim", schreibt Colin Winter. Für die Deutsch-Namibier dürfte es sich, wenn es so ist, um ein eher hausbackenes Wolkenheim handeln. In das man sich leihweise den Schlagerstar Heino holt, der ihr Stargast war; wo man Bierfeste feiert, die bayerisch gefärbt sind, und wenn schon nicht unterm Alpenglühn, so doch vielleicht unter einem der glutroten namibischen Abendhimmel stattfinden. Da führen Schulklassen Theaterstücke deutscher Klassiker auf und deutsche Schüler treten zu Lesewettkämpfen an. Deutsch-Sein und Deutsch-Bleiben in der ehemaligen "eigenen" Kolonie, das scheint vielen Deutsch-Namibiern oberster Wunsch zu sein. So kündet eine Tafel vor der Deutschen Höheren Privatschule (DHPS) in Windhoek vom Gefühl enger Verbundenheit mit der einstigen deutschen Metropole Berlin: 100.000 Kilometer Berlin...

Doch dieses Wolkenkuckucksheim hat auch lichte Stellen. Sorglos um seine Gegenwart und Zukunft in Namibia lebt wohl kein Deutsch-Namibier. Es scheint vielmehr, daß Angst das bestimmende Lebensgefühl ist. Angst vorm Überleben des rassistischen Staates, weil die Schwarzen Namibias im Kampf, den sie auch mit Waffen führen, um ihre Gleichberechtigung stehen.

Weißer Farmer und schwarze Arbeiter beim Verlegen von Wasserrohren

ZUR ANGST DER DEUTSCH-NAMIBIER VOR EINER ZUKUNFT OHNE BEVORTEILUNG DER WEISSEN...

Angst kann auch Zusammenhalt bewirken: Nach außen hin treten die Deutsch-Namibier gerne als eine geschlossene Volksgruppe auf. Wo einmal Meinungen über politische Fragen weit auseinanderdriften, gibt es schnell beschwörende Appelle aus den eigenen Reihen, sich doch zu einigen und das "Gemeinsame" – damit ist die verbindende deutsche "Wurzel" gemeint – nicht aus dem Auge zu verlieren. Die deutsch-namibische Gruppe ist überschaubar, so ziemlich jeder kennt jeden, zumindest über Verwandte und Freunde. Das bedeutet auch Druck auf denjenigen, der nicht mitzieht und auszuscheren droht. Es ist deshalb nicht leicht, die Einstellungen von Deutsch-Namibiern einigermaßen zutreffend zu erfassen. Am leichtesten scheint es noch, wenn man dies über die politischen Gruppierungen und Parteien versucht, in denen sich Deutsch-Namibier organisiert haben.

Eine kleine, jedoch lautstarke Gruppe sind die Neonazis, häufig erst vor kurzem aus der Bundesrepublik eingewandert und noch im Besitz eines bundesdeutschen Passes. Das Land scheint in diesen Kreisen als Alternative zur Bundesrepublik attraktiv zu sein. In den Kneipen von Windhoek kann man schnell und unvermutet Zeuge und Objekt ihrer agitatorischen Reden werden, die an Aufdringlichkeit nichts zu wünschen übrig lassen. Bereits seit 1974 gibt es einen "Bund nationaler Deutscher", der eine eigene Zeitung "Der Deutsch-Südafrikaner" herausgibt.

> Zum
>
> 30
>
> jährigen Landesjubiläum
>
> wünschen Dir, lieber Uwe und Papi
> für noch weitere Jahre viel Glück
>
> **Deine Helga und Kai Uwe**

Als ein "Bollwerk" deutscher Selbstbehauptung dürften sich die Deutsch-Namibier verstehen, die die nationale Partei (NP) wählen. Viele sind Farmer, die von der Vergangenheit zehren und vor allem eine Enteignung fürchten, wenn den Afrikanern eine gerechte Teilhabe an den wirtschaftlichen, politischen und sozialen Entscheidungen zugestanden wird.

Als "fortschrittlich" versteht sich dagegen die "Interessengemeinschaft Deutschsprachiger Südwester" (IG) mit etwa 3.000 Mitgliedern, die als Sprachrohr der deutschen Siedlerschaft 1977 gegründet wurde. Als fortschrittlich versteht sie sich, weil sie für eine "schwarz-weiße Partnerschaft" eintritt. Entschieden ist sie jedoch in ihrer Gegnerschaft zur SWAPO, der namibischen Befreiungsorganisation, die in ihren Augen eine "totalitäre, moskaugesteuerte Organisation" ist. Mit dieser Einschätzung wird ihre Öffnung zu einem Namibia, in dem eine in freien, gleichen und unabhängigen Wahlen zustandegekommene Regierung eine unabhängige Zukunft des Landes einleitet, so eng wie ein Nadelöhr, durch das nicht jeder (eben die vielen Namibier, die für eine vollkommene Gleichheit aller Namibier sind) hindurchkommt. Auch die Aufrechterhaltung weißer Machtprivilegien, die auf Besitz und Verfügungsmacht von Land, Rohstoffen und Industrien beruhen, wird durch die IG grundsätzlich nicht in Frage gestellt. Kürzlich wagte der Hauptvorstand der IG, auf Anregung des bundesdeutschen Außenministers Genscher, ein Gespräch mit dem Präsidenten der SWAPO, Sam Nujoma, in Harare/Simbabwe. Die Wogen der Vereinigung gingen hoch. Manchen schien dieses Unternehmen ein Verrat an der "weißen Sache", andere verteidigten die Möglichkeit zu Gesprächen mit der SWAPO, die doch nur ein Austausch von Ansichten und Standpunkten seien.

Die Deutsch-Namibier leben in einem Land, in dem Krieg herrscht: Krieg zwischen den südafrikanischen und unter südafrikanischer Befehlsmacht stehenden namibischen Truppen einerseits und den schwarzen Unterdrückten, die gegen die rassistische Herrschaft kämpfen, andererseits Gegen eine Macht, die sich — ungeachtet aller erfolgten Korrekturen an der Rassendiskriminierung — bis zu den Zähnen bewaffnet hat, um die weiße Herrschaft zu verteidigen. Die Schwarzen führen ihren Befreiungskampf — würde ein solcher nicht auch den Weißen anstehen, die ja kolonialistisches Denken und Handeln noch keineswegs überwunden haben? Würde es nicht auch ihnen anstehen, nun endlich alle Benachteiligungen, die auf Hautfarbe beruhen, rigoros aus der Welt zu schaffen, sich selbst zu "entkolonisieren"? Warum geschieht dies nicht? Colin Winter versucht sich dies damit zu erklären: "Mein eigenes Gefühl über sie sagt, daß sie selbst Opfer der Apartheid sind und selbst durch ein Regime geistig verkrüppelt wurden, das sowohl Frieden als auch Kritikfähigkeit zerstört."[4]

Arbeitsvorschlag:
— Lies dir nocheinmal den Auszug aus dem SAATOURS Handbuch für Südafrika-Reisen durch. Was erfährst du darin über das Land Namibia und seine Menschen?

— Überlege dir, was dich interessieren würde, wenn du eine Reise nach Namibia unternehmen würdest. Mache dir Notizen. Diskutiere deine Fragen und die Fragen anderer Schüler in einer Kleingruppe.

Allgemeine Zeitung Freitag, 27. Mai 1983

Leser-Briefe

IG-Kontroverse

Aus naheliegenden Gründen versucht die IG jetzt, die Kontroverse über ihre letzte Verhandlung mit Sam Nujoma und was damit zusammenhängt, zu beenden. Das ist für mich kein Grund stillzuschweigen.

Ich wurde seinerzeit Mitglied der IG weil ich vertrauensvoll annahm, daß die Ziele der IG wirklich in erster Linie den kulturellen und sprachlichen Interessen unserer deutschsprachigen Bevölkerung gelten würden. Allmählich kam mir der Verdacht und wurde schließlich zur Überzeugung, daß da ganz andere Interessen vorherrschend waren und deswegen beendete ich dann meine Mitgliedschaft.

Die Reise der Herren von der IG nach Zimbabwe, mit dem Höhepunkt der Gespräche mit SWAPO und Sam Nujoma, hat gewiß nicht dazu beigetragen, meine Meinung über die Beweggründe der IG zu verbessern.

Es ist mir gänzlich unbegreiflich, wie diese Herren es mit ihrem Ehrgefühl in Übereinstimmung brachten, mit Sam Nujoma zu verhandeln.

Nach meiner Auffassung ist es unmöglich, sich mit einem Gangsterboß oder einem Terroristenhäuptling und Mörderbandenchef an den Verhandlungstisch zu setzen, ohne dessen Ansehen aufzupolieren und das eigene zu zerstören.

M.W. Rust

Durfte der Vorstand der "Interessengemeinschaft Deutschsprachiger Südwester" mit dem Präsidenten der SWAPO, Sam Nujoma, sprechen — durfte er nicht? Die Frage war im Mai 1983 Gegenstand heftiger Kontroversen in der Interessengemeinschaft. In einer Presseerklärung rechtfertigte sich die Exekutive der IG. Sie habe sich lediglich bemüht, das Ihre zu einer friedlichen Entwicklung in Namibia beizutragen: Selbst auf dieser unverbindlichen Ebene — auf der in keiner Weise Privilegien in Frage gestellt wurden — tun sich viele Deutsch-Namibier ungeheuer schwer, Brücken zur SWAPO zu schlagen. Von einem Versuch, nach einer Berechtigung des namibischen Freiheitskampfes zu fragen, ganz zu schweigen.

„Warum schickst du deinen Anstandswauwau nicht einfach weg?"
ZEICHNUNG MAULDIN/CHICAGO SUN-TIMES

In der Allgemeinen Zeitung nehmen Meldungen, Kommentare, Berichte und Reportagen über die Bundesrepublik Deutschland einen breiten Raum ein. Sie spiegeln einerseits das Gefühl deutsch-deutscher Verbundenheit wider, beziehen andererseits auch Stellung zu befürchteten politischen Entwicklungen in der Bundesrepublik wie in dieser Karikatur. Die meisten Deutsch-Namibier fühlen sich selbst hautnah vom Kommunismus durch die angeblich kommunistische namibische Befreiungsorganisation SWAPO bedroht.

...UND ZUR HOFFNUNG SCHWARZER NAMIBIER AUF EINE GEMEINSAME FREIHEITLICHE ZUKUNFT

"Wir hoffen auf die Deutschen in Namibia", sagte ein Namibier, der schwarz ist und auf Seiten der SWAPO kämpft. "Sie sind Namibier wie wir, und wir müssen uns gemeinsam um eine freiheitliche Zukunft bemühen."

Nocheinmal würde man namibische Geschichte und Gegenwart verkennen, folgte man der Selbstdarstellung Weißer in Namibia. Denn daß es Weiße gibt, die den namibischen Freiheitskampf unterstützen, ist kein Thema unter Deutsch-Namibiern; in der deutschen Gemeinde scheint es zumindest keine Sympathisanten und Verbündete der SWAPO zu geben (außer einigen Pfarrern vielleicht, die aber schon immer aus Namibia ausgewiesen wurden und werden). Was deutschsprachige Zeitungen und in Namibia veröffentlichte Bücher bringen, läßt die Hoffnung vieler schwarzer Namibier im Widerstand als nicht mehr denn als eine Hoffnung erscheinen. Daß es Deutsch-Namibier gibt, die "schrittweise" die Rassendiskriminierung abbauen wollen, den Schwarzen Mitbestimmungsrechte einräumen und noch weitere einräumen wollen, kann nicht bestritten werden. Nur: die weiße Vorherrschaft zugunsten einer wirklichen Demokratie aufzugeben, darauf deutet nichts hin. Gibt es also wirklich keine Deutsch-Namibier, die die Menschenrechtsfrage radikal zulassen beziehungsweise stellen? Doch, es gibt sie, und es gibt sie auf der Seite der SWAPO seit ihren Gründungsjahren. Es ist keine große Zahl von Deutsch-Namibiern und anderen Weißen, die heute Mitglieder der SWAPO sind. Ein offenes Bekenntnis zu einer radikalen Menschlichkeit ist im Apartheidsstaat nicht möglich ohne die Folge eines Ausschlusses aus der weißen Gemeinschaft, ohne zum Außenseiter abgestempelt zu werden, den die gesellschaftliche Ächtung trifft, ohne ausgewiesen zu werden, ohne Einreiseverbot zu erhalten.

Arbeitsvorschlag:
– Warum fällt es Deutsch-Namibiern so schwer, mit der SWAPO auch nur Meinungen auszutauschen? Stelle Argumente zusammen. Berücksichtige dabei auch den abgedruckten Leserbrief.

– Warum fällt es auch Schwarzen nicht immer leicht, ein Vertrauen zu Weißen zu gewinnen? Überlege dir Argumente aus ihrer Sicht. Lies dazu aufmerksam den Auszug aus der Lebensgeschichte eines schwarzen Namibiers durch.

Deutsche Höhere Privatschule (DHPS) in Windhoek

Der Namibier John Ya-Otto berichtet in seiner Lebensgeschichte "Battlefront Namibia" über Begegnungen mit Weißen, die sich zum Unrecht kolonialer Herrschaft bekannten und über Diskussionen, die in der SWAPO stattfanden, als Weiße der Befreiungsorganisation beitreten wollten.

Battlefront Namibia

John Ya-Otto

(Auszug)

Als ich einmal per Anhalter von Otjiwarongo nach Windhoek zu kommen versuchte..., nahm mich eine weiße Familie mit. Ich schwieg während der Fahrt, wie es sich für einen schwarzen Fremden geziemt..., als mich der Mann ansprach. "Mein Herr", sagte er ohne eine Spur von Sarkasmus in der Stimme, "ich weiß, Ihr Volk wird eines Tages dieses Land regieren. Heute tue ich Ihnen einen kleinen Gefallen, morgen schneiden Sie mir vielleicht die Kehle durch."
Ich war überrascht. Wußte er, daß ich ein führendes SWAPO-Mitglied war? "Nein, nein", sagte ich fest, "ich werde niemals jemanden töten."
"Bitte, verstehen Sie mich nicht falsch", beharrte er auf seinem Gedankengang. "Wenn die Zeit kommt, werden meine Familie und ich dafür zu zahlen haben, was unsere Rasse getan hat, selbst wenn wir nicht wie die meisten anderen fühlen." Er machte eine Pause und blickte mich im Rückspiegel an. "Wir haben einen solchen Haß entfacht, daß Menschen nur noch die Hautfarbe sehen und nicht mehr das, was im Herzen ist. Ich mache Ihnen keine Vorwürfe; ich weiß nur, daß dies die Wahrheit ist."

Dieses Gespräch war nicht das einzige dieser Art, das ich führte. Trotz der wachsenden Gewalt und Polisarisierung, die die Nähte der namibischen Gesellschaft bis zum Zerreißen spannte, versuchte eine Minderheit von Weißen eine völlige Entfremdung der Rassen zu verhindern. Einige baten sogar um Aufnahme in die SWAPO — allein 1965 zählte ich mehr als 200 solcher Anfragen. Sie führten zu langen Diskussionen. Es war offenkundig, daß nicht alle Weißen für Apartheid waren und daß es einige gab, die aufrichtig für eine demokratische, gemischtrassige Gesellschaft arbeiten wollten. Einige waren von humanitären Gesichtspunkten geleitet und wollten die Lebensbedingungen unserer Menschen verbessern; andere waren von dem schlichten Gedanken betroffen, daß der Regierungskurs zu Blutvergießen und Zerstörung führen würde. Einige dieser antirassistischen Weißen kannten wir in der SWAPO sehr gut; sie unterstützten uns mit Geld, Beförderungsmitteln, ihren Fachkenntnissen und durch Kontakte mit der Außenwelt. Konnten wir diesen Leuten die Mitarbeit in unserer Bewegung verschließen und immer noch beanspruchen, für eine gemischtrassige Gesellschaft zu kämpfen? Viele schwarze Namibier sahen jeden Weißen als Feind an, aber dieser Standpunkt hatte keine große Unterstützung in unserer Organisation. Haß auf die Weißen war eine verständliche Reaktion auf unsere Lebensverhältnisse, aber es war keine Auffassung, die unseren Kampf vorwärts bringen würde. Es wurde deutlich: genauso, wie es Weiße gab, die SWAPO unterstützten, gab es auch Schwarze — Stammeshäuptlinge zum Beispiel — die gegen uns waren und alles tun würden, uns zu zerstören.

Wir debattierten über Monate in der Führungsspitze und auf Mitgliedertreffen, bevor wir schließlich entschieden, daß es zum gegenwärtigen Zeitpunkt ein Fehler wäre, Weiße als Mitglieder in die SWAPO aufzunehmen. Es gab Sicherheitsgründe: neben der Handvoll gut bekannter Freunde — wie konnten wir wissen, welchen Weißen zu trauen war? Am stärksten gewichteten wie die große Kluft zwischen den beiden Namibia: dem einen, in dem die Vielen eingepfercht lebten, durch Gesetze unterdrückt, ausgebeutet bis nah an die Grenze zum Verhungern; und das andere Namibia, in dem die Wenigen lebten in behaglicher Sicherheit, wo manchmal das Gewissen rumoren mochte, aber niemals der Magen, und von wo aus es wirklich unmöglich war, die Dinge zu begreifen, die die Vielen in die Revolte trieben."[5]

Teil V

Unter südafrikanischer Herrschaft. Der Befreiungskampf beginnt

14. Kapitel

Jeder "Bevölkerungsgruppe" ihr "Heimatland"

> Unsere Kulturen
> All unsere Lieder und Tänze
> Unsere Mythen und Religionen
> > Unsere Verschiedenheit, die ihr
> > benutzt
> > Uns zu trennen
> Unsere Unterschiede werden unsere
> Stärke sein
> Die Lieder und Gedichte unsere
> nationale Kultur.[1]

Die südafrikanische Besatzungsmacht hat die verschiedenen afrikanischen Kulturen in Namibia zum Vorwand genommen, für die schwarze Bevölkerung sogenannte Heimatländer zu schaffen. Die Zugehörigkeit zu einer bestimmten schwarzen Bevölkerungsgruppe legt zugleich die Zugehörigkeit zu einem der zehn "Heimatländer" fest. Mit dieser Trennung der schwarzen Bevölkerung Namibias ist die Absicht verbunden, Einigkeit unter den Schwarzen zu verhindern, die der weißen Minderheit ihre Vormachtstellung und sonstige Privilegien gefährden könnte. Ein elftes Areal ist "weißes Gebiet". Die "Heimatländer" sind die Armenhäuser Namibias. Es sind die Orte, wo die von der weißen Wirtschaft benötigten schwarzen Lohnarbeiter geboren werden, aufwachsen, und wohin sie spätestens als Kranke, Invalide und Alte wieder zurückkehren müssen. Das Leben im "Heimatland" ist ein Kampf ums Überleben, das vielfältig organisiert wird. Der Staat entlastet sich durch die Einrichtung der "Heimatländer" weitgehend von Sozialausgaben für die schwarze Bevölkerung. Mit dem System der "Heimatländer" ist neben dem politischen Interesse, weiße Vorherrschaft zu sichern, auch wirtschaftliches Interesse verbunden.

Absichten:
— Wir fragen, wie es zur Einrichtung der "Heimatländer" in Namibia kam, und welche Gründe eine Rolle spielten.

— Wir beschäftigen uns mit den Lebensbedingungen in den "Heimatländern" heute.

— Wir fragen nach dem Nutzen der Heimatländer.

ZEHN UND EIN "HEIMATLAND"

Namibia ist von vielen Grenzen durchzogen. Diese inneren Grenzen legen die Gebiete fest, in denen die weiße und die schwarze Bevölkerung, je nach amtlich festgestellter Zugehörigkeit zu einer Bevölkerungsgruppe, ihr "Heimatrecht" haben. Es gibt zehn Reservate für die schwarze Bevölkerung, die "Heimatländer" (Homelands) genannt werden: Ovamboland, Hereroland, Damaraland, Namaland, Tswanaland, Kaokoveld, Okavangoland, Rehoboth, Buschmannland, Ost-Caprivi. Diese zehn "Heimatländer" nehmen knapp 40 Prozent der Gesamtfläche Namibias ein, ein bemerkenswert geringer Anteil, wenn man bedenkt, daß fast 90 Prozent der namibischen Bevölkerung Reservaten zugeteilt ist. Für rund acht Prozent der namibischen Bevölkerung, die Weißen (sie sind nicht nach Bevölkerungsgruppen wie Buren, Engländer, Deutsche und andere Europäer aufgeteilt), sind die verbliebenen 60 Prozent Fläche Namibias "Heimatland" – das elfte namibische "Heimatland". Daß dies jedoch höchst selten als "Heimatland" bezeichnet wird[2] – der gängige Begriff ist "weißes Gebiet" – hat seinen guten Grund: das für Weiße reservierte Areal unterscheidet sich vollkommen von den zehn "Heimatländern" für Schwarze. Es ist die an Bodenschätzen und fruchtbaren Böden reiche Region Namibias; es ist das Gebiet, in dem sich die Diamanten- und Erzlager, die Uranminen und die guten Weidegebiete befinden. Im "weißen Gebiet" liegen die Quellen des nationalen Reichtums Namibias – und mit in der Verfügungsmacht der Weißen. Internationale Gesellschaften sind am Ausbeutungsgeschäft beteiligt. Wie die Einkommen aus den ertragreichen Sektoren Namibias (Bergbau, Landwirtschaft, Industrie) verteilt werden, liegt im wesentlichen außerhalb des Zugriffs der schwarzen Bevölkerung.

WIE ES ZU DEN "HEIMATLÄNDERN" KAM

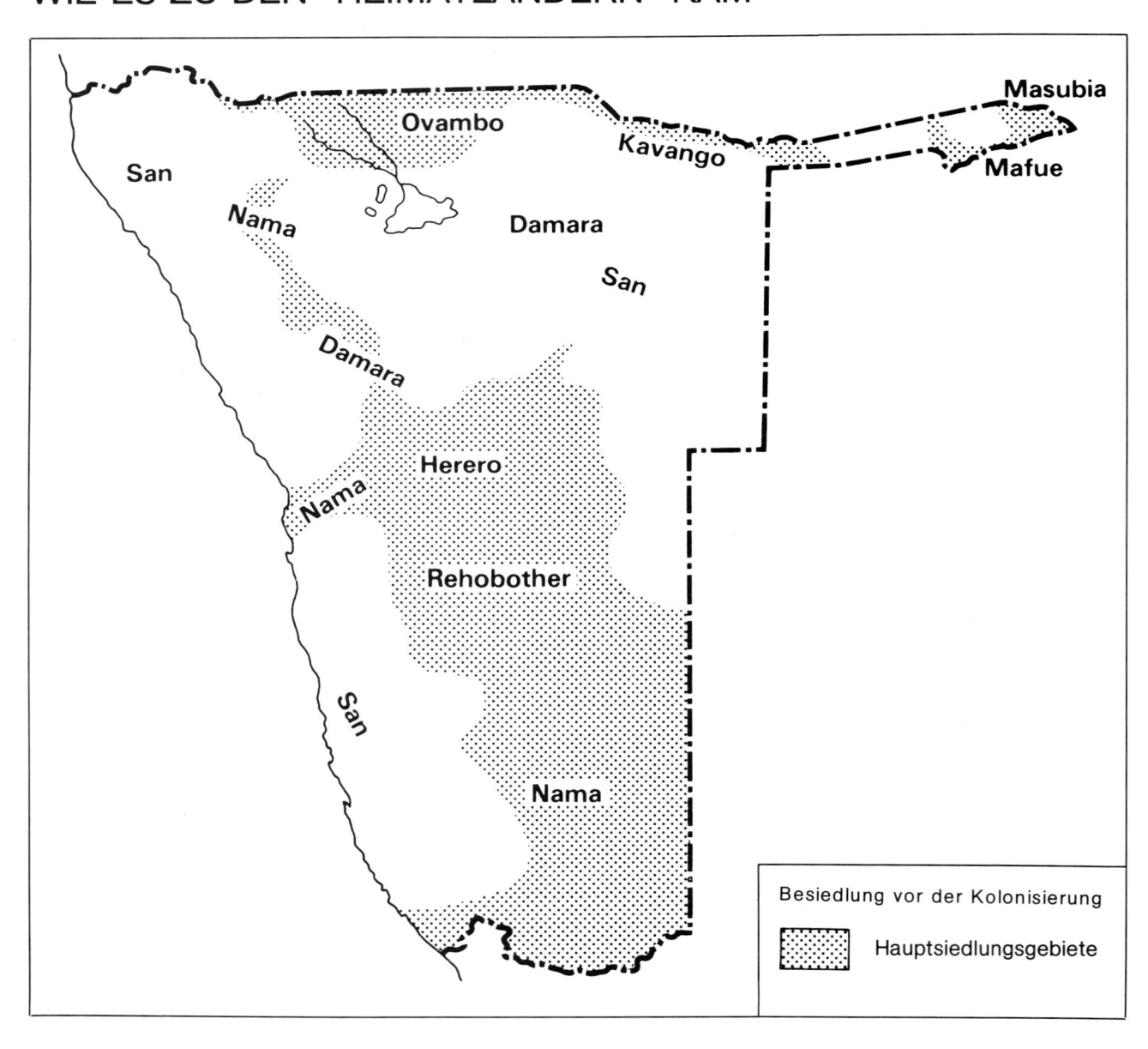

Besiedlung vor der Kolonisierung — Hauptsiedlungsgebiete

Afrikanische Reservate 1920 - 1970

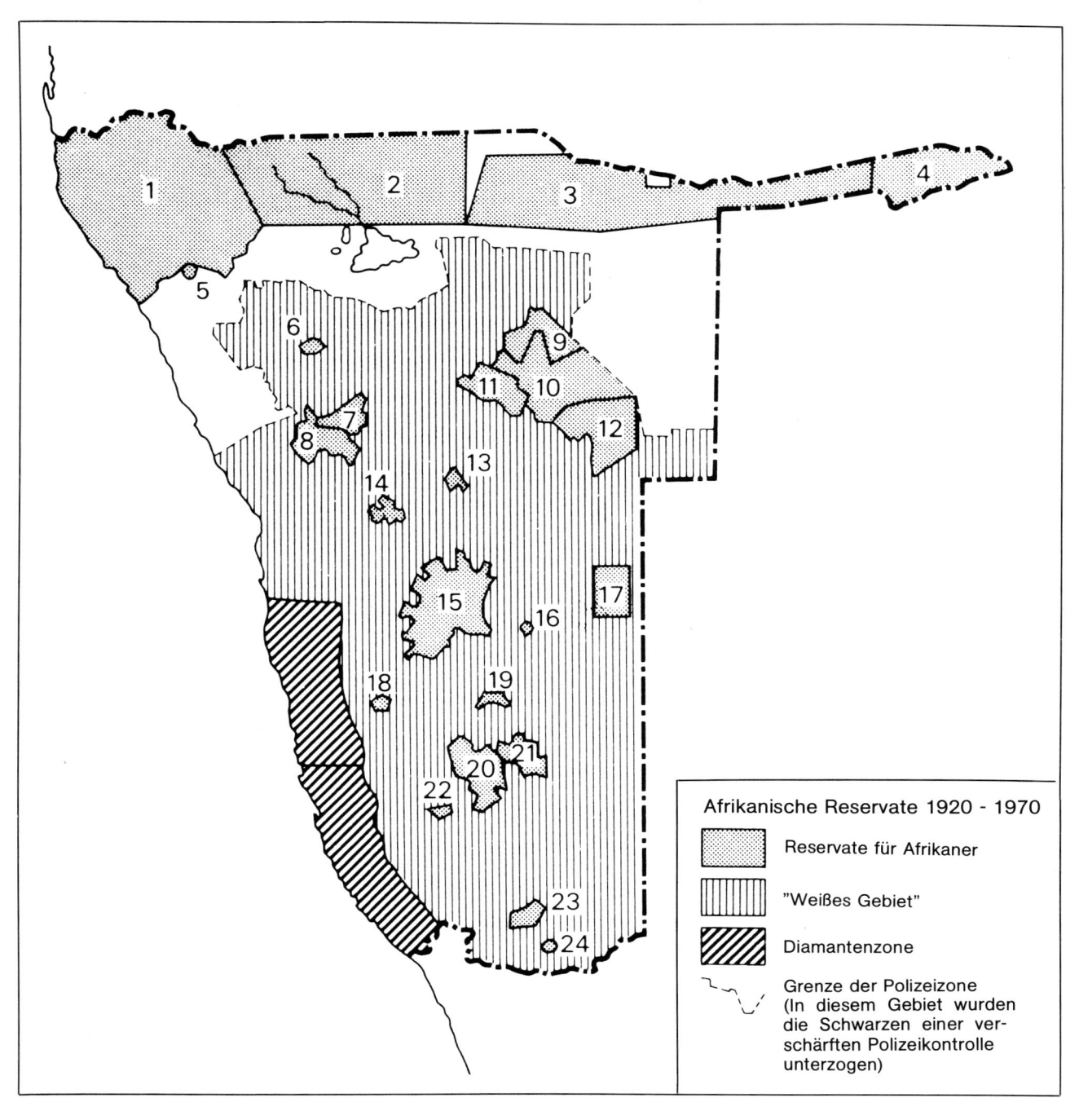

- Reservate für Afrikaner
- "Weißes Gebiet"
- Diamantenzone
- Grenze der Polizeizone (In diesem Gebiet wurden die Schwarzen einer verschärften Polizeikontrolle unterzogen)

Reservate für Afrikaner sind eine alte Erfindung weißer Kolonisatoren, die sie symstematisch zum Ausbau und zur Sicherung ihrer Herrschaft entwickelten. Bereits 1897 – unter deutscher Kolonialherrschaft – wurden in Namibia die ersten Reservate für Schwarze geschaffen. Zwei Beweggründe waren dabei wichtig: Die Beschaffung von Land für weiße Siedler erforderte Maßnahmen, durch die die afrikanische Bevölkerung zurückgedrängt wurde. Der andere Beweggrund bezog sich auf die Sicherstellung schwarzer Arbeitskräfte, auf die die Kolonie zur Entwicklung ihrer Wirtschaft angewiesen war. Mit den Reservaten sollte zugleich der Gefahr einer Ausrottung der Afrikaner vorgebaut werden. Die Reservate dienten also einerseits dazu, die afrikanische Bevölkerung aus attraktiven Lebens- und Weidegebieten zu verdrängen und sollten andererseits ihr Überleben sicherstellen. Zugleich war mit dieser Maßnahme die Absicht verbunden, durch räumliche Trennung der verschiedenen afrikanischen Stammesgruppen voneinander diese leichter kontrollier- und beherrschbar zu machen. Es ist die Politik des "teile und herrsche", die mittels der Reservate betrieben wurde. 1898 schuf eine kaiserliche Verordnung die Rechtsgrundlage für die Errichtung von Reservaten. 1903 wurde ein erstes Herero-Reservat bestimmt. Der Grundsatz des damaligen Landeshauptmanns Theodor Leutwein, nach dem verfahren werden sollte, lautete: "Niemals Plätze zum Reservat erklären, bei welchen eine künftige Besiedlung durch Weiße zu erwarten ist."³⁾

Die die deutsche Kolonialmacht ablösende Mandatsmacht Südafrika folgte diesem von den Deutschen eingeführten System von Apartheid – Apartheid heißt soviel wie "Getrennt-sein" – und baute es weiter aus. Im Rechenschaftsbericht Südafrikas von 1922 an den Völkerbund hieß es, daß die Anwesenheit Schwarzer

Afrikanische Reservate heute
"Heimatländer"

Tor und Kontrollstation an der Grenze des Buschmannlandes

ÜBERLEBEN IM "HEIMATLAND"

Während die weiße Bevölkerung fast vollständig im "weißen Gebiet" lebt – nur etwa fünf Prozent (vor allem Beamte, Händler, Kirchenleute) leben in einem afrikanischen "Heimatland" – ist es von der schwarzen Bevölkerung ein Drittel, das außerhalb der Reservate im "weißen Gebiet" lebt: in den Siedlungen für Schwarze am Rande der weißen Städte, auf weißen Farmen und in den Wohnbaracken für Wander- beziehungsweise Kontraktarbeiter. Jedoch nur auf Zeit, denn spätestens bei Arbeitsunfähigkeit werden die meisten gezwungen, das "weiße Gebiet" zu räumen und den Rest ihres Lebens in ihrem "Heimatland" zu verbringen.

Wovon leben die Bewohner der "Heimatländer"? Möglichkeiten, Arbeitseinkommen gegen Lohn zu beziehen, sind dort kaum vorhanden. Es gibt nur wenige Unternehmen, in denen Arbeitskräfte Beschäftigung finden. Diese Arbeitsplätze teilen sich auf staatliche und kirchliche Arbeitgeber auf (staatliche Bauvorhaben, Straßenbau, Schulen, Krankenhäuser). Aber selbst für diese Arbeitsstellen werden die Arbeitskräfte oft woandersher mitgebracht. Auch Lohnarbeit bei schwarzen Arbeitgebern ist selten. Denn aus eigener Kraft ist in den armen und kargen "Homelands" eine Geschäftstätigkeit in größerem Ausmaß fast unmöglich. Das kleine Warengeschäft in afrikanischer Hand und kleinere Produktionswerkstätten sind in der Regel Familienbetriebe. Kredite, die die Regierung zur Förderung der Landwirtschaft in den Reservaten bereitstellt, schaffen auf einigen Kleinfarmen Arbeitsmöglichkeiten in Saisonzeiten.

Einkommen in der Form von Geld fließt hauptsächlich über das Lohneinkommen der Kontraktarbeiter in die "Heimatländer". Ein Teil dieser Löhne verbleibt jedoch im "weißen Gebiet", wo die Kontraktarbeiter Kleidung, Decken, Fahrräder, Vieh, Radios, Cassettenrecorder für ihre Familien in den "Homelands" kaufen.

Wer im "Heimatland" zurückbleibt, sind die Frauen, Mütter, Kinder, Kranken, Behinderten und Alten. Sie

in weißen Ortschaften als "unerwünscht" gilt, weil die Afrikaner die weiße Bevölkerung hinsichtlich der Weideplätze und des Wassers "stören". Zwischen 1920 und 1934 fanden mehrere zwangsweise angeordnete Umsiedlungsaktionen statt. Die Afrikaner wurden nach Stammeszugehörigkeit zusammengepfercht, verfrachtet und im neuen "Eingeborenenreservat" ausgeladen. Proteste wurden ignoriert, Aufstände – 1922 erhoben sich die Bondelzwart-Nama, 1925 die Rehobother – blutig niedergeschlagen. 1968 wurden die mehr als 20 zählenden Reservate durch zehn neue abgelöst. Die Festlegung bestimmte, daß sie mit zwei Ausnahmen am Rande Namibias einzurichten sind.

Arbeitsvorschlag:
- Wieviel Prozent der Gesamtfläche Namibias nehmen die "Heimatländer" ein? Wieviel Prozent der Gesamtfläche Namibias sind "weißes Gebiet"? Wie hoch ist der Anteil der Weißen an der gesamten namibischen Bevölkerung? Wo befinden sich Bodenschätze und gute Böden?
- Warum wurden "Heimatländer" eingerichtet?

tragen ihrerseits erheblich und auf vielerlei Art und Weise unter den denkbar ungünstigsten Bedingungen zu den Überlebensmöglichkeiten ihrer Familien bei. Das größte Problem ist dabei der Wassermangel. Zu seiner Behebung fehlen die Gelder für Investitionen in Brunnenbohrungen, den Bau von Brunnen, die Anlage von Wasserleitungen. Im Umkreis von Wasserstellen ist daher das Land überweidet. Produziert werden im "Homeland" handwerkliche Gegenstände, Hausrat, Vieh, Felle, Häute, Rohwolle. Abnehmer ist der weiße Markt, der auch die Preise und Zahlungsbedingungen festsetzt.

Für das Überleben im Reservat grundlegend wichtig ist die Produktion, die sich auf die Versorgung der Familie bezieht: das Sammeln und Herstellen von Nahrung, die Austragung, Erziehung, Versorgung von Kindern, die Versorgung von Kranken und Altern, der Bau und die Erhaltung der Unterkünfte, das Handwerk für den Eigenbedarf und die Erhaltung des Familienzusammenhanges als einer Gemeinschaft gegenseitiger Hilfe.

Die in den "Heimatländern" lebenden und dorthin aus dem "weißen Gebiet" abgeschobenen Alten und Invaliden erhalten eine staatliche Rente, die zwischen 20 und 27 Rand (1 Rand entspricht etwa 2,40 DM) liegt. Sie ist eine Art Sozialhilfe, die auch denjenigen zusteht, die nicht erwerbstätig waren. Weil viele Familien diese Renten in das Haushaltseinkommen einzubeziehen gezwungen sind, fällt oft für die Alten selbst nur wenig ab.

Die "Homelands" haben – neben kirchlichen – von der Regierung eingerichtete Schulen, die jedoch weit unter dem Niveau derjenigen stehen, die weiße Schüler besuchen. Denn für einen weißen Schüler wendet der Staat im Schnitt jährlich 1.042 Rand auf, während es für schwarze Schüler weniger als 150 Rand sind. Es gibt nicht nur viel zu wenig Lehrer, die den Unterricht bewältigen müssen, sie sind zudem schlecht ausgebildet: bei weißen Schülern ist das Verhältnis Lehrer/Schüler 1:7, bei schwarzen 1:35 (Zahlen von 1981).

Viele schwarze Schüler verlassen vorzeitig die Schule: 1981 besuchten etwa 93 Prozent der schwarzen Kinder lediglich die Grundschule. Nur noch etwa sieben Prozent der schwarzen Schüler setzen ihre Schulausbildung in der Sekundarstufe fort.[5]

Für alte Menschen ohne Familienangehörige wurden vom Staat in den "Heimatländern" Altenstätten eingerichtet, sogenannte 'Old People's Places' – Wellblechhütten mit einer Wohnfläche von circa sechs Quadratmetern, ohne Elektrizität, Wasser und sanitäre Einrichtungen.

Eine Frau aus Windhoek:
„Es gibt sogenannte Heimatländer, wohin die alten Menschen gezwungen werden, umzuziehen. Diesen Alten wurde eine sogenannte Altenwohnstätte versprochen, die in Wirklichkeit nur ein kleiner Raum mit Wellblechwänden ist. Und das in dieser schrecklichen Hitze Namibias. Während sie schöne Appartements und Häuser für die weißen alten Menschen bauen, mit Rasenflächen, Bäumen, Schatten und jeder möglichen Annehmlichkeit, müssen unsere Alten in diesen Blechhütten leben, in denen sich die Hitze der glühenden Sonne speichert und wo sie keinerlei Einrichtungen haben, die ihnen das Leben erleichtern. Das belastet uns sehr, denn wir leben in den Städten und wissen nicht, wie es den alten Menschen geht, und welche Sorgen und Nöte sie haben. Wir brauchen eine Genehmigung, um sie zu besuchen. Wir machen uns große Sorgen um sie, weil sie nicht regelmäßig zu essen haben. Das, was sie an Essen erhalten, ist in den meisten Fällen auch nur Getreidegrütze."[4]

Unsere Einwohner

Ein Auszug aus dem Buch "Unser Land Südwestafrika. Land der Wunder und der Märchen." von H. M. LangHeinrich

(erschienen 1977 in Windhoek in 2. Auflage)

(Denn es ist so) ... daß die Weißen Rassen die Dunklen Rassen tragen, das heißt also, daß die Weißen Rassen für alle Bedürfnisse der Dunklen Rassen aufkommen und daß diese somit alles freihaben, was die Weißen mit ihren Steuergeldern für sie aufbringen müssen. Ursprünglich lag der patriarchalische Gedanke zugrunde: "Ihr helft mir und arbeitet für mich, und ich sorge für euch." Nur halten sich Helfen und Sorgen heutzutage nicht mehr die Waage, weil, wie es nun einmal der Charakter der Menschen ist, die Beschenkten immer noch mehr erwarten und sogar Ansprüche stellen und zwar in größtem Maße.[6]

Die Schule in Orumana

In Orumana im Reservat Kaokoveld befindet sich die eine der bislang einzigen beiden Schulen dieses "Heimatlandes".
Sie führt bis zur fünften Klasse.
Die gesamte Schülerzahl beträgt 240.
Die Schüler kommen von weither und leben außerhalb der Ferien in Wohnbaracken auf dem Schulgelände.
Für den Unterricht stehen sieben Lehrer zur Verfügung.
Drei von ihnen haben keinerlei pädagogische Ausbildung.
Die Schülerzahl des vierten Jahrgangs beläuft sich gerade noch auf 23.

Schulgelände mit Schülerwohnheim der Schule in Omurana

Buschschule bei Katima Mulilo im "Heimatland" Ost-Caprivi

Weiße Schulklasse im schwarzen "Heimatland" Ost-Caprivi.
Die Schüler sind Kinder weißer Regierungsangestellter und Soldaten. Die Schule wird direkt von Südafrika verwaltet.

Junge mit Drahtauto

In Bremen und anderswo fand vor einiger Zeit
eine Wanderausstellung über
"Afrikanische Kinder als Konstrukteure"
statt. Viele Besucher staunten:
Mit welcher Phantasie,
mit welchem technischen Geschick
bauen afrikanische Kinder
aus einfachsten Materialien
komplizierte Konstruktuionen!
Manche Schulklassen bekamen Lust,
es den afrikanischen Kindern nachzumachen.
Es macht nicht nur Spaß.
Es hilft auch, Kinder besser zu verstehen,
die Wohlstand und Überfluß nicht kennen –
wohl aber Unterdrückung aufgrund ihrer Hautfarbe,
Mangel und Armut.
Zur Herstellung eines Drahtautos
gehört manches:
Man muß einen "Blick entwickeln"
für Reste und Abfälle,
die sich zur Weiterverwendung eignen
(das ist viel häufiger der Fall, als man denkt);
man muß nachdenken, um Ideen zu bekommen;
die Ideen müssen zu verwirklichen sein;
und man braucht Geduld,
um seine Ideen auszuführen.
Wer das einmal probiert hat, weiß,
daß sein Produkt eine Leistung ist.
Dem kann niemand mehr so leicht erzählen,
schwarze Kinder seien dümmer als weiße.
Gegen die Unterdrückung durch die Weißen
setzen schwarze Kinder in Namibia
Einfallsreichtum und handwerkliches Geschick.
Ist das nicht auch
eine Form von Widerstand?
Manche sagen: Halt! Ob schwarz oder weiß,
der Unterschied ist nur wichtig zum Herrschen!
Wir glauben nicht an "Dummen"-Märchen.[6]

WEM NUTZEN DIE "HEIMATLÄNDER"?

Die "Heimatländer" werden von weißen Politikern, die für die Entwicklung Namibias maßgeblich sind, als eine fortschrittliche und afrikanerfreundliche Einrichtung vertreten. Sie dienten dazu, jeder Bevölkerungsgruppe gemäß ihrer besonderen Tradition einen eigenen Lebensraum zu sichern. "Homelands" ermöglichen zudem eigene Entwicklungswege, der jeweiligen Entwicklungsstufe angepaßt. Dieses Konzept – das Konzept der "getrennten Entwicklung" – habe schließlich eine Selbstregierung der "Heimatländer" zum Ziel. Daß die schwarze Bevölkerung kein gleiches Lebensrecht wie die Weißen hätten, wird strikt zurückgewiesen. Mit den "Homelands" sei vielmehr der schwarzen Bevölkerung eine besondere Entwicklungschance gegeben, zu der die Regierung "Entwicklungshilfe" leiste.

Wie sehen dies die Betroffenen, die Schwarzen Namibias? Für traditionelle Stammeskulturen Schutz zu erhalten, kann für sie schon lange kein Hauptanliegen mehr sein. Deutsche Kolonialherrschaft und südafrikanische Besatzung haben vieles davon zerstört und zu Lebensformen gezwungen, die ungeachtet von Zugehörigkeiten zu Bevölkerungsgruppen und Stämmen miteinander verbinden: die verweigerte gerechte Teilnahme am natürlichen Reichtum Namibias; und die Folgen von all den Maßnahmen, die mit dieser Politik der Sicherung weißer Profitinteressenten verbunden sind, wie: Wahlbeschränkungen, keine Freizügigkeit, geringe Bildungschancen, Familientrennungen durch das Wander- und Kontraktarbeitersystem, bedrückende und demütigende Wohnverhältnisse in den Baracken im "weißen Gebiet", in den Hütten der Farmarbeiter und der "Homeland"-Bewohner. Volksgruppenkulturen können auch ohne künstliche Gebilde wie "Heimatländer" weiterleben, wie allein das Beispiel der weißen Volksgruppe zeigt, die ganz selbstverständlich Deutsche, Buren, Engländer und andere Europäer einschließt.

Wem nützt also die Einrichtung der "Heimatländer"? Wir müssen uns etwas eingehender mit der namibischen Wirtschaft befassen, um auf diese Frage Antworten zu finden.

Das namibische Wirtschaftssystem ist in seiner gegebenen Struktur auf die niedrig entlohnten schwarzen Arbeitskräfte angewiesen: die weißen Farmen auf die schwarzen Farmarbeiter, die Bergbauunternehmen auf die Arbeiter in den Bergwerken, die Industrien auf die Industriearbeiter, das öffentliche Versorgungwesen auf die städtischen Hilfsarbeiter. Die gut bezahlten Arbeitsplätze reservieren die Weißen für sich. Einen europäischen Maßstäben gerecht werdendes Bildungssystem (Namibia hat jedoch keine Universität) sorgt für Nachwuchskräfte aus den eigenen Reihen. Auch nur vergleichbare Investitionen in Bildungseinrichtungen, von denen Schwarze profitieren würden – von einer schnellen Behebung der Bildungsrückstände, die Folge einer langen Benachteiligungsgeschichte sind, ganz abgesehen – würden bald zu einer ernsthaften Konkurrenz führen. Weiße würden zwangsläufig auf schlechter bezahlte Arbeitsplätze abrutschen. Das System der "Heimatländer" hemmt zumindest eine Entwicklung in diese Richtung. Gewisse Hilfestellungen, den Lebensstandard und das Bildungsniveau der schwarzen Bevölkerung anzuheben, sind andererseits unvermeidbar, da die Einrichtung von Heimatländern weltweit verurteilt wird, und der Widerstand der afrikanischen Bevölkerung eine ernstzunehmende Bedrohung weißer Privilegien darstellt.

In den "Heimatländern" wird der Nachwuchs an schwarzen Arbeitskräften auf billige Art und Weise produziert. Leben und "Aufzucht" der Kinder sind durch die unbezahlte Arbeit der Frauen und Alten einigermaßen sichergestellt. So sind es verhältnismäßig geringe Mittel, die der Staat aufwenden muß, um die Reservatsbevölkerung insgesamt vor einer Verelendung zu bewahren. Mit den "Heimatländern" hat sich der Staat zudem die Möglichkeit verschafft, sich der Afrikaner, die auf Grund von Alter, Krankheit oder Invalidität Fälle der Sozialfürsorge werden müßten, durch Abschieben in die "Homelands" zu entledigen.

Die "Heimatland"-Bewohner sind ein fester Bestandteil des Warengeschäfts der weißen Wirtschaft. Sie sind einerseits Konsumenten von Waren, die nicht im Reservat selbst hergestellt werden können und aus dem

Toreinfahrt in einem Konzentrationslager des nationasozialistischen Deutschlands. Menschenverachtende Politik der Herrschenden bedient sich gern großer Sprüche, die in Anbetracht aufgebauter Behinderungen wie blanker Hohn wirken.

"Arbeit macht stark"

"Suum Cuique" – "Jedem das Seine" lautet dieser Spruch über der Straße, die von Windhoek nach Katutura führt und über die täglich schwarze Arbeiter zwischen ihrem Arbeitsplatz in der Stadt und dem Afrikanerghetto im Außenbezirk Windhoeks hin und her pendeln.

Katutura ist eine Siedlung für Afrikaner außerhalb Windhoeks, in die Ende 1959 die in Windhoek in der sogenannten "Alten Lokation" wohnenden schwarzen Namibier zwangsumgesiedelt wurden. Katutura heißt sinngemäß übersetzt etwa "Hier haben wir keine feste Bleibe".

In Katutura wiederholt sich im kleinen die Trennung der Bevölkerungsgruppen. Das Wohnrecht für die Afrikaner ist nach Zugehörigkeit zu einer bestimmten Bevölkerungsgruppe festgesetzt. Absicht ist, unter den Schwarzen Schranken aufzubauen und schwarze Solidarität zu verhindern. Eine eigene Sektion bildet der Compound für Ovambo-Kontraktarbeiter, ein abgesperrtes und streng kontrolliertes Gelände mit Wohnbaracken.

H Herero Sektion
N Nama Sektion
D Damara Sektion
O Ovambo Sektion
X Andere afrikanische Gruppen
C Ovambo-Kontraktarbeiter Compound

Noch ein "Jedem das Seine"... Lagertor im Konzentrationslager Buchenwald. "Jedem das Seine" sollte bedeuten, daß jeder in der Gesellschaft das bekommen sollte, was ihm angemessen sei.

"weißen Gebiet" dorthin transportiert werden. Sie treten andererseits auch als Produzenten mit landwirtschaftlichen Produkten und handwerklich gefertigten Gegenständen auf den weißen Markt. Im Vergleich zur aufgewendeten Arbeit werden diese Produkte niedrig bezahlt, das eigentliche Geschäft liegt beim weißen Zwischenhandel, der die Waren weiterverkauft.

Sieht man diese Zusammenhänge, verliert eine positive Beurteilung des Systems der "Heimatländer" seine Glaubwürdigkeit. Wo Menschen ums Überleben kämpfen, damit andere ein Leben weit jenseits der Elendsgrenze führen können, gibt es kein Argument, das das Unmenschliche eines solchen Gesellschaftssystems rechtfertigen könnte — und dort gibt es schon gar nicht "Gerechtigkeit".

Arbeitsvorschlag:
— Notiere, wie die Bewohner der "Heimatländer" zu überleben versuchen.

— Nenne Beispiele für Benachteiligungen der "Heimatland"-Bewohner gegenüber Weißen.

— Stelle Argumente pro und contra "Heimatländer" zusammen.

15. Kapitel

Verurteilt zu Wanderarbeit und Arbeitskontrakt

Schwarze Arbeiter werden in Namibia auf Grund ihrer Hautfarbe diskriminiert. Sie sind die am schlechtesten ausgebildeten und bezahlten Arbeitskräfte. Das System der Wanderarbeit zwingt viele Schwarze zu langen Trennungen von ihren Familien. In der Kontraktarbeit zeigt die Wanderarbeit ihre unmenschlichsten Züge.

Absichten:
– Wir fragen nach der beruflichen Qualifiaktion und Bezahlung schwarzer namibischer Arbeiter.

– Wir beschäftigen uns mit dem System von Wander- und Kontraktarbeit.

> "Der Ovambo sagt: 'Ich bin Fahrer und suche Arbeit als Fahrer.' Ihm wird geantwortet: 'Du gehst Häuser bauen, der Lohn ist fünf Rand pro Woche.' Wenn er antwortet 'Ich will nicht auf dem Bau arbeiten und fünf Rand pro Woche sind mir zu wenig', wird er nach Ovamboland zurückgejagt und es gibt kein Mittel, sich dagegen zu wehren."[1]

Dies schrieb eine Gruppe von Kontraktarbeitern Anfang der siebziger Jahre. Es trifft auch heute noch im wesentlichen zu: Die meisten schwarzen Arbeiter können weder ihren Arbeitgeber wählen noch die Löhne aushandeln, für die sie arbeiten. Arbeitet für uns unter den Bedingungen, die wir diktieren, oder verhungert, fassen kurz und bündig die Verfasser einer Studie über die Situation der schwarzen Arbeiter in Namibia den Standpunkt weißer Arbeitgeber zusammen.[2]

Afrikaner ohne Arbeitsverhältnis müssen sich bei einem der von der Regierung eingerichteten Arbeitsbüros als "Arbeitsuchende" melden. Unterlassen sie dies, gelten sie als "kriminell". Die zwangsweise Rekrutierung arbeitsfähiger Schwarzer als eine wirkungsvolle Methode von Ausbeutung gibt es in Namibia seit der Niederschlagung der großen afrikanischen Aufstände. Sie war Folge dieses Krieges, den die deutsche Kolonialmacht als einen Vernichtungskrieg gegen die Herero und Nama geführt hatte, und der in einem empfindlichen Mangel an schwarzen Arbeitern auf die Kolonialmacht zurückschlug. Die südafrikanische Besatzungsmacht übernahm dieses System von den deutschen Kolonialherren und baute es aus. Bereits 1920 wurde mit der Proklamation Nr. 25 zum kriminellen Vorgehen erklärt, wenn sich Schwarze als "müßige oder herumstreichende Personen ohne sichtbare Unterhaltsmittel" bewegten. Eine Reihe weiterer Gesetzeserlasse — nach südafrikanischem Vorbild — folgte. Schwarzen wurde schließlich verboten, außerhalb der ihnen zugewiesenen Reservate oder Stadtviertel Läden zu führen oder irgendwelche Geschäfte zu tätigen. Das ist heute anders. Schwarze dürfen Grund und Boden im "weißen Gebiet" besitzen. Aber Grundstücke sind für die Afrikaner unerschwinglich teuer. Und als Schwarze sind sie von der Gönnerschaft staatlicher Beamter abhängig, ihnen eine Geschäftslizenz zu erteilen.

Die Diskriminierung auf Grund von Hautfarbe ist einer der tragenden Pfeiler der namibischen Wirtschaft: Die gut- und bestbezahlten Jobs erhalten Weiße. Afrikaner werden niedriger bezahlt, selbst bei gleicher Arbeit. Schwarze sind die am schlechtesten ausgebildeten Arbeitskräfte. Es fehlen nicht nur Berufsbildungseinrichtungen für Schwarze, sondern auch Lehrstellen. Ein technisches Institut wurde vor kurzem im "Heimatland" Ovamboland eröffnet. Aber es ist nicht staatlich, es gehört einem privaten Unternehmen, der Consolidated Diamond Mines, CDM, einem internationalen Konzern. Nur wenige Firmen sind bereit, schwarze Lehrlinge auszubilden. Zwar wurde inzwischen einer ausgewählten Gruppe von Afrikanern ("Coloured", Far-

Schwarze Arbeiter über ihre weißen Vorgesetzten

"Indem sie mich einen 'Kaffer' nennen, meinen sie, daß ich keines Respektes würdig sei und sie könnten sich so benehmen, wie sie wollten."

"Sie behandeln dich mit Verachtung, Nichtbeachtung und Haß. Sie grüßen dich nicht, unterhalten sich nicht mit dir, begegnen dir mit Feindschaft, brüllen dich an und sind unpersönlich."

"Sie beachten es nicht, wenn du irgendetwas tust, selbst wenn es gut ist."

"Sie treten nicht für uns ein, wenn über unsere Arbeit diskutiert wird."

"Du bist in ihrer Gegenwart Luft."

"Weiße argumentieren mit dir nicht. Sie sagen dir, du sollst einen Auftrag erledigen, selbst wenn er gegen das Gesetz ist oder Überstunden bedeutet. Und du machst es, weil sie dich feuern werden, wenn du es nicht tust."[3]

bigen) der Weg geebnet, auch in mittlere Positionen aufzurücken und den Arbeitsplatz frei zu wählen. Aber der Schein trügt leicht: 80 Prozent der Arbeiter haben kaum eine oder gar keine berufliche Ausbildung. Immerhin: auch 12,5 Prozent der weißen Beschäftigten gelten als an- oder ungelernte Arbeiter. Aber das rassistische System sichert diesen noch einen bevorzugten Arbeitsplatz, etwa als besserbezahlte Kontrolleure ihrer schwarzen Kollegen.

Möglichkeiten für Afrikaner, in den für sie eingerichteten "Heimatländern" ihren Lebensunterhalt zu verdienen, sind außerordentlich gering. Schwarze Arbeiter sind deshalb gezwungen, Lohnarbeit bei den Weißen aufzunehmen. Das ist Absicht: Nur so ist die von Weißen beherrschte Wirtschaft in der Lage, ihren Bedarf an niedrig entlohnten schwarzen Arbeitskräften zu decken.

Windhoek Observer 4. 6. 1983
Die Mehrheit der CDM-Arbeiter gehört immer noch zur Gruppe der Ungelernten

Gwen Lister

Windhoek. Ein Kurzgutachten über die Arbeitsplatzeinstufungen und gezahlten Löhne in der Consolidated Diamond Mines (CDM)* in Oranjemund deckt auf, daß die Mehrheit der schwarzen Arbeiter, Wanderarbeiter und Ortsansässige eingeschlossen, immer noch unter die Kategorie "ungelernte Arbeiter" fällt, nämlich in die unteren Lohngruppen, mit einer Handvoll schwarzer Arbeiter der Kategorie "Facharbeiter".
Schwarze gibt es weder im mittleren und höheren noch im Topmanagement der CDM.
Der Niedriglohn ist Gegenstand der Kritik der Arbeiter, die ihn für zu gering halten. Er stehe in keinem Verhältnis zu den Profiten, die die Gesellschaft mittels der Arbeitskraft der Arbeiter mache.
Sie sagen, CDM könne leicht behaupten, daß "wir überhaupt nicht diskriminieren, da wir viele Menschen aller Rassen in den verschiedenen Gruppen haben." Wahr sei jedoch nach den Arbeitern, daß sie auf den niedrig eingestuften Arbeitsplätzen festgehalten würden. Sie stellen fest, daß die Gesellschaft Uninformierte leicht zum Narren halten könne mit Zahlen über Lohngruppen und Einstufungen, indem sie sage: "Wir zahlen entsprechend den Einstufungen und wir stufen in nicht-diskriminierender Weise ein." Das stimmt nach der Darstellung schwarzer Arbeiter nicht.4)

*) CDM ist im Besitz der südafrikanischen Beers Consolidated Mines, die auch das Management stellt, und der Anglo-American Corporation. Sie ist größter Diamantenproduzent der Welt. Sie gehört zu den drei größten Minen in Namibia und ist mit rund 5.000 schwarzen Beschäftigten größter namibischer Arbeitgeber.

Eingang zum Kontraktarbeitercompound in Katutura

"Ich fordere Sie auf, sich mit dieser Situation zu befassen."

"Wie konnte es zu einer solchen Tragödie kommen?"

Unterkünfte für Bahnarbeiter

Die Städte und Farmen haben ihr Problem an ständig benötigten billigen Arbeitskräften gelöst, indem sie eine Anzahl afrikanischer Männer auf lange Zeit beschäftigen und dafür ein Wohnrecht im "weißen Gebiet" einräumen. "Ständige" erhalten Löhne, die es ermöglichen, auch noch die Familien zu unterhalten. Wechselnder Bedarf an Arbeitern wird dagegen durch Wanderarbeiter gedeckt. Diese, ohne ständige Aufenthaltsgenehmigung im "weißen Gebiet", haben nur in ihrem "Heimatland" Wohnrecht.

Ihre unmenschlichsten Züge zeigt diese erzwungene Wanderarbeit in der Form der Kontraktarbeit. "Kontrakt" ist die Bezeichnung für einen Vertrag, der den Vertragsnehmer zum Arbeitssklaven macht: Der Vertragnehmer kann weder vom Vertrag zurücktreten, noch die Arbeitsstelle wechseln. Er ist für die Laufzeit des Vertrages (acht Monate und länger) an seinen weißen Arbeitgeber gebunden und muß nach Ablauf seines Vertrages unverzüglich in sein "Heimatland" zurückkehren. Er ist zum ständigen Mitführen eines Passes verpflichtet, in dem alle Daten vermerkt sind.

Das Kontraktsystem ist eine spezielle Einrichtung zur Rekrutierung arbeitsfähiger Männer aus dem bevölkerungsreichen Norden Namibias. Über Paßpflicht, Arbeitsbüros und Spitzel ist die Kontrolle total. Da vom Staat für die wirtschaftliche Entwicklung der "Heimatländer" wenig getan wird, bleibt vielen afrikanischen Männern keine andere Wahl, als Kontraktarbeit einzugehen. Die große Zahl ständiger "Heimatland"-Bewohner sind Frauen, Kinder, kranke und alte Menschen. Auch das hat System: Das "Heimatland" ist eine genau kalkulierte Einrichtung, die, ohne den Staat viel zu kosten, durch heranwachsende Kinder für den Nachschub an Arbeitskräften sorgt, und die vom Erwerbsleben Ausgeschlossenen nicht direkt verhungern läßt.

Heute sind die Hälfte aller schwarzen Arbeiter Kontraktarbeiter, 30 Porzent kommen aus dem Norden Namibias. Von den Arbeitern in den Minen stellen sie über 95 Prozent, im Fischereigewerbe 65 Prozent und in der Farmwirtschaft 50 Prozent.

1971/72 lähmte ein landesweiter Streik von Kontraktarbeitern die namibische Wirtschaft. Auf einer Massenveranstaltung in Oluno-Ondangwa am 10. Januar 1972 verabschiedeten die Streikenden eine Resolution, das "Mainfest der Kontraktarbeiter".

Die Übel des Kontraktsystems

1. Dieses System zieht seinen Nutzen aus Zwangsarbeit, indem es einem Menschen das Recht auf eine Arbeit seiner Wahl verweigert.

2. Es werden Hungerlöhne gezahlt. Unsere Arbeiter sind deshalb gezwungen, ihre Arbeitsstellen in der Hoffnung auf bessere Löhne zu verlassen.

3. Das Familienleben wird zerstört und die Erziehung der Kinder verhindert.

4. In diesem System haben der Beschäftigte und seine Familie kein Recht, einander zu sehen.

5. Dieses System ist dafür verantwortlich, daß die anderen Afrikaner in Namibia auf den Ovambo herabsehen. Dieses System schürt Haß unter den Schwarzen Namibias.

6. Welchen Zweck haben die Gesundheitskontrollen Schwarzer, wenn sie auf Kontraktarbeit gehen? Müssen sich die Weißen ebenfalls dieser Kontrolle unterziehen, wenn sie als Kontraktarbeiter nach Ovamboland kommen?...

7. Wegen dieses teuflichen Systems ist für den Arbeitgeber nur die Arbeit eines Ovambos von Wert und nicht die Person, die arbeitet.

8. Dieses System ist der Grund dafür, daß ein Ovambo nicht unter dem Schutz des Gesetzes steht.

Das Kontraktsystem ist eine Form von Sklaverei...[5]

Trinkhalle in Rundu, Okavango. Zerrüttete Ehen und übermäßiger Alkoholkonsum sind Folgen des Wanderarbeiter- und Kontraktsystems.

Arbeitsvorschlag:
- Nenne Verhaltensweisen, die schwarze Arbeiter an ihren weißen Vorgesetzten kritisieren. Welche Ursachen könnten diese Verhaltensweisen haben?
- Nenne Gründe, warum schwarze Arbeiter zu den am wenigsten qualifizierten Arbeitern zählen.
- Notiere Gründe, die zur Einführung der Wander- und Kontraktarbeit führten.
- Warum fühlen sich Schwarze durch das System der Wander- und Kontraktarbeit diskriminiert? Mache dir Notizen.

Zu Besuch bei Farmarbeitern
Erinnerungen an eine namibische Kindheit

"Während meiner Schulferien habe ich oft Isaak bei seinen Farmbesuchen begleitet. Unser Eselskarren war vollgeladen mit Bibeln und Gebetsbüchern, die wir an die Arbeiter verkauften, die Geld hatten. Ich mußte Wechselgeld herausgeben, die Namen derjenigen aufschreiben, die Isaak getauft hatte, und ich las die Strophen vor, die Isaak für jede Predigt heraussuchte. Auf manchen Farmen hatten die Männer, seitdem sie mit ihrer Kontraktarbeit begonnen hatten, kein afrikanisches Kind mehr gesehen — sie durften die Farm niemals verlassen — und meine Gegenwart ließ die Erinnerung an das Zuhause und die eigenen Kinder wieder aufleben. Wenn ich aus der Bibel vorlas, ruhte ihr Blick auf mir, als ob ich ihr eigener Sohn wäre. Er war wie der Zauber von etwas, das sie nicht kannten. Danach dankten sie Isaak, daß er mich mit sich genommen hatte und brachten das beste Essen, das sie finden konnten. Unsere Besuche waren wie ein Licht, das durch die Wolken brach. Sie baten uns, länger bei ihnen zu bleiben und so bald wie möglich wiederzukommen."[6]

Aus dem Brief eines Kontraktarbeiters an eine finnische Missionarin:

„Der Kontrakt ist die Ursache dafür, daß mich meine Kinder nicht kennen. Wenn ich nach Hause komme, fliehen sie vor mir.
Ich habe ein kleines Kind zu hause zurücklassen müssen. Wenn ich zurückkehre, wird es seine Mutter fragen: 'Wer ist dieser fremde Mann?' Ich habe daran schwer zu tragen."[7]

Der Namibier Vinnia Ndadi schildert in seinem Buch "Kontraktarbeiter Klasse B" seine ersten Erfahrungen als Kontraktarbeiter. Seine Erlebnisse liegen fast vierzig Jahre zurück. Doch bis heute hat sich am Los der Kontraktarbeiter wenig geändert.

Menschen in Viehwagen

"Ich war noch sehr jung, erst siebzehn, als ich 1946 zum erstenmal bei der SWANLA*) vorsprach. Eines Tages ging ich zum Rekrutierungsbüro der SWANLA in Ondangua. Sie lachten mich aus und schickten mich nach Hause mit der Begründung, ich sei noch zu jung und zu schwach. Unternehmer, die von der SWANLA Arbeiter kaufen, wollen starke Leute, die in den Minen und auf den Farmen harte Arbeit leisten, keine grünen Jungen, die nicht einmal einen Sack Zement tragen können. Viermal wurde ich zurückgewiesen, bis sie mich schließlich akzeptierten. Ich wollte unbedingt gehen. Ich hatte keine andere Wahl: Mit der Schule war es aus, es blieb höchstens die Arbeit auf dem Land. Endlich angenommen, wurde ich untersucht und in die Klasse "C" eingeteilt. Die Arbeiter wurden — und werden heute noch — nach ihrer Gesundheit und ihrer Körperstärke eingeteilt. Nur das zählt für den Rekrutierungsbeamten. Er will keinen Kranken oder Schwachen kaufen, der die Arbeit nicht durchhält, für die sein Kontrakt gilt. Nach der Körperprüfung in Ondangua — sie behandelten uns wie Vieh — wurden die besonders Starken und Gesunden als "A-Boys" klassifiziert. Wer bei guter Gesundheit, aber weniger stark war, wurde in die Klasse "B" eingeteilt. Die Jüngsten und Schwächsten kamen in die Klasse "C". Der Lohn für "C-Boys" betrug acht Schilling im Monat, für "B-Boys" zehn Schilling und für "A-Boys" war er 15 Schilling. Nach der Musterung erhielt ich ein Schildchen mit einer Nummer und einem "C"-Stempel. Ich mußte es an einer Schnur um den Hals tragen.

Einige Stunden später wurden alle, die aufgenommen waren, in Busse verladen und ins SWANLA-Lager etwas außerhalb von Grootfontein gebracht. Kaum waren wir dort angekommen, wurden wir in einer langen Reihe aufgestellt, während ein Mann die "A"-, "B"- und "C"-Leute abzählte. Dann gingen wir in das umzäunte Lager, wo alle auf ihre Papiere und den Transport nach Süden warteten.

Bald erfuhr ich, daß die Wartezeit, die man in einem SWANLA-Lager verbringen mußte, davon abhing, wann der Unternehmer das Geld für den Transport überwiese. Wenn er das Geld nicht gleichzeitig mit der Bestellung der Arbeiter schickte, konnte man unter Umständen einen ganzen Monat warten. Diesmal hatte ich Glück: Ich wartete weniger als eine Woche. Das Lager in Grootfontein bestand aus den Büros der SWANLA und Baracken für die Kontraktarbeiter und war von einem hohen Stacheldrahtzaun umgeben. Die Arbeiterbaracken wurden "Pontoks" genannt. Sie hatten Zinkdächer, Betonböden und keine Betten. Zum Schlafen bekam jeder zwei schmutzige Decken voller Läuse. Der Raum war dreckig, heiß und voller Wanzen — große Wanzen. Es stank so scheußlich, daß ich in der ersten Nacht mehrere Stunden lang nicht einschlafen konnte. Wir hatten nur einen Kot-Eimer für zwanzig Leute und ich ging jeweils lieber hinter einen Busch, um meine Bedürfnisse zu verrichten. Auch das Essen war fürchterlich — meistens nur Getreidemehl und einmal in der Woche ein kleines Stück Fleisch. Die Neuangekommenen mußten jeweils den Brotteig mit den Füßen kneten. Das Brot war abscheulich hart und meistens schimmelig.

Schließlich wurde uns die Arbeit zugeteilt: "Johannes! Du wirst Kühe auf der X-Farm melken." "Samuel! Du arbeitest in den Minen von Tsumeb!" und so ging es weiter. Man konnte nicht ablehnen. Zuerst sagte ich mir, daß ich nicht jede Arbeit annehmen würde, aber als ich sah, wie ein Mann durchgeprügelt wurde, weil er seinen Kontrakt ablehnte, beschloß ich, jede Arbeit zu übernehmen. ..."[8]

*) SWANLA: S. W. A. Native Labour Association; Agentur für die Rekrutierung von Kontraktarbeitern

Zeichnung: Allison Warner

16. Kapitel

Schwarze Frauen in Namibia

Schwarze namibische Frauen sind durch ihr Geschlecht, ihre Rasse und die Unterdrückung der schwarzen Männer durch den Apartheidsstaat mehrfach diskriminiert. Sie werden wirtschaftlich und sozial ausgebeutet. Schwarze Frauen sind eine starke Kraft im Kampf des namibischen Volkes um Unabhängigkeit und Freiheit.

Absicht:
– Wir wollen durch Informationen und Beispiele über das Leben schwarzer Frauen in Namibia zu einem Verständnis für Wege, ihre mehrfache Diskriminierung zu überwinden, beitragen.

In einem Dorf bei Ondangua im Reservat Ovamboland

SCHWARZE FRAUEN SIND MEHRFACH DISKRIMINIERT

Wir wollen in diesem Kaptiel darzustellen versuchen, wie schwarze namibische Frauen in ihrem Land leben, welche Schwierigkeiten sie haben, und wie sie mit diesen Schwierigkeiten fertigzuwerden versuchen. Wir wollen nur über die schwarzen Namibierinnen schreiben, weil sie als Frauen schwarzer Hautfarbe, als "black women", ein besonders schweres Leben haben. Warum?

Wie in den meisten Gesellschaften, ist auch die schwarze namibische Frau zunächst einmal benachteiligt, weil sie weiblichen Geschlechts ist. Im Laufe der Geschichte hat sich — auch — der namibische Mann eine Vormachtstellung gesichert, die sich zum Beispiel in einer geschlechtsspezifischen Arbeitsteilung niedergeschlagen hat: Die Frau hat die Familie zu versorgen und die Haus- und Feldarbeit zu erledigen.

Auch die meisten schwarzen namibischen Männer tun sich schwer, die Last der Hausarbeit mit ihren Frauen zu teilen. "Die meisten Männer", sagte eine Namibierin, "helfen ihren Frauen nicht. Sie glauben immer noch, daß Hausarbeit nur Sache der Frauen sei. Wenn du irgendwo hingehen willst, mußt du die Kinder sich selbst überlassen. Es gibt niemanden, der einspringt — nur sehr wenige Männer sind überhaupt willens, zu helfen."[1] Sich dieser Tatsache entgegenzustellen und um mehr Gleichberechtigung zu ringen, ist für Frauen auf Grund ihrer Erziehung schon schwer genug. Doch es kommt für die schwarze Namibierin noch eine weitere Bürde hinzu: Sie muß auch die Folgen mittragen, die aus dem Wander- und Kontraktarbeitersystem für schwarze Männer resultieren. Dieses System, das zur Sicherung wirtschaftlicher Entscheidungsprozesse und der Verfügungsmacht über die natürlichen Reichtümer einer weißen Minderheit beiträgt, indem es sich einer schwarzen, weitgehend entrechteten Lohnarbeiterklasse bedient, macht die schwarze Namibierin gleichfalls zum Opfer dieser Unterdrückung: Sie ist diskriminiert durch ihr Geschlecht, ihre Rasse und ihre Verbundenheit mit dem schwarzen Arbeiter.

FRAUEN IN DEN RESERVATEN

Die Reservate sind die Armen- und Altenhäuser Namibias. Dorthin werden schwarze Arbeitsunfähige und Alte abgeschoben, dort bleiben die Frauen der afrikanischen Arbeiter zurück, wenn jene auf Wander- und Kontraktarbeit gehen. Acht und mehr Monate dauert der Kontrakt, der sie von ihren Familien trennt. Dieses Arbeitssystem für afrikanische Männer zwingt die Frauen, Alte, Pflegebedürftige und Kinder allein zu versorgen und die Erziehung der Kinder ganz in ihre Hände zu nehmen: Schwarze Frauen sind in der Mehrzahl alleinerziehende Mütter wider Willen. Der oft kärgliche Boden in den Reservaten, der vom Regime gesteuerte Mangel an Investitionen für eine produktive Landwirtschaft und das fast vollständige Fehlen von Produktionsstätten und damit Arbeitsplätzen und Verdienstmöglichkeiten, machen der afrikanischen Frau das Leben schwer. Das tägliche Ringen um die Befriedigung der Grundbedürfnisse ihrer Familie fressen ihre ganze Kraft. "Die Frauen der Wanderarbeiter haben ein hartes Leben. Sie müssen auch die Arbeiten erledigen, die normalerweise dem Mann zufallen. Sie müssen die Erziehung der Kinder alleine bewerkstelligen. Namibische Frauen können nicht mit ihren Männern zusammenleben, ihnen werden selbstverständliche Menschenrechte vorenthalten... Sie haben keine Möglichkeit, etwas zu lernen... Sie haben keine Möglichkeit, irgendetwas für sich zu tun."²⁾

Die lange Abwesenheit der Männer zerstört häufig das Familienleben. Mann und Frau leben sich auseinander, den Kindern wird der Vater zum Fremden.

Es gehört zur Politik der Regierung, in den städtischen Bezirken Wohnkasernen für Wanderarbeiter bereitzustellen, nicht aber für Frauen. Sollen Frauen doch sehen, wie sie sich mit ihren Kindern am Leben erhalten, solange sie es nur tun: denn die Kinder sind der unverzichtbare Nachschub für arbeitsfähige oder als solche eingestufte schwarze Arbeitskärfte.

Selbst das Recht, mit auch noch so geringen Löhnen wie denen der Kontraktarbeiter ihren Lebensunterhalt zu verdienen, wird den meisten schwarzen Namibierinnen vorenthalten. Nur wenigen gelingt es, durch das feine Netz von Gesetzen und Kontrollen zu schlüpfen und sich in den Städten oder auf weißen Farmen ein Wohnrecht zu sichern. Die meisten Frauen schaffen dies nur, indem sie mit einem Farmarbeiter zusammenziehen, der sich an seiner Arbeitsstelle durch besonderen Fleiß ausgewiesen hat. Dort haben sie vielleicht die Chance, als Köchin, Haus- oder Kindermädchen zu arbeiten – noch schlechter bezahlt als schwarze Arbeiter. Doch selbst dies bedeutet keine Sicherheit, denn Frauen werden von der Apartheidsregierung als "überflüssiges Anhängsel" des Mannes betrachtet und gerne wieder in die Reservate abgeschoben. Einmal abgeschoben, gelingt kaum wieder der Weg hinaus.

Frau beim Bau einer traditionellen Hütte in Ovamboland

"Das Rassistenregime hat mit dem Kontraktarbeitersystem unsere traditionelle Kultur, nach der Männer und Frauen zueinander halten, zerstört, mit tiefgreifenden Folgen für Männer, Frauen und Kinder. Dem Mann kann es zum Beispiel das Gefühl geben, er sei der große Geldverdiener. Und wenn er zu seiner Familie in das Reservat zurückkommt, glaubt er, er habe seinen Beitrag geleistet und tut nichts mehr zu Hause. Wenn die Männer auf Kontraktarbeit sind, können sie ihr Geld so verbrauchen, wie sie wollen: mit anderen Frauen oder für Alkohol, um ihre Einsamkeit zu vergessen. Die Frau, die zurückgeblieben ist, um für die Familie zu sorgen, hat das Gefühl, daß sie nichts ist, da sie kein Geld nach Hause bringt und nur dazu da ist, Landarbeit zu machen und Kinder zu versorgen. Die Kontakte sind zwischen Mann und Frau so selten, daß einer den anderen leicht vergessen kann. Das ist die Ursache vieler Scheidungen und der soziale Hintergrund für die Existenz der vielen unehelichen Kinder. Aber das kann man der Frau nicht anlasten! Sie muß mit einer Situation fertigwerden, die unnatürlich ist!"³⁾

FRAUEN AM RANDE DER WEISSEN STÄDTE

Ganz auf die Arbeitskraft der schwarzen Namibierin können die weißen Städte nicht verzichten. Schwarze Frauen werden als Putzfrauen, Mädchen für alles, für primitive Büroarbeiten und als "Tea-maids", Teemädchen, benötigt. Es sind die schlechtesten Arbeitsbedingungen überhaupt, unter denen schwarze namibische Frauen arbeiten müssen. Haushaltshilfen haben oft eine durchschnittliche Arbeitszeit von neun oder zehn Stunden, sieben Tage in der Woche lang. Der Beruf der Krankenschwester oder Lehrerin steht schwarzen Frauen noch offen – und damit ist die Liste möglicher Berufstätigkeiten auch schon ziemlich vollständig.

Die berufliche Diskriminierung schwarzer Frauen in den städtischen Bezirken – wo sich immerhin in der weißen Wirtschaft Arbeitsmöglichkeiten bereitstellen lassen dürften – hat verschiedene Gründe. Neben der Angst der Weißen, ihre Vormachtstellung in Konkurrenz mit Schwarzen, ob männlichen oder weiblichen Geschlechts, einzubüßen, sind es Vorurteile gegenüber Fähigkeiten von Frauen überhaupt, gleiche Leistungen wie Männer zu erbringen. Ein weiterer Grund ist die mangelhafte Schulausbildung der schwarzen Namibierin, Ergebnis einer frühen Benachteiligung, die bereits im Mädchenalter beginnt. Denn sehr früh schon werden Mädchen zu Arbeiten herangezogen, die die völlig überforderte Mutter ein wenig zu entlasten vermögen: Arbeiten im Haushalt, Besorgungen und die Betreuung jüngerer Geschwister. In den Städten versuchen Mädchen wie auch Jungen, durch Handlangerdienste bei den Weißen etwas hinzuzuverdienen – und wenn der Beitrag zum Unterhalt der Familie auch nur in Form von "geschenkten" Lebensmitteln besteht. Diese Mehrfachbelastung des Mädchens durch Haus-, Gartenarbeit, Kinderbeaufsichtigung und möglicherweise noch Hilfsarbeiten für Weiße hat zur Folge, daß Mädchen zum weitaus größeren Teil früher als Jungen die Schule verlassen. "Die meisten von uns haben so gut wie keine Schulausbildung. Wir hatten einfach keine Möglichkeit. Wir mußten früh von der Schule abgehen, um zum Unterhalt der Familie beizutragen", sagte eine Namibierin[4].

Anna

"Anna hatte der Kampf, mit Hungerlöhnen ihre Familie zu versorgen, zu einer starken und klugen Frau gemacht, wie ich ihr niemals wieder begegnete. Ihre Schultern und Arme waren kräftig und muskulös wie die eines Mannes. Wenn sie die Hacke in unserem Fleckchen Garten schwang, verschwand jedes Hälmchen in der Erde. Mit einer einzigen Drehung ihrer Handgelenke konnte sie große, verkrustete Erdschollen umwenden. Johanna und ich folgten mit Stöcken, um die Schollen zu zerschlagen. Anna grub Reihe für Reihe den schweren, harten Boden um. Später zeigte sie uns Kindern, wie man pflanzt, Unkraut jätet und erntet. Der Kohl und die Rüben von dieser Parzelle waren eine wichtige Ergänzung unserer jahrelangen Kost aus Getreidebrei und Brot, die nur gelegentlich durch ein Stück Braten ergänzt wurde.
Die Lasten, die Anna trug, waren schwerer, als viele Männer sie hätten tragen können. Sie ging in die Hocke, hob mit einer einzigen Bewegung den großen Kübel mit nasser Wäsche auf ihren Kopf und drückte dann langsam die Knie durch, während sie die Last mit ihren Händen abstützte. Ohne abzusetzen, legte sie den Weg von der Wasserstelle zur Wäscheleine zurück. Ihre Beine fingen die Bewegung ihrer Schritte auf, und den Rücken hielt sie kerzengerade, um das Gewicht auszubalancieren. Wenn die Last außergewöhnlich schwer war, ging sie schnell und rief, während sie durch das Gartentor eilte: 'Jonny, hilf mir, die Wäsche abzusetzen! Schnell!'
Die Wäsche gehörte gewöhnlich einer weißen Familie aus der Stadt. Wenn sie trocken und gebügelt war, faltete sie Anna geschickt zusammen. Lieferte sie die Wäsche ab, nahm sie mich mit. Solange wir im Süden lebten, arbeitete Anna für weiße Familien. Entweder besorgte sie deren Haushalt oder deren Wäsche..."[5]

SCHWARZE FRAUEN IM WIDERSTAND

Es war ein langer und schwieriger Weg, den Frauen bewältigen mußten, um dorthin zu kommen, wo sie heute, auch in der Öffentlichkeit, ihre "Frau" stehen: Dort, wo schwarze namibische Männer in Versammlungen für ein freies und unabhängiges Namibia sprechen, sind auch Frauen Rednerinnen; sie sind an der Organisation des Freiheitskampfes beteiligt; sie führen Bildungskurse für Frauen durch; sie organisieren maßgeblich die Unterstützung untergetauchter Widerstandskämpfer; und sie sind zum bewaffneten Kampf entschlossen...

Wir wollen einige Widerstandsaktionen schwarzer Frauen gegen das Kolonialisten- und Apartheidsregime nachzuzeichnen versuchen. Und wir wollen versuchen, mit drei Ausschnitten aus dem Leben schwarzer Frauen — gerafft und zwangsläufig ihre Lebenswirklichkeit kaum fassend — zu einem Verständnis für Wege schwarzer Frauen, sich aus rassistischer und geschlechtsspezifischer Unterdrückung zu befreien, beizutragen.

1905: Während der großen afrikanischen Aufstände gegen die deutsche Kolonialmacht traten Hereofrauen in den Gebärstreik. Sie waren nicht mehr bereit, Kinder zur Welt zu bringen, deren Lebensweg in Unfreiheit und Rechtlosigkeit vorgezeichnet war.

1959: Schwarze Frauen werden überraschend die tragende Kraft im Protest gegen eine Anordnung des weißen Regimes, deren Ausführung sich der weiße Polizeistaat sehr viel problemloser vorgestellt haben dürfte... Es war die Generation von Frauen, deren Söhne und Töchter heute maßgeblich den Befreiungskampf mittragen... Es waren die Frauen, für die — wie Anna — der Überlebenskampf täglich von neuem bestanden werden mußte, und der sie nicht zu brechen vermochte, sondern stark gemacht hatte...

Windhoek, "Old Location". Die alte Afrikanersiedlung in der Stadt ist der weißen Verwaltung ein Dorn im Auge. Sie gilt als "Schandfleck" im gepflegten Stadtbild, als "Brutstätte von Kriminalität" und — nicht zuletzt — sie ist auf teurem städtischen Grund angesiedelt, der als Spekulationsobjekt für weiße Geschäfts- und Bürohäuser von einem gewissen Interesse ist. Mit einer Verordnung will sich die Verwaltung dieses Steines weißen Anstoßes entledigen. Die Afrikaner werden aufgefordert, ihre Siedlung zu verlassen und in eine neue Siedlung außerhalb der Stadt umzuziehen. Für die Afrikaner waren Nachteile, die mit der Umsiedlung für sie verbunden waren, abzusehen: Höhere Fahrtkosten, lange Anfahrtswege zu den Arbeitsplätzen, höhere Mieten. Aber niemand hatte die Bewohner der "Old Location" um ihre Meinung gefragt. Trotz schlimmer sanitärer Verhältnisse, trotz Behausungen, die nicht mehr als Notunterkünfte waren, war diese alte Siedlung eine Heimat geworden, in der afrikanische Traditionen weiterlebten, wo sich Familien kannten, einander halfen und Anteil an den Lebensschicksalen der anderen nahmen; wo Afrikaner, die nach dem Paßgesetz von der Polizei gesucht wurden,

Namibische Familie

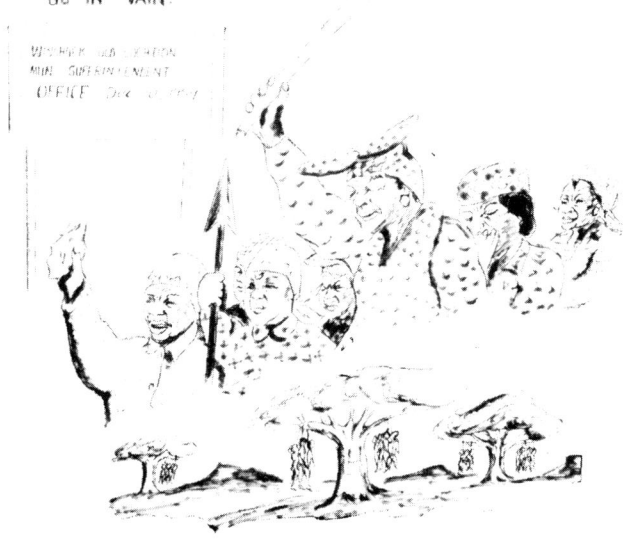

Karikatur des Frauenrates der namibischen Befreiungsorganisation SWAPO:
"SWAPO-Frauenrat
Der Flügel der namibischen Mütter erklärt: Unsere Söhne und Töchter sollen ihr Blut nicht umsonst vergossen haben."
Die Mütter aus der alten Afrikanersiedlung in Windhoek (Old Location) protestieren vor dem Sitz des Stadtdirektors gegen die Zwangsumsiedlung der Afrikaner in ein neu errichtetes Ghetto vor den Toren Windhoeks.

Unterschlupf fanden, und wo sich im undurchdringlichen Dickicht und Gewirr von Menschen, Hütten und Pfaden, die plötzlich endeten, kein Fremder zurechtzufinden vermochte. Lang aufgestaute Wut, Zorn und Verbitterung gegen den rassistischen Polizeistaat brechen auf und richten sich gegen diese Zwangsverordnung, durch die den Afrikanern von den Weißen auch noch dieses Stück vertrauter Lebensumwelt entrissen werden soll.

Die Bewohner der alten Siedlung beschließen, öffentlich gegen die Anordnung zu protestieren. Am Tag nach der Verkündung der Anordnung bleiben viele ihren Arbeitsstellen fern. Sie sammeln sich auf den Straßen und boykottieren die städtischen Busse, Kinos und öffentlichen Gebäude. Zu Tausenden ziehen sie zur städtischen Verwaltung und fordern die unverzügliche Rücknahme der Anordnung. Die meisten der Demonstrierenden sind Frauen. Die Antwort, die das Rassistenregime der friedlich demonstrierenden Menschenmenge zuteil werden läßt: die südafrikanische Polizei eröffnet das Feuer. Zwölf Menschen werden getötet, 52 verletzt. Viele Frauen sind darunter. In diesem Augenblick, in dem die schwarzen Frauen der verhaßten südafrikanischen Besatzungsmacht unbewaffnet und nur mit der Verzweiflung ihres verachteten Lebens gegenüberstehen, wächst auch ihre Kraft, ihr Widerstandswille: Sie schleudern den Polizisten und Militärs die bitteren Worte ihrer Demütung offen ins Gesicht und verlieren dabei die Angt um ihr Leben.

Die Erfahrung ihrer eigenen Stärke war für die Frauen eine außerordentliche Selbsterfahrung, für die afrikanischen Männer eine unausweichliche Herausforderung, den Widerstandswillen ihrer Frauen anzuerkennen.

Der 10. Dezember 1959, der Tag des Massakers von Windhoek, wurde von der namibischen Befreiungsorganisation SWAPO zum "'Tag der Namibischen Frauen" erklärt.

Der wachsende Widerstand der schwarzen Frauen wurde von der südafrikanischen Besatzungsmacht durchaus ernstgenommen. Zwei Drittel der 3.000 Schwarzen, die 1973 und 1974 aus der Gegend von Windhoek in die nördliche Region Namibias deportiert wurden, waren Frauen und Kinder. Kinder, die wie überall mit wachen Augen wahrnehmen, was um sie herum geschieht und den Erwachsenen Fragen aufdrängen, deren Beantwortung sie sich nicht so einfach zu entziehen vermögen. Eine Namibierin gab einmal ein Beispiel für die Art von Fragen wieder, die Kinder ihren Müttern endlos stellen, und auf die sie hartnäckig Antworten fordern: "Ich verstehe das wirklich nicht! Die ganze Zeit ist mein Vater auf Kontraktarbeit. Wir sind nur drei oder vier Monate im Jahr mit ihm zusammen. Die Weißen, die auch am Straßenbau arbeiten, haben ihre Familien bei sich. Aber bei uns Schwarzen ist das anders. Warum?!"[6]

Schülerin der Schule der African Methodist Episcopal Church (AMEC) in Gibeon, Namaland. Die AMEC ist eine christliche afrikanische Kirche, die sich 1946 von der Rheinischen Missionsgesellschaft trennte. Hauptgründe waren die Diskriminierung der Afrikaner durch die Weißen und ein Bekenntnis zur Tradition des Widerstandes der Nama gegen die deutsche Kolonialherrschaft.

Frauen im Arbeitseinsatz im Erziehungs- und Gesundheitszentrum der SWAPO in Cuanza Sul, Angola.

Solidarity with Namibian Women

Solidarität mit den namibischen Frauen

Frauen in Cuanza Sul

Ida Jimmy

Als sie 35 Jahre alt war, wurde Ida Jimmy nach dem Aufruhr-Versammlungsgesetz und Paragraph 3 des Terrorismus-Gesetzes zu sieben Jahren Gefängnis verurteilt. Ihrer Haft folgte eine Rede, die sie auf einer SWAPO-Versammlung in Lüderitzbucht am 13. Juli 1980 hielt. In ihrer Ansprache an die 200 Menschen, die an der Versammlung teilnahmen, klagte Ida Jimmy die südafrikanische Verteidigungsmacht an, ohne Vorwarnung auf unschuldige Menschen geschossen und die schwarzen Soldaten südafrikanischer bewaffneter Truppeneinheiten als SWAPO-Kämpfer ausgegeben zu haben. Sie bat die Menschen dringend, SWAPO-Kämpfern Unterschlupf zu gewähren und sie mit Nahrungsmitteln zu versorgen. "Es sind die Söhne und Töchter des namibischen Volkes", sagte sie. Während ihres Prozesses im Oktober 1980 war sie im siebten Monat schwanger. Im Gefängnis gebar sie einen Jungen. Ida Jimmy hat vier eigene Kinder und sorgt für zwei weitere Kinder. Wegen ihrer politischen Arbeit verlor sie ihren Arbeitsplatz in Lüderitzbucht und konnte aus dem gleichen Grund keine neue Arbeit finden. 1977 wurde sie zur Vorsitzenden des SWAPO-Frauenrates, Abteilung Lüderitzbucht, gewählt. Ihre laut ausgesprochene Kritik an der illegalen Besetzung Namibias durch Südafrika hatte ihre erste Verhaftung am 27. April 1979 zur Folge. Sie gehörte zu den fast 50 führenden Kräften und langjährigen Mitgliedern der SWAPO, die zur gleichen Zeit ohne Prozeß nach der Proklamation AG 26 festgenommen wurden. Als einzige namibische Frau von der bekannt ist, daß sie eine Gefängnisstrafe absitzen mußte, wurde Ida Jimmy zum Symbol vieler Frauen, die für die Befreiung ihres Landes von südafrikanischer Herrschaft kämpfen.[7]

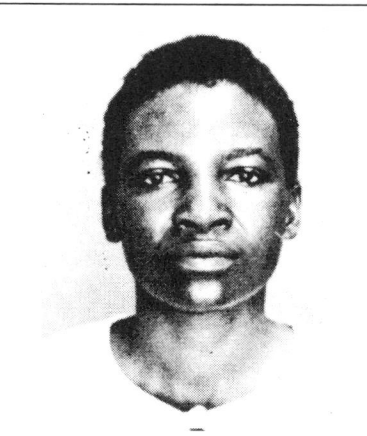

Rauna

Rauna ist seit 1973 Mitglied der SWAPO. Sie wurde mehrmals verhaftet, gefoltert und wieder freigelassen, bis sie schließlich 1982 nach Angola floh und von dortaus weiterkämpfte.
Rauna über erlittene Foltern:

"Ein schwarzer Polizist kam mit einem Strick, fesselte meine Arme auf dem Rücken und verband mir meine Augen. Dann wurde Strom an die kleinen Finger meiner beiden Hände gelegt. Er wurde an- und abgeschaltet und ich schrie. Wenn ich schrie, wurde mir Baumwolle in den Mund gestopft und mein Mund mit einem Tuch zugebunden, so daß ich nicht mehr richtig atmen konnte. Sie fuhren fort, den Strom an- und abzuschalten. Ich fühlte ganz die Todesangst und den Schmerz, bis ich nicht mehr ich selbst war.
Sie begannen morgens um acht Uhr und das ging bis zwei Uhr nachmittags. Am nächsten Morgen wurde ich wieder in das Büro gerufen. Sie stellten wieder keine Fragen. Diesmal wurde keine Zeit vergeudet, sie verbanden mir sofort die Augen, schlossen das Gerät erst an meine Brüste, dann an meinen Kopf an und versetzten mir einen heftigen elektrischen Schlag. Danach wurden meine Arme gefesselt, ich wurde zum Dach hinaufgezogen und mußte länger als drei Stunden hängen. Danach wurde ich in einen Keller geschleppt, wo mir ein Strick um den Hals gelegt wurde, der immer enger zusammengezogen wurde. Ich wurde bewußtlos. Als ich wieder aufwachte, stellte ich fest, daß mein Kiefer gebrochen war und aus meinem Mund Blut floß."[9]

Theresa

Theresa ist heute 24 Jahre alt und lebt im Exil. Sie erzählte, wie es dazu kam...

Als eine der wenigen schwarzen Schülerinnen, die eine Oberschule in Namibia besuchten, gehörte sie zu einer Gruppe, die bei einer Prüfung Blätter mit Prüfungsaufgaben demonstrativ zerriß: "Was nutzen Examen, wenn wir keine Chance haben, einen Arbeitsplatz nach unserer Wahl zu finden?", begründeten die Schüler ihre Protestaktion. Andere Schüler folgten dem Beispiel der Gruppe. Theresa wurde von Südafrikanern zu dieser Aktion befragt. Danach ging sie nicht mehr zur Schule. Theresa: "Als ich entschieden hatte, nicht mehr zur Schule zu gehen, wußte ich gleichzeitig, daß ich mich für eine Veränderung in Namibia einsetzen wollte. Ich entschied mich, Namibia zu verlassen und mich dem Kampf meiner Kameradinnen und Kameraden außerhalb Namibias anzuschließen. Das war der Hauptgrund, warum ich Namibia verließ. Ich wollte dazu beitragen, daß Namibia unabhängig wird. Die Südafrikaner verbreiteten überall, daß es den Menschen im Exil sehr schlimm ergehe. Sie machten uns weis, daß die Flüchtlinge nichts zu essen hätten, keine Kleider und sonst auch nichts. Wir sollten sogar in der Kirche für sie beten. Ich entschied mich trotzdem, zu gehen und mit den anderen für die Unabhängigkeit Namibias zu kämpfen. Ich erzählte dies nun meinen Eltern. Sie konnten mit meinem Entschluß nicht einverstanden sein. Keine Eltern wollen ihre Kinder verlieren. Ich bestand aber auf meiner Meinung. Ich sagte, es sei dasselbe, ob ich hier in Naminia mit ihnen leben würde oder im Exil. Würde ich in Namibia bleiben, so würden mich eines Tages die Südafrikaner holen und dann würden sie mich auch nicht mehr sehen. Sie könnten also gar nicht sagen, daß ich in Namibia mit ihnen zusammenbleiben würde. Deshalb wäre es sogar besser, wenn ich außerhalb Namibias leben würde. Dann wenigstens sei ich frei. Und ich könnte kämpfen. Wenn ich in Namibia im Gefängnis sei, könnte ich gar nichts tun. So überzeugte ich sie schließlich..."[8]

Lernen für Gleichberechtigung und Freiheit

Frauen der PLAN, des bewaffneten Flügels der SWAPO.

Schwarze namibische Frauen stehen beiderseits der namibischen Grenze im Widerstand. Die Flucht vor der Verfolgung durch das rassistische Regime ist oft erst der Anfang eines Lebens, das sich ganz dem Freiheitskampf verpflichtet. Auch im Exil haben sich die Frauen organisiert. Der SWAPO-Frauenrat ist ihre Organisation, in der sie über ihre täglichen Probleme, Möglichkeiten, Inhalte und Ziele ihrer politischen Arbeit diskutieren. Es ist keine offene Frage mehr, ob sie auch mit Waffen um die Freiheit ihres Landes kämpfen. Sie tun es. Wir sind gegen Krieg, sagen sie, aber Südafrika zwingt uns den bewaffneten Kampf auf. Es läßt uns keine andere Wahl.

Arbeitsvorschläge:
- Erkläre, worin die mehrfache Unterdrückung der schwarzen namibischen Frau besteht.

- Siehst du Unterschiede zu den Selbstverwirklichungsmöglichkeiten von Frauen deines Bekanntenkreises? Notiere sie?

- Notiere einige Beispiele, wie sich schwarze namibische Frauen gegen ihre Unterdrückung und die ihrer Mitmenschen gleicher Hautfarbe zu wehren versuchen. Versuche, dir dazu eine Meinung zu bilden und begründe sie.

Zeichnung eines Schülers, der im namibischen Erziehungs- und Gesundheitszentrum für Flüchtlinge Nyango in Sambia lebt. Dargestellt ist Herman Toivo ja Toivo, namibischer Freiheitskämpfer der ersten Stunde, 1968 von einem südafrikanischen Gericht zu lebenslanger Haft verurteilt.

Kapitel 17

"Unser Kampf wurde inmitten von Unterdrückung, Ungerechtigkeit und Ausbeutung geboren"

DER LANGE WEG IN DEN BEWAFFNETEN WIDERSTAND UND VON VERHANDLUNGEN OHNE ENDE

Namibia als ein von Südafrika besetztes Land ist seit 1945 Thema in den Vereinten Nationen. Zwei Jahrzehnte lang bemühen sich Vertreter der schwarzen Mehrheit Namibias, über Bittschriften und Resolutionen an die Vereinten Nationen, die Weltöffentlichkeit zur Unterstützung ihrer Forderung nach einem unabhängigen Namibia, in dem Schwarze und Weiße gleichberechtigt nebeneinander leben, zu gewinnen. Südafrika widersetzt sich von Anfang an allen Bemühungen um seinen Rückzug aus Namibia.
1966 nimmt die namibische Befreiungsorganisation SWAPO den bewaffneten Kampf gegen die südafrikanische Besatzungsmacht auf. In den folgenden Jahren wird die Politik des weißen südafrikanischen Minderheitsregimes gegenüber Namibia mehrfach und wiederholt von den Vereinten Nationen verurteilt. Südafrika reagiert mit kleinen Zugeständnissen an das nach dem Prinzip der Rassentrennung verwaltete Namibia und baut gleichzeitig seinen Militärapparat in Nambia aus. Der Kampf der schwarzen Bevölkerung Namibias gegen die weiße Besatzungsmacht dauert an, eine Lösung des Namibia-Problems ist noch immer nicht in Sicht.

Absichten:
- Wir fragen, wie nach dem 2. Weltkrieg Namibia als südafrikanisches Mandatsgebiet in den Vereinten Nationen verhandelt wurde.

- Wir wollen den Blick auf Phasen und Ereignisse der Bemühungen um namibische Unabhängigkeit und Behinderungen richten.

DIESES Kapitel führt uns mitten in die Gewaltdiskussion. Gibt es eine Rechtfertigung für gewaltsamen Widerstand, der Gerechtigkeit, Unabhängigkeit und Selbstbestimmung zum Ziel hat? Oder: Kann nicht nur Gewaltlosigkeit der einzig mögliche Weg zu Freiheit und Frieden sein, da jede Gewalt neue Gewalt hervorruft?
Man kann Beispiele und Argumente für und gegen beide Formen von Widerstand austauschen. Doch man wird auch respektieren müssen, daß es Grundeinstellungen und Erfahrungen gibt, die eine Entscheidung für oder gegen Gewalt als die einzig verantwortbare erscheinen lassen. Weil ein Standpunkt vielleicht in religiöser Überzeugung wurzelt, die das Töten von Menschen unter allen Umständen ablehnt; wie andererseits auch die Erfahrung von menschlicher Not die Überzeugung begründen kann, daß der Kampf mit Waffen der noch einzig verbliebene Weg zu einem menschenwürdigen Leben ist.

Die Entscheidung der namibischen Befreiungsorganisataion SWAPO (South West Africa People's Organisation) von 1966, den Widerstand gegen die südafrikanische Besatzungsmacht mit Waffen zu führen, stellt uns unmittelbar in dieses schwierige Problem: Wie soll man diese Entscheidung bewerten, wie soll man sich verhalten, wenn "Solidarität mit dem kämpfenden namibischen Volk" irgendwo und irgendwann einmal gefordert wird? Wir werden fragen müssen, womit wir eigentlich solidarisch sein sollen: Wogegen richtet sich der Kampf? Mit welchen Mitteln wird er geführt? Für welche Ziele wird gekämpft?

Jede Entscheidung hat auch ihre Vorgeschichte. Man kann nicht einfach die Frage nach den Gründen, die zu einer bestimmten Entscheidung geführt haben, zur Seite schieben. Sich darüber zu informieren, sich darauf einzulassen, heißt, sich um Mitmenschlichkeit und Toleranz zu bemühen. Das Urteil mag dann verschieden ausfallen. Aber es wird ein begründetes Urteil sein, das weniger in Gefahr steht, Vorurteilen und Verfälschungen von Wirklichkeit aufzusitzen.

Wir drehen die Zeit knapp vierzig Jahre zurück. Kriegsende. Deutschland hat Europa mit dem Zweiten Weltkrieg Tod und Zerstörung in einem unfaßbaren Ausmaß gebracht. Die tiefen Spuren dieses Krieges führen bis zu den Kriegsschauplätzen in Nordafrika. Hungernde Menschen, die sich an das bißchen Leben klammern, das ihnen verblieben ist, irren durch die Trümmer der Städte des ehemaligen "Großdeutschen Reiches", auf der Suche nach Nahrung, einer Unterkunft und Angehörigen. Nie wieder Krieg, denken die Menschen. Die Folgen von Konzentrationslagern für Juden, Widerstandskämpfern und dem Regime Mißliebigen, aus Größenwahn geborene Angriffskriege gegen die Völker Europas sind von vielen Deutschen in ihrer Tragweite noch kaum begriffen, geschweige denn verarbeitet...
...aber dies ist doch längst Geschichte! Warum (immer wieder) daran erinnern!

Weil wir hier an ein Ereignis der deutschen Widerstandsgeschichte erinnern möchten. Einen Widerstand, der zwar im Ergebnis nicht erfolgreich war, aber als Ereignis des 20. Juli unbestrittene Würdigung erfährt: das Attentat auf Hitler, das mit Mitteln des "Terrorismus" erfolgte. Wir tun dies an dieser Stelle im Bemühen, aus der größeren Nähe unserer Geschichte für Fragen zu öffnen, die in der Beschäftigung und Auseinandersetzung mit namibischer Geschichte und einem Widerstandskampf, der dort mit Waffen geführt wird, an uns herangetragen werden. Nicht mehr ist beabsichtigt – aber auch nicht weniger. Denn alle Hoffnungen auf einen weltumspannenden Frieden nach dem 2. Weltkrieg blieben Luftschlösser. Gewalt und Gegengewalt bestimmten zunehmend wieder die Schicksale von Menschen, Völkern, Nationen. Antworten auf die Frage, wie ein Frieden, der für die Menschen Freiheit, Gleichheit, Gerechtigkeit und für die Völker Unabhängigkeit herstellt und sichert, mußten immer und immer wieder von neuem gesucht werden. Nach Lösungen unter diesem Vorzeichen zu suchen, schließt unabdingbar ein Urteil darüber ein, was den Frieden verhindert. Die Frage des Widerstandes, seiner Formen und Mittel, ist aufgeworfen...

DIE ZUKUNFT NAMIBIAS STEHT AUF DER TAGESORDNUNG DER VEREINTEN NATIONEN

1945 werden die Vereinten Nationen gegründet. Hoffnungen, Krieg ein für allemal bannen zu können und weltweit Bedingungen für menschenwürdige Verhältnisse zu schaffen, spielen bei der Gründung eine wichtige Rolle. Auch die Beratung über das Schicksal derjenigen Länder, die unter Mandatsherrschaft stehen, steht auf der Tagesordnung der Vereinten Nationen. So wird auch Namibia, als Mandatsgebiet nach dem 1. Weltkrieg Südafrika unterstellt, Thema der UNO.
Doch Südafrika als Mandatsmacht verweigert dem Rat für Treuhänderschaft der Vereinten Nationen, der mit den Mandatsmächten der ehemaligen Kolonien deren Unabhängigkeit vorbereiten soll, seine Anerkennung. Südafrika bezieht den Standpunkt, es hätte Namibia als Mandat vom Völkerbund erhalten und nur der Völkerbund könne sein Verhandlungspartner sein. Doch den Völkerbund gibt es nicht mehr. Seine Nachfolge haben die Vereinten Nationen angetreten. Dieser Sachverhalt ist selbstverständlich auch Südafrika bekannt. Aber es beharrt auf seinem Standpunkt: Das südafrikanische Regime will mit dieser Argumentation einer weiteren Ausübung der politischen und wirtschaftlichen Kontrolle Namibias den Anschein von Rechtmäßigkeit verleihen.

BITTSCHRIFTEN AN DIE VEREINTEN NATIONEN BLEIBEN WIRKUNGSLOS

1946: Nachdem sich Südafrika geweigert hat, Namibia dem Rat für Treuhänderschaft zu unterstellen, versucht es, seine koloniale Politik wenigstens notdürftig zu verbrämen: Es führt in Namibia ein "Referendum" durch. Diese "Volksbefragung" ist vorsätzlich als Betrug angelegt: Nur namibische Häuptlinge, hauptsächlich aus dem bevölkerungsreichen Reservat Ovamboland, werden befragt und veranlaßt, für ihre Stammesangehörigen zu antworten; auch die "Stimmen" von Säuglingen werden mitgezählt.[1] Abgesichert ist dieses Verfahren durch die Proklamation Nr. 15 von 1928, die die weiße Verwaltung ermächtigt, Afrikaner ohne jegliches Recht auf Rechtsmittel festzunehmen und zu deportieren. Auch die Frage, die mit dem Referendum gestellt ist, wird von vielen Afrikanern nicht durchschaut. "Namibier wurden in eine Falle gelockt, indem man sie fragte, ob sie mit den Chinesen, Russen, Portugiesen oder Briten zusammengehen wollten und sie stimmten für Briten, ohne zu ahnen, daß sie damit ihr Land auslieferten", schrieb der anglikanische Geistliche Michael Scott.[2] Das Schauspiel, das Südafrika inszeniert hat, ist nur eines von weiteren, die folgen. Lange Jahre geben die Afrikaner die Hoffnung nicht auf, Südafrika könnte auf friedlichem Weg zum Rückzug aus Namibia bewegt werden. Lange Jahre setzen die Schwarzen Namibias darauf, daß über Eingaben, Petitionen und Resolutionen an die Vereinten Nationen Südafrikas Fremdherrschaft in ihrem Land ein Ende bereitet werden könnte und in freien und gleichen Wahlen für alle Namibier – gleich, welcher Hautfarbe – die Selbstbestimmung über die Zukunft ihres Landes ermöglicht wird.
Ende der vierziger Jahre häufen sich die Bittschriften an die Vereinten Nationen. 1951 findet, nach verschiedenen Versuchen Südafrikas, dies zu verhindern, eine Anhörung vor dem Komitee für Treuhandschaft statt, in der der anglikanische Pfarrer Michael Scott für eine Gruppe von Herero und Nama über die Situation der Afrikaner in Namibia berichtet.

Am 10. Dezember 1948 verkündet die Generalversammlung der Vereinten Nationen die "Allgemeine Erklärung der Menschenrechte".

Artikel 1
Alle Menschen sind frei und gleich an Würde und Rechten geboren. Sie sind mit Vernunft und Gewissen begabt und sollen einander im Geiste der Brüderlichkeit begegnen.

Artikel 2
Jeder Mensch hat Anspruch, auf die in dieser Erklärung verkündeten Rechte und Freiheiten ohne irgendeine Unterscheidung wie etwa nach Rasse, Farbe, Geschlecht, Sprache, Religion, politischer oder sonstiger Überzeugung, nationaler oder sozialer Herkunft, nach Eigentum, Geburt oder sonstigen Umständen.
Weiter darf keine Unterscheidung gemacht werden auf Grund der politischen, rechtlichen oder internationalen Stellung des Landes oder Gebietes, dem eine Person angehört, ohne Rücksicht darauf, ob es unabhängig ist, unter Treuhandschaft steht, keine Selbstregierung besitzt oder irgendeiner anderen Beschränkung seiner Souveränität unterworfen ist.

Die Generalversammlung der Vereinten Nationen, die jährlich in New York zusammentritt, ist seit ihrer ersten Sitzung 1946 mit der Namibia-Frage befaßt.

"Es ist Zeit, daß wir zu den Waffen greifen"

Auszug aus dem Lebensbericht Vinnia Ndadis "Kontraktarbeiter Klasse B"

Unsere nächste Versammlung in Ohalushu lockte mehr als fünfhundert Leute herbei. Sie fand in Kaukunguas Heimatgegend statt und er war deshalb Versammlungsleiter. Ständig tauchte die Frage nach dem "Wie" auf. Wie sollten wir uns befreien? Würde es die UNO tun — oder die SWAPO? Eine Frau fragte, ob die südafrikanische Regierung das Recht habe, UNO-Beschlüsse zurückzuweisen. Ich gab zur Antwort: "Die südafrikanische Regierung hört auf niemanden. Sie ist stark genug, jeden zu ignorieren, wenn sie will. Sie anerkennt der UNO nicht einmal das Recht zu, eine legale Autorität über Südwestafrika auszuüben — nur dem alten Völkerbund, der Südafrika das Administrationsrecht über Namibia zugestanden hat. Die UNO weiß genau, was hier vorgeht; es wurden schon viele Resolutionen verabschiedet, in denen Südafrika verurteilt wird, aber bis jetzt hat sich nichts geändert. Nein, von den Vereinten Nationen können wir kaum etwas erwarten. Nur die Namibier können Namibia befreien!"
Dann wollte ein alter Mann wissen, von welcher Art Kampf ich sprach — "Krieg?"
"Ja, vielleicht haben wir keine andere Möglich-keit, unsere Unabhängigkeit zu erreichen, als durch bewaffneten Kampf. Wir müssen darauf vorbereitet sein, mit allen Mitteln zu kämpfen — mit Gewehren, Pfeil und Bogen, Speeren.. mit Allem! Krieg ist eine ernst Sache — Südafrika darf sich nicht erlauben können, uns ewig zu unterdrücken. Wir müssen zurückschlagen und unsere Freiheit erkämpfen."
Das Gesicht des alten Mannes glühte. "Das ist alles, was ich wissen wollte", sagte er. "Du führst uns, wir sind bereit zu kämpfen. Zuerst glaubte ich, du wolltest auch in Zukunft den Kampf nur mit Worten führen. Aber ich bin einverstanden... Es ist Zeit, daß wir zu den Waffen greifen: Gewehre, Speere, Pangas!" Er erzählte, daß er 1917 mit dem König Mandume und den Ukwanyamas gegen die Portugiesen gekämpft hatte. Und trotz seines Alters steckte in ihm noch der gleiche Kampfgeist.
Ich betonte die Notwendigkeit der Einheit. "Seht euch die Buren an. Sie halten zusammen, um uns zu unterdrücken, um unsere Arbeit und unser Land auszubeuten! Wenn wir wie ein Mann zusammenhalten, können wir sie bestimmt besiegen und unsere Schwierigkeiten überwinden."
Kaukungua blieb beim Thema "Einheit" und führte das Beispiel des Reisigbündels an. Er hob einen einzelnen Ast vom Boden auf: "Dieser Ast ist leicht zu zerbrechen, aber zehn auf einmal? Nein. Dasselbe gilt für unseren Kampf: Sind wir uns uneinig, kann der Feind leicht eindringen und uns einzeln schlagen, aber wenn wir als eine geschlossene, starke Macht dastehen und entschlossen sind, uns von Kolonialismus und Unterdrückung zu befreien, dann werden wir mit Sicherheit gewinnen!".[4]

"OH GOTT, HILF UNS, DIE WIR KEINE HEIMAT HABEN. HILF UNS, DENEN ZU LEBEN IN AFRIKA BESTIMMT UND DIE WIR KEINE HEIMAT HABEN. WIR BITTEN DICH, GIB UNS UNSERE HEIMAT ZURÜCK."

Ende des Gebetes von Hosea Kutako, als er und andere Herero-Häuptlinge den Pfarrer Michael Scott mit einer Petition zu den Vereinten Nationen schickte.[3]

"ES IST ZEIT, DASS WIR ZU DEN WAFFEN GREIFEN"

Während Anfang der sechziger Jahre die meisten afrikanischen Kolonien formal unabhängig werden, bleibt Namibia unter südafrikanischer Herrschaft. Namibia wird zu einem "besonderen Fall" afrikanischer Geschichte. Zwei unabhängige Länder, Äthiopien und Liberia, reichen im Namen der unabhängigen Staaten Afrikas beim Internationalen Gerichtshof in Den Haag eine Klage gegen Südafrika ein.

1966: Der Gerichtshof weist am 18. Juli die Klage ab. Alles Hoffen auf den Erfolg gewaltloser Aktionen wird zunichte gemacht und es können kaum noch Zweifel bestehen, daß nur ein Kampf auf Leben und Tod die Freiheit für Namibia bringen kann. Am 26. August nimmt die SWAPO bei Ongulumbashe, Nordnamibia, den bewaffneten Kampf gegen die Besetzung Namibias durch die südafrikanische Verwaltung und Armee auf.

Der 26. August wird seit der Entscheidung der namibischen Befreiungsorganisation SWAPO von 1966, den Kampf gegen die südafrikanische Besatzungsmacht mit Waffen zu führen, als "Namibia-Tag" begangen. Er erinnert an die zahllosen Opfer, die südafrikanische Gewaltherrschaft in Namibia gefordert hat, an das Schicksal der vielen namibischen Widerstandskämpfer, die gefoltert, inhaftiert und getötet wurden. Im Gedenken dieses Tages bekennt sich SWAPO gleichzeitig zur Fortsetzung ihres Kampfes, bis Unabhängigkeit und Selbstbestimmung für Namibia Wirklichkeit geworden sind.

"Nicht wir haben den Krieg gewollt, Südafrika hat uns diesen Krieg aufgezwungen."

Nghidimondjila Shoombe, Repräsentant der SWAPO in der Bundesrepublik Deutschland und der Republik Österreich, 1983

"Unsere eigenen Herren sein"

Auszug aus der Verteidigungsrede von Herman Toivo ja Toivo vor dem Gericht in Pretoria, Südafrika. Seine Rede ist zugleich die Anklage seines Volkes gegen das südafrikanische Regime. Herman Toivo ja Toivo war Mitbegründer der Organisation, die später den Namen SWAPO erhielt. Als 1966 die SWAPO in den bewaffneten Widerstand trat, wurde sie unmittelbar Angriffsziel der südafrikanischen Polizei. Unter den zahlreichen Verhafteten war Herman Toivo ja Toivo. Er war einer der 35 Angeklagten, die nach Pretoria überstellt und dort auf brutale Weise verhört worden waren, bevor eine offizielle Anklage erhoben wurde. Der Prozeß wurde im August 1967 eröffnet und im Februar 1968 abgeschlossen. Die Urteile: 30 Angeklagte wurden des "Terrorismus" für schuldig befunden (19 erhielten lebenslänglich Zuchthaus, 9 zwanzig Jahre Zuchthaus, 2 fünf Jahre Zuchthaus); drei Angeklagte erhielten fünf Jahre Gefängnis, ein Angeklagter wurde freigesprochen, einer starb während der Haft.
Herman Toivo ja Toivo ist heute noch in Haft. Er lebt als politischer Häftling auf der berüchtigten Gefängnisinsel Robben Island vor Kapstadt.

"Ich behaupte nicht, daß es den Menschen verschiedener Rassen leicht fiele, in Frieden miteinander auszukommen. Ich selbst habe das in meiner Jugend jedenfalls nicht erfahren, und ich konnte zunächst nicht glauben, daß Menschen verschiedener Rassen friedlich zusammenleben können. Heute weiß ich, daß es möglich ist, und daß wir darum kämpfen müssen...
Ich bin zu der Überzeugung gelangt, daß sich unser Volk von Zuwendungen anderer, den Vereinten Nationen oder Südafrika, keinen Fortschritt erhoffen kann. Fortschritt ist nur mit Kampf und Arbeit zu erlangen. Und ich glaube, daß wir diesen Fortschritt nur sichern können, indem wir aus unseren Erfahrungen und Fehlern lernen...
Wir erwarten nicht, daß die Unabhängigkeit unserer Not ein Ende setzen wird, wir glauben jedoch, daß unser Volk — wie alle Völker — ein Recht auf Selbstregierung hat. Es geht ja nicht um die Frage, ob Südafrika uns gut oder schlecht behandelt; vielmehr geht es darum, daß Südwestafrika unser Land ist, und daß wir unsere eigenen Herren sein wollen...
Ich bin mit ganzem Herzen Namibier, und ich konnte mein Volk nicht meinen Feinden ausliefern. Ich gebe zu, daß ich beschloß, denjenigen beizustehen, die zu den Waffen gegriffen hatten. Ich weiß, es wird ein langwieriger und erbitterter Kampf sein. Aber ich weiß auch, daß mein Volk uns unsere menschliche Würde zurückgeben wird, wenn uns der gleiche Status wie den Weißen zuerkannt ist, wird es Frieden zwischen uns geben."5)

ZAHLREICHE UN-RESOLUTIONEN ZU NAMIBIA, SÜDAFRIKANISCHE WINKELZÜGE UND DAS VERTRAUEN DER VEREINTEN NATIONEN IN DEN GERECHTEN KAMPF DER SWAPO

Am 27. Oktober 1966 bringen 52 Staaten Afrikas und Asiens vor dem Plenum der Vollversammlung der Vereinten Nationen einen Entschließungsentwurf (Resolution Nr. 2145 XXI) ein, der fordert, Südafrika das Mandat zu entziehen und Namibia bis zur Verkündung der Unabhängigkeit der direkten Kontrolle der Vereinten Nationen zu unterstellen. Südafrika stimmt gegen die Entschließung.

1967: Die Generalversammlung der Vereinten Nationen beschließt den "Rat der Vereinten Nationen für Namibia" (Namibia-Rat), der Namibia bis zu seiner Unabhängigkeit verwalten soll.

Reaktionen Südafrikas: In den sechziger Jahren werden eine Reihe von Gesetzen zur Unterdrückung jeder Opposition erlassen, wie das Antisabotagegesetz und Paßgesetz. Inhaftierungen, Folterungen zwecks Erpressung von "Geständnissen" schwarzer Namibier, die auch nur einen Schimmer von Verdacht erregen, sind Folgen dieser Gesetze.

1969: Der Sicherheitsrat der Vereinten Nationen verabschiedet eine Resolution (Nr. 269), die Südafrika verurteilt, die territoriale Integrität und politische Souveränität des nambischen Volkes zu verletzen.

1971: Der Internationale Gerichtshof gibt einer erneuten Klage gegen Südafrika statt. Urteilsspruch: Südafrika ist verpflichtet, seine Verwaltung sofort aus Namibia abzuziehen. Südafrika tut nichts dergleichen. Die SWAPO setzt verstärkt ihre diplomatischen Bemühungen und Kampagnen fort und weitet zugleich den bewaffneten Kampf aus.

Ende 1971 streiken die Kontraktarbeiter. Ihr Streik löst eine Streikwelle in Namibia aus und weitet sich zu einem nationalen Streik, der sieben Wochen dauert und die namibische Wirtschaft lahmlegt. Der Streik wird weltweit registriert und zwingt zur Kenntnisnahme der Arbeitsbedingungen der schwarzen Kontraktarbeiter.

1974: Der Namibia-Rat der Vereinten Nationen erläßt das Dekret Nr. 1. Es besagt, daß die Ausbeutung der natürlichen Reichtümer Namibias, solange Namibia unrechtmäßig von Südafrika besetzt gehalten wird, nur mit Genehmigung des Namibia-Rates erfolgen darf. Südafrika, wie auch neben anderen Staaten die Bundesrepublik, bestreiten seine völkerrechtliche Verbindlichkeit.

1975: Südafrika greift zu einer neuen Taktik, um für seine illegale Herrschaft in Namibia Zeit zu gewinnen: Es beruft eine "Verfassungskonferenz" ein, die über die staatsrechtliche Zukunft Namibias entscheiden soll.
Daß es Südafrika ist und nicht der Namibia-Rat der Vereinten Nationen, unter dessen Aufsicht über die politische Zukunft Namibias entschieden werden soll, muß bereits hellhörig machen: Wie kann unter der Kontrolle dieses Regimes, das all die Jahre seine Herrschaft über die schwarze Mehrheit in Namibia mit Gewalt zu sichern trachtete, eine Verfassung herauskommen, die die Afrikaner nicht benachteiligt? Für die SWAPO ist der neuerliche Betrug offenkundig: Die Befreiungsorganisation boykottiert diese Konferenz. An der Konferenz nehmen neben Vertretern weißer Parteien eine Reihe afrikanischer Stammeshäuptlinge teil, die sich mehrheitlich aus der Zusammenarbeit mit dem südafrikanischen Regime persönliche Vorteile versprechen, wie Sicherung ihrer Positionen in den Reservaten oder sonstige Privilegien. Diese Konferenz tagt in Windhoek in einer Turnhalle und wird unter der Bezeichnung "Turnhallenkonferenz" bekannt.

Stimme von Namibia

Es wird ein Tag kommen
An dem die Stimme, die Stimme
des Volkes gehört werden wird
Die Stimme, die die Stimme
freier Kinder Namibias ist.

Die Stunde rückt näher
für die Kinder Namibias
den Thron von Freiheit und Gerechtigkeit
zu besteigen
Und wenn die Uhr einmal eins schlägt
wird sich der Wind
über Namibia drehen.

Kameraden in Namibia
greift zu den Waffen
Entfesselt den Sturm,
der eine neue Nation des Friedens
und der Freiheit schaffen wird.

Marschiert im Namen der Kinder Namibias
Marschiert nach Windhoek
Jetzt ist die Zeit, hart zu kämpfen
um einen Sturm zu entfesseln
und einen Kampf
um das geliebte Land.

Der Kampf muß weitergehen
damit, heute und nicht erst später,
eine Welle von Freiheit und Gerechtigkeit
über Namibia rollt.

Issiek A. Zima[6])

Der Rat der Vereinten Nationen für Namibia wurde 1967 von der Generalversammlung beschlossen. Er hat die Aufgabe, Namibia zu verwalten und das namibische Volk auf seine Unabhängigkeit vorzubereiten. Der Namibia-Rat repräsentiert unter anderem Namibia in internationalen Organisationen und Konferenzen und verwaltet Ausbildungsprogramme für Namibier, die der Vorbereitung eines unabhängigen Namibia dienen.

Im Spätjahr legt die SWAPO einen eigenen Verfassungsentwurf für ein unabhängiges Namibia vor. Im gleichen Jahr ersucht die Generalversammlung der Vereinten Nationen den Hohen Flüchtlingskommissar, seine Bemühungen vor allem für jene Flüchtlinge in Afrika zu verstärken, die nach Erlangung der Unabhängigkeit in ihre Heimat zurückkehren. Für die große und ständig wachsende Zahl der aus Namibia Geflohenen bedeutet dies Aussicht auf Hilfsleistungen durch verschiedene Sonderorganisationen der Vereinten Nationen.

Am 11. Dezember wird mit der Resolution Nr. 3399 (XXX) der Vollversammlung der Vereinten Nationen die *SWAPO als die einzig rechtmäßige Vertreterin des namibischen Volkes* anerkannt: Die Mehrheit der Mitgliedsländer der Vereinten Nationen hat sich von dem durch Südafrika veranstalteten Manöver um eine "Verfassung" nicht irre führen lassen. Weitere Punkte dieser Resolution sind: Freie Wahlen in Namibia unter Kontrolle der Vereinten Nationen; Abbruch der wirtschaftlichen Beziehungen mit Südafrika, die Namibia betreffen; Rücknahme der in Südafrika und Namibia akkreditierten Botschafter; Schutz der Uran-Ausbeutung in Namibia durch die Atombehörde.

1976: Der Sicherheitsrat der Vereinten Nationen verabschiedet die Resolution Nr. 385. Verurteilt wird die Besetzung Namibias durch Südafrika, gefordert werden die Auflösung der Reservate für Afrikaner und freie Wahlen unter Aufsicht der Vereinten Nationen.

1977: Die fünf westlichen Vertreter im Sicherheitsrat der Vereinten Nationen (USA, Frankreich, England, Kanada, Bundesrepublik Deutschland) bilden eine Kontaktgruppe zur Lösung der Namibia-Frage. Im gleichen Jahr wird auch unter südafrikanischer Kontrolle eine Allianz verschiedener weißer und schwarzer Parteien gegründet, die "Demokratische Turnhallen Allianz" (DTA), der Wahlen folgen. Von der DTA werden die Gesetze der "kleinen Apartheid" formal abgeschafft, die "große Apartheid" (Reservate) bleibt bestehen. Ein neues Gesetz über die "Abschaffung der Rassendiskriminierung" (städtische Wohngebiete und öffentliche Einrichtungen betreffend) wird erlassen.

Gesetze der "kleinen Apartheid":
– Mischehen- und Immoralitätsgesetze
– Paßgesetze
– Verbot des Landerwerbs für Afrikaner im weißen Gebiet
– Bantuerziehung (spezielles Bildungssystem für Afrikaner)

Mit der Aufhebung dieser Gesetze gibt sich die DTA als fortschrittlich. Daß es weiterhin Reservate gibt, ist ihrer Meinung nach nur von Vorteil für die afrikanischen Bevölkerungsgruppen, die unterschiedlich entwickelt seien und mit den Reservaten die Chance erhielten, sich ihren "kulturellen Eigenheiten" entsprechend zu entwickeln. Die Namibier im Widerstand sehen das anders: sie fühlen sich als ein Volk, die Reservate werden ihnen aufgezwungen und bleiben unterentwickelt, solange die Profite aus den Diamanten-, Kupfer-, Blei-, Zinkminen, aus der Uranmine und den landwirtschaftlich günstig nutzbaren Böden in die Taschen der Weißen fließen.

Erster Gegner der DTA ist und bleibt die SWAPO. Deren Verankerung in der namibischen Bevölkerung wird immer wieder heruntergespielt und verleumdet. Aufschlußreich ist in diesem Zusammenhang nachstehender Auszug aus der deutschsprachigen Allgemeinen Zeitung aus dem Jahr 1976, als sich die Redaktion zur Korrektur anderslautender Schätzungen gezwungen

Der Internationale Gerichtshof in Den Haag

sah: "SWAPO hat heute Sympathisanten unter allen nichtweißen Volksgruppen Südafrikas... SWAPO dürfte die politische Organisation sein, die...die meisten Anhänger in Südwestafrika aufweisen kann."[7]
Walfishbai, der einzige Tiefseehafen Namibias, wird durch südafrikanischen Beschluß zum Teil Südafrikas erklärt. Der DTA kann der Annexionsbeschluß auf Grund eigener wirtschaftlicher Interessen nicht recht sein. Als von Südafrika gestütztes Sammelbecken von Kräften in der Gegnerschaft zur SWAPO hat sie wenig Spielraum, ihre eigenen wirtschaftlichen Interessen gegenüber Südafrika durchzusetzen.

1978: Der Sicherheitsrat der Vereinten Nationen verabschiedet die Resolution Nr. 435: beschlossen wird die Einsetzung einer Kommission zur Überwachung der Wahlen in Namibia. Das 3. Komitee der Generalversammlung der UN verabschiedet einen Monat später eine Resolution, die *Apartheid als ein Verbrechen gegen die Menschlichkeit und einen schwerwiegenden Akt gegen internationalen Frieden und Sicherheit* geißelt. Unter den Staaten, die gegen die Resolution stimmen, ist die USA und die Bundesrepublik.
Um den Wahlen unter UN-Kontrolle zuvorzukommen, organisiert Südafrika Scheinwahlen. Mit Druckmitteln und Einschüchterungsversuchen soll die afrikanische Bevölkerung dazu bewegt werden, pro-südafrikanische Gruppen zu wählen. SWAPO und einige kleinere oppositionelle Gruppen stehen nicht zur Wahl. Wahlsieger ist die DTA, sie bildet mit Dirk Mudge einer "Übergangsregierun". Mit dem neugeschaffenen "Parlament", das die "Teilhabe aller namibischen Bevölkerungsgruppen an politischen Entscheidungen garantiere", geht Südafrika nun weltweit hausieren.
In den nächsten Jahren folgen Konferenzen der Vereinten Nationen zum immer noch ungelösten Namibia-

Wahlplakat der "Demokratischen Turnhallenallianz" (DTA) anläßlich der Wahlen 1978: Die Schwarzen Namibias drehen der SWAPO mit eigenen Händen den Hals um, indem sie DTA wählen.

"SWAPO fordert Wahlen unter Aufsicht und Kontrolle der Vereinten Nationen"

"Comrade President Sam Nujoma with Herr Hans-Dietrich Genscher, Foreign Minister of the Federal Republic of Germany"
— Zeichnung eines namibischen Schülers aus dem Erziehungs- und Gesundheitszentrum Nyango, Sambia, nach der ersten Begegnung zwischen Nujoma und Genscher.

Der Generalsekretär der Vereinten Nationen, Javier Pérez de Cuéllar bei einer Ansprache im Rat der Vereinten Nationen für Namibia, am 27. Oktober 1982. Links der Präsident des Namibia-Rates, Paul J. F. Lusaka, rechts der Vorsitzende des Sonderkomitees für Dekolonisierung, Frank Abdulah.

Problem dicht aufeinander. Der Präsident der SWAPO, Sam Nujoma, reist mehrmals nach Bonn, um mit Außenminister Genscher, der die Bundesrepublik in der Kontaktgruppe vertritt, über den Weg und Zeitplan der Unabhängigkeit Namibias zu beraten. Südafrika setzt unterdessen seine terroristische Politik in Namibia und gegen Nachbarstaaten fort, die namibischen Flüchtlingen Schutz gewähren.

1983: Der Vorsitzende des namibischen "Ministerrates", Dirk Mudge, erklärt seinen Rücktritt. Hinter dem allgemein als wenig bedeutsam angesehenen Anlaß steht die wachsende Unzufriedenheit der Weißen mit der Entwicklung des Landes. Insbesondere die wirtschaftliche Abhängigkeit von Südafrika ist für sie von Nachteil, da sie den Verkauf namibischer Produkte eng an den südafrikanischen Markt koppelt.

Der Rücktritt von Mudge bedeutet das Ende der Übergangsregierung. Südafrika übernimmt nun wieder direkt die Kontrolle über Namibia. Und sein Spiel mit Namibia, das nicht wirklich unabhängig sein darf, aber doch den Anschein von Unabhängigkeit erwecken soll, beginnt von neuem. Wieder wird ein Staatsrat einberufen, beschickt von den elf "Volksgruppen", der eine Verfassung ausarbeiten soll... Über die Verfassung soll eine Volksabstimmung entscheiden... SWAPO ist ausgeschlossen beziehungsweise verweigert, diesen neuerlichen Täuschungsversuch mitzumachen...8)

Inzwischen hat die UN-Menschenrechtskommission mit 31 gegen sieben Stimmen der westlichen Delegationen und bei vier Enthaltungen einen Antrag verabschiedet, in dem "dem unterdrückten Volk" das Recht zugestanden wird, gegen die illegale Besetzung Namibias mit allen Mitteln vorzugehen, einschließlich des bewaffneten Kampfes.

Bis zum Herbst 1983 ist immer noch keine Lösung des Namibia-Problems gelungen. Seit 1945/46 Diskussionsgegenstand in den Vereinten Nationen — und somit seit fast vierzig Jahren — ist Namibia zum langwierigsten Thema geworden. Auch der Unabhängigkeitsplan für Namibia, 1978 beschlossen (Resolution Nr. 435 des Sicherheitsrates) und auf Vorschlägen der westlichen Kontaktgruppe basierend, blieb erfolglos. Der Krieg in Namibia dauert an. Dies ist das bestürzende Ergebnis einer Bilanz der Bemühungen der Vereinten Nationen. Wie und wie lange noch wird der Kampf um Namibia weitergehen?

Wahlversammlung der DTA 1981 in Katutura. Ein Mann der Sicherheitskräfte hält die Pistole im Anschlag.

Letzte Stimmen aus der internationalen Presse 1983 zur Namibia-Frage[9])

Times 24. 5. 1983
Der Westen erhält Hiebe wegen Namibia und den UN

Von Zoriana Pysariwsky, New York

Nach fast zwei Jahren hat Schwarzafrika sein Schweigen zu Namibia im Sicherheitsrat gebrochen, und zwar ganz gehörig. Dutzende seiner Minister versammelten sich gestern hier, um sich über Südafrika zu empören, weil es ohne Andeutung einer Frist die letzte koloniale Enklave Afrikas hält und gegen den Westen, weil er unterhalb der Schwelle afrikanischer Geduld verhandelt.
Die Westliche Kontaktgruppe, bestehend aus England, Frankreich, Kanada, den Vereinigten Staaten und Westdeutschland wird eine Menge zu erklären haben. Ihr sechsjähriges Bemühen, Namibia die Unabhängigkeit zu bringen, schien durchweg dem Erfolg nahe zu sein, ohne das Ziel je zu erreichen.
Die Unfähigkeit, eine Übereinkunft sicherzustellen, hat Spekulationen Nahrung gegeben, die von "schlichter Dummheit" bis zu "anmaßender Arroganz" reichen.

Guardian, 25. 5. 1983
Südafrika weist Stichtag für Namibia zurück

New York: Südafrika teilte gestern dem UN-Sicherheitsrat mit, daß es keinerlei Stichtage für die Gewährung der Unabhängigkeit Namibias akzeptieren würde und wiederholte seine Forderung nach Abzug kubanischer Truppen aus Angola.
Der südafrikanische Botschafter, Kurt von Schirnding, warnte den Rat vor Zwang und anderem Druck, Südafrika einen Stichtag aufzwingen zu wollen, da dies Südafrika auf einen Konfrontationskurs und zur Eskalation des Konfliktes zwingen würde.

Financial Times 21. 5. 1983
UN-Einspruch betreffend Namibia

Von unserem Korrespondenten bei den Vereinten Nationen

Tiefe Betroffenheit wurde gestern von Sir Javier Perez de Cuellar, Generalsekretär der Vereinten Nationen, darüber geäußert, daß fünf Jahre nach der Annahme eines Planes für die Unabhängigkeit Namibias Südafrika immer noch seine Kontrolle aufrechterhält und sich in Namibia die politische Situation verschlechtert hat.
In einem Bericht an den Rat, der die Namibia-Frage nächsten Monat behandeln wird, äußerte er, es sei offenkundig, daß die Verzögerung bei der Ausführung des Plans*) destruktiv wirke und zwar nicht nur im Staatsgebiet selbst, sondern auch hinsichtlich der Aussichten für eine friedliche und gedeihliche Zukunft der gesamten Region. Großbritannien, die USA, Frankreich, Westdeutschland und Kanada haben die Vorschläge für eine Regelung unterstützt. Der Generalsekretär rief dringend alle Betroffenen auf, ihre Bemühungen in den UN zu verstärken und miteinander abzustimmen und den nötigen politischen Willen zu zeigen, für Namibia baldige Unabhängigkeit zu erreichen.
*) nach Resolution 435 des Sicherheitsrates der Vereinten Nationen

Wie Südafrika sein Truppenkontingent in Namibia rechtfertigt

Die Durchführung freier Wahlen in Namibia unter UN-Kontrolle ist nach der Resolution Nr. 435 des Sicherheitsrates der Vereinten Nationen an den Rückzug der südafrikanischen Truppen aus Namibia gebunden. Südafrika weigert sich jedoch, seine Truppen aus Namibia abzuziehen, solange kubanische Truppen in Angola stationiert sind. Angola wiederum ist ein Land, das auf der Seite von SWAPO steht und heute etwa 60.000 namibischen Flüchtlingen Exil bietet. Es ist damit selbst militärisches Angriffsziel Südafrika geworden. Die Anwesenheit kubanischer Truppen im Land stellt sich für Angola als eine Überlebensnotwendigkeit gegen die südafrikanischen Angriffe auf angolanisches Territorium dar. Hinter der Ablehnung Angolas, die südafrikanische Forderung nach Abzug der kubanischen Militäreinheiten zu akzeptieren, steht die Mehrheit der Mitgliedsländer der Vereinten Nationen. Diese Länder stehen auf dem Standpunkt, daß der Abzug südafrikanischer Truppen aus dem illegal besetzten Namibia zur Ermöglichung freier und unabhängiger Wahlen (an denen auch die Namibier im Exil teilnehmen können), nichts zu tun hat mit der Anwesenheit kubanischer Truppen in Angola.

Arbeitsvorschlag:

– Welche Behinderungen für eine Vorbereitung der namibischen Unabhängigkeit als einem Anliegen der Vereinten Nationen traten unmittelbar nach dem 2. Weltkrieg auf?

– Welche Rolle könnte bei den Beratungen in den Vereinten Nationen über die Zukunft der Mandatsterritorien wie Namibia die "Allgemeine Erklärung der Menschenrechte" gespielt haben?

– Wie beurteilst du die Versuche schwarzer Namibier, sich auf friedlichem Weg von der rassistischen Fremdherrschaft Südafrikas zu befreien?

– Notiere Abschnitte und Ergebnisse der Diskussionen in den Vereinten Nationen, die das langjährige Ringen Namibias um Unabhängigkeit widerspiegeln. Fasse zusammen, welchen Standpunkt die Mitgliedsstaaten der Vereinten Nationen mehrheitlich vertraten und vertreten.

– Notiere Argumente, die zur Begründung des bewaffneten namibischen Widerstandskampfes in diesem Kapitel enthalten sind. Notiere Gegenargumente. Versuche, dir eine eigene Meinung zu bilden, wie ein von Südafrika unabhängiges Namibia, in dem alle Namibier ein freies und gleiches Wahlrecht haben, verwirklicht werden könnte.

18. Kapitel

Wirtschaftliche Ausbeutung Namibias in der politischen Rechnung Südafrikas.

Business Opportunities in SWA/Namibia

Günstige Geschäftsmöglichkeiten in Namibia – Titel einer Broschüre zur Anwerbung ausländischer Kapitalinvestitionen in Namibia; herausgegeben von der "Ersten Nationalen Entwicklungsgesellschaft mbH von SWA".

Das Beispiel Rössing-Mine

Südafrika, illegale Besatzungsmacht von Namibia, kontrolliert, fördert und betreibt seit Jahren die Ausbeutung namibischer Ressourcen (Vieh- und Weidewirtschaft, Fischwirtschaft, Bergbau). Die Gewinne fließen zum größten Teil an oder über Südafrika ab. Südafrika bedient sich zur Sicherung seiner politischen und wirtschaftlichen Herrschaft über Namibia insbesondere ausländischer Unternehmen, denen es günstige Investitionsmöglichkeiten in Namibia bietet. Schwarze Arbeitskraft wird durch ein ausgeklügeltes System von Rassendiskriminierung ausgebeutet.

Absichten:
- In diesem Kapitel informieren wir über die namibische Wirtschaft. Wir fragen, wer von den Reichtümern des Landes in erster Linie profitiert.
- Wir stellen fest, daß das Interesse Südafrikas an einer fortdauernden Besetzung Namibias maßgeblich bestimmt ist durch wirtschaftliches und politisches Engagement, das durch westliche Industriestaaten gestützt wird.
- Wir fragen nach den Methoden, die Südafrika anwendet, um sein Interesse an Namibia zu sichern.
- Am Beispiel der Rössing-Uranmine in Namibia stellen wir einen konkreten Fall von Ausbeutung namibischer Ressourcen und schwarzer Arbeitskräfte dar.

NAMIBIA – GEGENSTAND INTERNATIONALER AUSBEUTUNG

Namibia ist reich an Bodenschätzen. Es verfügt über Diamanten-, Uran-, Kupfer-, Zink- und Bleivorkommen sowie eine Reihe seltener, zum Teil hochgehandelter Rohstoffe. Der Export von Diamanten, Uran, Blei, Zink und Kupferkonzentraten stellt einen Anteil von 70 Prozent an der Gesamtausfuhr (1977)[1].

Die Landwirtschaft zeigt hohe Exportposten an Vieh, Rindfleisch und Karakulfellen, den international als Persianer hoch im Kurs stehenden Fellen von neugeborenen Karakullämmern, einer Züchtung weißer Farmer in Namibia. Der Sektor Fischfang stellt knapp zehn Prozent an der Gesamtausfuhr (1977). Die verarbeitende Industrie fällt dagegen mit einem Anteil von fünf Prozent am Bruttosozialprodukt kaum ins Gewicht.

Gemessen an den hohen Exporten könnte man darauf schließen, daß an Rohstoffen und insbesondere an Produkten der Land- und Fischwirtschaft ein Überfluß besteht, der zur Deckung des inländischen Bedarfs nicht benötigt wird. Ein Blick auf die Versorgungslage der namibischen Bevölkerung zeigt, daß diese Annahme falsch ist: In diesem Land mit einem reichen Bestand an Rindern werden 20 Prozent der Milch, die verbraucht wird, aus Südafrika importiert, wie auch die meisten übrigen Milchprodukte. Auch die Nachfrage nach Fleisch- und Fischkonserven wird vollständig aus Importen gedeckt, wobei es sich teilweise um die Wiedereinfuhr in Namibia hergestellter Konserven aus Südafrika handelt. Dabei leidet ein Großteil der Bevölkerung an Mangelerscheinungen und durch Unterernährung bedingten Krankheiten. Die Arbeitslosenrate ist hoch und steigt noch rapide an, wenn man die große Zahl der zeitweise unbeschäftigten Kontraktarbeiter und der am Rande des Existenzminimums wirtschaftenden Reservats-"Bauern" einbezieht. Abgaben und Profite gehen an den südafrikanischen Staat beziehungsweise ausländische und südafrikanische Gesellschaften, und was Namibia erreicht, ist auf dem Umweg über Südafrika zurückgeflossen. Namibias Wirtschaft steht nahezu total unter der Kontrolle der südafrikanischen Besatzungsmacht. Anteilseigner der größten und wichtigsten Unternehmen in Namibia sind ausländische Konzerne, wobei südafrikanische Anteilseigner maßgeblich beteiligt sind.

Ohne seine politische, wirtschaftliche, militärische und strategische Bedeutung, die Südafrika für die westlichen Industriestaaten einschließlich den USA hat, ist seine Beherrschung der namibischen Wirtschaft nicht zu verstehen. Politisch stellt es mit seinem rassistischen weißen Regime und seinem kapitalistischen Wirtschaftssystem einen wichtigen Bündnis- und Geschäftspartner der westlichen Industriestaaten dar, die sich politische und wirtschaftliche Einflußzonen in Afrika zu erhalten trachten. Allein die Bundesrepublik lieferte 1982 14,8 Prozent der Waren, die Südafrika insgesamt importierte. Über 45 Prozent des in die Bundesrepublik eingeführten Urans kommt aus Südafrika, davon etwa 30 Prozent auf Umwegen aus Namibia.

Militärstrategisch kommt Südafrika über seine Lage an der Südspitze des afrikanischen Kontinents und am Schnittpunkt zweier Ozeane erhebliche Bedeutung zu: sowohl als Stützpunkt und Außenposten der westlichen Industriestaaten/USA zwischen Ost/West als auch auf der Linie Nord-Süd (Industriestaaten/Entwicklungsländer). Die Vorkommen an Uran in Südafrika und Namibia – wo sich die größte Uranmine der Welt, die Rössing-Mine, befindet – erhöhen seine Bedeutung in allen Aspekten. Südafrika verfügt bereits heute über eine eigene Urananreicherungsanlage, an deren Aufbau bundesdeutsche Firmen beteiligt waren (unter anderem STEAG, Steigerwald, Siemens, VarianMAT, Kraftwerksunion). Südafrika ist damit in die Lage versetzt worden, selbst Atombomben herzustellen. Das Regime hat den Atomwaffensperrvertrag nicht unterzeichnet. 1979 wurde vermutlich die erste südafrikanische Atombombe gezündet.

Luftbildaufnahme des Diamanten-Minen Komplexes in Oranjemund.

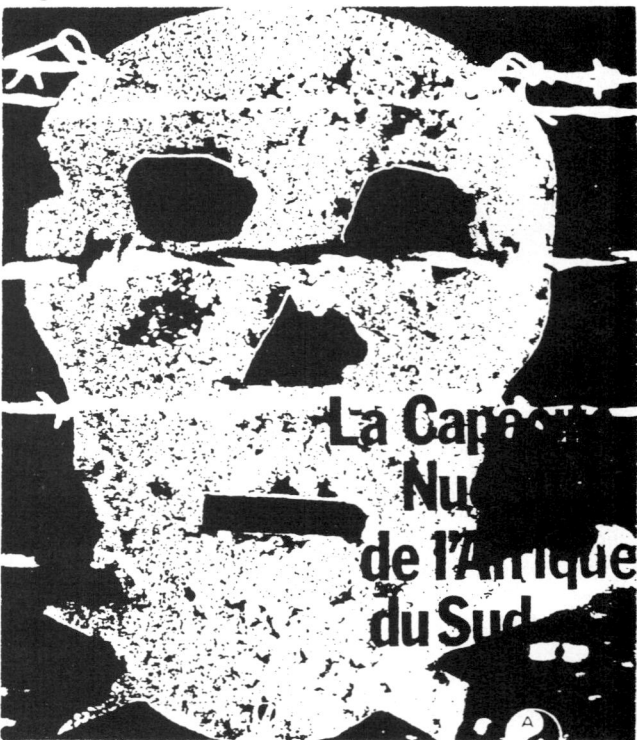

"Die nukleare Kapazität von Südafrika"
Titelseite eines Berichtes über ein Seminar der Vereinten Nationen 1979 mit dem o. a. Thema. Herausgegeben von der Organisation "Die weltweite Kampagne gegen militärische und nukleare Zusammenarbeit mit Südafrika", in Kooperation mit dem Zentrum gegen Apartheid der Vereinten Nationen, 1980.

SWAKARA ist der eingetragene Name für Felle der Karakschafe aus Namibia;

Black and Beautiful

Watch forthcoming issues for the exciting story of

swakara

COAT BY PAMPE FURS WINDHOEK

Bodenschätze und Minenbetriebe in Namibia

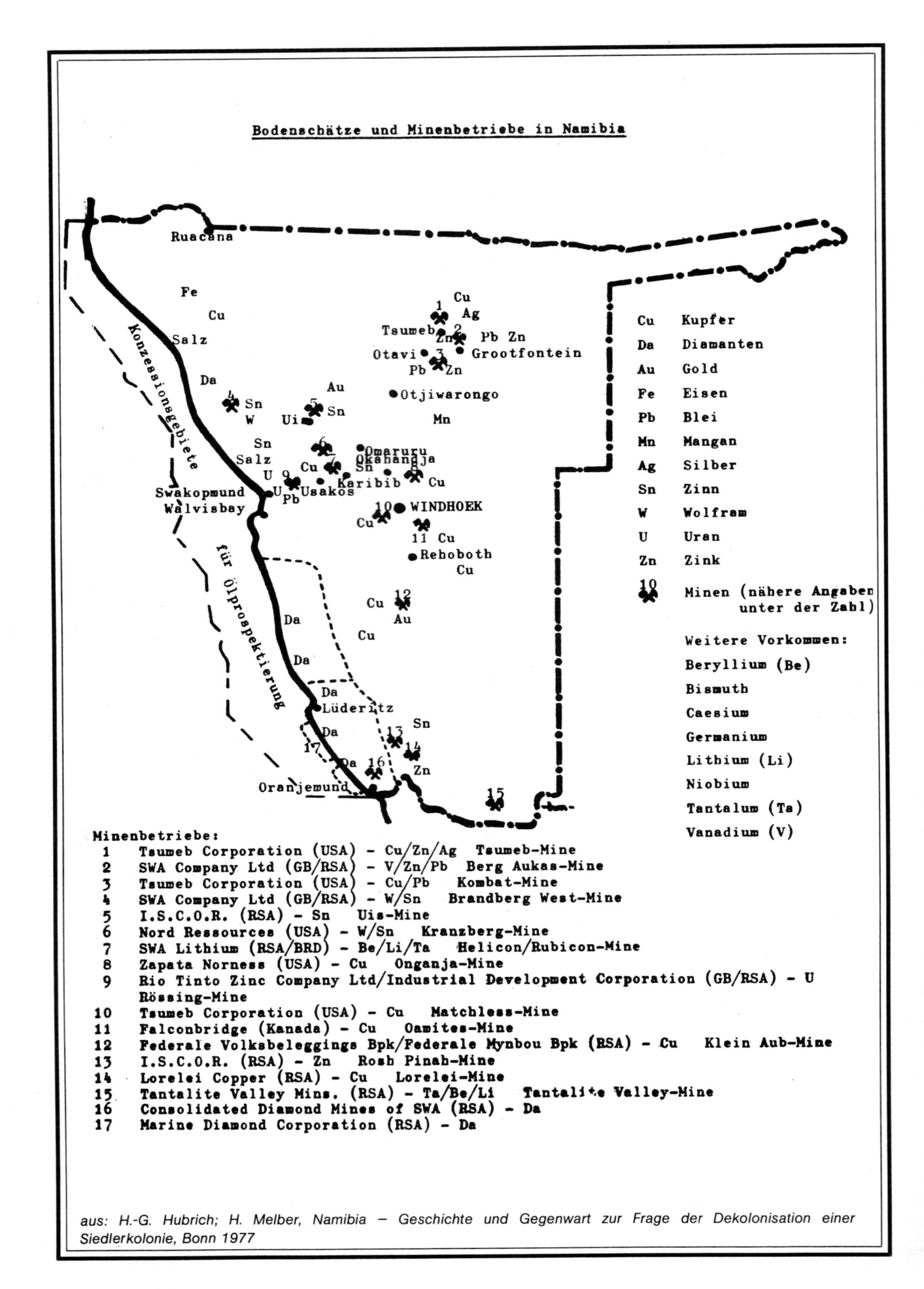

Cu	Kupfer
Da	Diamanten
Au	Gold
Fe	Eisen
Pb	Blei
Mn	Mangan
Ag	Silber
Sn	Zinn
W	Wolfram
U	Uran
Zn	Zink

✠ Minen (nähere Angaben unter der Zahl)

Weitere Vorkommen:
Beryllium (Be)
Bismuth
Caesium
Germanium
Lithium (Li)
Niobium
Tantalum (Ta)
Vanadium (V)

Minenbetriebe:
1. Tsumeb Corporation (USA) – Cu/Zn/Ag   Tsumeb-Mine
2. SWA Company Ltd (GB/RSA) – V/Zn/Pb   Berg Aukas-Mine
3. Tsumeb Corporation (USA) – Cu/Pb   Kombat-Mine
4. SWA Company Ltd (GB/RSA) – W/Sn   Brandberg West-Mine
5. I.S.C.O.R. (RSA) – Sn   Uis-Mine
6. Nord Ressources (USA) – W/Sn   Kranzberg-Mine
7. SWA Lithium (RSA/BRD) – Be/Li/Ta   Helicon/Rubicon-Mine
8. Zapata Norness (USA) – Cu   Onganja-Mine
9. Rio Tinto Zinc Company Ltd/Industrial Development Corporation (GB/RSA) – U   Rössing-Mine
10. Tsumeb Corporation (USA) – Cu   Matchless-Mine
11. Falconbridge (Kanada) – Cu   Oamites-Mine
12. Federale Volksbeleggings Bpk/Federale Mynbou Bpk (RSA) – Cu   Klein Aub-Mine
13. I.S.C.O.R. (RSA) – Zn   Rosh Pinah-Mine
14. Lorelei Copper (RSA) – Cu   Lorelei-Mine
15. Tantalite Valley Mins. (RSA) – Ta/Be/Li   Tantalite Valley-Mine
16. Consolidated Diamond Mines of SWA (RSA) – Da
17. Marine Diamond Corporation (RSA) – Da

aus: H.-G. Hubrich; H. Melber, Namibia – Geschichte und Gegenwart zur Frage der Dekolonisation einer Siedlerkolonie, Bonn 1977

Südafrika hat seinerseit seit Jahren systematisch ausländisches Kapital für Investitionen in Namibia angelockt. Damit verband sich ein doppelter Zweck: Zum einen vermag Südafrika durch seine politische, wirtschaftliche und militärische Kontrolle über Namibia unmittelbar Steuerabgaben und erwirtschaftete Devisen einzuziehen. Zum anderen trägt jedes in Namibia investierte ausländische Kapital zur Festigung kapitalistischer "Gegenmacht" gegen befürchtete sozialistische Entwicklungen nach der Unabhängigkeit Namibias bei, da die mittelbar oder unmittelbar betroffenen Regierungen ihre Interessen zu wahren versuchen werden.

Weil niemand mehr wirklich daran zweifelt, daß die Unabhängigkeit Namibias einmal kommen muß, hat hinter all den Verzögerungstaktiken Südafrikas, den Tag der namibischen Unabhängigkeit so weit wie möglich hinauszuschieben, der Wettlauf mit der Zeit schon begonnen. Seit Jahren wird wirtschaftlich aus dem Land herausgeholt, was nur möglich ist. Die schon zu hoch angesetzten Fischfangquoten wurden noch überschritten, und die reichhaltigen Fischgründe Namibias vor der Küste sind nahezu leergefischt. Eine Regenerierung der Fischbestände erscheint überhaupt nur noch denkbar, wenn strikte Schutz- und Fangbestimmungen über Jahre hinweg eingehalten werden. Das Land gilt als von den Viehherden der weißen Farmer überweidet. Die Vorkommen an Diamanten und Kupfer werden aller Voraussicht noch Ende dieses Jahrhunderts erschöpft sein. Gleichzeitig steigert die im Diamantengeschäft dominierende Consolidated Diamond Mine (CDM) die Ausbeutungsrate von Diamanten ständig.

Rohstoffe – Rassendiskriminierung – Auslandsinvestitionen, auf dieser Grundlage hat sich Südafrika Namibia zu einem politisch und wirtschaftlich hochinteressanten Geschäft gemacht. Am Beispiel der Rössing-Mine in Namibia lassen sich die Methode und Folgen für Namibia, die aus dem Zugriff seiner im imperialistischen Lager fest verankerten Besatzungsmacht resultieren, drastisch aufzeigen.

Karikatur
Sie stützen das System der Rassentrennung

Beschlüsse der Vereinten Nationen gegen die internationale Ausbeutung namibischer Rohstoffe:

Resolution Nr. 283
Bereits 1970 faßte der Sicherheitsrat der Vereinten Nationen einen Beschluß, der die Staaten der Vereinten Nationen aufforderte, alle industriellen Vorhaben wie Konzessionen in Namibia zu beenden.

Dekret Nr. 1:
Die forciert betriebene Ausbeutung namibischer Minen führte 1974 zum Dekret Nr. 1 des Rates des Vereinten Nationen für Namibia. Das Dekret fordert die unverzügliche Einstellung der Ausbeutung namibischer Rohstoffe durch internationale Gesellschaften, soweit keine Genehmigung des UN-Rates vorliegt. Für Verstöße sieht das Dekret "Beschlagnahmung" und "Haftung" für "Schäden" vor.

Am 19. April 1983 wurde vom Namibia-Rat der Vereinten Nationen eine Liste veröffentlicht, die 236 Firmen aufführt, die in Namibia tätig sind: USA (75), Großbritannien (68), die Bundesrepublik Deutschland (25), Südafrika (19), Frankreich (12), Kanada (10), Japan (5), Niederlande (5), Schweiz (5), Italien (4), Australien (3), Norwegen (3), Israel (1), Portugal (1). 2)

Die Bundesrepublik Deutschland hat das Dekret Nr. 1 nicht anerkannt. Der bundesdeutsche Delegierte bei den Vereinten Nationen erklärte dazu:

"...wir betrachten das Dekret, welches vom UN-Rat für Namibia über die nationalen Ressourcen eingebracht wurde, als nicht rechtlich verbindlich." 3)

Bundesdeutsche Firmen in Namibia

Tätig sind unter anderen

AEG Telefunken
Bayer Agro Chem (SWA)
Bosch Service
Deutz Diesel Motoren
Hoechst (Pty) Ltd.
Kältetechnik
Lufthansa Africa
Olthaver & List Trust Co.
Olympia Büromaschinen
Deutsche Bank AG
Commerzbank
Dresdner Bank (mit einem Anteil von 51 Prozent an der SWABANK)

Beteiligt im Bergbau:

Urangesellschaft
Anteile: Metallgesellschaft AG 33, 23 Prozent
STEAG AG 33,23 Prozent
VEBA AG 33,23 Prozent (bundeseigen)

Otavi Mining Co.
Anteile: Degussa 40 Prozent

Metallgesellschaft AG 40 Prozent

Metallgesellschaft AG (Lithium, Kupfer, Zink)
Anteile: Dresdner Bank AG über 25 Prozent

Deutsche Tiefbohr AG (Ölbohrungen)
unter Kontrolle der Bundesregierung

Alfred Hempel KG
4)

Blick auf das Areal der Rössing-Mine, der größten Uranmine der Welt (Luftbildaufnahme).

Das Beispiel Rössing

Die Uranmine, Anteilseigner, Kunden
Die Rössing-Mine liegt in der Namibwüste, von dem Küstenort Swakopmund 70 Kilometer und von der Hauptstadt Windhoek 200 Kilometer entfernt. Das Werksgelände erstreckt sich über etwa 100 Quadratkilometer. Der Abbau des uranhaltigen Gesteins wird über Tage betrieben. Der hohe Wasserbedarf wird zum Teil aus weit entfernten Pumpstationen gedeckt und stellt eine ganz erhebliche Belastung des namibischen Wasserhaushaltes dar. Radioverseuchtes Wasser und andere Industrieabwässer werden größtenteils in einem mehrere Quadratkilometer umfassenden künstlich angelegten See, den Tailingsdamm, abgeleitet. In der Rössing-Mine arbeiten etwa 3.000 Menschen, 70 Prozent sind Schwarze. Über die Zahl, Namen der Anteilseigner und die Höhe ihrer Beteiligungen gibt es keine zuverlässigen Informationen. Als sicher gilt, daß die drei wichtigsten Anteilseigner die südafrikanischen Gesellschaften Rio Tinto Zinc (RTZ), die staatliche Industrial Development Corporation (IDC) und die private General Mining and Finance Corporation Ltd. (GenCor) sind. Mehrere Länder sind mit Lieferabkommen der Rössing-Mine verbunden (England, Frankreich, Japan, Bundesrepublik). Daß die Bundesrepublik über die unter staatlicher Kontrolle stehende Urangesellschaft an der Uranausbeutung mitmischte, ist wahrscheinlich, wenn auch ihre Rolle nie ganz erhellt werden konnte. Immerhin reichen Schätzungen über eine heute noch bestehende Beteiligung der Urangesellschaft an der Rössing-Mine von 0 bis 15 Prozent. Am Bau der Rössing-Mine beteiligt war die bundesdeutsche Firma NUKEM, die in der Nuklearwirtschaft der Bundesrepublik eine wichtige Rolle spielt. Die Bundesrepublik bezieht Uran aus Namibia. Die Bundesrepublik wie auch die anderen Abnehmerstaaten müssen für dieses Uran einen überhöhten Preis zahlen. Daß die Bundesrepublik dies in Kauf nimmt, verwundert. Da Uran aus Namibia nicht den Kontrollen, die eine Weiterverarbeitung für Atomwaffen verhindern sollen, unterliegt, liegt die Vermutung nahe, daß nicht nur wirtschaftliche Interessen an namibischem Uran bestehen.[5]

Arbeiten in und Leben mit der Rössing-Mine: Rassendiskriminierung, hochgradig gefährdete Gesundheit und Umwelt

> "Menschen sind der Lebenssaft der Rössing Uranium Limited"
> (aus einer Rössing-Publikation[6])

Was hier als Rössing-Management-Philosophie dem Leser zur Kenntnis gebracht wird, ist bebildert mit aufwendigem Farbdruck: schwarze und weiße Rössing-Arbeiter beim gemeinsamen Sport; schwarz-weiße Konferenzgruppe beim wöchentlichen Planungsgespräch; Vertreter der Beschäftigten (schwarz und weiß) beim Round-table-Gespräch mit dem Management; schwarze Arbeiter bei der Abgabe ihrer Stimmzettel für die Nachwahl eines Arbeitervertreters; ein gut ausgestattetes Klassenzimmer (Schüler alle schwarz); Sitzung des Rössing-Rates (mit zwei Schwarzen und zehnmal sovielen Weißen); Patient in einem modernen Krankenhaus auf dem Rössing-Gelände (alle schwarz); komfortable Innen- und Außenansichten von Rössing-eigenen Einfamilienhäusern und so weiter: Rössing tut etwas für seine Arbeiter und... in der Rössing-Mine ist

"Gemischtrassige" Sportgruppe bei Rössing.

die Rassendiskriminierung abgeschafft, lautet die Botschaft, die mit einigen Kosten und großem publizistischem Aufwand verbreitet wird.

Und in der Tat: Die Rössing Uran Gesellschaft hat zahlreiche Wohnungen, Freizeit- und Kommunikationsstätten, eigene Supermärkte, Schulen, Krankenstationen und Krankenhäuser, Restaurants errichtet, die in krassem Gegensatz zu staatlich finanzierten Einrichtungen in den Reservaten stehen, die – soweit überhaupt vorhanden – kaum zu unterbieten sind.

Doch die wenigen Bilder aus dem Magazin lassen bereits auch stutzen: die behauptete Schwarz-Weiß-Miteinander-Füreinander-Idylle zeigt einige Makel: beim abgebildeten Rössing-Rat sind beispielsweise die Afrikaner in einer hoffnungslosen Minderheit; die Schulklasse hat nur schwarze Schüler; und die wartenden Patienten im Krankenhaus sind auch alle schwarz...

Schauen wir uns einmal näher an, wie Rössing Wohnen und Arbeiten seiner Arbeiter organisiert hat.

Gezielte Spaltung der Afrikaner
Rössing ist im Reservat Damaraland angesiedelt. Die Bemühungen der Firmenleitung waren und sind ganz darauf ausgerichtet, die Reservatsoffiziellen (die Reservate erhielten nach südafrikanischem Muster, weiße Herrschaft durch künstliche Trennung der Schwarzen zu sichern, eine Art von Selbstverwaltung) ihrem Vetrieb geneigt zu machen. Einerseits kann die Mine Arbeitsplätze zur Verfügung stellen – ein absoluter Mangel in jedem Reservat. Andererseits sucht sich die Firmenleitung die Damara über einige Privilegien als einen treuen und ergebenen Arbeiterstamm heranzuziehen. Die Damara erhielten eine eigene Siedlung mit netten Einfamilienhäusern, "Arandis". Zwar konnte nicht verhindert werden, daß in der Damarasiedlung auch Angehörige anderer Bevölkerungsgruppen (wie Herero und Kavango) Wohnung bezogen; und in Arandis wurden auch Wohnheime für Kontraktarbeiter errichtet, die einen zeitlich begrenzten Arbeitsvertrag haben und nach Ende des Kontraktes in ihr Reservat zurückkehren müssen. Doch eine Bevorzugung der Damara ist unbestreitbar. Sie zeigt sich auch darin, daß Rössing ankündigte, eine technische Ausbildungsstätte im Damaraland zu errichten, die nocheinmal Vorteile für diese Reservatsbewohner schaffen wird.

Die Spaltung der Schwarzen untereinander wird verdeckt durch die Zuteilung der Arbeiter und Angestellten nach Arbeitsplatzeinstufung auf die verschiedenen Wohnsiedlungen von Rössing. "Da bei uns das Prinzip 'kein Rassismus' gilt", führt ein Artikel im oben genannten Magazin aus, "werden diese Häuser nach Arbeitsplatzeinstufungen vergeben, die am niedrigsten eingestuften Grade 1 bis 5 werden in Arandis angesiedelt...". Aber in Arandis lebt kein einziger weißer Angestellter der Mine: dort leben ausschließlich Schwarze – als Angehörige der niedrigsten Lohngruppen.

Schulklasse in der Rössing-Arbeitersiedlung Arandis.

221

Arandis

Tamariskia ist die Siedlung für Arbeiter der Grade 6 bis 7. Auch hier geht Rassendiskriminierung beziehungsweise -bevorzugung einträchtig zusammen mit der Zugehörigkeit zu einer bestimmten Bevölkerungsgruppe: Tamariskia gilt als die Siedlung der "Coloureds", der Farbigen, die von jeher vom weißen Regime gegenüber den Schwarzen bevorzugt wurden. Als eine kleine Minderheit wohnen in Tamariskia auch unqualifizierte weiße Arbeiter, deren Einstufung ab Grad 5 beginnt.

In der dritten Siedlung, Vineta, wohnt, wessen Arbeitsplatz bei Grad 8 und darüber eingestuft ist: Vineta ist die Siedlung der weißen Angestellten bei Rössing. Sie ist zugleich die komfortabelste Siedlung: Mit der Kopplung von Lohngruppenzugehörigkeit und Wohnbezirk gelingt es dann doch wieder, die Schwarzen zu diskriminieren.

Rössing behauptet, durch ein engmaschiges Kontrollsystem die Gesundheit der Arbeiter zu sichern und ständig zu überprüfen. Rössing-unabhängige Untersuchungen werfen jedoch ein anderes Licht auf die gesundheitsschädigenden Arbeitsbedingungen der Masse der Arbeiter in den unteren Graden:

Auch Rössing bedient sich zur Erfassung und Überwachung seiner Arbeiter der von der südafrikanischen Verwaltung verordneten Kennkarten für alle Namibier, die eine Eintragung über die ethnische Zugehörigkeit enthalten müssen. Löhne und Sozialleistungen sind entsprechend den Arbeitsplatzeinstufungen geschichtet und zeigen die untersten Grade und damit die schwarzen Arbeiter am schlechtesten versorgt. Politische Aktivitäten werden scharf kontrolliert und durch häufige Razzien in den Unterkünften der Schwarzen zu unterbinden versucht. Auch Entlassungen in größerem Umfang werden bei Rössing als probates Mittel zur Ausschaltung schwarzen Widerstandes vorgenommen. Die verschiedenen Ausbildungsprogramme, auf die sich Rössing viel zugute hält, zeigen sich beim näheren Hinsehen gleichfalls als von rassistischer Einstellung geprägt: Schwarze Arbeiter erhalten nur die absolut notwendige fachliche Ausbildung, die ein Betrieb wie Rössing erfordert. Diese Anlernprogramme enden unter dem Facharbeiterniveau und vermitteln daher keinen Abschluß, der allgemein anerkannt ist. Lehrstellen werden nur in geringer Zahl bereitgestellt. Die Teilnahme an besonderen Lehrgängen und die Wahrnehmung von Stipendien verpflichten die Absolventen und Stipendiaten, nach Abschluß ihrer Ausbildung wieder in den Dienst von Rössing zu treten.

Die Löhne, die die Rössing-Mine zahlt, liegen allerdings weit über dem namibischen Durchschnitt. Vor dem Hintergrund des offenbar international interessanten und wirtschaftlich profitablen Geschäfts, das mit Namibia-Uran gemacht werden kann, kann dies nicht erstaunen. Auch die unmittelbar auf Namibia bezogene Rössing-Politik wie Festigung der Reservatskonzeption dürfte an der Entscheidung, die Löhne verhältnismäßig attraktiv zu gestalten, mitgewirkt haben.

Daß Menschen der "Lebenssaft" von Rössing sind, ist – mit einer kleinen Hinzufügung – nur allzu wahr: Es sind die schwarzen Menschen Namibias, denen Rössing mit internationaler Unterstützung Arbeitskraft und Gesundheit aussaugt. Es sind aber zugleich auch diejenigen Menschen, die als Mehrheit in Namibia mit der Unabhängigkeit des Landes weiterem "Blutzoll" zugunsten einer weißen Minderheit und einiger internationaler Profiteure ein radikales Ende bereiten könnten.

Bedrohte Umwelt

Daß die Uranmine auch ein ungeheures Zerstörungspotential für die Umwelt birgt, ist für Rössing kein Thema. In den bunten Prospekten und Veröffentlichungen der Mine nehmen Schilderungen und prächtige Farbabbildungen über namibische Landschaft und Namibias "buntes Menschengemisch mit seiner kulturellen Vielfalt" breiten Raum ein: Namibia ist ein Land der schönen Bilder, oder: So schön ist unser Namibia (Oder auch, besser noch für die Firmenleitung, wenn es so deutlich herauskommt: Namibia war noch nie so schön wie seit Rössing.).

Worüber Rössing nicht informiert: Die Umweltschutzmaßnahmen sind unzureichend. Uranhaltiger Staub dringt in die Atmosphäre, schlägt sich als fall-out im

Beschäftigte nach dem Rössing-Entlohnungssystem

Lohn-/Gehaltsstufe	Schwarze	Farbige	Weiße
1 - 6	92 %	51 %	11 %
7 - 8	7 %	35 %	12 %
9 und höher	1 %	14 %	77 %

8)

weiten Umkreis des Minengeländes nieder und verseucht den Boden. Gefährdet sind auch die Rössing-Arbeiter, die in den werkseigenen Siedlungen leben. Tauniederschläge und Regen führen zum Eindringen des fall-outs in die Erde, das Grundwasser ist bedroht. In der Regenzeit führen anschwellende Flüsse radioaktive Erde in das weitere Umland. Ob bei dem Tailingsdamm alle nötigen Umweltschutzvorkehrungen getroffen wurden, ist keineswegs sicher. Der immens hohe Wasserverbrauch der Mine wird bei der in Namibia gegebenen Wasserknappheit in absehbarer Zeit zur Erschöpfung der Wasserreserven der nahe gelegenen Stadt Swakopmund und zum Absinken des Grundwasserspiegels führen – mit weitreichenden Schäden für Farmbetriebe und den großen Namib-Tierpark.

Arbeitsvorschlag:
– Notiere und wäge ab, welche Faktoren zur Stützung der illegalen Besetzung Namibias durch Südafrika beitragen könnten.

– Beschreibe das Arbeitssystem der Rössing Uran Gesellschaft. Überlege, ob es dir berechtigt scheint, daß wir in diesem Zusammenhang von "Rassendiskriminierung" gesprochen haben.

– Überlege, welche Gründe Organisationen der Vereinten Nationen dazu veranlaßt haben könnten, Beschlüsse gegen eine Ausbeutung namibischer Ressourcen (Resolution Nr. 283 des Sicherheitsrates, Dekret Nr. 1 des Namibia-Rates) zu fassen.

"Bei schönem Wetter kann man ein sehr auffälliges Statussymbol der Rössing-Mine sehen. Auf dem Weg vom Inland her erspäht der müde Reisende, der die Kühle und den Frieden von Swakopmund sucht, in 100 Kilometer Entfernung eine riesige Wolke. Diese Wolke ist einige hundert Meter hoch und etliche Kilometer lang und krümmt sich bei Westwind entlang der Inversionslinie von heißer und kalter Luft...
Sie sieht aus wie ein Atompilz und ist offensichtlich auf der Mine durch exzessiven Gebrauch von Dynamit zur Lockerung des Felsgesteins entstanden.
Eine weitere riesenhafte Wolkenformation erscheint rund 60 Kilometer vor Swakopmund und kommt von den Gesteinsmühlen. Manchmal sieht man sie spät in der Nacht in gelbem Schein... Der aufsteigende Staub kommt offensichtlich von Material, das Uran enthält...
Nun gibt es zwei Möglichkeiten, was mit diesem 'fall-out' geschieht:
Entweder, der 'fall-out' schlägt sich über dem Landesinneren nieder, oder, wenn er die Küste erreicht, dort, zum Beispiel bei heftigen Sandstürmen, wenn der heiße Wüstenwind bläst.
Die morgendlichen Nebelbänke an der Küste sorgen täglich für einen starken Tauniederschlag. Sie setzen sich auf den Pflanzen und am Boden ab und sehen aus wie gleichmäßig verteilter 'Staub' am Küstensaum.
Doch selbst wenn der 'fall-out' im Landesinneren niedergeht, ist der Küstenstreifen betroffen. Am Zusammenfluß von Khan und Swakop wird der Boden verseucht. Wenn es dann ausnahmsweise einmal stark regnet, wird die bereits hochradioaktive Bodenschicht in die Flüsse fortgewaschen und sinkt dort unverdünnt nach unten, möglicherweise bis ins Grundwasser.

Doch das Swakopmunder Wasserreservoir ist abhängig von dem Wasser aus diesen beiden Flüssen, ebenso wie vom Kuiseb-Wasser." 9)

"Die Arbeitsbedingungen der Mine sind sehr schlecht, es herrscht unerträgliche Hitze, auch in den Hauptschachtanlagen der Zeche. Ein weiteres Erschwernis ist die...Staubbelastung, die Radium und radioaktive Teilchen umfaßt. In der Grube selbst arbeiten deshalb nur Schwarze. Die weißen Arbeiter bleiben auf den Sohlenstrecken, weit entfernt von den staubigen Abbaupunkten. Sie kommen nur in den Arbeitspausen vor Ort, um Anweisungen zu erhalten. Von den mangelhaften Schutzvorkehrungen sind natürlich die schwarzen Arbeiter am schlimmsten betroffen. Obwohl die hohe Giftigkeit von Uran normalerweise überaus sorgfältige Hygienevorkehrungen für jeden erfordert, der mit dem Uran oder dem Uranerz in Berührung kommt, werden die Arbeiter nicht mit der notwendigen Schutzbekleidung oder -ausrüstung versehen. Dabei sollten eigentlich Gesichtsschutzhelme, Handschuhe und andere Gegenstände dazu dienen, eine unmittelbare Berührung des Erzes oder das Einatmen radioaktiven Staubes zu verhindern. Die Beschäftigungsbedingungen bei Rössing sehen zwar die Ausgabe von Schutz- und Arbeitsbekleidung vor, doch bestimmte vorgeschriebene Bekleidungsartikel können nur in den Geschäften des Unternehmens auf private Rechnung gekauft werden. Viele der schwarzen Arbeiter, die Bohr- und Lademaschinen in der Grube bedienen, haben sich deshalb einen Mund- und Nasenschutz aus Taschentüchern und Kleiderfetzen improvisiert." 7)

Teil VI

Krieg in Namibia und der Weg in Freiheit und Selbstbestimmung

19. Kapitel

Der Krieg ohne Kriegserklärung

Militärtraining schwarzer Jugendlicher in Nordnamibia. – Durch die 1982 eingeführte allgemeine Wehrpflicht versucht Südafrika, insbesondere junge schwarze Namibier für seinen Krieg in Namibia zu rekrutieren. Der Krieg in Namibia droht zu einem "Bruderkrieg" – Schwarze gegen Schwarze – zu werden.

In Namibia herrscht Krieg. Den Truppen unter südafrikanischem Kommando setzt die Mehrheit der schwarzen Bevölkerung ihren Widerstand entgegen, der von Formen "zivilen Ungehorsams" bis zum Kampf mit Waffen reicht. Die zum Teil an Namibia angrenzenden Frontstaaten unterstützen den namibischen Unabhängigkeitskampf. Sie wurden selbst zum Ziel militärischer Überfälle und Offensiven Südafrikas.

Absichten:
- Wir informieren über die Militarisierung Namibias durch Südafrika in den letzten Jahren.
- Texte sollen Informationen und Eindrücke über die "andere" Seite dieses Krieges, die des alltäglichen Terrors an der schwarzen Zivilbevölkerung, vermitteln.
- Wir berichten einige Beispiele, die für schwarzen Widerstand in Namibia stehen sollen.
- Wir beschäftigen uns mit den an Namibia angrenzenden Frontstaaten als Exilländer namibischer Flüchtlinge. Welchen Schwierigkeiten sind sie dabei ausgesetzt?

> Niemand kann das Leid in Worte fassen, das Tod für unsere Nation bedeutet. Niemand wünscht sich die Erfahrung des Schmerzes, den der Verlust eines geliebten Menschen bedeutet. Und doch: in unserem Land ist der Tod ein ständiger Begleiter der Lebenden geworden...
> Vor vielen Jahren haben sich Menschen, die ihr Land liebten, schwere Gedanken gemacht. Sie wußten, was kommen würde, wenn der Kampf mit Waffen geführt wird. Doch sie hatten keine andere Wahl als die bittere Entscheidung, zu den Waffen zu greifen, um zurückzuholen, was unser ist: Krieg bringt immer den Tod, doch er bringt auch die Freiheit...[1]

SÜDAFRIKANISCHE MILITÄRGEWALT UND ALLTÄGLICHER TERROR

In Namibia herrscht Krieg: Die namibische Besatzungsmacht Südafrika steht heute mit mehr als 100.000 Soldaten im Land. Ihr militärischer Gegner ist die PLAN (People's Liberation Army), die Befreiungsarmee der SWAPO, die 1966 den bewaffneten Kampf gegen Südafrika aufnahm. Südafrikas größter Gegner ist jedoch die Mehrheit des namibischen Volkes: Dieser Kampf ist der Kampf der Schwarzen Namibias um Freiheit, Gleichheit und Unabhängigkeit ihres Landes.

Die Vorgeschichte dieses Krieges ist zugleich Teil der langen Geschichte des namibischen Volkes von Unterdrückung, Fremdherrschaft und Widerstand. Sie begann mit der deutschen Kolonialherrschaft, nahm ihren Fortgang mit südafrikanischer Mandatsherrschaft, mündete in die betrogene Hoffnung der Namibier, nach 1945 — wie zahlreiche ehemalige Kolonien Afrikas — in die Unabhängigkeit entlassen zu werden; sie faßte ein zehn Jahre gewaltlosen Widerstandes, das Eingeständnis seiner Wirkungslosigkeit, die den Entschluß begründete, zu den Waffen zu greifen. Wie die Fremdherrschaft, so reicht auch der afrikanische Widerstand weit zurück: Krieg der Witbooi 1892, die großen Aufstände der Herero und Nama 1904 - 1907 gegen die deutsche Kolonialmacht, bewaffneter Kampf seit 1966 bis heute gegen die südafrikanische Besatzung — um zunächst die herausragenden Daten zu nennen. Daneben, über die Jahre hinweg: zahlreiche Aufstände und Rebellionen gegen die deutsche, zahlreiche Widerstandsaktionen gegen die südafrikanische koloniale Herrschaft. Die das Deutsche Reich ablösende Mandatsmacht Südafrika blieb im Land und ist bis heute Besatzungsmacht von Namibia. Von eigenen Gnaden, denn bereits Ende der sechziger Jahre wurde die weitere Ausübung des Mandats von den Vereinten Nationen als widerrechtlich verurteilt und Namibia zum internationalen Territorium unter der Verantwortung der Vereinten Nationen erklärt. Während 1971 der Internationale Gerichtshof in Den Haag die fortdauernde Besetzung Namibias durch Südafrika für illegal erklärte, und in der Folgezeit zahlreiche Resolutionen sowie wachsende Proteste einer kritischen Weltöffentlichkeit ein Ende der südafrikanischen Gewaltpolitik in Namibia forderten, suchte Südafrika Namibia noch fester in sein rassistisches System einzubinden, bestand die Antwort Südafrikas in einem forciert vorangetriebenen Ausbau seines militärischen Apparates in Namibia. Im Januar 1976 stand die Besatzungsmacht noch mit 16.000 Soldaten in Namibia, Ende August desselben Jahres waren es bereits 50.000, 1978 80.000. Die Bilanz heute: mehr als 100.000 Soldaten sind unter südafrikanischem Kommando in Namibia stationiert, rund 40.000 südafrikanische Kolonialbeamte halten sich im Land auf. Südafrika gibt mehr als 1 Million Rand (1 Rand entspricht etwa 2,40 DM) pro Tag aus, um seine Armee in Namibia zu unterhalten. Hauptquartier der südafrikanischen Streitmacht in Namibia ist Windhoek, wichtige Basen befinden sich in Walfischbay, Grootfontein, Rundu, Ondangwa, Katima Mulilo.

Die fortschreitende Militarisierung Namibias stellt sich in der Rückschau im Hinblick auf den Ausbau des Militärapparates folgendermaßen dar: Ab März 1973 wurden paramilitärische südafrikanische Polizeieinheiten durch reguläre Truppen der South African Defence Force (SADF) ersetzt. Im Juni 1974 kündigte der südafrikanische Premierminister Botha an, daß die Polizeieinheiten im Caprivi-Zipfel durch ständige Armeeeinheiten ersetzt werden. Mitte der siebziger Jahre verstärken sich die Aktivitäten weißer paramilitärischer Organisationen, wie lokale Kommandos und Bürgerwehren. 1976/77 wurden Militäreinheiten mit schwarzen Namibiern auf der Grundlage von "Stammeszugehörigkeit" gebildet; es entstanden die "Erste Homeland-Armee" von Ovamboland und Kavango im Norden, Einheiten mit Buschleuten und Rehbothern im Süden Namibias. Geplant ist, insgesamt elf Armeen aus den elf "Bevölkerungsgruppen" zu rekrutieren — ein perfides Unternehmen des südafrikanischen Rassitenregimes, das mit dieser Maßnahme den Krieg in Namibia zu einem "Bruderkrieg" (Namibier gegen Namibier) umzupolen sucht. Nicht zuletzt sollen auch die "Kosten" an Menschen südafrikanischer Nationalität möglichst gering gehalten werden. Schwarze Truppen werden in den vordersten Linien eingesetzt. Es ist vielfach belegt, daß als SWAPO-Anhänger getarnte Schwarze in südafrikanischem Sold Terrorakte an der Zivilbevölkerung begingen, für die SWAPO verantwortlich gemacht wurde.

228

Mit Sandsäcken verbarrikadierter Unterstand eines Gästehauses der Regierung in Nordnamibia.

Anfang 1982 führte Südafrika die allgemeine Wehrpflicht in Namibia ein. Hunderte schwarzer Jugendlicher flohen in die Nachbarstaaten Botswana, Sambia und Angola, um sich dem Militärdienst zu entziehen. Südafrikanische Militärs starteten Hetzjagden auf schulpflichtige Jugendliche, fingen sie auf dem Schulweg ab und transportierten sie nach Südafrika. Viele Jugendliche waren nicht älter als 16 Jahre, manche erst dreizehn Jahre alt. Verzweifelte Eltern wurden bei den Behörden vorstellig und verlangten Auskunft über das Schicksal ihrer Kinder. Fälle von Verhaftungen und Mißhandlungen, nächtlichen Razzien in afrikanischen Siedlungen, wo die betroffenen Eltern lebten, wurden bekannt. Eltern suchten den Beistand ihrer Kirchen, die nur selten zu helfen vermochten. Südafrikanische Soldaten übernahmen Unterrichtsstunden in schwarzen Schulklassen, um die Jugendlichen zu kontrollieren und zu beeinflussen. Einige Schüler, die verdächtigt wurden, SWAPO-Sympathisanten zu sein, sind spurlos verschwunden. Gleiches gilt für eine Anzahl schwarzer Lehrer.

Bereits 1968 wurden 20 bis 50.000 Namibier in Caprivi und Okavango aus ihren traditionellen Dörfern in "Wehrdörfer" umgesiedelt, bewacht von südafrikanischen Armeeinheiten. In den folgenden Jahren wurden weitere Wehrdörfer in Nordnamibia eingerichtet. Seit 1973 sind Massenverhaftungen und -arreste, Überfälle auf die Zivilbevölkerung und Festnahmen alltäglich. Menschen werden willkürlich des "Terrorismus" beschuldigt und auf unbestimmte Zeit für "Verhöre" festgehalten, die häufig Erpressungen von "Geständnissen" sind. 1975 richteten südafrikanische Militärs eine Pufferzone von 600 Kilometer Länge und zwischen ein und zwei Kilometern Breite an der Grenze zu Angola ein. 2.000 Namibier, die dort lebten, wurden vertrieben; der Busch- und Baumbestand wurde dem Erdboden gleichgemacht. Der Landstreifen ist heute ödes Niemandsland. 1976 wurde die ganze nördliche Zone, bewohnt von über 55 Prozent der namibischen Bevölkerung, zum Kriegsgebiet erklärt. 1979 wurde das Kriegsrecht ausgeweitet. Es erstreckt sich seitdem über alle nördlichen und zentralen Gebiete. Damit steht die Hälfte des namibischen Territoriums unter Kriegsrecht. 80 Prozent der namibischen Bevölkerung sind betroffen. In der Kriegszone wurde ein abendliches Ausgehverbot verhängt.

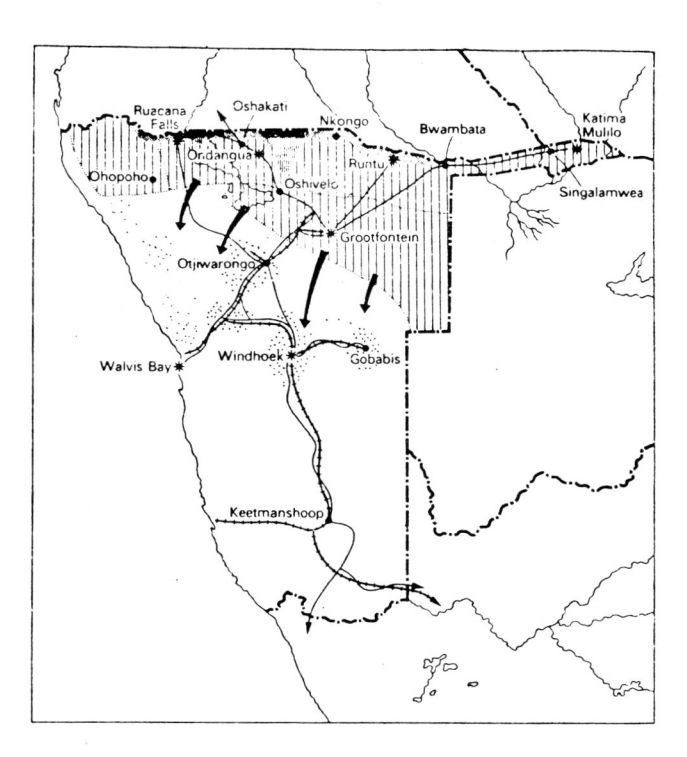

✱ Militär- und Luftstützpunkte
• Militärbasen
▢ Pufferzone
+++++ Bahnlinien
—— befestigte Straßen
Grenzen der SWAPO-Militärzone
SWAPO-Militäraktionen Richtung Süden
SWAPO-Militärzone
teilweise befreite Gebiete
➤ verstärkte Militäraktionen der PLAN 1982

Karte: Militärische Lage in Namibia 1982[2)]

Menschenrechtsverletzungen in Namibia
Aus dem Bericht der Gefangenenhilfsorganisation amnesty international, Sektion Bundesrepublik, Dezember 1982:

amnesty international ist derzeit besorgt über:
1. Inhaftierungen ohne Gerichtsverfahren und andere Freiheitsbeschränkungen aus politischen Gründen;
2. Angaben über Folter, insbesondere an Untersuchungshäftlingen;
3. die fortgesetzte Inhaftierung politischer Gefangener, deren Verurteilung nach Gerichtsverfahren erfolgte, die internationalen Maßstäben für ein faires Gerichtsverfahren nicht entsprachen;
4. das mutmaßliche "Verschwinden" von Personen;
5. mutmaßliche extralegale Hinrichtungen sowie
6. die Anwendung der Todesstrafe

Was Südafrika 1966, nach dem ersten bewaffneten Zusammenstoß zwischen einer Einheit der Vorhut der gerade entstandenen PLAN und südafrikanischen Militärs als ein "terroristisches Abenteuer" der SWAPO herunterzuspielen versuchte, hat längst die Ausmaße eines handfesten Guerillakrieges angenommen. Südafrika ist keineswegs "Herr der Lage" in diesem Krieg, den eine in ihrer Leidenfähigkeit weit unterschätzte, unter hundertjähriger Fremdherrschaft im Widerstand stark gewordene schwarze Bevölkerung bis zu einem Ende zu gehen bereit ist: ein Ende, das den Tod oder die Freiheit bringt.

Sein Ziel, den namibischen Freiheitskampf mit militärischer Gewalt zu beenden, hat Südafrika nicht erreicht. Erreicht hat es das Gegenteil: SWAPO und PLAN können sich breiter Unterstützung durch die Menschen in den Reservaten und die Schwarzen im "weißen Gebiet" sicher sein. In den Erziehungs- und Gesungheitszentren, die SWAPO in Angola und Sambia eingerichtet hat, suchen seit vielen Jahren von Südafrika verfolgte Namibierinnen und Namibier Zuflucht, die von dort aus den Widerstand durch die SWAPO oder PLAN verstärken wollen.

Südafrikas Krieg in Namibia hat viele Gesichter und Kriegsschauplätze. Militärgewalt wird ergänzt durch Taktiken und Methoden, die insbesondere gegen die Zivilbevölkerung gerichtet sind, die sie einschüchtern und ihren Widerstand aufreiben sollen. Die Söldner Südafrikas schrecken dabei vor keiner Grausamkeit zurück. Dafür steht das Massaker von Kassinga 1978...

das Massaker von Oshikuku 1982... Hunderte zählen allein die bekanntgewordenen Terrorakte, die an der zivilen Bevölkerung begangen wurden, an Männern, Frauen, Kindern, und die auf das Konto Südafrikas gehen; aneinandergereiht bilden die Fälle südafrikanischer Verbrechen an Einzelpersonen lange Kolonnen. Sie würden zahlreiche Festnahmen beim gesetzlich verbrieften Recht auf Nachfrage nach verschwundenen Familienangehörigen verzeichnen, Fälle von Vergewaltigungen namibischer Frauen und Mädchen, standrechtliche Erschießungen und Morde ohne Anlaß oder unter nur fadenscheinigem Verdacht, Folterungen mit Elektroschocks, Stechwaffen und Brandwerkzeugen, das Einflößen von Drogen, um die Preisgabe vermuteter wichtiger Informationen zu erzwingen...

Opfer des Oshikuku-Massakers, März 1982

Massengrab in Kassinga, Angola. Unten links: Namibische Flüchtlingskinder in Kassinga.

Oshikuku-Massaker

In einem kleinen Dorf irgendwo bei Oshikuku, eine halbe Fahrstunde von Shakati im nördlichen Namibia, wurden zwölf Menschen plötzlich und brutal durch fünf schwer bewaffnete Soldaten der sogenannten Ovambo-Heimschutz-Einheit aus dem Schlaf gerissen. Den zwölf Menschen wurde befohlen, sofort ihre Schlafquartiere zu verlassen.

Es war am 10. März 1982 um zwei Uhr morgens, als fünf schwarze Soldaten ihre automatischen Waffen mit gezückten Bajonetten in Anschlag brachten und zwölf verwirrten Männern, Frauen und Kindern befahlen, sich außerhalb des kleines Dorfes aufzustellen und Geld und Kleider der zu Tode erschreckten Geiseln verlangten.

Der Kraal nahe der Oshikuku römisch-katholischen Mission gehörte Hubertus Matthäus Neporo, in dem er mit seiner Familie, seinem Bruder, Cousin, Neffen und seiner sechzigjährigen Mutter lebte. Der Fahrer von Hubertus Neporo, Benediktus, und eine 23-jährige Frau, die als Hilfskraft in seinem Laden arbeitete, lebten ebenfalls bei ihm. In der besagten Nacht war Hubertus Neporo abwesend.

Bedroht von den fünf Soldaten, ging Penehafo, die Ladenhilfe, begleitet von Bernadette, der Frau von Hubertus Neporo, in die kleine Siedlung zurück. Die beiden Frauen suchten Geld (3,80 Rand — noch keine zwölf Mark) und Kleider zusammen, übergaben sie den wartenden Soldaten und stellten sich wieder in die Reihe der anderen Geiseln.

Maschiengewehrfeuer

Minuten später wurde die unheimliche Stille von der Stimme eines der schwarzen Soldaten gebrochen, der zu zählen begann. Als er bei drei angekommen war, konnte man die Maschinengewehrsalve in der ganzen Nachbarschaft hören. Es war ein Kugelregen, der die zwölf Geiseln niedermähte.

Nachdem die fünf Soldaten gemordet und Geld gestohlen hatten, vernichteten sie den Kraal. Bevor sie den Ort des Massakers verließen, gingen sie zu der Stelle, wo sich Hubertus' Fahrzeug befand, schossen auf die Reifen, durchsiebten mit Schüssen den Autorumpf und zerschossen die Windschutzscheibe.

Zehn Menschen waren sofort tot. Penehafo Augula, die Ladenhilfe, war in beiden Beinen getroffen worden und die Kugeln hatten eine ihrer Schultern zerfetzt. Sie überlebte das Massaker. Iyambo Iipinge, ein Cousin von Hubertus, blieb unverletzt. Er trug die verletzte Frau zum nächsten Nachbarn, Michael Uupindi, der durch das Rattern der Maschinengewehre aufgewacht war.

Michael Uupindi lief am Morgen des 10. März zum Ort des Massakers und bedeckte die zehn Körper mit Decken, bevor er zur Oshakati-Polizeistation ging, um zu berichten.

Hubertus Neporo, der die Nacht in Oshakati verbracht hatte, wurde umgehend über das Massaker informiert und ging ebenfalls zur Polizeistation, um zu berichten und um Hilfe zu bitten. Die Polizei war offenlichtlich bereits über die blutige Operation informiert — sie behauptete, daß kein Fahrzeug zur Verfügung stünde und deshalb keine Beamten geschickt werden könnten, um den Fall zu untersuchen. Die Polizisten gaben jedoch zu verstehen, daß wahrscheinlich SWAPO für das Massaker verantwortlich sei.

Neben anderen Nachbarn begaben sich am Morgen des 10. März 1982 einige Missionare der nahen Oshikuku-Mission an den Ort des Massakers, um sich zu informieren.

Südafrikanische Spezialeinheit identifiziert

Die Überlebenden des Massakers konnten die fünf schwarzen Soldaten zweifelsfrei identifizieren; in der hellen Nacht, es herrschte Vollmond, waren die Gesichter deutlich zu erkennen gewesen. Sie hatten auch die Stimme von Nakale erkannt, einem berüchtigten Kommandeur der Spezialeinheit "KOEVOET", stationiert im südarikanischen Militärlager in Okalongo in Nordnamibia. Sie erkannten ebenfalls ein Mitglied der sogenannten Ovambo-Heimschutz-Einheit. Es war ein Mann, der nicht sehr weit von Hubertus Naporos Kraal lebte.[4]

Kassinga

Kassinga ist — oder vielmehr war — ein Dorf namibischer Flüchtlinge in Angola. Kassinga war ein Dorf und ist jetzt nur noch der Name für einen Massenmord, begangen von Südafrika...

Kassinga war ein von der angolanischen Bevölkerung verlassenes Dorf in Angola, das die Regierung der Volksrepublik der SWAPO überlassen hatte, die ein Übergangslager für die zahlreichen namibischen Flüchtlinge brauchte, die vor südafrikanischem Terror in ihrem Land in Angola Zuflucht suchten. Kassinga, etwa 200 Kilometer nördlich der angolanisch-namibischen Grenze gelegen, galt als sicherer Ort. Im Mai 1978 lebten in Kassinga etwas mehr als 3.000 Menschen, davon etwa 500 Kinder.

Am 4. Mai 1978 griffen acht südafrikanische Überschallflugzeuge vom Typ "Mirage" das Lager an und schossen in mehreren gezielten Flügen Splitterbomben, Explosivbomben und Phosphorbrandbomben ab, die bald das ganze Lager in ein Feuermeer verwandelten. Vier C-130 Transportflugzeuge setzten in einem weiten Kreis Fallschirmjäger rund um das brennende Lager ab, die Überlebende verfolgten, erschossen und mit Bajonetten erstachen.

Fast 1.000 Menschen waren Opfer dieses südafrikanischen Massaker geworden.

Neutrale Augenzeugen berichten, daß Kassinga entgegen südafrikanischen Behauptungen keinerlei militärische Einrichtungen hatte.[3]

Der nachstehend in voller Länge wiedergegebene Text ist eine Botschaft namibischer Kirchen, erschienen in Lutheran World Information Nr. 7/83:

Kette von Terrorakten der Südafrikanischen Streitkräfte im Norden!

WELT, TRAUERE mit dem namibischen Volk! Unser Leben ist in den Augen der südafrikanischen Sicherheitskräfte wertlos.

Die im folgenden beschriebene Kette erschütternder Ereignisse ist nur eine von hunderten. Sie ereignete sich hier in Nordnamibia während der letzten Woche des Jahres 1982.

Am 22. Dezember, einem Mittwoch, erschienen Polizisten der Einheit mit dem Decknamen "Koevoet" im Haus von Lukas Hakandonga, das nicht weit entfernt von Ongenga gelegen ist. Die Polizisten behaupteten, Hakandonga habe Nahrungsmittel an SWAPO gegeben und kürzlich einen SWAPO-Guerillakämpfer im Wagen mitgenommen.

Sie schlugen Hakandonga und seinen etwa 14-jährigen Sohn, bis beide bewußtlos waren. Den Jungen ließen sie liegen. Hakandonga nahmen sie mit in das Omungwelume-Camp. Bevor sie nach Omungwelume aufbrachen, hatten sie nicht nur Hakandonga geschlagen, sondern waren auch in sein Haus eingebrochen, hatten seine Schränke zu Kleinholz geschlagen, die Geldkassette an sich genommen und die zwei Wagen von Hakandonga beschlagnahmt, einen Ford Van und einen Ford Cortina.

Kehle durchgeschnitten

Zur gleichen Zeit inhaftierten sie wieder einen 18-jährigen Schüler, Leonard Hamati. Er war bei dem alten Ehepaar Mr. und Mrs. Nailenge aufgewachsen. Die Eltern des Jugendlichen lebten in der Nachbargemeinde Ohaingu. Paulus Nailenge ist der ältere Pastor der Ongenga-Gemeinde. Seine 70-jährige Frau war vor einigen Jahren von Südafrikanern vergewaltigt worden. Drei oder vier Tage nach der Festnahme von Leonard Hamati fanden Verwandte von Leonard seinen Leichnam in der sogenannten Niemandsland-Zone. Nach Berichten war der Körper bereits von Hunden angefallen worden — beide Augen fehlten, die Kehle war durchgeschnitten und die Bauchdecke geöffnet worden.

"Gott regelt die Dinge", sagen die Leute. Die Polizei glaubte, der Körper des Jungen sei an einem verborgenen Ort verscharrt worden, aber er lag tatsächlich in der Nähe von Leonards Verwandten. Die Verwandten fanden den toten Jungen. Gerüchte gingen um, daß Lukas Hakandongas Körper in der gleichen Gegend gesehen worden sei. All dies sind weitere Fälle in der Reihe schlimmer Taten 1982, vollbachte von den gleichen "Beschützern".

Erschossen

Am 23. Oktober 1981 um etwa neun Uhr morgens flog ein großer, braun-grüner südafrikanischer Hubschrauber im Tiefflug in Richtung Angola (über die nördliche Grenze Namibias), über die Gegend, die Oshali-West heißt und in der Onenga liegt. Auf einem freien Platz zwischen den Häusern sahen die Militärs einen Jungen, Immanuel Gabriel, der sich auf seinem Weg zur Arbeitsstelle im gegenüberliegenden Angola befand. Der Hubschrauber drehte und die Soldaten schossen aus dem Hubschrauber den Jungen nieder. Immanuel schleppte sich zu einem bestimmten Laden im Busch, doch der Hubschrauber blieb in geringer Höhe über ihm und verfolgte ihn. Immanuel lief an dem Laden vorbei und direkt in das nächste Haus hinein. Dieses Haus befand sich in der Nähe des freien Platzes. Der Hubschrauber landete, ein Soldat sprang heraus und griff den Jungen an. Immanuel fiel gegen die Wand der Hütte.

Angst

Der weiße Soldat zielte auf Immanuel, machte ihn mit einem Schuß fertig, packte den Toten und warf ihn über den nächsten Zaun, wie ein Jäger einen erlegten Bock. Der weiße Soldat ging zurück zum Hubschrauber und der Hubschrauber flog davon. Die übrigen Soldaten hatten mit den Menschen, die Zeugen waren, kein Wort gewechselt.

Als die Verwandten zum Omungwelume-Armee-Lager gingen, wurde ihnen gesagt: "Wenn einer von Euch den Mut hat, kann er oder sie die Sache weiterverfolgen." Am Nachmittag brachte der Hubschrauber den toten Jungen zurück. Die Soldaten wickelten den Toten aus einer Zeltplane aus und beerdigten ihn.

Bis zum heutigen Tage wurde dieser Vorfall von den Verwandten aus Angst verschwiegen und von den "Beschützen", das sind die südafrikanischen Sicherheitskräfte, unterschlagen.[5]

Freitag, 5. August 1983 — Allgemeine Zeitung

Fünf Zeugen aus Kavango
Aussagen über „Mißhandlungen durch Soldaten"

Windhoek (RAS) — Am Montag fand in Tsumeb eine Pressekonferenz statt. NCDP-Führer Hans Röhr stellte fünf Männer aus dem Nordosten Kavangos vor, die aussagten, durch Mitglieder der Sicherheitskräfte geschlagen, festgenommen und eingeschüchtert worden zu sein. Teilweise stimmen ihre Aussagen nicht ganz mit den Ergebnissen einer Untersuchung durch Brigadegeneral Ben de Wet Roos überein, die AZ am 21. Juli veröffentlichte.

Der Krankenpfleger Johannes Kasamba (28) aus Kakuhu erklärte den Presseleuten, daß er am 7. April von drei weißen Soldaten gezwungen worden sei zuzugeben, daß er SWAPO geholfen habe, obwohl er ihnen vorher erklärt hatte, daß die Spur, die sie ihm gezeigt hatten, einem Buschmann gehöre, den er wegen einer Speerwunde behandelt habe und dieser Buschmann den Soldaten auch vorgeführt wurde.

Er wurde von einem Soldaten ins Gesicht geschlagen, behauptete Kasamba, und auf einen ‚Büffel' „aufgeladen". Auf dem Wege nach Rundu habe einer der Soldaten ihn beiseite genommen und erklärt, er könne ihn freilassen, wenn er zugebe, SWAPO geholfen zu haben — sonst werde er nach Windhoek gebracht und dort gehenkt. „Aus Angst sagte ich dann ja, es stimmt", erklärte Kasamba.

In Rundu mußte er eine entsprechende Erklärung unterzeichnen, wurde verhört und bis zum 7. Juni in einem dreckigen kleinen Käfig (2m × 2m) aus Stacheldraht und Wellblech festgehalten.

Vor dem militärischen Untersuchungsrat habe er „dem Brigadegeneral" (laut Röhr handelte es sich um Roos) gesagt, daß die von ihm unterzeichnete Erklärung falsch sei, und der Brigadegeneral habe zugestimmt, daß er unschuldig sei und freigelassen werden sollte. In dem Militärbericht über die Untersuchung heißt es, daß er am 9. Mai freigelassen wurde und zugegeben habe, von neun SWAPO-Mitgliedern aufgefordert worden zu sein, einem verletzten Kameraden zu helfen.

Häuptling Mpazi Setentu (80 bis 90 Jahre alt), Vater des Oberhäuptlings des Kwangali-Stammes, berichtete den Journalisten, daß am 17. Juni ein weißer und ein schwarzer Soldat zu seinem Kral bei Mpungu gekommen seien, ihn beschuldigten, der SWAPO zu helfen und R400 von ihm stahlen. Am Samstag seien drei 'Büffel'-Militärfahrzeuge mit Soldaten angekommen, sie drohten, seinen Enkel zu erschießen, wenn er nicht zugebe, der SWAPO geholfen zu haben. Nachdem sie das Kind weggenommen hatten und Schüsse abfeuerten (woraufhin der Junge aus Schock zusammenbrach, obwohl er unverletzt war), sagten sie zu dem Häuptling: „Das Kind ist tot, jetzt bist du dran" und hielten ein Gewehr gegen seine Schläfe und ein Messer an seinen Hals. Er habe gesagt, sie könnten ihn ruhig umbringen, meinte Setentu.

Daraufhin bezeichneten sie ihn als gerissenen Lügner und begannen auf drei Personen — einschließlich seinen Leibwächter — einzuschlagen, zerrten ihn beim Kopf und schubsten ihn herum.

Der 50jährige Petrus Konjanga erklärte während der Pressekonferenz, daß er im Dezember 1982 von Soldaten festgenommen, geschlagen und acht Mal elektrische Schocks bekommen habe. Obwohl er gerade zwei Monate lang wegen der Krankheit seiner Frau fortgewesen war, als die Soldaten kamen, behaupteten diese, er habe SWAPO-Mitgliedern Nahrung gegeben.

Kanjanga behauptete, einen Tag und eine Nacht lang in einem kleinen Loch festgehalten worden zu sein. Daraufhin sei er von Katope nach Nkurenkuru am Kavango gezogen. „Die Einwohner Kavangos fliehen vom Inland an den Fluß, weil ihnen deutlich gesagt wurde, daß sie sonst zusammengeschlagen werden", erklärte er.

Paulus Sinoka (42), ein Farmer von Kagunie, zog ebenfalls nach Nkurenkuru, nachdem Soldaten zu seinem Kral gekommen waren und behaupteten, er „gebe" seine drei Töchter (16 bis 20 Jahre alt) der SWAPO. Die Mädchen waren gerade zu den Schulferien da, als die Soldaten (zwei Weiße und viele Schwarze) ihn im Januar mit einem Stock schlugen. Die Töchter hätten nun Angst, nach Hause zu kommen, berichtete er.

Damain Haikera (33), Lehrer aus Kagunie, sagte, daß Mitglieder der Sondereinheit 'Koevoet' am 20. September 1982 zur Schule gekommen seien und ihn und einen anderen Lehrer zu einem Lager gebracht hätten, wo sie mit einem Spaten geschlagen wurden und elektrische Schocks bekommen hätten. Sie wollten auf diese Weise ein Geständnis von ihm erzwingen, daß er SWAPO-Mitglieder in der Nähe kenne. Aus Angst und „weil keine Kinder mehr zum Unterrichten da sind" sei er ebenfalls nach Nkurenkuru gezogen.

In dem Militärbericht über die Untersuchung hatte die Wehrmacht mit der Umsiedlung der Bevölkerung nichts zu tun habe; die Häuptlinge hätten vor den Militärvertretern eidesstattlich erklärt, daß die Leute freiwillig an den Fluß zögen.

Laut Röhr werden Tausende von Kavango umgesiedelt, so daß die Wehrmacht im Inland ungestört auftreten könne. Doch das Gebiet entlang des Flusses sei bereits völlig überfüllt.

Auf die Frage, ob die Zeugen nicht Angst hätten, Aussagen vor der Presse zu machen, meinten sie: „Wir hoffen, auf diese Weise gewissen Schutz zu bekommen, denn bisher ließen die Soldaten jene Leute in Ruhe, die der Presse ihre Erfahrungen mitgeteilt hatten".

Bericht aus der in Windhoek erscheinenden deutschsprachigen "Allgemeinen Zeitung" vom 5. August 1983 über eine Pressekonferenz der National Christian Democratic Party (NCDP), die Zeugenaussagen Betroffener südafrikanischen Terrors in Nordnamibia präsentiert: Südafrikanische Gewaltakte an der schwarzen Zivilbevölkerung haben ein Ausmaß erreicht, das nicht mehr unterschlagen werden kann. Die südafrikanische Besatzungsmacht diskreditiert sich selbst in wachsendem Maße.

Südafrikanische Polizei bei einer SWAPO-Veranstaltung in Namibia.

Die Versammlung

Ort: Irgendwo in Namibia. Zeit: Nach der Genfer Konferenz. Hauptthema: Unterrichtung der Bevölkerung dieser Region über die Ergebnisse der Genfer Konferenz.

Die Versammlung wurde offiziell angemeldet und genehmigt, doch der Versammlungsort von der SWAPO erst kurz vor Beginn des Treffens bekanntgegeben. Eine Rednertribüne in der Mitte des Platzes, etwa 2.000 bis 3.000 Teilnehmer, darunter viele Frauen und Kinder, Frauen und Männer des SWAPO-Ordnerdienstes, keine weißen Namibier — außer: weithin sichtbar ein Photograph, der auf einem Kastenwagen sein Stativ aufgebaut hat und pausenlos die Personen auf der Tribüne und in die Menge (hinein)photographiert, eine Pistole im Halfter, auffällig griffbereit. Die Ruhe und scheinbare Gleichgültigkeit der Schwarzen sind fast unheimlich. Es ist bekannt, daß einige der Redner (und wieviele der Zuhörer?) Haft, Gefängnis durchgemacht haben. Plötzlich kommt ein Kleinbus angerast, stoppt am Rand des Platzes, ein halbes Dutzend weiße Militärs springt heraus, ein paar Schwarze, einige Kinder, die dort stehen, beginnen, wegzurennen, die Weißen hinterher, verteilen sich zwischen Baracken, verschwinden aus dem Gesichtsfeld der Versammlung. Die Schwarzen beobachten den Vorfall schweigend, drehen die Köpfe und wenden sie wieder der Tribüne zu. Nach kurzer Zeit fährt der Bus mit den Militärs wieder weg, es wird ebenso schweigend zur Kenntnis genommen. "Die Leidensfähigkeit der Schwarzen wird die weiße Herrschaft früher oder später brechen", sagt ein katholischer Pfarrer, der aus dem Land ausgewiesen worden war.[6)]

SCHWARZE GEGENGEWALT

Wie der Krieg Südafrikas in Namibia viele Gesichter hat, so hat auch schwarze Gegengewalt viele Gesichter. Der Kampf mit den Waffen prägt nur das eine. Der Widerstand, der sich den Taktiken und Methoden alltäglichen Terrors entgegenstellt, zeichnet die anderen Gesichter...

Streik...
Neben dem landesweiten Streik 1971/72 gab es in Namibia annähernd fünfzig weitere Streikaktionen. 1976 traten 500 Arbeiter unter dem wachsenden Einfluß der schwarzen Gewerkschaft National Union of Namibian Workers (NUNW) bei der Rössing-Mine in Streik.

Protest...
1973 protestierten 5.000 afrikanische Arbeiter der Afrikanersiedlung Katutura bei Windhoek gegen ein "Beratungsgremium", das nach dem Willen des südafrikanischen Regimes nach einem "Rassen"proporz der in verschiedenen Wohnquartieren angesiedelten Schwarzen zusammengesetzt sein sollte. Im gleichen Jahr protestieren zahlreiche Afrikaner gegen einen Besuch des südafrikanischen Premierministers Vorster in Namibia anläßlich eines Kongresses der (weißen) Nationalen Partei. Ein Demonstrant wurde getötet, 300 Demonstranten wurden festgenommen.
1976/77 trat der Süden Namibias als eine intensiv durch SWAPO mobilisierte Region mit starker Militanz der schwarzen Bevölkerung hervor. Maßgeblich waren an vielen Aktionen Frauen und Jugendliche beteiligt. Die Afrikaner sangen Lieder aus den großen afrikanischen Kriegen 1904 – 1907 gegen die deutsche Kolonialmacht.

Wahlenthaltung...
1973 erfolgte erbitterter Protest gegen die "Homeland"-Politik. Die im Reservat Ovamboland angesetzten Wahlen wurden boykottiert. Ergebnis: eine Wahlbeteiligung von zwei Prozent. Vor dem gleichen Hintergrund formierte sich Widerstand gegen die Ernennung des "Premierministers" von Ovamboland, Filemon Elifas, der eine Serie von Festnahmen von SWAPO-Führern und -Mitgliedern im Gefolge hatte.

Widerstand gegen die Paßkontrollen...
April 1975 weigerten sich schwarze Arbeiter, an den Eingängen des Kontraktarbeitercompounds in Katutura ihre Pässe vorzuzeigen. Die Polizei griff ein und schoß scharf. Fünf Arbeiter wurden getötet, dreizehn verletzt.

Schulstreiks und Prüfungsboykotte...
1976 organisierten schwarze Schüler Schulstreiks und Prüfungsboykotte, unterstützt von schwarzen Lehrern.

Dies sind nur einige Widerstandsaktionen der letzten Jahre. Dazu gehört die Unterstützung namibischer Freiheitskämpfer durch die Zivilbevölkerung, insbesondere im Norden Namibias, wo sich der Hauptkriegsschauplatz befindet. Es ist dieser tägliche, stille und verborgene Widerstand insgesamt, der Widerstand ohne große Öffentlichkeitswirksamkeit, der dennoch und gerade deshalb von der Besatzungsmacht besonders gefürchtet ist.

DIE FRONTSTAATEN – EXILLÄNDER NAMIBISCHER FLÜCHTLINGE

Eigene Erfahrungen mit dem Kolonialismus haben eine Reihe von Ländern im südlichen Afrika zu Bündnispartnern der SWAPO werden lassen, Staaten, die unbeirrt allen südafrikanischen Terrors, von dem sie selbt im Gefolge ihrer Unterstützung von Befreiungsbewegungen im südlichen Afrika betroffen sind, seit Jahren eine Front gegen Südafrika bilden. Es sind die Volksrepublik Angola, Sambia, Simbabwe, Tansania, Mozambique, Botswana wie auch Lesotho. In diesen Ländern finden Flüchtlinge aus Südafrika und Namibia Exil.

Die Frontstaaten sind seit Jahren Ziel südafrikanischer Terrorakte. Besonders betroffen sind Angola, Sambia und Simbabwe. Staatliche Hoheitsgrenzen stellen für Südafrika kein Hindernis dar, gezielt sogenannte Terroristennester anzugreifen. Opfer südafrikanischer Aggressionen ist oft auch die nationale Bevölkerung.

Die militärischen Angriffe Südafrika auf die Frontstaaten richten sich seit 1975 besonders gegen Angola, das in den vergangenen Jahren mehrere Großoffensiven und zahlreiche Einfälle erlebte. Südafrika vermochte jedoch nicht zu verhindern, daß Angola erstes Exilland für namibische Flüchtlinge wurde. Es sind etwa 80.000 Namibier, die heute in Angola im Exil leben.

Mit südafrikanischer Unterstützung operieren in Südangola Kampfeinheiten der UNITA (União Nacional para a Interpendência Total de Angola), einer Organisation, die eine Destabilisierung der politischen, wirtschaftlichen und sozialen Prozesse in Angola zum

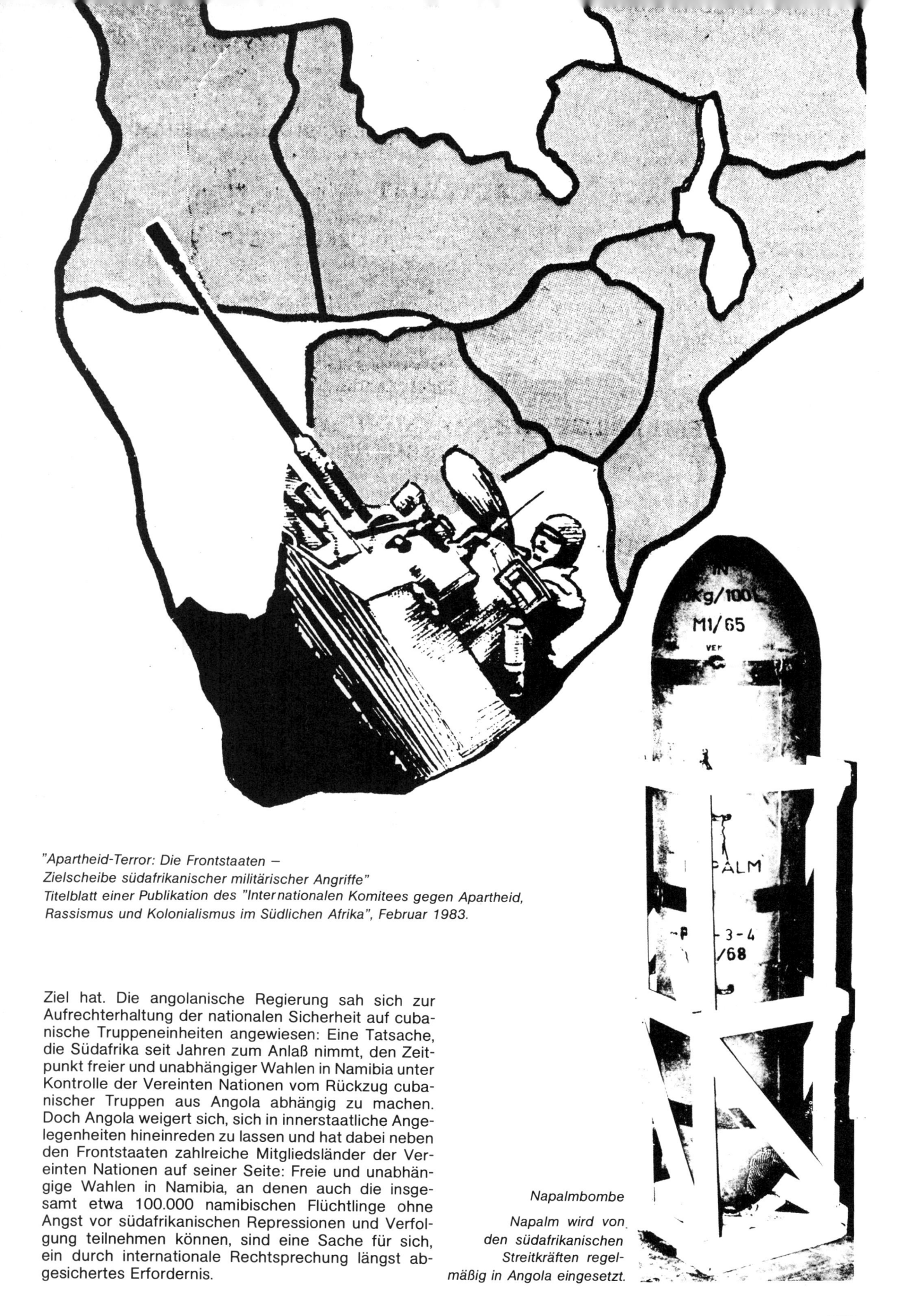

"Apartheid-Terror: Die Frontstaaten –
Zielscheibe südafrikanischer militärischer Angriffe"
Titelblatt einer Publikation des "Internationalen Komitees gegen Apartheid,
Rassismus und Kolonialismus im Südlichen Afrika", Februar 1983.

Ziel hat. Die angolanische Regierung sah sich zur Aufrechterhaltung der nationalen Sicherheit auf cubanische Truppeneinheiten angewiesen: Eine Tatsache, die Südafrika seit Jahren zum Anlaß nimmt, den Zeitpunkt freier und unabhängiger Wahlen in Namibia unter Kontrolle der Vereinten Nationen vom Rückzug cubanischer Truppen aus Angola abhängig zu machen. Doch Angola weigert sich, sich in innerstaatliche Angelegenheiten hineinreden zu lassen und hat dabei neben den Frontstaaten zahlreiche Mitgliedsländer der Vereinten Nationen auf seiner Seite: Freie und unabhängige Wahlen in Namibia, an denen auch die insgesamt etwa 100.000 namibischen Flüchtlinge ohne Angst vor südafrikanischen Repressionen und Verfolgung teilnehmen können, sind eine Sache für sich, ein durch internationale Rechtsprechung längst abgesichertes Erfordernis.

Napalmbombe

Napalm wird von den südafrikanischen Streitkräften regelmäßig in Angola eingesetzt.

Internationale Solidaritätskonferenz mit den Frontstaaten, Lissabon 1983.

Solidarität mit den Frontstaaten wird seit Jahren von vielen Ländern geübt und demonstriert. Ein letztes Ereignis dieser Art war die Internationale Solidaritätskonferenz mit den Frontstaaten, die 1983 in Lissabon stattfand. Schirmherren waren die Staatspräsidenten von Portugal, Tansania, Sambia, Simbabwe, Lesotho, Botswana, Mozambique, die Führer der SWAPO und des ANC (African National Congress; stärkste Befreiungsorganisation Südafrikas). Staatshäupter aus 25 Ländern sandten Solidaritätsadressen. Darunter waren Algerien, Indien, Äthiopien, Tunesien, Nicaragua, die Sowjetunion, Nigeria. Westeuropa war mit über einem Dutzend Organisationen vertreten, die den Befreiungskampf im südlichen Afrika unterstützen. Vertreten waren weiterhin das Komitee der Vereinten Nationen gegen Apartheid, der Rat der Vereinten Nationen für Namibia (Namibia-Rat) und das Befreiungskomitee der Organisation Afrikanischer Staaten (OAU), die seit langem den Befreiungskampf der SWAPO mit Geld und Waffen unterstützen. Auf der Anklagebank saß, wie so oft, das (abwesende) Rassistenregime Südafrikas, das beschuldigt wurde, einen Krieg im südlichen Afrika zu führen, den es nie erklärt hat, weil es keine Gründe gibt, die Südafrika zu seiner Rechtfertigung anführen könnte — es sei denn, die menschenverachtende und ausbeuterische Politik einer Minderheit von Weißen gegenüber einer großen Mehrheit von Schwarzen, eine Politik, die vor keinem Mittel zurückschreckt, einer Minderheit ihre Privilegien zu sichern.

Arbeitsvorschläge:
– Notiere Daten, die die wachsende Militarisierung Namibias durch Südafrika verdeutlichen.
– Notiere einige Beispiele alltäglichen Terrors an der schwarzen Bevölkerung Namibias.
– Suche nach Gründen, die für diesen alltäglichen Terror maßgebend sein könnten. Suche nach Ursachen schwarzer Gegengewalt und notiere sie.
– Die letzte Frage zu diesem Kapitel ist nicht einfach zu beantworten. Versuche, dich trotzdem mit ihr zu beschäftigen: Wie könnte ein Ende des Krieges in Namibia erreicht werden? Welche Rechte sollte dieser Frieden den Schwarzen und Weißen Namibias bringen?

20. Kapitel

Leben im Exil

80 bis 100.000 Namibier sind aus Namibia geflohen und leben im Exil. Die größten Zentren für namibische Flüchtlinge befinden sich in Angola und Sambia. Das Leben im Exil ist unter dem Vorzeichen der Vorbereitung auf ein unabhängiges Namibia organisiert. Mit dem Namibia-Institut in Lusaka, Sambia, und dem Berufsausbildungszentrum in Sumbe, Angola, finanzieren die Vereinten Nationen Bildungseinrichtungen, die mittelbar und unmittelbar die Mitarbeit schwarzer Namibier im Exil am Aufbau eines einmal unabhängigen Namibia vorbereiten.

Absichten:
- Zuerst machen wir uns Gedanken, was eine Entscheidung, ins Exil zu gehen, bedeuten kann.
- Wir bringen einen Aufsatz, in dem ein namibischer Schüler über seine Flucht berichtet.
- Wir informieren über das Erziehungs- und Gesundheitszentrum Nyango in Sambia und geben Eindrücke wieder.
- Wir berichten über zwei Bildungseinrichtungen der Vereinten Nationen zur Vorbereitung der Namibier im Exil auf die Unabhängigkeit Namibias.

Schülerzeichnung aus Cuanza Sul

FLUCHT, EXIL UND NEUE HEIMAT AUF ZEIT

> WIR LIEBEN NAMIBIA UND WIR MÖCHTEN IN FRIEDEN UND EINTRACHT IN NAMIBIA LEBEN. WIR KÖNNEN ES NICHT, WEIL WIR VON DEN SÜDAFRIKANERN WIE TIERE GETRETEN WERDEN UND WIE HUNDE IHREN WILLEN AUFGEZWUNGEN BEKOMMEN.[1]

80 bis 100.000 Namibier sind aus Namibia geflohen und leben im Exil. Sie sind Gäste fremder Regierungen und Völker, die ihnen eine Bleibe gewähren, weil sie die Not, die den Entschluß zur Flucht bewirkt hat, nicht in Frage stellen – die kollektive Not der schwarzen Bevölkerung Namibias. Denn koloniale Unterdrückung ist in Namibia, neben der Westsahara die letzte Kolonie Afrikas, immer noch Realität...

Die Gründe, die hinter einer Entscheidung zur Flucht und zum Leben im Exil stehen, mögen so verschieden sein wie die Schicksale der Menschen, die sich dazu entschlossen haben. Schwarze namibische Menschen verbindet über jede persönliche Lebensgeschichte hinweg die Tatsache, Menschen schwarzer Hautfarbe, Namibier schwarzer Hautfarbe zu sein. Es ist das demütigende Erbe eines immer noch lebendigen Kolonialismus, der als ein System von Fremdherrschaft von jeher fein säuberlich die Scheidung von Herrschenden und Beherrschten anhand der Hautfarbe vornahm. Daran ändert prinzipiell auch nichts, daß die Kolonialmächte Kollaborateure mit Privilegien auf ihre Seite zu ziehen suchen, die zur Sicherung kolonialer Herrschaft nützlich sind. Und daran ändern prinzipiell auch nichts kleine Schritte, die zur Besserung der Situation der Kolonisierten unternommen werden.

Wie Flucht immer bedeutet, sich einer Bedrohung zu entziehen, so ist mit ihr zugleich auch die Hoffnung auf eine bessere Zukunft verbunden. Für die große Zahl der namibischen Flüchtlinge ist diese Zukunft Namibia, Namibia als ein von kolonialer Herrschaft befreites und unabhängiges Land, in dem die Menschenrechte verwirklicht sind: Die Flucht aus Namibia wird damit zu einer Entscheidung unter politischem Vorzeichen, gerichtet gegen die gesellschaftliche Entwicklung in Namibia und orientiert auf einen gesellschaftlichen Umbruch. Sie ist politisch, weil sie sich auf Normen, Regeln und Gesetze menschlichen Zusammenlebens bezieht. Sie ist politisch, weil sie Wertvorstellungen als Maßstab für die Beziehungen zwischen Menschen einschließt, die Gegebenes daran messen und Alternativen daraus ableiten.

Leben im Exil ist ein Leben zwischen dem Gestern und dem Morgen, zwischen Vergangenem und Zukünftigem. Es ist angesiedelt zwischen dem Leben in der Heimat, die zurückgelassen wurde und der erhofften Rückkehr in die Heimat, in das Land der

---

Ein Schulaufsatz aus Cuanza Sul
Wie ich über die namibisch-angolanische Grenze ging

Es war am 14. Mai 1980: Den ganzen Tag überlegte ich, wie ich über die Grenze nach Angola kommen könnte.

Ich machte mich auf den Weg. Ich war nicht allein, ich war zusammen mit Kämpfern der SWAPO. Sie sagten mir, was ich zu tun hätte, wenn wir unterwegs auf den Feind stoßen würden. Es war ein langer Marsch, wir taten die ganze Nacht kein Auge zu. Es gab weder etwas zu essen noch zu trinken. Als wir noch einen Kilometer von der Grenze entfernt waren, sagten mir die Genossen, ich solle die Schuhe ausziehen, weil das Auftreten mit Schuhen zuviel Lärm mache. Sobald wir die Grenze hinter uns hatten, durfte ich die Schuhe wieder anziehen. Ich war sehr müde.

In Angola traf ich viele Kämpfer. Sie gaben mir zu essen, zu trinken und alles, was ich nötig hatte. Sie sagten mir, ich sei nun ein Mitglied der SWAPO. Die anderen, die mich begleitet hatten, blieben nicht in Angola, sondern gingen nach Namibia zurück.

Am nächsten Tag, es war der 18. Mai, brachte mich ein Auto nach Lubango, wo ich viele Freunde traf. Einige von ihnen waren Klassenkameraden aus Namibia. In Lubango wurde ich im Erziehungszentrum untergebracht. Dort ging ich zur Schule. Einige von uns begannen den Unterricht nachmittags um zwei Uhr.

Jetzt bin ich im Erziehungszentrum Cuanza Sul. Hier gehe ich zur Schule, denn zu lernen ist auch ein Teil unseres Kampfes.

Ich tue das für mein Volk und unsere Heimat Namibia.

Geburt und Abstammung, vertrauter Menschen, Landschaften und Kulturen. Menschen, die im Exil leben, sind nicht im engen Sinne des Wortes heimatlos: sie sind für eine unbestimmte Dauer "unbeheimatet". Die gefühlsmäßige Nähe zu ihrem Land kann sehr viel stärker sein als die derjenigen, die nie vor die schwere Entscheidung gestellt wurden, zu bleiben oder zu gehen, weil das Leben unerträglich wurde oder nicht mehr anders zu retten war. Wem sich kein anderer Weg mehr zeigt, als aufzubrechen, dem mag Selbstverständliches nicht mehr selbstverständlich bleiben, weil er Abschied nehmen muß und nicht weiß, wann er — und ob überhaupt — zurückkehren wird. All dies prägt den Lebensalltag im Exil. Man würde ihn jedoch nicht erfassen, wenn man die Ausrichtung auf und die Anstrengungen für eine bessere Zukunft in Namibia außer Acht ließe.

Längst ist die Flucht aus Namibia kein Weg mehr ins Ungewisse, keine Flucht mehr ohne Ziel. Sowohl in Sambia wie auch in Angola hat die SWAPO Erziehungs- und Gesundheitszentren für namibische Flüchtlinge eingerichtet, in denen das Leben im Exilland umfassend organisiert ist, und die zu einer neuen "Heimat auf Zeit" geworden ist.

Für viele Namibier ist heute der Fluchtweg in die Volksrepublik Angola einfacher und sicherer als der nach Botswana und Sambia. Nordnamibia und Südangola sind, trotz südafrikanischer Truppen und Infiltration, Hauptoperationsbasis der PLAN, der namibischen Befreiungsarmee. Die Flüchtlinge können auf den Schutz durch Soldaten der PLAN und die Hilfe der nordnamibischen und angolanischen Bevölkerung setzen und vertrauen. Die SWAPO hat in Südangola einige Durchgangslager für namibische Flüchtlinge eingerichtet, die eine erste längere Rast, ein erstes Gefühl von Sicherheit vor südafrikanischer Verfolgung vermitteln. In den Durchgangslagern gibt es Versorgungsmöglichkeiten für Kranke und sogar Schulen, die längere Aufenthalte sinnvoll überbrücken helfen.

Das größte Erziehungs- und Gesundheitszentrum der SWAPO befindet sich im nördlichen Teil der Provinz Cuanza Sul, etwa 180 Kilometer südöstlich der angolanischen Hauptstadt Luanda. Die große Entfernung

Die Apotheke in Nyango

zur namibischen Grenze hat strategische Gründe: Angola ist seit seiner Unabhängigkeit 1975 ständig militärischen Bedrohungen durch Südafrika ausgesetzt und allein bis zum Juni 1979 193 mal Angriffsziel Südafrikas gewesen. Einfälle, Überfälle und Bombardierungen forderten immer wieder Opfer unter den namibischen Flüchtlingen und der angolanischen Bevölkerung.

Aber auch Cuanza Sul ist gefährdet. Die mehr als 60.000 Namibier, die dort leben, müssen stets gewärtig sein, daß Südafrika angreift: Die Bedrohung durch Südafrika und seinen Krieg, der die Unabhängigkeit Namibias verhindern soll, reicht bis ins Exil und ist auch hier Teil des alltäglichen Lebens.

IM ERZIEHUNGS- UND GESUNDHEITSZENTRUM DER SWAPO IN NYANGO, SAMBIA

Wir besuchten Nyango im Herbst 1982. Seine Struktur ist ähnlich wie die des Zentrums Cuanza Sul. Seine Geschichte reicht jedoch weiter zurück, obwohl es heute das kleinere Zentrum ist.

Sambia, seit 1964 und damit vor Angola unabhängig, war der erste der an Namibia angrenzende Frontstaaten, der eine konsequente antirassistische Politik verfolgen konnte. Seiner Solidarität mit dem namibischen Unabhängigkeitskampf verdankt die SWAPO die Aufnahme erster namibischer Flüchtlinge, die in der Nähe von Lusaka auf der "Old Farm" das Exilleben vorbereiteten und organisierten. Der wachsende Flüchtlingsstrom und die ständige Gefahr südafrikanischer Angriffe führte zur Verlegung des Camps ins sambische Hinterland, weitab von größeren Städten und verborgen im Urwald, der einer Flüchtlingssiedlung natürlichen Schutz bietet.

1975 begann dort eine kleine Gruppe geflohener Namibier und SWAPO-Mitglieder mit den Rodungsarbeiten. Ein Fluß in der Nähe sorgte für Wasser. Aus Holz, Zweigen, Laub, Lehm und Wasser wurden die ersten Unterkünfte gebaut. Das war der Anfang von Nyango, das heute ein ausgedehntes namibisches Dorf in Sambia ist, ein selbstverwaltetes namibisches Gemeinwesen, in dem 1982 4.500 Menschen lebten. In Nyango gibt es ein Krankenhaus, eine Apotheke, eine Schule mit mehreren Gebäuden, einen Kinderhort, eine große und einige kleine Gemeinschaftsküchen. Nyango verfügt über eine große Fläche landwirtschaftlich nutzbaren Bodens, die "Farm", auf der — wo einst Wald war — Mais, Hirse, Kartoffeln angebaut werden. In Nyango wurde ein großer Schulgarten angelegt, den Schüler unter Anleitung bestellen.

Nyango wird durch einen Lagerrat verwaltet, dem etwa

30 Personen angehören. Vorsitzender ist der Direktor des Lagers, sein Stellvertreter ist der Schulleiter. Für die verschiedenen Abteilungen Schule, Gesundheit, Nahrungsmittelversorgung, Landwirtschaft und Häuser sind Sekretäre zuständig. In Nyango gibt es innerhalb der SWAPO den Frauenrat, die Jugendliga und den Altenrat.

Das Leben im Lager hat seine Grundsätze und Regeln, die seine Organisation bestimmen. Die Bildung von Kindern, Jugendlichen und Erwachsenen steht ganz oben. Das Bildungssystem in Namibia, das die Schwarzen benachteiligt, hat in den Lagern zu den größten Anstrengungen geführt, Bildungsausfälle und -lücken auszugleichen und zu füllen.

Am Schulunterricht nehmen alle Jugendlichen im Lager teil, selbst wenn sie über das Schulalter hinaus sind.

Unterricht findet vor- und nachmittags, in Schichten, statt, weil der großen Zahl von Schülern – in Nyango lebten 1982 2.500 Kinder und Jugendliche – durch die wenigen Lehrer nicht anders gerecht zu werden war. Erwachsenenbildung geschieht in selbstorganisierten, kleinen Gruppen. Die Schule in Nyango befindet sich nicht nur räumlich im Mittelpunkt des Zenrums, sie ist auch Mittelpunkt des Lebens durch die Bedeutung, die Bildung zugemessen wird. Denn ohne den Bildungsrückstand der schwarzen Namibier aufzuholen, wird in Namibia nicht die Zukunft verwirklicht werden können, auf die alle setzen: Die der Freiheit, Unabhängigkeit und Chancengleichheit von schwarzen und weißen Namibiern.

"One Namibia – One Nation": Ein Namibia – eine Nation ist die Parole, die für das Gefühl und die Überzeugung der Namibier im Exil steht, Menschen einer Nation, eines nationalen schwarzen Schicksals zu sein. Der Trennung der Weißen von den Schwarzen und nocheinmal der "schwarzen Rassen" untereinander – insbesondere durch die Politik der "Heimatländer" – setzen die Schwarzen das Verbindende und Gemeinsame entgegen. Trotzdem wird in den Zentren im Exil – ohne Diskriminierung und Zwangsverordnungen wie im besetzten Namibia – den verschiedenen Traditionen und namibischen Sprachen Rechnung getragen. Die Erwachsenen legen Wert darauf, daß die Kinder, die zum Teil in den Zentren geboren wurden, ihre Muttersprache lernen. Auch in den Freizeitgruppen der Jugendlichen, die sie in großer Zahl gebildet haben, um Lieder der Tradition und des schwarzen Widerstandes zu pflegen, bleibt die Verbundenheit mit der kulturellen Vielfalt bewahrt.

Gemeinsame Sprache ist, seit der Entscheidung der SWAPO Ende der siebziger Jahre, Englisch. Nicht das verhaßte Afrikaans, das ihnen von der Kolonialmacht aufgezwungen wurde. Afrikaans wird in Südafrika und Namibia gesprochen und gehört nicht zu den Weltsprachen. Die Besatzungsmacht wußte sehr wohl, als sie diese Entscheidung traf, daß sie mit der Sprache internationale Verständigungsmöglichkeiten einschränkte. Die Entscheidung der SWAPO für Englisch als namibische Nationalsprache stellt eine besondere Herausforderung an die Namibier im Exil dar. Die Schüler müssen sich sehr anstrengen, dem Unterricht zu folgen, der ausschließlich in englischer Sprache erteilt wird. Sich dieser Anstrengung zu unterziehen, ist auch Teil des Lebens im Exil als einem Leben, das auf ein unabhängiges Namibia ausgerichtet ist.

Der Schulgarten
Die Sonne hat die Mittagshöhe überschritten. Ein paar schwarze Hausschweine trotten über unseren Weg zum Schulgarten. Dort sind gut ein Dutzend Wassereimer und Gießkannen zwischen Garten und Fluß unterwegs, die Schüler gießen ihre Beete. Eine Stunde pro Tag finden am frühen Nachmittag Arbeiten und Lernen im Schulgarten statt.
Alle arbeiten freiwillig mit. Es ist ein Lehr- und Lernangebot, das gerne wahrgenommen wird. Weil die Schulleitung den Standpunkt vertritt, daß die Schüler eine innere Beziehung zu ihrer Arbeit entwickeln sollen, wird ihnen viel Freiraum für eigene Entscheidungen gelassen. Landwirtschaftliche Arbeit lieben lernen ist der erste Grund, warum der Schulgarten angelegt wurde. Arbeiten und Lernen miteinander zu verbinden, der zweite. Die Instruktionen gibt ein Lehrer, der auch für das große Landwirtschaftsprojekt zuständig ist und an der Schule unterrichtet. Ganz am Anfang steht eine einfache Pflanzenkunde, denn einige der Gemüsearten, die in Nyango wachsen, sind in Namibia unbekannt. Vertraut gemacht werden die Schüler mit der Bedeutung von Düngemitteln, der Bestimmung von Schädlingen, der Anwendung und den Gefahren von Schädlingsvertilgungsmitteln und der Bedeutung der Bewässerung.
Den Schulgarten umgibt an zwei Seiten ein etwa drei Meter hoher Palisadenzaun. Der Garten umfaßt eine Fläche von gut 1.200 Quadratmetern und ist in 139 Beete aufgeteilt, jedes Beet gekennzeichnet durch ein Schild mit Nummer. Die Anzahl der Beete macht es möglich, jedem Schüler ein Beet zur selbstverantwortlichen Bearbeitung zu überlassen.
Die Pflanzen stehen gut: Raps, Weißkohl und Spinat, in drei großen Parzellen zusammengefaßt, einige Zwiebel- und Tomatenbeete. Die Ernte geht an die Küche, im Augenblick ist es Spinat. Je nach Jahreszeit und im Wechselanbau werden verschiedene Gemüsearten ausgesät und Mischbeete angelegt.

"Unser Kampf um Namibia"

Bildergeschichte. Gezeichnet und erklärt von Schülern in Nyango

Joseph, 18 Jahre:

Auf dem **ersten** Bild kann man sehen, wie Namibier wohnen. Die Frau trägt ein Kind auf dem Rücken. Auf dem Kopf hat sie eine Kalabasse (Flaschenkürbis). Die Frau holt Wasser für ihre Familie. Dieses Bild zeigt ein Haus und eine Frau in Nordnamibia, wo ich herkomme.

Auf dem **zweiten** Bild können wir die schwierigen Lebensbedingungen in Namibia sehen. Unsere Menschen sterben Tag und Nacht. Wir sehen dies hier. Dies ist das Haus eines unserer Comrades. Während der Nacht kommen die Buren und hämmern an die Türen. Wenn jemand herauskommt, wird er getötet. Die Buren tun das, weil sie nicht wollen, daß wir, die Schwarzen, unsere Situation erkennen.

Das **dritte** Bild zeigt, wie Menschen aus Namibia über die Grenzen in befreundete Nachbarstaaten fliehen. Ein Soldat unserer Befreiungsarmee PLAN beschützt die Frau vor den Buren, die sie verfolgen.

Das **vierte** Bild soll die Hilfe sozialistischer und anderer friedliebender Länder zeigen, die unseren Befreiungskampf mit Dingen wie Bücher, Gewehren und Medikamenten unterstützen.

Das **fünfte** Bild bezieht sich auf die Lebensbedingungen in Namibia: Kein Friede und kein Stillhalten in Namibia, solange unser Volk leidet.

Das **sechste** Bild zeigt unsere Flagge, die SWAPO-Flagge. Die Farbe blau steht für Fischreichtum und Bodenschätze. Rot steht für das Blut, das in unserem Kampf um Unabhängigkeit die Erde tränkt. Grün steht für die reiche Erde und ihre Bewirtschaftung.

No peace and establish in Namibia as long as our people suffer

peace Loving Countrys

Dictionary Book

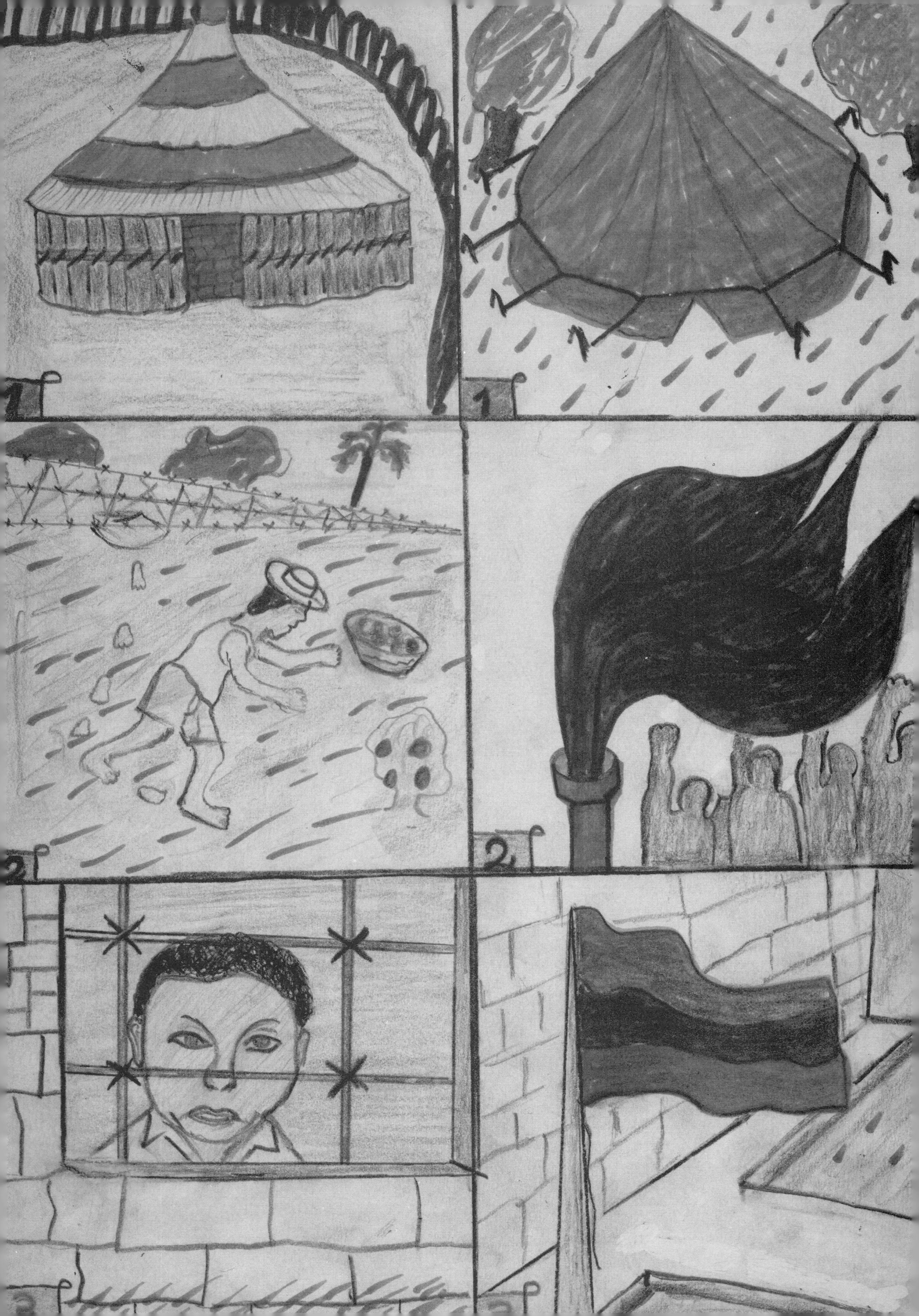

Linus, 14 Jahre:

1. Dies ist ein Haus in Nordnamibia. Ein Zaun, wie man hier sieht, umgibt bis zu zwölf Hütten:
eine Hütte ist Vorratsraum für die Nahrungsmittel der Familie,
eine Hütte ist für die Mutter und die kleinen Kinder,
eine Hütte ist für den Vater,
eine Hütte für die größeren Kinder,
in einer Hütte wird Mais zu Mehl gestampft,
in einer Hütte werden Kleider, Koffer und Hausrat aufbewahrt,
eine Hütte ist Aufenthaltsort der Familie.

2. Hier sieht man die Grenze zwischen Namibia und Angola. Dies ist ein Stacheldrahtzaun, den die Buren gebaut haben. Der Mann ist unter dem Stacheldraht hindurchgekrochen und auf dem Weg zur SWAPO in Angola. Er sammelt Früchte, weil er Hunger hat.

3. Dieses Bild habe ich für unsere Comrades auf Robben Island*) gemalt. Dort werden unsere Führer wir Comrade Herman Toivo Ja Toivo, Kahumba Ka Ndola, Jerry Ekandjo und andere gefangengehalten.

1. Dies ist ein Zelt in einem SWAPO-Lager. Wir schlafen in diesenZelten. Die Zelte spenden uns fortschrittliche Länder.

2. Dieses Bild zeigt unsere Fackel. Man kann auch einige Menschen sehen. Sie sprechen Slogans wie:
Es lebe SWAPO!
Lang lebe unser Präsident Comrade Sam Nujoma!
Lang lebe die internationale Solidarität!
Es lebe der gerechte Kampf für Namibia!
Unabhängigkeit oder Tod: Wir werden siegen!

3. Unsere Flagge. Das Haus ist ein Büro. Es ist ein Büro der SWAPO in Angola.

*) Berüchtigte Insel an der Südspitze Südafrikas, auf die politische Häftlinge deportiert werden. Mit Inhaftierungen ohne Gerichtsverfahren, Schwerstarbeit der Inhaftierten, unzureichender Verpflegung und ärztlicher Betreuung, scharfer Zensur von Innen- und Außenkontakten versucht das südafrikanische Regime, Widerstandskämpfer auszuschalten.

Das Krankenhaus[2])

Das Krankenhaus ist eines der ältesten Gebäude von Nyango. Es wurde mit den Baumaterialien erstellt, die die nahe Umwelt hergab: Erde, Lehm, Holz, Blätter und Gras als Füllstoffe.
Im Gang ist es dunkel und die Augen brauchen eine Weile, um sich vom hellen Tageslicht auf die Dunkelheit umzustellen. Die Lehmwände haben Einbuchtungen wie Narben und wölben sich an manchen Stellen wie Bäuche in den schmalen Gang. Der Putz ist in einem dunklen Blau gestrichen und glänzt matt. Grob behauene Balken fassen Holztüren und Wände ein.
Gleich links neben der Tür, in der Augenhöhe eines Kindes, ist eine Schrift in die Wand geritzt: SWAPO SHALL WIN. Der Korridor ist nur Durchgang. Rechts und links öffnen sich die Türen zu den verschiedenen Krankenhausräumen. Das Büro ist ein kleiner, fast quadratischer Raum; es ist zugleich Konsultations- und Untersuchungszimmer. Dort finden auch die Fachbesprechungen des Personals statt. Je nach Untersuchungsergebnis erhält der Patient gleich ein Rezept oder wird zur weiteren Behandlung in die verschiedenen Sektionen geschickt.
Der Waschraum und ein Krankenzimmer.
Die Kinderstation. Sie besteht aus nur einem Raum. Säuglinge erhalten die notwendigen Schutzimpfungen und werden regelmäßig untersucht. Es gibt einen Untersuchungsplan. Die Mütter werden beraten und in grundlegenden Dingen wie Nahrungsversorgung und Babyhygiene unterrichtet.
Das Beobachtungszimmer. Patienten, die in Nyango nicht angemessen behandelt werden können, werden in eines der drei sambischen Krankenhäuser in der Region gebracht. Schwere Fälle, von denen man in Nyango aus Erfahrung weiß, daß sie auch die dortigen Behandlungsmöglichkeiten übersteigen, werden auf direktem Weg in die Klinik in Lusaka eingeliefert.
Der Impfraum für alle Patienten und daneben der Umkleideraum für die Schwestern.
Der Operationsraum. Einfache Operationen wie das Entfernen von Abszessen und Fremdkörpern und operative Eingriffe bei Verletzungen können hier vorgenommen werden.
Der Lagerraum für Medikamente, die unter Verschluß gehalten werden müssen.
Das Labor. Zur Zeit arbeiten dort drei Namibier, die sich besonders mit Wurmkrankheiten befassen. Durch Würmer verursachte Krankheiten sind in Nyango weit verbreitet. Ursache ist durch Bakterien verseuchtes Wasser, das nur abgekocht getrunken werden darf, was nicht immer geschieht. Die vielen Kinder und Jugendlichen in Nyango machen eine Kontrolle schwer.
Die am häufigsten auftretenden Krankheiten hängen mit dem Wetter zusammen. Besonders während der Regenzeit gibt es viele Malariakranke, ihr Anteil kann auf 75 Prozent der Menschen im Lager steigen. In der nassen und kalten Jahreszeit sind Erkrankungen der Atemwege weit verbreitet: Bronchitis, Asthmaanfälle, Lungenentzündung. Es gibt Fälle von Tuberkulose, Augenkrankheiten, Ohrenerkrankungen und, sehr häufig, Diarrhoe. Die meisten Medikamente kommen von UNICEF, dem Kinderhilfswerk der Vereinten Nationen. Auch die sambische Regierung und internationale Hilfsorganisationen helfen mit Arzneimittelsendungen. Die Medikamente werden mit Ausnahme der unter Verschluß zu haltenden in der Pharmazie gelagert. Zweimal am Tag, vor- und nachmittags je zwei Stunden, werden Medikamente ausgegeben, in dringenden Fällen auch zwischendurch.

Kindergarten und Vorschule

In den Industriestaaten hat man seit Jahren die Bedeutung pädagogischer Spielmaterialien für die Entwicklung und Förderung frühkindlicher Intelligenz erkannt. Holzbausteine, Legespiele, Legokästen, Kinderbücher gehören zum Sortiment von Fachgeschäften und den Spielwarenabteilungen der Kaufhäuser, sie sind vielgekaufte Ware — für die Hände weißer Kinder, auch in Namibia. Die Startbedingungen afrikanischer Kinder in Namibia sind dagegen bestürzend: Der Arbeitslohn der vielen durch Kontraktarbeit im "weißen" Gebiet monatelang abwesenden Väter reicht kaum für Nahrung und Kleidung ihrer Familien in den Reservaten, von einer vorschulischen Erziehung für die Kinder der afrikanischen Arbeiter auf den Farmen der Weißen ganz zu schweigen. Auch in Nyango fehlt es an vielem, aber Strukturen, die Entwürdigung und Unterdrückung durch das rassistische System aufzubrechen und zu überwinden, sind angelegt und werden auch im Kindergarten sichtbar. Es wird zum Beispiel einerseits als wichtig erachtet, daß die Kinder mit ihrer Muttersprache[4] aufwachsen. Kinder einer namibischen Sprache leben deshalb in Gruppen von sechs bis sieben Kindern zusammen und werden von einer Namibierin betreut. In der Großgruppe dagegen sind alle Kinder zusammen und kulturelle Vielfalt wird hier als etwas Selbstverständliches erlebt. Nicht das Trennende ist das Wichtige wie unter dem Apartheidsystem, sondern das Gemeinsame in der Verschiedenheit. Der größere Teil der Kinder im Hort wurde außerhalb Namibias geboren und wird mit humanen Werten groß, Werten, die im Apartheidsystem nicht vermittelt werden. Diese Kinder, die in den Lagern aufwachsen, sind Teil einer ganz konkreten Hoffnung, daß sich Namibia einmal zu einer unabhängigen Nation ohne Diskriminierung entwickeln wird.

Der Hort ist eine in Lehm und Holz in traditioneller Bauweise erstellte langgestreckte Hütte. Ein kleiner Raum ist für die notwendigste hygienische und medizinische Versorgung der Kinder eingerichtet, ein weiterer kleiner Raum steht der Kindergärtnerin zur Verfügung. Im größten Raum stehen zweistöckige, selbstgezimmerte und rotlackierte Kinderbetten — der Schlafsaal für die achtungvierzig Kinder.

Der Kindergarten ist Hort für zur Zeit 48 Kinder. Die Eltern der Kinder haben Stipendien befreundeter Staaten, um ihre Ausbildung abzuschließen. Die jüngsten Kinder sind zwei, die ältesten vier Jahre alt. Die Kinder sind tagsüber bei gutem Wetter auf dem großen Spielfeld, das zum Kinderhort gehört. Ein Baum in der Mitte des Platzes gibt Schatten.
Vom dritten Lebensjahr an besuchen die Kinder eine Vorschule. Sie findet in einer Hütte statt, die gerade umgebaut wird. One, two, three..., zählen die Kinder im Chor unter Anleitung von Ndhafa, der Kindergärtnerin. Es ist Mittagsschule und die Jüngsten sind auch dabei, da die Vorschule vorübergehend auf dem Spielfeld stattfindet.
In der Vorschule, sagte Ndhafa, bringen wir den Kindern einfache Dinge bei wie das Alphabet und Zeichnen.

Wir bitten darum, ein paar Kinderzeichnungen zu sehen. Von einer Zeichnung sind wir sehr betroffen: Sie zeigt einen Ball und eine Puppe — wir haben nirgendwo im Kindergarten Spielsachen gesehen. Der Mangel an Spielzeug und Spielmaterialien ist groß, wie Ndhafa bestätigt. Es fehlen Bauklötze, Bälle, Puppen, Spielautos, Kinder- und Malbücher, Malstifte, bunte Papiere...

DAS INSTITUT DER VEREINTEN NATIONEN FÜR NAMIBIA IN LUSAKA, SAMBIA

"Zum erstenmal in der Geschichte eines sich nicht selbstverwaltenden Landes hat die Internationale Gemeinschaft vor der Befreiung die Initiative ergriffen und Vorbereitungen für die Infrastruktur und Verwaltung, die nach der Befreiung benötigt werden, getroffen."

Mit diesen Worten eröffnete der Präsident von Sambia, Kenneth Kaunda, das Namibia-Institut der Vereinten Nationen am 26. August 1976.

Dieses Datum hat besondere Bedeutung für alle Namibier, die im Widerstand gegen Südafrikas Politik in Nambia stehen: Die Vereinten Nationen machten vor aller Welt deutlich, daß sie zur Überwindung der bildungsmäßigen Benachteiligung der Schwarzen in Namibia das Ihre beitragen wollten.

Das Ausbildungsprogramm des Namibia-Institutes ist unmittelbar auf die Ausbildung von Namibiern für ein einmal unabhängiges Namibia ausgerichtet. In insgesamt sechs Fachbereichen (Verfassungs- und Rechtsfragen, Geschichte, Politik und Kultur, Wirtschaft, Landwirtschaft und Bodenschätze, Soziales und Erziehung, Information und Dokumentation) findet eine Ausbildung statt, die Wissen und Kenntnisse für Tätigkeiten im öffentlichen Sektor vermittelt. Der Großteil der Studenten am Namibia-Institut wir qualifiziert sein, Aufgaben in allen staatlichen Bereichen zu übernehmen. Kehren sie einmal in ihr Land zurück, dann werden zumindest die Anfangsschwierigkeiten eines staatlichen Umbildungsprozesses nicht das Ausmaß wie in vielen anderen Kolonien nach der Unabhängigkeit haben, wo der Bildungsrückstand der Afrikaner in allen gesellschaftlichen Bereichen besondere Probleme aufwarf.

Am Namibia-Institut der Vereinten Nationen in Lusaka, Sambia, werden Studenten für verantwortliche öffentliche Funktionen in einem unabhängigen Namibia ausgebildet.

Das Namibia-Institut ist auch der Ort, wo Forschungen betrieben und Programme entwickelt werden, die den Aufbau einer neuen namibischen Gesellschaft betreffen. Denn um Staat und Gesellschaft gerechter zu gestalten, müssen die Voraussetzungen genau geprüft, müssen Alternativen entworfen und diskutiert werden: das politische System, Formen wirtschaftlicher Mitbestimmung, privates Eigentum und Verfügungsmacht über Produktionsmittel, Einkommensverteilung. ...Wieviel Hektar zum Beispiel soll ein Namibier privat besitzen dürfen? – ein Problem, das angesichts weißer Farmer, deren Farmland die Ausdehnung der Schweiz erreicht und dem Mangel an gutem Land in den Reservaten der Afrikaner, angegangen werden muß. Entscheidungen sollen und können am Namibia-Institut nicht getroffen werden, sie müssen dem namibischen Volk vorbehalten bleiben. Mit seiner Ausbildungs- und Forschungstätigkeit schafft das Namibia-Institut jedoch wichtige Voraussetzungen für einen schnellen und leichteren Übergang vom abhängigen zum unabhängigen Staatswesen.

Das Namibia-Institut verfügt über ein Informations- und Dokumentationszentrum, das Studenten, Lehrkräften und Wissenschaftlern zur Nutzung bereitsteht. Hier wird gesammelt und zugänglich gemacht, was insbesondere namibische Geschichte betrifft, und zwar auch und gerade die Geschichte der Schwarzen Namibias, die unter dem Kolonialismus weitgehend ignoriert, unterdrückt oder manipuliert wurde wie die Menschen, die seine Opfer waren und immer noch sind.

DAS BERUFSAUSBILDUNGSZENTRUM DER VEREINTEN NATIONEN FÜR NAMIBIA IN SUMBE, ANGOLA

Das Berufsausbildungszentrum liegt in der Provinz Cuanza Sul, etwa hundert Kilometer südwestlich des SWAPO- Erziehungs- und Gesundheitszentrums Cuanza Sul. Zur Atlantikküste sind es etwa dreißig Kilometer. Das Zentrum ist in einer fast vegetationslosen Zone angesiedelt, an den Ausläufern eines karstigen Gebirgszuges. Natürliche Baumaterialien fehlen vollkommen. Die Schul- und Wohngebäude für Lehrer, Auszubildende und die Verwaltung sind in Fertigbauweise errichtete Baracken. Weitere im Zentrum angestellte Namibierinnen und Namibier wohnen in Zelten. Das notwendige Wasser wird von einem drei Kilometer entfernten Fluß über Pumpen und Wasserleitungen bezogen, die Wasserversorgung ist mangelhaft. Dauerhafte Nahrungsmittel, Spenden internationaler Organisationen, werden von Luanda mit Lastwagen herangeschafft. Ein großes Problem ist die Versorgung mit Frischgemüse. Geplant ist ein Landwirtschaftsprojekt, für das jedoch noch alle nötigen Mittel fehlen, da sich die Finanzierung und Unterhaltung des Ausbildungszentrums nur auf den Betrieb des Ausbildungszentrums selbst erstreckt.

Das Zentrum wurde 1983 eingerichtet. Im Unterschied zum Namibia-Institut in Lusaka, das für öffentliche Tätigkeiten qualifiziert, bildet das Zentrum in Sumbe für praktische berufliche Tätigkeiten aus. Zweijährige Lehrgänge werden in den folgenden Berufsfeldern angeboten: Elektroinstallation, Sanitärinstallation, Kraftfahrzeugmechanik, Bauwesen, Holzbearbeitung, Maschinenbau. Die Ausbildung umfaßt einen theoretischen und einen praktischen Teil. Als berufsfeldübergreifende Kurse sind bisher vorgesehen: Mathematik, Grundkurs Naturwissenschaften, Englisch. Ausgebildet werden jeweils Jahrgänge mit 100 Schülern. Die Kapazität des Ausbildungszentrums ist damit auf 200 Schüler angelegt. Für jedes Berufsfeld ist ein "Instrukteur" verantwortlich. Die Instrukteure werden international rekrutiert; gegenwärtig arbeiten Instrukteure aus Kanada, Polen, Schweden, Burma und Kuba in Sumbe. Mit dem verantwortlichen Instrukteur arbeiten jeweils zwei namibische Ausbilder zusammen.

Schüler, die sich als Auszubildende bewerben, sollten die zehnte Klasse abgeschlossn haben. Aber dies kann nicht mehr als eine Richtlinie sein. Denn eine in Namibia unter den behinderten Bedingungen für Schwarze häufig sehr früh abgebrochene Schulbildung zwingt zu großzügiger Handhabung der Richtlinie. Die Mehrzahl der Auszubildenden wird zwar aus den namibischen Flüchtlingslagern kommen: doch auch dort kann die mangelhafte schulische Bildung nicht in allen Fällen ausgeglichen werden. Viele jugendliche Flüchtlinge sind bereits weit über das entsprechende Schulalter hinaus, wenn sie in den Exilschulen wieder am vorzeitig abgebrochenen Schulunterricht anknüpfen. So ist auch die Mehrzahl der Auszubildenden, die bereits heute in Sume in der Ausbildung stehen, älter als 17, 18 Jahre. Auch 30-jährige sind darunter. Der Anteil an Kriegsinvaliden, Opfern südafrikanischer Gewaltpolitik, ist hoch. In allen Berufsfeldern sind unter den Auszubildenden Frauen, die etwa ein Drittel aller Auszubildenden stellen. Stark vertreten sind Frauen in den Bereichen Kraftfahrzeugmechanik, Elektroinstallation, Maschinenbau.

Arbeitsvorschläge:
- Welche Schwierigkeiten bringt für namibische Flüchtlinge das Leben im Exil mit sich: In menschlicher Hinsicht? Im Hinblick auf die Gestaltung des täglichen Lebens?
- Schildere, wie sie ihr Leben im Erziehungs- und Gesundheitszentrum der SWAPO in Nyango organisieren (am Beispiel von Gesundheitspflege und Krankenversorgung, Nahrungsbeschaffung und Bildung).
- Für welches übergeordnete Ziel leben und arbeiten Namibier im Exil?

Teil VII

Namibia und wir in der Bundesrepublik

21. Kapitel

Namibia und wir

Evangelischer Kirchentag in Hannover 1983

Wenn heute in den Vereinten Nationen Namibia behandelt wird, scheint Namibia vom bundesdeutschen Alltag weit entfernt. Trotzdem sind wir Deutschen mit dem Schicksal Namibias eng verflochten: als Nation, in der die Friedensdiskussion auch die Länder der "Dritten Welt" einbezieht, über Außenpolitik und wirtschaftliche Beziehungen, über die deutsche Missions-, Kirchengeschichte und das Christentum, über die Menschenrechtsfrage, über Positionen, die Deutsch-Namibier und Deutsche zur Entwicklung Namibias einnehmen.

Absichten:
- Wir fragen, was uns heute noch mit Namibia verbindet und suchen nach Antworten, die unter dem Zeichen von Frieden und Versöhnung in der Bundesrepublik gegeben werden und gegeben werden könnten.

WIR – DIE MENSCHEN IN DER BUNDESREPUBLIK

Namibia ist kein Thema, das in der bundesdeutschen Presse Schlagzeilen macht. Würde ein Lehrer seinen Schülern die Aufgabe stellen, im Zeitraum einer Woche Artikel über Namibia zu sammeln, könnte er daraus nur schwerlich eine Unterrichtsstunde gestalten. Vielleicht wären ein paar Meldungen und ein Kommentar über einen neuerlichen Verhandlungsvorstoß der Vereinten Nationen und ihres Generalsekretärs Javier Perez de Cuellar mit Südafrika darunter. Aber welcher Schüler würde sich daraufhin schon für Namibia interessieren? Die Vereinten Nationen und "ihre" Probleme sind von den Problemen Jugendlicher in der Bundesrepublik weit entfernt. Der Lehrer müßte gegen Desinteresse und Lustlosigkeit in der Klasse ankämpfen. Es würde eine öde Stunde. Politik wird sowieso nicht im Klassenzimmer gemacht, ist der Standpunkt der meisten Schüler. Und "höhere Politik" auch nicht in der Familie oder am Arbeitsplatz, dies ist der Standpunkt vieler Eltern. Sie würden deshalb auch nicht sehr motiviert sein, sich mit den Vereinten Nationen und dem Namibia-Problem zu beschäftigen. Da schweben sie nun, die Vereinten Nationen und Nambia, hoch über den Köpfen vieler Deutscher und ihrem Alltag. Namibia und wir?

Fragt einmal die Eltern: "Was wißt ihr über Nambia?" "Namibia!...Kenn ich nicht." Sie haben vermutlich überhaupt keine Beziehung zu Namibia, denn Namibia war, als sie geboren wurden, schon lange keine deutsche Kolonie mehr.
Fragt einmal die Großeltern... Vielleicht habt Ihr eine Chance, von ihnen etwas über Namibia zu hören, wenn Ihr an den Namen erinnert, den Namibia früher trug: Deutsch-Südwestafrika.
"Hererokrieg", wird sich vielleicht Euer Großvater erinnern. "...Da hat doch die deutsche Schutztruppe gegen die Schwarzen gekämpft!"
Wenn Eure Großeltern auch zu einer Zeit geboren sein

Fotos: Landesbildstelle Bremen

dürften, als der Hereroaufstand schon einige Jahre zurücklag (Niederschlagung 1904), so ist ihnen diese Zeit doch sehr viel näher als uns heute. Denn die Kolonien waren ein "Besitz", der viele Menschen im Deutschen Reich mit Stolz erfüllte. Mit dem Ausbruch des 1. Weltkrieges gingen den Deutschen allerdings ihre Kolonien verloren. Aber die Erinnerung an die einstigen überseeischen "Besitztümer" hielten rührige Kolonialvereine auch während der Jahre der Weimarer Republik und danach wach. Einige koloniale Jugendbücher wurden erst in jenen Jahren Bestseller. Fragt einmal die Großeltern, ob sie das Buch "Peter Moors Fahrt nach Südwest" kennen!

Auch während der Zeit des Nationalsozialismus blieben die ehemaligen deutschen Kolonien Thema der Jugendliteratur. In den Schulen wurde deutsche Kolonialgeschichte unterrichtet. Bestimmt war es für viele Jugendliche spannend, vom Leben in den Kolonien und deutschen "Helden", die so ungeheuer mutig und tapfer gegen die "Neger" kämpften, zu hören und zu lesen. Nach 1945 jedoch, als Deutschland in Schutt und Asche lag, kümmerte kaum einen Deutschen längst verjährtes deutsches koloniales Heldentum. Die Not, die der Krieg über die Menschen gebracht hatte und der Zwang, wieder ganz von vorne anfangen zu müssen, bestimmte ganz ihre Gedanken. Was aus den ehemaligen deutschen Kolonien geworden war, interessierte schlichtweg nicht. Schwere Jahre des Wiederaufbaus folgten. Den Deutschen begann es, wieder besser zu gehen. Eines Tages standen mehr Autos vor den Häusern als jemals zuvor: Deutschland war das Land des "Wirtschaftswunders" geworden und ein international bewunderter Staat.

Namibia, ehemals Deutsch-Südwestafrika, und wir?!
Was aus uns geworden ist, wissen wir. Was ist aus Namibia geworden?

Namibia wurde nach 1945 zunehmend ein Thema der internationalen Politik, da sich Südafrika weigerte, seinem Mandatsland Namibia den Weg in die Unabhängigkeit zu ebnen, wie sie von den Vereinten Nationen für alle ehemaligen Kolonien und Mandate gefordert wurde. Für die Bundesrepublik wurde Namibia zu einem besonderen Thema seiner Außenpolitik und wirtschaftlichen Beziehungen, da diplomatische, kulturelle und wirtschaftliche Beziehungen zu Namibia und Südafrika immer auch mit einer Anerkennung beziehungsweise Duldung der rassistischen Politik Südafrikas in Zusammenhang gesehen werden mußten: Es scheint, daß sich eine Beschäftigung mit Namibia aus den alltäglichen Zusammenhängen auf die Ebene von Politik und Wirtschaft hinausverlagert hat, die so weit entfernt scheint von Lebenszusammenhängen, in denen wir uns bewegen. Vom Krieg in Namibia spüren wir hier wenig oder nichts – wenn wir überhaupt wissen, daß dort Krieg herrscht. Wir sind im besten Fall damit beschäftigt, irgendeinen Beitrag zur Sicherung des Friedens hier zu leisten: indem wir uns und andere über Aufrüstung und Abrüstungsverhandlungen informieren, darüber diskutieren, Friedenswochen, -feste und andere -veranstaltungen organisieren oder dabei mitmachen. Noch scheint bei uns Frieden zu sein. Doch dieser Begriff von Frieden, der die Abwesenheit von Krieg zum Maßstab nimmt, ist vielen Menschen fragwürdig geworden. Sie sehen um sich herum Bewegungen und Situationen, die sie als hautnahe Bedrohung des Friedens hier erkennen: konventionelle und atomare Aufrüstung und stockende Abrüstungsverhandlungen; Konflikte, die mit Waffen ausgetragen werden und wirtschaftliche und soziale Not in Entwicklungsländern, mit denen die Bundesrepublik vielfältig verflochten ist und die, wenn sie nicht gelöst werden, auf uns zurückschlagen werden. Frieden ist mehr als die Abwesenheit von Krieg, solange es Apartheid und Hunger gibt, solange in Südafrika junge Menschen gehenkt werden, und solange es die Atomkriegsbedrohung gibt: Dies sagte der Präsident des reformierten Weltbundes, der südafrikanische Geistliche Allan Boesak, auf dem Evangelischen Kirchentag in Hannover 1983.

In einer Diskussion, wie vor diesem Hintergrund Frieden zu sichern ist, rückt Namibia wieder viel näher an uns heran. Denn das Fehlen eines Friedens, wie ihn Boesak versteht, ist dort bereits in Krieg umgeschlagen, einen Krieg, der am noch nicht absehbaren Ende einer nationalen Unterdrückungs- und Widerstandsgeschichte steht, deren Anfänge in die deutsche Kolonialzeit zurückreichen. Die Situation von Unterdrückung und Abhängigkeit, die damals geschaffen wurde, ist bis heute nicht aufgehoben. Sie zeigt sich hier nur in anderer Gestalt: Nicht mehr im deutschen Schutztruppler, der angetreten ist, die Afrikaner zu unterwerfen; nicht mehr in der Familie aus dem nächsten Dorf, die mit Kind und Kegel nach der deutschen Kolonie aufbricht, um als Siedler in "Südwest" ein neues Leben zu beginnen; und nicht mehr in der Tante, die als Braut eines deutschen Auswanderers in einer Kolonialfrauenschule auf ihr Leben als "deutsche Siedlersfrau" vorbereitet wird. Die Fortdauer kolonial erzeugter Unterdrückung zeigt sich hier eben nicht mehr über einzelne deutsche Lebensläufe, die sie uns vielleicht näher bringen könnten. Die Versöhnung und Frieden verhindernden Methoden und Mittel der Unterstützung rassistischer Politik sind für uns in der Bundesrepublik anonym geworden. Sie heißen unter anderem "Außenpolitik", "wirtschaftliche Beziehungen". Zumindest in einer Form sind sie in ihrer friedensbedrohenden Dimension für einen größeren Kreis von Menschen deutlich geworden: Als 1981 auf dem Evangelischen Kirchentag in Hamburg ein Vertreter der namibischen Befreiungsorganisation SWAPO daran erinnerte, daß ein gut Teil des Urans, das hierzulande genutzt wird, aus der Rössing-Mine in Namibia kommt und außerhalb des Atomwaffensperrvertrages bezogen wird. Nukleare Zusammenarbeit mit der Besatzungsmacht Namibias ist die eine Seite, eine Bedrohung des Friedens hier die andere Seite einer deutsch-namibischen "Verbundenheit" für all diejenigen, die militärische und auch zivile Nutzung von Atomenergie ablehnen.

WIR – DIE CHRISTEN IN DER BUNDESREPUBLIK

Wir, die wir in der Bundesrepublik Deutschland leben, wir sind in Parteien organisiert, wirken in Vereinen mit, engagieren uns vielfältig, sind aktive Christen oder auch nicht. Wenn wir im folgenden die christliche Verbindung zu den Menschen in Namibia in den Mittelpunkt stellen, dann hat das nicht nur den Grund, daß in unserem Land 93 Prozent und in Namibia 80 Prozent der Menschen Christen sind. Grund ist auch nicht nur, daß die Christen beider Völker über die deutsche Missions- und Kirchengeschichte in Namibia, die vor die Anfänge der deutschen Kolonialzeit zurückreicht, verbunden sind. Wir wollen uns mit den Christen hier und dort insbesondere deshalb beschäftigen, weil von ihnen, noch lange bevor Parteien und andere Organisationen aktiv wurden, entscheidende Impulse für eine neue Einstellung zu Namibia, Südafrika, Apartheid und Rassismus ausgingen. Bis heute ist ein starkes finanzielles und personelles Engagement in Nambia insbesondere für die Evangelischen Kirchen in Deutschland kennzeichnend.

Das menschliche und soziale Elend schwarzer namibischer Christen begann für die Christen und Kirchen hier zu einer besonderen Herausforderung an ihr Engagement in Namibia zu werden, als schwarze namibische Kirchenführer Anfang der siebziger Jahre ihr Schweigen zu den Ursachen der Not ihrer Mitmenschen brachen und offen gegen das politische System in Namibia Stellung bezogen. Dies löste eine schwierige Diskussion hier aus, wie der Versöhnungsauftrag des Evangeliums zu verstehen sei: Sollte und konnte sich die Kirche auf die "Seele des Menschen" beschränken oder sollte und mußte sie sich auch in sozialen, wirtschaftlichen und politischen Prozessen engagieren, die das Leid und Elend der Menschen bestimmten?

Diese beiden Grundpositionen sind und blieben seit Jahren Gegenstand kirchlicher Diskussionen und Kontroversen – und zwar hier wie auch in Namibia.

Die stärksten schwarzen namibischen Kirchen sind die Evangelisch-Lutherische Kirche in Namibia (ELK) und die Evangelisch-Lutherische Ovambo-Kavango-Kirche (ELOK). Sie haben zusammen 550.000 Mitglieder. Dies entspricht etwa 75 Prozent der namibischen Christen.

1971 richteten die beiden Führer der ELK und ELOK einen "offenen Brief" an den südafrikanischen Premierminister Botha, in dem sie ihre Sorge um die Zukunft des Landes und das Leben seiner Menschen ausdrückten. Dieser Hirtenbrief aber war eine politische Handlung und geriet deshalb sofort in das Streitfeuer einer breiten kirchlichen und außerkirchlichen Öffentlichkeit. Scharfe Kritik wie Solidaritätserkärungen folgten. In Verteidigung des "Offenen Briefes" schrieb der schwarze namibische Pastor A. Maasdorp: "In erster Linie gingen unsere Kirchen davon aus, daß das Evangelium von Jesus Christus sich auf das ganze Leben des Menschen bezieht. Das heißt, daß es keinen Bereich in unserem Leben gibt, von dem wir sagen können: hiermit hat das Evangelium nichts zu tun. In Jesus Christus, der Mensch geworden ist, bemüht sich Gott um das ganze menschliche Leben."[1]

Abgelehnt wird dieses Verständnis von Christentum insbesondere von der Deutsch-Evangelisch-Lutherischen Kirche (DELK) in Nambia, die mit 13.500 Mitgliedern dort eine Minderheitskirche ist. Ihre Mitglieder sehen sich zu besonderer Loyalität gegenüber dem südafrikanischen Regime verpflichtet, das ihnen als Garant der Wahrung ihres "Deutsch-Südwesttums" gilt. Ihre Forderung nach "politischer Enthaltsamkeit" der Kirche (der sie durch ihre positive Haltung gegenüber Südafrika selbst ja keineswegs nachkommt) muß vor diesem Hintergrund gesehen werden.

Bei der Diskussion, wie weit Kirchen sich politisch äußern sollen und dürfen, spielt die Frage, ob Befreiungsbewegungen wie die SWAPO kirchliche Steuer- und Spendengelder erhalten sollen, eine zentrale Rolle. Eine klare Stellung bezog 1981 der Ökumenische Rat der Kirchen, als er das Programm zur Bekämpfung des Rassismus verabschiedete. Es führte zur Einrichtung eines Sonderfonds', der humanitäre Unterstützung von Befreiungsbewegungen einschließt. Dazu gehört

---

Der Sonderfonds des Programms zur Bekämpfung des Rassismus

Der Sonderfonds ist ein Zeichen unserer Solidarität mit den Menschen, die wegen ihrer Hautfarbe durch Weiße unterdrückt und ihrer Menschenrechte beraubt werden.
Die Unterstützung geht nicht nur an kirchliche Organisationen, die sich für rassisch Unterdrückte einsetzen, sondern an Unterdrückte selbst. Dazu gehören auch solche Gruppen, die die Anwendung von Gewalt als letztes notvolles Mittel im Kampf um die Befreiung von der jahrhundertealten weißen rassistischen Gewalt nicht ausschließen.
Zu den Empfängern gehören zum Beispiel:
— Zusammenschlüsse rechtloser und vertriebener Landarbeiter in Kalifornien;
— die von Ausrottung bedrohten Ureinwohner Australiens;
— Indios in Südamerika, an denen Völkermord verübt wird;
— Befreiungsbewegungen im Südlichen Afrika, wo der weiße Rassismus in unverhüllter Brutalität herrscht und beschämenderweise sogar von manchen weißen Kirchen unterstützt und scheintheologisch begründet wird.[2]

auch die SWAPO. Der Sonderfonds ist deshalb besonders hier in der Bundesrepublik ein umstrittene Einrichtung.

Anfang 1984 brach ein lange schwelender Konflikt offen aus, der deutlich machen kann, wie nah Namibia ist. Die Rheinische Kirche hatte einen Namibia-Fonds gebildet, der schwarzen Kirchen in Namibia finanzielle Hilfe bringen sollte. Der Namibische Kirchenrat (Council of Churches in Namibia (CCN); er umfaßt mit acht Kirchen über 80 Prozent der namibischen Christen) bat jedoch um Überweisung der Spende an den Sonderfonds des Antirassismus-Programms in Genf zugunsten der 80. bis 100.000 Namibier in den Lagern im Exil. Diese Bitte um eine humanitäre Unterstützung von Namibiern im Exil konfrontierte Christen hier unausweichlich mit der Befreiungsorganisation SWAPO, die für die Lager in den Exilländern die Verantwortung trägt und der 90 Prozent der Flüchtlinge angehören, in der absoluten Mehrheit Christen. "Was ist SWAPO?" hatte der schwarze Bischof Dumeni, Leiter der ELOK, diese Schwierigkeiten deutscher Christen, sich zu einer Befreiungsbewegung humanitär zu bekennen, bereits letztes Jahr aufgegriffen. "Ich möchte es Ihnen sagen: SWAPO, das sind Mitglieder, Männer und Frauen, Töchter und Söhne von unseren Familien, Mitglieder unserer Kirchen. Ich sagte Kirchen. Ich appelliere an befreundete christliche Gemeinden und Kirchen, diesen Namibianern zu helfen, ungeachtet ihrer Konfession, Rasse und Hautfarbe. Seht ihre notvolle Situation, ihre mangelnd Ausbildung und andere Nöte! Denn unsere Hände, ihnen zu helfen, sind sehr kurz."[3]

Die Rheinische Synode fand jedoch nicht zu dem Verständnis, das sich die schwarzen Christen wünschten. Sie lehnte ihrerseits ab, die Spende für die Christen in Namibia anzunehmen, weil sie dies als Spaltung begriffen. "Wir sind ein Volk innerhalb und außerhalb des Landes und leiden gemeinsam unter der südafrikanischen Unterdrückung und Verfolgung. Wir lehnen jegliches Bemühen hinsichtlich einer Teilung des namibischen Volkes ab", begründete die ELK unter anderem ihre Ablehnung.[4]

Es gibt ein anderes Ereignis aus dem kirchlichen Bereich unserer jüngsten Geschichte, das ebenfalls für Aufregung hier sorgte. Für die Nähe zu dort war es allerdings ein viel hoffnungsvolleres Signal. Es hing mit dem plötzlichen Auftauchen von unübersehbar vielen lila Tüchern — sie wurden 90.000 mal verkauft — auf dem Evangelischen Kirchentag in Hannover 1983 zusammen. Denn dieses Tuch, das seine Träger um Hals, Taille, Kopf, an die Handtasche, den Rucksack oder Kinderwagen gebunden hatten, trug einen Aufdruck, der ein politisches Bekenntnis war: "Umkehr zum Leben. Die Zeit ist da für ein NEIN ohne ja zu Massenvernichtungswaffen." Christen hier bekannten, wie auch Christen in Namibia bekennen, weil sie die politischen Verhältnisse nicht mehr verantworten können.

Für eine große und wachsende Zahl von Christen in der Bundesrepublik ist Christentum nicht (nur) "kirchliches Handeln", sondern "politische Aktion"[5], die auch in die außerkirchliche Öffentlichkeit hineinwirken muß, um das Bewußtsein für Ursachen und Folgen von Not zu stärken. Beispiele sind Aktionen wie der Aufruf zum Boykott südafrikanischer Erzeugnisse der Evangelischen Frauen, Boykottaufrufe von Banken und Firmen, die mit Südafrika Geschäftsbeziehungen unterhalten. Es ist der Versuch von Christen, die eigene Verflechtung in das Unrechtssystem Südafrikas aufzuzeigen und zu seiner Lösung beizutragen, um das weitere Anwachsen von unterdrückender Gewalt und so auch Gegengewalt so schnell wie möglich zu überwinden.[6]

BEKENNTNIS und WIDERSTAND

14 Uhr Singen

Fabel von den schwarzen und weißen Schafen

[Notenzeile: Der Herr ist unser Richter, der Herr ist unser Meister, der Herr ist unser König; der hilft uns!]

Jesaja 33,22

14:30 Widerstand und Bekenntnis im Dritten Reich

Eberhard Bethge als Zeuge

SCHRITTE ZUR BEFREIUNG

Mitchristen aus Befreiungsbewegungen begründen ihre Beteiligung am Widerstand

Didimus Mutasa, Parlamentspräsident, Harare
Barney Pityana, Pfarrer, London
Erastus Haikali, Pfarrer, Lusaka

Anwälte des Publikums:
Christian Krause, Hannover
Reinhard Hermle, Frankfurt

Südafrika-Tag, 20. Evangelischer Kirchentag Hannover 1983

Kauft keine Früchte aus Südafrika!

UNTERSTÜTZT DEN KAMPF FÜR GERECHTIGKEIT IN SÜDAFRIKA
KAUFT KEINE FRÜCHTE DER APARTHEID
Evangelische Frauenarbeit in Deutschland e.V.,
Unterlindau 80, 6000 Frankfurt am Main

WARENLISTE

Südfrüchte

Outspan-Apfelsinen
   -Grapefruit
   -Zitronen
   -Ananas
   Avocadofrüchte

Frischobst

Cape-Äpfel
Cape-Trauben (blaue und gelbe)
Cape-Pflaumen
Cape-Birnen
Cape-Pfirsiche

Gemüse

Zwiebeln
Gemüsepaprika
gefrorenes Gemüse
z.B. Broccoli

Konserven

Ananas
Pfirsiche (Markennamen:
Del Monte, Pearl Reef, Gold Dish,
Karoo, Cunpearl, Musketeer,
Madison)
Aprikosen
Konfitüre (Orange und Zitrone;
Markenname: Koo)
Spargel (Markenname: IXL)

Die Konserven haben folgende Aufdrucke: „Made in South Africa"
oder „Produced in South Africa"
oder „Product of South Africa"
oder „Republic of South Africa"
oder „RSA"

Sonstiges

Rosinen, Erdnüsse, Fruchtsäfte,
Wein, verschiedene Frischblumen,
vor allem Protea, und Blumensamen

OUTSPAN   **cape**

Nahrungsmittel müssen für den Kunden sichtbar mit dem Herkunftsland ausgezeichnet sein (Verordnungen der EWG, Nr. 1035/72 vom 18.5.72 und der Bundesregierung vom 9.10.71).

Boykott-Lied

Kauft, kauft lieber nicht, kauft keine Früchte aus Südafrika! Kauft, kauft lieber nicht, kauft keine Früchte aus Südafrika! Die leider ach so guten süssen leckeren Früchte aus Südafrika, die unterstützen leider nur die leidige, unleidliche Ungerechtigkeit in Südafrika, Ungerechtigkeit in Süd-a-fri-ka. Baut nicht mit an der Mauer der A-part-heid: abrupt. Kauft keine Früchte aus Süd-a-fri-ka!

(im Wechsel gesprochen)

Welche denn nicht?
Apfelsinen, Grapefruit, Zitronen, Ananas, Avocadofrüchte

Was steht denn drauf?
OUTSPAN-Apfelsinen, OUTSPAN-Grapefruit, OUTSPAN-Zitronen, OUTSPAN-Ananas, OUTSPAN-Avocadofrüchte

Boykott-Song von vorne

weitere Strophen anhand der Boykottliste selbermachen

Die Boykottaktion der Evangelischen Frauen stieß innerhalb und außerhalb der Kirchen auf Kritik und Zustimmung. Nachstehend Stellungnahmen:

Schreiben des Präsidenten des Kirchlichen Außenamtes über die Haltung des Rates der Evangelischen Kirche in Deutschland (EKD) an die Generalsekretärin der Evangelischen Frauenarbeit in Deutschland vom 3. 8. 1978 (Auszug):

Der Rat der EKD kann eine solche Aktion nicht für ein geeignetes Mittel halten, um die Solidarität mit den Schwarzafrikanern zum Ausdruck zu bringen. Wenn nämlich derartige Boykottaufrufe ernsthaft gewollt und konsequent durchgeführt würden, dann träfen sie nach Überzeugung des Rates zuerst immer die schwarzafrikanischen Arbeitnehmer selbst. Ganz davon abgesehen, ob eine solche einzelne Boykottmaßnahme überhaupt eine verändernde Wirkung in Südafrika auslösen kann, sie birgt auf jeden Fall die Gefahr in sich, zu unechten Frontenbildungen und zu Verwirrung in unseren Gemeinden zu führen.[7]

Leserbrief der Aalener Volkszeitung

Mein Gesprächspartner...der katholische Erzbischof von Kansama in Sambia, dem wichtigsten der Frontstaaten von Simbabwe/Rhodesien...vertrat die Auffassung, daß ein Früchteboykott selbstverständlich richtig sei. Das Argument, dadurch würde letztlich der schwarzen Bevölkerung Schaden zugefügt, weil sie Arbeitsplätze verlören, hält er für scheinheilig und für nicht stichhaltig. Denn wie immer die Wirtschaft Südafrikas oder Weißrhodesiens floriere oder nicht floriere, die schwarze Bevölkerung werde so oder so ausgebeutet. (...)
Ich denke, daß einer afrikanischen Führungspersönlichkeit nicht abgesprochen werden darf, sich für ihre Landsleute zu äußern, und sie mehr Glauben verdient, als jene Europäer, von denen Bischof Mutale hier in Heidenheim sagte, sie machten den Eindruck, als wüßten sie alles besser.
Hermann Pretsch
Heidenheim-Schnaitheim[8]

Brief an die Generalsekretärin der Evangelischen Frauenarbeit in Deutschland

Hertha H.
Grundstücksmakler/Johannesburg, SA.

Sehr geehrte Frau Z.
Wissen Sie, was Sie mit Ihrem Pamphlet — Frauen für Südafrika — anrichten? Waren Sie in unserem Land und kennen Sie seine Verhältnisse und Probleme? Wissen Sie, wievielen Menschen Sie die Arbeitsplätze nehmen, wenn wirklich Ihr Aufruf zum Boykott Erfolg haben sollte? Sie nennen sich Christen, aber Ihre Handlung hat nichts mit Gerechtigkeit und Menschenwürde zu tun.
Wir bemühen uns alle um Verständnis und Ihr in Eurer Unkenntnis werft uns Klippen zwischen die Beine.
Hertha H. Ich habe eine Farbige bei mir im Büro, daher die Tippfehler, aber sie lernt bei mir gut.[9]

Wie evangelische Frauen ihre Aktion sehen

In unserem Land ist es durch die Aktion der Evangelischen Frauenarbeit in D. "Kauft keine Früchte der Apartheid" gelungen, den Protest gegen die Sünde der Apartheid öffentlich zu machen. Alle, die sich an dieser Aktion beteiligt haben, gaben damit ein sichtbares Zeugnis dafür, daß Christen den Kampf gegen "Mächte und Gewalten" auch offen führen müssen, das heißt, sie müssen sich, wo immer sie noch können, einmischen; zuallererst da, wo Christen durch Christen unterdrückt werden.[10]

WIR – DIE WIR UNS MIT NAMIBIA BESCHÄFTIGEN

Irgendwann ist es passiert: einigen von uns machten Probleme in der sogenannten Dritten Welt zu schaffen. Wir meinen damit nicht, daß wir als Schüler im Unterricht Lernstoff bewältigen oder als Lehrer Unterricht planen und durchführen mußten, einen Film sahen, Bücher lasen oder eine Ausstellung besuchten. Betroffen müssen wir deshalb noch nicht gewesen sein. Oder waren wie es vielleicht mehr, als wir uns erinnern? Auf jeden Fall müssen wir einmal gedacht haben: Warum leben eigentlich so viele Menschen in der "Dritten Welt" in Armut und Not? Wer nicht so selbstgerecht war und mit dem Urteil "Die sind ja selbst schuld", zu denken aufhörte, der hatte schon mehr mit der "Dritten Welt" zu tun, als er vielleicht dachte.

Auf Namibia bezogen: Wenn in Namibia die schwarze Bevölkerung unter rassistischer Unterdrückung leidet, dann kann das niemandem, der Menschenrechte jedem zubilligt, gleichgültig sein. Einige von uns begannen sich deshalb für Namibia näher zu interessieren.
Seine Vorgeschichte...
Seine Gegenwart...
Seine Zukunft...

Wir haben darüber viele Kapitel geschrieben: Über den Beginn der kolonialen Herrschaft, über afrikanische Aufstände und deutsche Kriege, über antikolonialen Widerstand im Deutschen Reich, über Methoden der Unterdrückung und Ausbeutung, über weiße Vorurteile und Gewalt, über weiße Angst, mit den Schwarzen teilen zu müssen, über gewaltfreien Widerstand und bewaffneten Kampf, über internationale Ausbeutung namibischer Bodenschätze, über bundesdeutsche Geschäfte in Namibia... Ganz am Schluß haben wir auch versucht, in diesem Kapitel über uns heute und Namibia Gedanken niederzuschreiben. Doch für unseren Versuch, für Namibia zu öffnen soll dieses Buch im ganzen stehen.

Es gibt in der Bundesrepublik eine Reihe von Organisationen und Gruppen, die sich für eine Abschaffung aller Formen der Apartheid und eine Entwicklung durch die Mehrheit der Menschen, die in Namibia wie Südafrika leben, einsetzen. Dazu gehören: Die Anti-Apartheidbewegung, die in der Bundesrepublik seit inzwischen zehn Jahren durch Aufklärung und Aktionen über die Politik Südafrikas informiert und öffentlich Protest erhebt. Ihre Mitbegründer waren in Südafrika tätige Pfarrer, die ausgewiesen worden waren und bis heute Einreiseverbot nach Südafrika und Namibia haben, weil sie als Christen auch politisch Stellung gegen das Apartheidsregime bezogen.
medico international – die medizinische Hilfe leistete – und amnesty international, die für die Verwirklichung der Menschenrechte eintritt und sich mit der Situation politischer Gefangener befaßt; die Kinderhilfsorganisation terre des hommes, die Hilfsprojekte finanziert; kirchliche Organisationen, Kirchengemeinden und zahlreiche christliche Gruppen, die seit Jahren unter dem Zeichen der Versöhnung auf vielen Ebenen arbeiten.

Wir – die wir uns mit Namibia beschäftigen, dazu gehören in der Bundesrepublik aber auch Vereinigungen und Menschen, die eine andere Auffassung deutscher Verbundenheit mit Namibia haben: sie fühlen sich besonders den deutschstämmigen Namibiern verpflichtet. Man kann sicherlich sagen, daß ihnen eine Bewahrung weißer Privilegien näher ist als ein System gerechten Teilens zwischen Schwarzen und Weißen, mit dem der fortdauernde Widerstand und Krieg sich gegen das Unrechtssystem wehrender Schwarzer zu einem Frieden finden könnte. Schwarze gleichberechtigt mitentscheiden zu lassen, ist offenbar eine Hürde, die für diese Menschen – wenn überhaupt – nur in einem unendlich langen Prozeß als überwindbar vorstellbar ist.

Arbeitsvorschlag:
– Sammle Ideen und diskutiere sie mit anderen, wie mehr Menschen hier für Namibia interessiert werden könnten.

...wenn sie uns sagen, wir müssen Geduld haben, bis die Zeit reif ist, und du hast den Fuß im Genick, der dich an den Boden preßt, und sie sagen, wartet doch noch — ja wie lange? Bis uns die Luft ausgegangen ist?
Miriam Makeba[11]

Apartheid tötet – boykottiert Südafrika!

Eine Welt?

Abbildung aus dem Katalog zu einer Ausstellung des Landesamtes für Entwicklungszusammenarbeit 1982 im Übersee-Museum Bremen mit gleichem Titel.

Schülerzeichnung
Diese Zeichnung ist einem englischen Lehrbuch entnommen, das eine norwegische Gruppe für namibische Kinder erarbeitete. Die schwedische Schülerunion trug durch Sammlungen zur Finanzierung von "Lernbüchern für Namibia" bei.

Freizeitgruppe beschäftigt sich mit Namibia

Anmerkungen

1. KAPITEL
1 Aus der handschriftlichen Dorfchronik von Schimmendorf, Oberfranken
2 B. Engelmann, Wir Untertanen. Ein Deutsches Anti-Geschichtsbuch, Frankfurt a.M. 1976, S. 124ff.
3 Zeichnung aus den 1719 und 1745 erschienen Ausgaben von P. Kolb, Caput bonae spei hodiernum. Das ist: Vollständige Beschreibung des africanischen Vorgebürges der Guten Hoffnung, aus: P. Kolb, Unter Hottentotten 1705 - 1713, Tübingen und Basel 1979
4 Vgl. Anm. 3
5 Vgl. Anm. 3
6 Ebenda, S. 165
7 Vgl. Anm. 3
8 Vgl. Anm. 3
9 Ebenda, S. 185
10 S. 120f.
11 S. 234f.
12 Zitiert nach: ebenda, S. 236
13 Ebenda, S. 194
14 S. 179
15 Zitiert nach: ebenda, S. 237
16 Ebenda, S. 235
17 S. 54
18 S. 51f.
19 S. 48f.
20 To Be Born..., S. 1
21 Kolb, ebenda, S. 235
22 E.W. Wegner, Aus Deutsch-Afrika! Tagebuch-Briefe eines Jungen Deutschen aus Angra Pequena (1882 - 1884), Leipzig 1885, S. 28
23 Vgl. Anm. 3

2. KAPITEL
1 F. Galton, Bericht eines Forschers im tropischen Südafrika, Swakopmund 1980, S. 40
2 F. Engels, Preußischer Schnaps im Deutschen Reich, zitiert nach: M. Nussbaum, Vom "Kolonialenthusiasmus" zur Kolonialpolitik der Monopole, Berlin (DDR) 1962, S. 69
3 H. Vedder, Das alte Südwestafrika..., S. 578
4 U. Timm, Morenga..., S. 157f.
5 Galton, ebenda, S. 127
6 entfällt
7 Nach: It is No More a Cry. Namibian Poetry in Exile. Edited by H. Melber, Basel 1982 (aus dem Englischen von M. Hinz)
8 Nach: J. Noble, Education in Namibia, Master Thesis, University of Nairobi 1977
9 § 4 der Statuten der Missions-Handels-Gesellschaft zu Barmen. Zitiert bei: Nussbaum, ebenda, S. 25
10 Vedder, ebenda, S. 493
11 Ebenda, S. 494
12 Zum letzteren vgl. Drechsler, Südwestafrika..., S. 141ff; zu Mission und Handel vgl. B. Tell; U. Heinrich, Mission und Handel im missionarischen Selbstverständnis und in der konkreten Praxis, in: W. Ustorf (Hg.), Mission im Kontext, Hamburg 1983 (MS), S. 205-235
13 S. Körte u.a. (Hg.), Deutschland unter Kaiser Wilhelm II, 1. Band, Berlin 1914, S. 420

3. KAPITEL
1 Zitiert nach: Vedder, Das alte Südwestafrika..., S. 389f.
2 Wiedergabe des bei Vedder, ebenda, S. 306ff. abgedruckten Textes (Auszug)

4. KAPITEL
1 Zitiert nach: R. Wildermuth, Als das Gestern heute war. 1789 - 1949, München 1981, S. 47
2 Zitiert nach: ebenda, S. 53
3 Zitiert nach: S. 38
4 entfällt
5 Zitiert nach: S. 60f.
6 Zitiert nach: S. 89
7 B. Engelmann, Wir Untertanen. Ein deutsches Anti-Geschichtsbuch, Frankfurt a.M. 1976, S. 180

5. KAPITEL
1 M. Nussbaum, Vom "Kolonialenthusiasmus" zur Kolonialpolitik der Monopole, Berlin (DDR) 1962, S. 9f.
2 Nach: M.-L. Baumhauer, Imperialismus. Materialien zum Lernfeld Dritte Welt, Weinheim Basel 1978, S. 18
3 Ebenda, S. 9
4 L. Helbig, Lernfeld Dritte Welt, Weinheim Basel 1978, S. 137
5 Zitiert nach: Nussbaum, ebenda, S. 56
6 Faksimile-Auszug aus Nussbaum, ebenda, S. 49 (Sten.Ber. des Deutschen Reichstages, Bd. 74, S. 508)
7 P. Darmstädter, Geschichte der Aufteilung und Kolonisation Afrikas, Bd. II, Berlin 1920, S. 50

6. KAPITEL
1 A. Bebel, Ausgewählte Reden und Schriften, Bd. 1, hrsg. von H. Barthel u.a., Berlin 1970, S. 191. Zitiert nach: A. Meier, Die deutsche Sozialdemokratie und die Anfänge der Kolonialpolitik in den achtziger Jahren des 19. Jahrhunderts, Staatsexamensarbeit, Bremen 1978, S. 56
2 F. Engels Briefwechsel mit K. Kautsky, hrsg. von B. Kautsky, Wien 1955, S. 10f.
3 Zitiert nach: M. Nussbaum, Vom "Kolonialenthusiasmus" zur Kolonialpolitik der Monopole, Berlin (DDR) 1962, S. 43
4 F. Hellwig, Karl Freiherr von Stumm-Halberg, Heidelberg Saarbrücken 1936, S. 336
5 E.S. Weber, Die Erweiterung des deutschen Wirtschaftsgebiets und die Grundlegung zu überseeischen deutschen Staaten, Leipzig 1879, S. 61
6 Ebenda, S. 7
7 Leipzig 1891, S. 20

7. KAPITEL
1 Zitiert nach: C.A. Lüderitz, Die Erschließung von Deutsch-Südwest-Afrika durch Adolf Lüderitz, Oldenburg 1945, S. 7
2 Ebenda; weiterhin: W. Schüssler, Adolf Lüderitz. Ein deutscher Kampf um Südafrika 1883-1886. Geschichte des ersten Kolonialpioniers im Zeitalter Bismarcks, Bremen 1936; V. Vogelsang, unveröffentlichtes Manuskript über Heinrich Vogelsang
3 Aus: Eingabe von A. Lüderitz an das Auswärtige Amt vom 23.XI.1882, zitiert nach: C.A. Lüderitz, ebenda, S. 15
4 C.A. Lüderitz, ebenda, S. 15
5 Zitiert nach: H. Schallenberger, Untersuchungen zum Geschichtsbild der wilhelminischen Ära und der Weimarer Zeit, Ratingen 1964, S. 137
6 Zitiert nach: C.A. Lüderitz, ebenda, S. 87 und S. 95
7 Vgl. I. Goldblatt, History of South West Africa..., S. 101
8 G. Rohlfs, Angra Pequena, die erste deutsche Kolonie in Afrika, Bielefeld Leipzig 1884, S. 3 und S. 16
9 Zitiert nach: V. Vogelsang, unveröffentlichtes Manuskript über Heirich Vogelsang; vgl. auch L. Sander, Geschichte der Deutschen Kolonial-Gesellschaft für Südwest-Afrika von ihrer Gründung bis zum Jahre 1910, Band II, Berlin 1912, S. 3; dort ist auch der zwischen J. Fredericks und F.A.E. Lüderitz am 25.8.1883 abgeschlossene Vertrag, der die Bezeichnung "geographische" Meile enthält, in deutscher Übersetzung wiedergegeben. Ebenda, S. 4
10 Aus: Kurze Übersicht über die Tätigkeit der Deutschen Colonialgesellschaft für Südwest-Afrika im Schutzgebiete von ihrer Gründung, 30. April 1885, bis Ende Dezember 1906 (Staatsarchiv Bremen)
11 Zitiert nach: H. Müller, Lüderitz und der kolonialen Mythos. Kolonialbewegung in Bremen, in: Namibia: Die Aktualität..., S. 132
12 Ebenda, S. 125
13 Ebenda, S. 143
14 Ebenda, S. 126
15 Vgl. D. Litzba, Die Aktion Lüderitzstraße - Erfahrungen einer Initiativbewegung, in: Namibia: Die Aktualität..., S. 192-223; M.O. Hinz, Drei ideologiekritische Überlegungen zur "Aktion Lüderitzstraße", ebenda, S. 224-242
16 E. Sandelowsky, Anekdoten, Lieder mit Noten und die alten Geschichten von Deutsch-Südwestafrika, Windhuk 1979, 8. Auflage, S. 11
17 Zitiert nach: M.v. Koschitzky, Deutsche Kolonialgeschichte, Leipzig 1888, Teil II, S. 63
18 Zitiert nach: M. Nussbaum, Vom "Kolonialenthusiasmus" zur Kolonialpolitik der Monopole, Berlin (DDR) 1962, S. 121

8. KAPITEL
1 Zitiert nach: T. Leutwein. Elf Jahre..., S. 19
2 Zitiert nach: H. Drechsler, Südwestafrika..., S. 39
3 Zitiert nach: D. Bald u.a., Deutschlands dunkle Vergangenheit in Afrika. Die Liebe zum Imperium. Ein Lesebuch zum Film, Bremen 1978, S. 116
4 Zitiert nach: W. Reinhard (Hg.), Hendrik Witbooi, S. 90f.
5 Das Tagebuch des Hottentottenkapitäns Hendrik Witbooi in Deutsch-Südwestafrika aus den Jahren 1884-1894 (deutsche Übersetzung), 120ff. (Bundesarchiv Koblenz)
6 Zitiert nach: Drechsler, ebenda, S. 79
7 Aus: H. Melber (Hg.), Kolonialismus und Widerstand..., S. 150
8 K. Schwabe, Mit Schwert und Plug in Deutsch-Südwestafrika, Berlin o.J.
9 Zitiert nach: Drechsler, ebenda, S. 93f.
10 P. Zorn, Deutsche Kolonialgesetzgebung, Berlin 1913, 2.Auflage, S. 862
11 Zitiert nach: H. Melber, Our Namibia, Osnabrück 1983/84 (aus dem Englischen)

9. KAPITEL
1 Vgl. E. Sonnenberg, Wie es am Waterberg zuging, Berlin 1905
2 Zitiert nach: H. Bley, Kolonialherrschaft..., S. 183f.
3 Zitiert nach: To Be Born..., S. 18 (aus dem Englischen)
4 Zitiert nach: Bley, ebenda, S. 186
5 Zitiert nach: ebenda, S. 186
6 Zitiert nach: H. Drechsler, Südwestafrika...S. 166f.
7 Zitiert nach: ebenda, S. 167
8 Trotha an Leutwein am 5.11.1904; zitiert nach: Drechsler, ebenda, S. 180
9 Zitiert nach: Drechsler, ebenda, S. 186
10 Zitiert nach: ebenda, S. 185
11 Zitiert nach: ebenda, S. 185f.
12 Zitiert nach: ebenda, S. 184
13 Zitiert nach: ebenda, S. 171
14 Zitiert nach: ebenda, S. 169
15 S. 95
16 Zitiert nach: Drechsler, Südwestafrika..., S. 170
17 P. Schütt, Der Mohr hat seine Schuldigkeit getan... Gibt es Rassismus in der Bundesrepublik? Eine Schreitschrift, Dortmund 1981, S. 20
18 Aus: Das Kränzchen, Illustrierte Mädchen-Zeitung, 26. Folge 1913, S. 388
19 U. Timm, Morenga..., S. 6
20 Die Kämpfe der deutschen Truppen in Südwestafrika, hrsg. vom Großen Generalstabe, Bd. 2, Berlin 1907, S. 5; vgl. Timm, Morenga..., S. 35
21 Zitiert nach: Drechsler, Südwestafrika..., S. 211
22 Zitiert nach: ebenda, S. 219
23 V. Janus, Die Reiter von Südwest, Berlin 1937, S. 131
24 W. Scheel, Deutschlands Kolonien in achzig farbenphotographischen Abbildungen, Berlin 1914, S. 44
25 The Combatant, Monatliches Organ der Volksbefreiungsarmee von Namibia PLAN, Oktober 1982, S. 5f. (aus dem Englischen)

10. KAPITEL
1 T. Leutwein, Elf Jahre..., S. 542
2 P. Zorn, Deutsche Kolonialgesetzgebung, Berlin 1913, 2. Auflage, S. 863
3 Der Tag Nr. 9, 6.1.1906; vgl. auch M. Erzberger, Die Kolonial-Bilanz. Bilder aus der deutschen Kolonialpolitik auf Grund der Verhandlungen des Reichstags im Sessionsabschnitt 1905/06, Berlin 1906
4 Zitiert nach: Kolonien unter der Peitsche. Eine Dokumentation von F.F. Müller, Berlin (DDR) 1962, S. 102
5 Zitiert nach: ebenda, S. 55f.
6 Nach: Ebenda, S. 114

7 Aus: H. Melber (Hg.), Kolonialismus und..., S. 47f. Die Autorin des Beitrags, M. Mamozai, stieß beim Durchblättern der Windhoeker Nachrichten und des Südwest Boten der Jahre 1907-1913 auf mehrere Berichte über Prozesse. Als Beispiele für Rassenjustiz veröffentlichte sie einige Fälle in der o.a. Publikation.
8 Jahrbuch der deutschen Kolonien 1914, S. 214
9 Nach: W. Nachtwei, Namibia..., S. 170
10 V. Vogelsang, unveröffentlichtes Manuskript über Heinrich Vogelsang

11. KAPITEL
1 Nach: M. Mamozai, Herrenmenschen. Frauen im deutschen Kolonialismus, Reinbek 1982, S. 144f.
2 Ebenda, S. 144
3 F.J.v. Bülow, Drei Jahre im Lande Hendrik Witbois, Berlin 1896, S. 104f.
4 C. Brockmann, Deutsches Frauenleben in Südwest. Unsere eingeborenen Hilfskräfte II, in: Kolonie und Heimat, Berlin 11. April 1909
5 E. Sandelowsky, Anekdoten, Lieder mit Noten und die alten Geschichten von Deutsch-Südwestafrika, Windhoek 1979, 8. Auflage
6 Eine Reise durch die Deutschen Kolonien, IV. Band, Deutsch-Südwest-Afrika, Berlin 1911, S. 50
7 Zitiert nach: H. Bley, Kolonialherrschaft..., S. 252
8 K. Liebknecht, Militarismus und Antimilitarismus, Leipzig 1907, S. 12f.

12. KAPITEL
1 Nach: M. Silagi, Von Deutsch-Südwest zu Namibia. Wesen und Wandlungen des Völkerrechtlichen Mandats, Ebelsbach 1977, S. 144 (aus dem Englischen)
2 Ebenda, S. 149f. (aus dem Englischen)
3 Zitiert nach: W.W. Schmokel, Der Traum vom Reich, Gütersloh 1967, S. 15
4 Zitiert nach: D. Bald u.a., Deutschlands dunkle Vergangenheit in Afrika. Die Liebe zum Imperium. Ein Lesebuch zum Film, Bremen 1978, S. 177
5 Aus: Die Weltbühne, 22. Jg. 20.4.1926, Nr. 16, S. 636
6 Nach: W. Wülfing, Dich ruft Südwest, Leipzig 1930; vgl. K. Hildebrand, Vom Reich zum Weltreich. Hitler, NSDAP und koloniale Frage 1919-1945, München 1969, S. 390ff. und insbes. S. 401ff.
7 G. Frenssen, Peter Moors Fahrt nach Südwest. Ein Feldzugsbericht, Berlin 1908, S. 198ff.
8 C. Zitschin, Als Reiter in Südwest, Breslau-Deutsch Lissa 1937, S. 3
9 O.v. Hanstein, Farm in Südwest, Berlin 1938, S. 192f.
10 Nach: W. Puls, Der Koloniale Gedanke im Unterricht der Volksschule, Leipzig 1938, S. 137f.

13. KAPITEL
1 Vgl. W.H. Thomas, Economic Development..., S. 20
2 Nach: W. Schneider-Barthold, Wirtschaftspotential und wirtschaftliche Verflechtung Namibias mit der Republik Südafrika, Deutsches Institut für Entwicklungspolitik, Berlin 1977. Die amtliche Statistik von 1974 gibt die Einwohnerzahl Namibias mit 852.000 an, die längst als weit überschritten gilt.
3 C.O. Winter, Namibia, Guilford London 1977, S. 36 (aus dem Englischen)
4 Ebenda, S. 38
5 J. Ya-Otto, Battlefront..., S. 59ff. (aus dem Englischen)

14. KAPITEL
1 Auszug aus dem Gedicht "A People United", in: Namibia Today, Monatliches Organ der SWAPO von Namibia, Vol. 1 Number 3 1977 (aus dem Englischen)
2 Das Gebiet der Weißen wurde von der Südafrika eingesetzten Odendaal-Kommission, deren Bericht als Grundlage für die Ausformulierung der "Homelands" diente, gelegentlich als "weißes Heimatland" bezeichnet. Vgl. M. Vesper, Überleben..., S. 107
3 Zitiert nach: Vesper, ebenda, S. 78
4 Zitiert nach: To Be Born..., S. 97 (aus dem Englischen)
5 Vgl. M.O. Hinz, Das Projekt "Politische Landeskunde Namibias. Beitrag zu einem unabhängigen Namibia, in: Die Aktualität..., S. 12
6 S. 83
7 Aus: Schwarze Kinder in Namibia. Postkartensatz mit Begleittext, Bremen (Projekt Politische Landeskunde Namibias) 1982

15. KAPITEL
1 Zitiert nach: R. Voipo, The Labour Situation in South West Africa, Johannesburg 1973, S. 9 (aus dem Englischen). Die Wiedergabe dieses Dialogs bezieht sich auf ein Vermittlungsgespräch mit der SWANLA, der staatlichen Agentur für Kontraktarbeiter
2 Vgl. R.J. Gordon, Mines, Masters and Migrants. Life in a Namibian Compound, Johannesburg 1977
3 Ebenda, S. 90 (aus dem Englischen)
4 (Aus dem Englischen)
5 Zitiert nach: To Be Born..., S. 200 (aus dem Englischen)
6 J. Ya-Otto, Battlefront..., S. 16 (aus dem Englischen)
7 G. und S. Cronje, The Workers of Namibia, London 1979, S. 37 (aus dem Englischen)
8 V. Ndadi, Kontraktarbeiter..., S. 14ff.

16. KAPITEL
1 Zitiert nach: To Be Born..., S. 100 (aus dem Englischen)
2 Zitiert nach: Ebenda, S. 98
3 Pendukeni Kaulinge, Vorsitzende des SWAPO Frauenrates. Interview von H. Patemann, 1981
4 Zitiert nach: Ebenda, S. 99f. (aus dem Englischen)
5 J. Ya-Otto, Battlefront..., S. 4f. (aus dem Englischen)
6 Zitiert nach: To Be Born..., S. 286 (aus dem Englischen)
7 Text und Illustration aus: ICSA Bulletin Nr. 22, Dez. 1982
8 The Story of Theresa. Interview von H. Melber, 1982 (aus dem Englischen)
9 Sworn Statement by Rauna Nambinga. Bericht vor der Internationalen Kommission zur Untersuchung der Verbrechen des rassistischen und Apartheidregimes im Südlichen Afrika, Februar 1981 (aus dem Englischen)

17. KAPITEL
1 Vgl. R. Vigne, A Dwelling Place of Our Own. The Story of the Namibian Nation, London 1975, S. 19
2 Ebenda, S. 19 (aus dem Englischen)
3 Ebenda, S. 18 (aus dem Englischen)
4 V. Ndadi, Kontraktarbeiter..., S. 116f.
5 Aus: H. Melber (Hg.), Kolonialismus..., S. 180ff.
6 (Aus dem Englischen)

7 Allgemeine Zeitung vom 9.9.1976; zitiert nach: H.-G. Hubrich; H. Melber, Namibia..., S. 184
8 Zur politischen Strategie Südafrikas in Namibia vgl. insbesondere J. Ellis, Wahlen... und W. Thomas, Economic..., S. 56ff.
9 Alle Artikel aus dem Englischen

18. KAPITEL
1 Nach Forschungen des englischen Wissenschaftlers Reginald Green; die südafrikanische Verwaltung hat seit 1967 keine gesonderten Daten zur Wirtschaft Namibias mehr veröffentlicht.
2 Nach: H. Möllers, Multis plündern Namibia, in: Informationsdienst Südliches Afrika 7/8 1983, S. 12
3 Zitiert bei: H.-G. Hubrich; H. Melber, Namibia..., S. 142
4 Nach: G. Wellmer, Background Paper on Relations between the Federal Republic of Germany and Namibia as occupied by the armed forces of South Africa, Washington 1983
5 Vgl. D. Litzba, Die Rössing-Mine in Namibia und ihre regionale und internationale politische Bedeutung. Diplomarbeit, Bremen Juni 1983
6 Rössing Magazine Dez. 1981; das Magazin erscheint dreimal jährlich und hat laut Impressum zum Ziel, zu einer besseren Kenntnis über Namibia und seine Menschen beizutragen.
7 Aus: H. Melber (Hg.), Kolonialismus...; das Zitat ist entnommen dem Beitrag von B. Rogers, Zurück bleibt ein versteuchtes Namibia..., S. 123f.
8 Litzba, ebenda; die hier aus dieser Arbeit übernommenen statistischen Angaben wurden nach Zahlen aus 1977 und 1982 zusammengestellt
9 Nach: Litzba, ebenda, S. 55

19. KAPITEL
1 Nach: The Combatant, Monatliches Organ der Volksbefreiungsarmee von Namibian PLAN, Oktober 1982, S. 14 (aus dem Englischen)
2 Nach: R. Green u.a. (Hg.), Namibia. The Last...; und nach: Namibia Today, Monatliches Organ der SWAPO von Namibia, 1/82
3 Nach: The Kassinga File, hrsg. von The International University Exchange Fund (IUEF), einer internationalen Organisation mit Sitz in Genf
4 Nach: SWAPO Information Bulletin, Victims of South Africa's Racism, Juli 1982 (aus dem Englischen)
5 Nach: The Combatant, Januar 1983, S. 5f. (aus dem Englischen)
6 DIE NEUE, 30.4.1981

20. KAPITEL
1 Frans Kapofi, Direktor im Erziehungs- und Gesundheitszentrum der SWAPO in Nyango, Sambia
2 Nyango verfügt inzwischen über ein neues und größeres Krankenhaus, das UNICEF finanzierte. Dieser Beitrag wie auch die Beiträge über den Schulgarten und den Kinderhort sind Teile eines bisher unveröffentlichten Manuskriptes über Nyango, das im Anschluß an einen Aufenthalt der Namibia-Projektgruppe in Nyango 1982 entstand.
3 Die Hauptsprachen sind 2 Gruppen zuzuordnen: der Gruppe der Bantu-Sprachen (wie Ambo, Herero, Kwangali, Geiriku, Mbukushu) und der Gruppe der "Khoisan"-Sprachen (Nama, "Busch"mannsprachen)

21. KAPITEL
1 Zitiert nach: S. Groth (Hg.), Kirchliches Handeln oder politische Aktion? Modell Südwestafrika, Wuppertal 1972, S. 29
2 Aus: Südafrika-Tag, Sonderblatt zum 20. Evangelischen Kirchentag Hannover 1983
3 Zitiert nach: S. Groth, Bekennende Solidarität?, in: Der Überblick Nr. 4/83, S. 64f.
4 Zitiert nach: ebenda, S. 65
5 Vgl. Anmerkung 4
6 Vgl. Bekenntnis und Widerstand, epd Dokumentation Südafrika Nr. 46a/82
7 Zitiert nach: E. Stelck, Politik mit dem Einkaufskorb. Die Boykott-Aktion der evangelischen Frauen gegen Apartheid, Wuppertal 1980, S. 90
8 Zitiert nach: ebenda, S. 49
9 Zitiert nach: ebenda, S. 57
10 Hildegard Zumach, Generalsekretärin der EFD in: ebenda, S. 9
11 Zitiert nach: Boykott-Rundbrief Nr. 20, Nov. 1983, S. 26

Sofern nicht anders vermerkt, sind alle Übertragungen aus dem Englischen von der Verfasserin.

Literaturhinweise zur Vertiefung

ANSPRENGER, F.
Die SWAPO. Profil einer Befreiungsbewegung, KAEF (Katholischer Arbeitskreis Entwicklung und Frieden) Arbeitspapier Dokumentation 31/1983, Bonn

BABING, A.; H.-D. BRÄUER
Namibia. Kolonialzeit, Widerstand, Befreiungskampf heute. Ein Report, Köln 1980

BLEY, H.
Kolonialherrschaft und Sozialstruktur in Deutsch-Südwestafrika, Hamburg 1969

DRECHSLER, H.
Südwestafrika unter deutscher Kolonialherrschaft, Berlin (DDR) 1966

ELLIS, J.
Wahlen in Namibia? Bonn 1979

FEHR, E.
Namibia. Befreiungskampf in Südwestafrika, Freiburg i.Ue. 1973

GOLDBLATT, I.
History of South West Africa from the Beginning of the Nineteenth Century, Cape Town Wynberg Johannesburg 1971

GREEN, R.; M.-L. KILJUNEN; K. KILJUNEN
Namibia. The Last Colony, Harlow 1981

HELBIG, L; H. HELBIG
Mythos Deutsch-Südwest. Namibia und die Deutschen, Weinheim Basel 1983

HELLER, G.M.
Cuanza Sul: Das Erziehungs- und Gesundheitszentrum für namibische Flüchtlinge in Angola (Faltblatt der Anti-Apartheid-Bewegung), Bonn 1981

HINZ, M.O.
Die Schwierigkeiten des Umgangs mit der Geschichte. Wissenschaftstheoretische Anmerkungen, in: Namibia: Die Aktualität..., S. 243-257

HINZ, M.O.
Politische Landeskunde Namibias. Ein Gemeinschaftsprojekt des Namibia-Instituts der Vereinten Nationen in Lusaka mit der Universität Bremen, in: Vereinte Nationen, 30/1982, S. 18-24

HISHONGWA, N.S.
Women of Namibia. The Changing Role of Namibian Women from Traditional Precolonial Times to the Present, Vommerby 1983

HUBRICH, H.-G.; H. MELBER
Namibia - Geschichte und Gegenwart. Zur Frage der Dekolonisation einer Siedlerkolonie, Bonn 1977

LEUMER, W.
Namibia - auf dem Weg zur Unabhängikkeit, Bonn 1978

LEUTWEIN, T.
Elf Jahre Gouverneur in Deutsch-Südwestafrika, Berlin 1908

MELBER, H. (Hg.)
Kolonialismus und Widerstand, Bonn 1981

NAMIBIA: DIE AKTUALITÄT DES KOLONIALEN VERHÄLTNISSES, Diskurs. Bremer Beiträge zu Wissenschaft und Gesellschaft, Universität Bremen, Heft 6, Bremen 1982

NDADI, V.
Kontraktarbeiterklasse B. Mein Leben in Namibia, Zürich 1978

REINHARD, W. (Hg.)
Hendrik Witbooi. Afrika den Afrikanern! Aufzeichnungen eines Nama-Häuptlings aus der Zeit der deutschen Eroberung Südwestafrikas 1884-1894, Bonn 1982

THOMAS, W.
Economic Development in Namibia - Towards Acceptable Development Strategies for Independent Namibia, München 1978

TIMM, U.
Morenga, München 1978

To Be Born A Nation. The Liberation Struggle for Namibia, Department of Information and Publicity, SWAPO of Namibia, London 1981

TÖTEMEYER, G.
South West Africa/Namibia - Facts, Attitudes, Assessment and Prospects, Randburg 1977

VEDDER, H.
Das alte Südwestafrika. SWA's Geschichte bis zum Tode Mahareros 1890, Berlin 1934

VESPER, M.
Überleben in Namibia. "Homelands" und kapitalistisches Weltsystem, Bonn 1983

WELLINGTON, J.H.
South West Africa and its Human Issues, Oxfort 1967

YA-OTTO, J.
Battlefront Namibia. An Autobiography. (With Ole Gjerstad and Michael Mercer), London Ibadan Nairobi 1982

Filme, Diaserien, Schallplatten, Postkarten

Die nachstehenden Titel und Angaben (Ausnahmen: Tonbild Namibia, Diaserie Leben für die Freiheit, Postkartensatz Schwarze Kinder in Namibia) wurden dem Südafrika Handbuch, herausgegeben von AKAFRIK und Zentrale Arbeits- und Studienstelle der DEAE, Wuppertal 1982, entnommen. Dieses Handbuch enthält auch nähere Angaben zu Zielgruppen, Themenbereichen, Standpunkten, weiteren Verleihstellen sowie einen Kommentar zu jedem Titel. Soweit dort ausgewiesen, wurde in dieser Auflistung die Zielgruppe Schüler der Sekundarstufe I vermerkt. (Weitere Medien siehe dort.)

Filme

Gebt uns Namibia zurück
28 Min., Farbe, 1978, von U.E. Katjivena
Verleih: Stiftung Deutscher Kinemathek, Abteilung Filmverleih, Pommernallee 1, 1000 Berlin 19,
Tel.: 030/3036 229 (gebührenpflichtig)

Im Dschungel der Informationen
Eine medienkritische Reise durch Angola
(Propaganda und Wirklichkeit der Berichterstattung über die Lage in Südangola/Nordnamibia)
45 Min., Farbe, 1979, von Christine Gerhards, Malte Rauch, Paul Staal
Verleih: Zentral-Film-Verleih, Friedensallee 7,
2000 Hamburg 50, Tel.: 040/391316 (gebührenpflichtig)
Namibia
(Zur "internen Lösung" der Namibia-Frage)
18 Min., Farbe
Verleih: Intermedia-Filmvertrieb, Postfach 2806,
2000 Hamburg 19, Tel.: 040/438085 und 86 (gebührenfrei)
Namibia kämpft
35 Min., Farbe, englischer Film mit deutschen Untertiteln, Produktion: SWAPO-Informationsbüro, London 1977
Verleih: Con Filmverleih, Westerdeich 38,
2800 Bremen 1, Tel.: 0421/540012 und 13 (gebührenpflichtig)
Katutura
35 Min., Farbe, 1973, von U. Schweizer
Verleih: Berliner Missionswerk, Handjerystr. 19,
1000 Berlin 41, Tel.: 030/851021 (gebührenfrei)
Wenn sie mich finden, werde ich nicht weinen
(Apartheid, Arbeit der SWAPO)
63 Min., Farbe, Produktion: Fernsehen der DDR, 1976
Verleih: Unidoc-Film-GmbH, Dantestr. 29,
8000 München 19, Tel.: 089/156061 (gebührenpflichtig)
Wer fürchtet sich vorm Schwarzen Mann?
(Apartheidsystem in Namibia, Rolle der Bundesrepublik in Namibia)
62 Min., Farbe, Produktion: Fernsehen der DDR, 1976
Verleih: Unidoc-Film-GmbH, Dantestr. 29,
8000 München 19, Tel.: 089/156061 (gebührenpflichtig)

Tonbild-/Diaserien

Ein Fremder im eigenen Land
Zur Situation schwarzer Christen in Namibia
25 Farbdias mit Tonband und Textheft, hrsg. von der Vereinigten Evangelischen Mission (VEM), 1972
(einsetzbar besonders im Religionsunterricht ab 8. Klasse)
Verleih: Berliner Missionswerk, Hanjerystr. 19,
1000 Berlin 41, Tel.: 030/851021 (gebührenfrei)
Namibia heute – früher Deutsch-Südwestafrika
16 Farbdias mit Textheft und Karte, von Pfr. Reinhard Brückner, hrsg. vom Evangelischen Missionswerk für Südwestdeutschland, 1980
Verleih: Ton- und Bildstelle der Bremischen Evangelischen Kirche, Franziuseck 2 - 4, 2800 Bremen 1,
Tel.: 0421/5097-211
Namibia – Menschenrechte außer Kraft
40 Farbdias, mit Textheft, hrsg. von der Ökumenischen Projektgruppe Namibia-Woche, 1975 (einsetzbar ab 8. Klasse)
Verleih: Lichtbildstelle, Hirschgraben 25,
2000 Hamburg 76, Tel.: 040/252085
Tonbild Namibias
48 Farbdias mit Toncassette und Textheft, (einsetzbar ab 8. Klasse)
hrsg. vom Projekt Politische Landeskunde Namibias, 1984
Verleih: Projekt Politische Landeskunde Namibias an der Universität Bremen, Postfach 2800 Bremen 33,
Tel.: 0421/2183547 (gebührenfrei)
Leben für die Freiheit
Bilder aus den SWAPO Erziehungs- und Gesundheitszentren Cuanza Sul und Nyango, zusammengestellt nach einem Tonbild von Bread und Fishes, Schweden und ergänzt durch Material des Projektes Politische Landeskunde Namibias
46 Farbdias mit Begleittext, 1983
Verleih: Projekt Politische Landeskunde Namibias,
Adresse siehe oben (gebührenfrei)

Schallplatten

One Namibia – One Nation
LP, Stereo, mit Textheft, Amsterdam 1976, Preis DM 14,--
Bezug: Anti-Apartheid-Bewegung (AAB), Blücherstr. 14, 5300 Bonn 1

Postkartensatz

Schwarze Kinder in Namibia
8 Postkarten mit Umschlag und Textbroschüre (28 Seiten), Text englisch und deutsch (auch für den Einsatz im Unterricht ab 6. Klasse geeignet),
Preis DM 4,50/Satz
Bezug: Projekt Politische Landeskunde Namibias an der Universität Bremen, Postfach, 2800 Bremen 33, Tel.: 0421/2183547

Abbildungen
Staatsarchiv Bremen, Landesbildstelle Bremen, Handelskammer Bremen, Bild-Archiv Projekt Politische Landeskunde Namibias, G. Rohlfs sowie historische Quellen, wie sie in den Anmerkungen und im Literaturverzeichnis angegeben sind.

Karten
H. Drechsler, Südwestafrika unter ...: Die großen Landgesellschaften in Südwestafrika (nach 1900); R. Green u.a., Namibia ...: Besiedlung vor der Kolonisierung, Afrikanische Reservate 1920-1970, gezeichnet von Risto Kari; H. Melber, Namibia – Geschichte und Gegenwart ...: Bodenschätze und Minenbetriebe in Namibia; C. Wells;
Archiv Projekt Politische Landeskunde Namibias